普通高等教育财政与税收专业重点规划

中国税制

第三版

应小陆　徐双泉　◎　主编

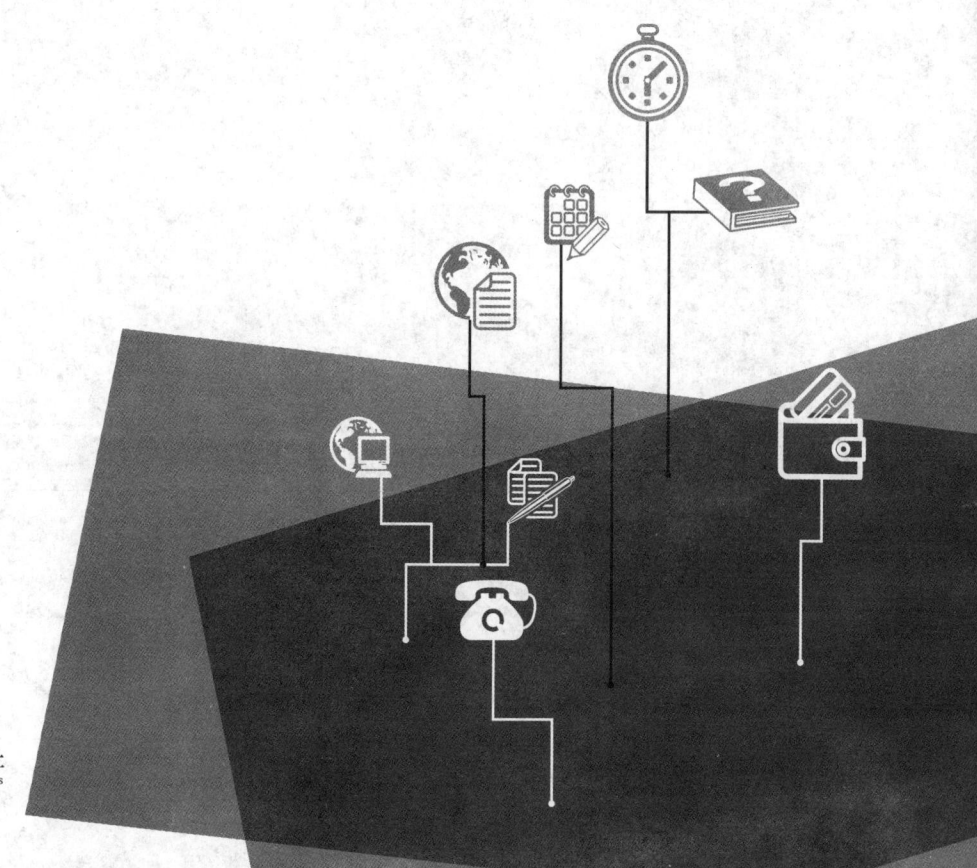

上海财经大学出版社
SHANGHAI UNIVERSITY OF FINANCE & ECONOMICS PRESS

图书在版编目(CIP)数据

中国税制/应小陆,徐双泉主编.—3版.—上海:上海财经大学出版社,2017.3
(普通高等教育财政与税收专业重点规划教材)
ISBN 978-7-5642-2095-2/F·2095

Ⅰ.①中… Ⅱ.①应…②徐… Ⅲ.①税收制度-中国-高等学校-教材 Ⅳ.①F812.422

中国版本图书馆 CIP 数据核字(2015)第 014082 号

□ 责任编辑　温　涌
□ 封面设计　杨雪婷

ZHONGGUO SHUIZHI
中 国 税 制
(第三版)
主编　应小陆　徐双泉

上海财经大学出版社出版发行
(上海市武东路 321 号乙　邮编 200434)
网　　址:http://www.sufep.com
电子邮箱:webmaster@sufep.com
全国新华书店经销
上海译文印刷厂印刷
上海淞杨装订厂装订
2017 年 3 月第 3 版　2017 年 3 月第 1 次印刷

787mm×1092mm　1/16　21.5 印张　550 千字
印数:18 001—22 000　定价:43.00 元

第三版修订说明

《中国税制》(第二版)自2013年2月出版发行以来,我国税收制度规定在许多方面作了调整,先后发布了大量的税收行政法规。一是在全国范围内全面推开营业税改征增值税试点。经国务院批准,自2013年8月1日起,在全国范围内开展交通运输业和部分现代服务业营业税改征增值税试点;2014年1月1日起,在全国范围内开展铁路运输和邮政业营业税改征增值税试点;2014年6月1日起,电信业纳入营业税改征增值税试点;财政部、国家税务总局印发《关于全面推开营业税改征增值税试点的通知》(财税〔2016〕36号),自2016年5月1日起,在全国范围内全面推开营业税改征增值税试点,建筑业、房地产业、金融业、生活服务业等全部营业税纳税人,纳入试点范围,由缴纳营业税改为缴纳增值税,同时,为保证营业税改征增值税试点工作的顺利实施,国家税务总局先后出台《营业税改征增值税试点实施办法》、《营业税改征增值税试点有关事项的规定》、《营业税改征增值税试点过渡政策的规定》、《跨境应税行为适用增值税零税率和免税政策的规定》、《营业税改征增值税跨境应税行为增值税免税管理办法(试行)》、《应税服务适用增值税零税率和免税政策的规定》、《适用增值税零税率应税服务退(免)税管理办法》,以及《航空运输企业增值税征收管理暂行办法》、《铁路运输企业增值税征收管理暂行办法》、《邮政企业增值税征收管理暂行办法》、《电信企业增值税征收管理暂行办法》、《纳税人转让不动产增值税征收管理暂行办法》、《不动产进项税额分期抵扣暂行办法》、《纳税人提供不动产经营租赁服务增值税征收管理暂行办法》、《跨县(市、区)提供建筑服务增值税征收管理暂行办法》、《房地产开发企业销售自行开发的房地产项目增值税征收管理暂行办法》等行政法规。二是调整了消费税相关税收政策。财政部、国家税务总局2014年11月25日和28日先后印发《关于调整消费税政策的通知》(财税〔2014〕93号)、《关于提高成品油消费税的通知》(财税〔2014〕94号),调整了成品油消费税相关征税规定;2014年12月12日财政部、国家税务总局再次印发《关于进一步提高成品油消费税的通知》(财税〔2014〕106号),进一步提高汽油、石脑油、溶剂油、润滑油、柴油、航空煤油和燃料油的消费税单位税额;为促进节能环保,经国务院批准,财政部、国家税务总局印发《关于对电池 涂料征收消费税的通知》(财税〔2015〕16号),自2015年2月1日起对电池、涂料征收消费税;财政部、国家税务总局印发《关于调整卷烟消费税的通知》(财税〔2015〕60号),调整了卷烟批发环节的消费税税率;财政部、国家税务总局印发《关于调整化妆品消费税政策的通知》(财税〔2016〕103号),取消对普通美容、修饰类化妆品征收消费税,将"化妆品"税目名称更名为"高档化妆品";财政部、国家税务总局印发《关于对超豪华小汽车加征消费税有关事项的通知》(财税〔2016〕129号),自2016年12月1日起,对超豪华小汽车,在生产(进口)环节按现行税率征收消费税基础上,在零售环节加征消费税。三是进一步调整完善了关税完税价格的规定。海关总署修订发布《中华人民共和国海关审定进出口货物完税价格办法》(总署令〔2013〕213号)和《中华人民共和国海关审定内销保税货物完税价格办法》(总署令〔2013〕211号),自2014年2月1日起施行。四是全面推进资源税改革。财政部、国家税务总局先后印发《关于实施煤炭资源税改革的通知》(财税〔2014〕72号)和《关于调整原油、天然气资源税有关政策的通知》(财税〔2014〕73号),自2014年12月1日起在全国范围内实施煤炭资源税从价计征改革,同时清理相关收费基金,将原油、天然气的资源税适用税率由5%提高至6%;财政部、国家税务总局印发《关于实施稀土、钨、钼资源税从价计征改革的通知》(财税〔2015〕52号),自2015年5月1日起实施;根据党中央、国务院决策部署,财政部、国家税务总局印发《关于全面推进资源税改革的通知》(财税〔2016〕53号)和《关于资源税改革具体政策问题的通知》(财税〔2016〕54号),自2016年7月1日起全面推进资源税改革,对应税资源全面实行从价定率计征,并在河北省开征水资源税试点工作。五是进一步完善了企业所得税的研究开发费用税前加计扣除政策。财政部、国家税务总局、科技部印发《关于完善研究开发费用税前加计扣除政策的通知》(财税〔2015〕119号),自2016年1月1日起执行;同时为落实完善研究开发费用扣除政策,国家税务总局于2015年12月29日印发《关于企业研究开发费用税前加计扣除政策有关问题的公告》(国家税务总局公告2015年第97号)。六是调整了个体工商户个人所得税计税办法。2014年12月27日国家税务总局印发《个体工商户个人所得税计税办法》(国家税务总局令第35号),自2015年1月1日起施行。七是进一步规范了车辆购置税、车船税和耕地占用税等税收征收管理规程。2014年12月2日国家税务总局发布新的《车辆购置税征收管理办法》(国家税务总局令第33号),自2015年2月1日起施行,《国家税务总局关于修改〈车辆购置税征收管理办法〉的决定》经2015年12月17日国家税务总局2015年度第2次局务会议审议通过,自2016年2月1日起施行;为进一步规范车船税管理,促进税务机关同其他部门协作,提高车船税管理水平,国家税务总局制定了《车船税管理规程(试行)》,自2016年1月1日起施行;为提高耕地占用税管理水平,国家税务总局制定了《耕地占用税管理规程(试行)》,自2016年1月15日起施行。八是全面修订《税收征收管理法》和《税务登记管理办法》。2015年4月24日第十届全国人民代表大会常务委员会第十四次会议第4次修订《中华人民共和国税收征收管理法》,自2015年5月1日起施行,以及2016年2月6日国务院修订后公布《中华人民共和国税收征收管理法实施细则》;2014年12月27日国家税务总局发布了《关于修改〈税务登记管理办法〉的决定》(国家税务总局令第36号),自2015年3月1日起施行。九是颁布《中华人民共和国环境保护税法》。2016年12月25日第十二届全国人民代表大会常务委员会第二十五次会议通过《中华人民共和国环境保护税法》,自2018年1月1日起施行。

根据上述税收行政法规的规定，我们在《中国税制》(第二版)的基础上对教材作了如下修订：一是根据全国范围内全面推开营业税改征增值税试点工作等相关税收政策规定，对"增值税税制"进行了重新编写；二是根据《关于调整消费税政策的通知》《关于提高成品油消费税的通知》等消费税相关税收政策，调整补充了"消费税税制"的征税范围、税率等相关内容；三是根据海关总署《中华人民共和国海关审定进出口货物完税价格办法》和《中华人民共和国海关审定内销保税货物完税价格办法》，重新编写了"关税税制"有关关税的完税价格的内容；四是根据全面推进资源税改革的政策要求，对"资源税税制"的相关内容进行了调整、补充和完善；五是根据企业所得税的研究开发费用税前加计扣除政策规定，补充调整了研究开发费用税前加计扣除的相关内容，并对在营改增后，按经费支出换算收入方式核定非居民企业应纳税所得额的计算公式进行修改；六是根据《车辆购置税征收管理办法》《车船税管理规程(试行)》和《耕地占用税管理规程(试行)》的规定，补充完善了"车辆购置税税制"、"车船税税制"、"耕地占用税税制"的内容；七是根据《个体工商户个人所得税计税办法》的规定，重新编写了"个人所得税税制"中个体工商户的生产、经营所得应纳税额的计算内容；八是根据修订后的《税收征收管理法》《税收征收管理法实施细则》和《税务登记管理办法》等相关规定，修改补充了"税收征收管理"这一章的相关内容；九是根据营业税改征增值税相关政策的规定，修改了城市维护建设税、契税、房产税、土地增值税、个人所得税的计税依据；十是根据《中华人民共和国环境保护税法》，补充编写了第九章第四节"环境保护税税制"；十一是调整了部分"专栏"的内容，突出税收知识点的可读性和前沿性。

本次修订由应小陆全面负责完成。

编　者

2017年2月

第二版修订说明

自 2011 年 7 月《中国税制》出版以来,为适应经济社会发展的需要,我国在税收制度方面进行了许多调整。针对增值税、消费税、营业税、关税、企业所得税、车船税、车辆购置税、资源税等税制,国务院、财政部、国家税务总局和海关总署发布了《关于出口货物劳务增值税和消费税政策的通知》(财税〔2012〕39 号)、《出口货物劳务增值税和消费税管理办法》(国家税务总局公告 2012 年第 24 号)、《关于逾期增值税扣税凭证抵扣问题的公告》(国家税务总局公告 2011 年第 50 号)、《卷烟消费税计税价格信息采集和核定管理办法》(国家税务总局令第 26 号)、《关于修改〈中华人民共和国增值税暂行条例实施细则〉和〈中华人民共和国营业税暂行条例实施细则〉的决定》(财政部令第 65 号)、《关于纳税人资产重组有关营业税问题的公告》(国家税务总局公告 2011 年第 51 号)、《中华人民共和国车船税法实施条例》(中华人民共和国国务院令第 611 号)、《关于修改〈车辆购置税征收管理办法〉的决定》(国家税务总局令第 27 号)、《关于修改〈中华人民共和国资源税暂行条例〉的决定》(国务院令第 605 号)、《中华人民共和国资源税暂行条例实施细则》(财政部、国家税务总局令第 66 号)、《关于发布修订后的〈资源税若干问题的规定〉的公告》(国家税务总局公告 2011 年第 63 号)等政策。

针对上述规定,我们对《中国税制》进行了如下修订:一是对增值税和消费税中的出口货物退(免)税,按照《关于出口货物劳务增值税和消费税政策的通知》的相关规定进行了调整;二是根据《卷烟消费税计税价格信息采集和核定管理办法》的规定,在消费税中增加了卷烟消费税计税价格核定问题;三是对增值税和营业税中税收优惠规定的起征点作了调整;四是根据《中华人民共和国车船税法实施条例》的规定,对车船税的相关内容进行了补充和完善;五是依据《车辆购置税征收管理办法》,对车辆购置税的相关内容进行了适当调整;六是根据最新发布的《中华人民共和国资源税暂行条例》和《中华人民共和国资源税暂行条例实施细则》,重新编写资源税税制;七是对增值税和企业所得税增加了一些新内容;八是从突出应用性的角度,增加了部分例题,以帮助学生对相关知识点的理解与掌握;九是增加了"税收征收管理"一章内容。

本次修订由应小陆、徐双泉共同完成。各章修订分工如下:第一章、第四章、第六章、第七章和第八章由徐双泉负责;第二章、第三章、第五章、第九章、第十章和第十一章由应小陆负责。最后由应小陆负责补充、完善并定稿。

编 者
2012 年 12 月

第一版前言

现代社会中,税收作为国家筹集财政资金的主要手段和对市场经济实行宏观调控的重要杠杆,几乎涵盖了所有的经济活动,它与政府、企业、个人的利益息息相关。税收制度是一国政府根据相关政策原则制定的各种税收法律、法规、条例、实施细则和征收管理制度的总称,也是税务机关向纳税人征税的法律依据和工作规程。1994年的税制改革构建了我国现行税制体系的基本框架。近年来,随着经济体制改革的不断深入,我国对税收制度作出了许多方面的调整:2006年开始实施《中华人民共和国烟叶税暂行条例》和《中华人民共和国车船税暂行条例》;2008年1月1日起实施新的《中华人民共和国企业所得税法》和《中华人民共和国耕地占用税暂行条例》;2009年1月1日起实行增值税全面转型改革,修订后的《中华人民共和国增值税暂行条例》、《中华人民共和国消费税暂行条例》、《中华人民共和国营业税暂行条例》也开始施行;2009年1月1日起废止《城市房地产税暂行条例》,统一内、外资企业和个人的房产税;自2010年12月1日起,内、外资企业和个人实施统一的城市维护建设税;2011年9月1日起全面施行经全国人民代表大会常务委员会第6次修正的《中华人民共和国个人所得税法》;2012年1月1日起在全国范围内实施新的《中华人民共和国车船税法》;等等。

针对上述新变化,我们及时汲取了企业所得税法、个人所得税法、车船税法和增值税、消费税、营业税等税制的最新内容,以最新税收法律、法规和规章(截至2011年7月)为依据,编写了《中国税制》一书。在编写中力求突出以下特点:一是以理论介绍作为掌握税制实务的基础。对税收制度理论的介绍,有利于读者了解税收制度确定原则、税制构成要素、税制结构和我国税制的建立与发展。二是对现行税收制度的介绍求全求新。对现行税制进行阐释时,尽可能吸收当前最新的税收法律法规和最新的税收制度研究成果,突出各税种的法律政策精神和难点、重点问题。三是注重税制讲解与税收实例相结合,运用大量例题使读者掌握税收制度在实践中的运用,理论联系实际,应用性强。四是在编写方法上,一方面,注重概念表述准确、内容完整充实、逻辑条理清晰;另一方面,每一章以"专栏"形式介绍相关税收制度知识或关联知识,强化知识的联系性。

本书由应小陆、徐双泉共同编写。各章具体编写分工如下:第一章、第四章、第六章、第七章和第八章由徐双泉编写;第二章、第三章、第五章、第九章和第十章由应小陆编写。最后由应小陆负责修改、补充并定稿。

本书既可以作为高等院校财经及管理类专业本科生的教材,也可以作为各级政府财政、税务以及其他经济管理部门、企事业单位、科研机构进一步研究税收知识的自学教材和学习参考用书。

在本书的编写过程中,作者参考了许多专家和学者的专著、教材和其他税收文献,在此表示诚挚的谢意。尽管我们搜集了大量的最新资料,研读了最新税收法律、法规和相关论著,但限于理论水平和实践经验,加之我国税收制度又处于不断改革和完善中,书中不当与欠妥之处,恳请广大读者和专家批评指正。

编　者
2011 年 7 月

目　录

第三版修订说明 ··· 1

第二版修订说明 ··· 1

第一版前言 ··· 1

第一章　税收制度概述 ··· 1
　第一节　税收与税收制度 ··· 1
　第二节　税收制度构成要素 ··· 5
　第三节　税收制度结构 ·· 15
　第四节　我国税制的建立和发展 ·· 20

第二章　增值税税制 ··· 27
　第一节　增值税概述 ·· 27
　第二节　增值税的法律规定 ·· 32
　第三节　增值税应纳税额的计算 ·· 52
　第四节　增值税的征收管理 ·· 80

第三章　消费税税制 ··· 88
　第一节　消费税概述 ·· 88
　第二节　消费税的法律规定 ·· 90
　第三节　消费税应纳税额的计算 ··· 101
　第四节　消费税的征收管理 ··· 113

第四章　关税税制 ·· 116
　第一节　关税概述 ··· 116
　第二节　关税的法律规定 ··· 121
　第三节　关税应纳税额的计算 ··· 128
　第四节　关税的征收管理 ··· 138

第五章　企业所得税税制 ………………………………………………… 142
第一节　企业所得税概述 ………………………………………………… 142
第二节　企业所得税的法律规定 ………………………………………… 145
第三节　企业所得税应纳税所得额的确定 ……………………………… 150
第四节　企业所得税应纳税额的计算 …………………………………… 171
第五节　企业所得税的征收管理 ………………………………………… 181

第六章　个人所得税税制 ………………………………………………… 186
第一节　个人所得税概述 ………………………………………………… 186
第二节　个人所得税的法律规定 ………………………………………… 188
第三节　个人所得税应纳税额的计算 …………………………………… 198
第四节　个人所得税的征收管理 ………………………………………… 215

第七章　资源税类税制 …………………………………………………… 218
第一节　资源税税制 ……………………………………………………… 218
第二节　城镇土地使用税税制 …………………………………………… 230
第三节　土地增值税税制 ………………………………………………… 234
第四节　烟叶税税制 ……………………………………………………… 245
第五节　耕地占用税税制 ………………………………………………… 246

第八章　财产税类税制 …………………………………………………… 252
第一节　房产税税制 ……………………………………………………… 252
第二节　车船税税制 ……………………………………………………… 258
第三节　契税税制 ………………………………………………………… 264

第九章　行为税类税制 …………………………………………………… 271
第一节　城市维护建设税税制 …………………………………………… 271
第二节　印花税税制 ……………………………………………………… 274
第三节　车辆购置税税制 ………………………………………………… 286
第四节　环境保护税税制 ………………………………………………… 291

第十章　税收征收管理 …………………………………………………… 301
第一节　税收征收管理概述 ……………………………………………… 301
第二节　税收基础管理 …………………………………………………… 302
第三节　税款征收 ………………………………………………………… 313
第四节　税务检查 ………………………………………………………… 319
第五节　税收法律责任 …………………………………………………… 321

参考文献 …………………………………………………………………… 332

第一章 税收制度概述

本章导读

本章主要介绍税收制度的基本问题。通过本章学习，要求理解和掌握税收的含义与特征、税收制度的概念，掌握税收制度的构成要素，熟悉影响税制结构的因素和我国的税制结构，了解我国税收制度的建立和发展。

第一节 税收与税收制度

一、税收的含义与特征

(一)税收的含义

对于什么是税收，古今中外有不少学者给出了自己的定义，但这些定义表述很不一致。这除了每位学者对税收理解的角度不同和表述方面的文字差异外，主要是由于税收本身是一个发展的概念，因此，不同时期的学者对税收的认识和理解自然就有差异，而这种差异在很大程度上反映了税收的发展过程。例如，亚当·斯密认为，税收是"人民拿出自己一部分私人收入给君主或国家，作为一笔公共收入"[①]，并强调国家经费的大部分必须取自各种税收。这一定义除说明了税收的纳税主体是"人民"外，侧重反映了税收是一种"公共收入"，以满足国家经费之需。日本学者井手文雄指出，税收是凭借"财政权"征收的，而且论述角度也从纳税主体转向征税主体，他认为，"所谓租税，就是国家依据其主权(财政权)，无代价地、强制地获得的收入"[②]。显然，这里的"财政权"所指的是区别于"财产权"的行政权力。英国学者西蒙·詹姆斯和克里斯托弗·诺布斯将税收的无偿性纳入定义，认为"税收是由政权机构实行不直接偿还的强制性征收"[③]。我国自改革开放以来，对税收理论的研究十分活跃，对税收含义的认识方面，在吸收西方税收理论成果的基础上，又进一步强调了税收的法律特征。至此，对税收的定义虽然在文字表述上仍有出入，理解的角度也同样存在差异，但对税收含义的认识已基本达成共识：首先，税收的征收主体是国家，征收客体是单位和个人；其次，税收的征收目的是为了满足国家实现其职能的需要；第三，税收征收的依据是法律，凭借的是政治权力，而不是财产权力，征税体现了强制性特征；第四，征税的过程是物质财富从私人部门单向地、无偿地转给国家；第五，从税收征收的直接结果看，国家以税收方式取得了财政收入。

---

① [英]亚当·斯密著，郭大力、王亚南译：《国民财富的性质和原因的研究》(下卷)，商务印书馆 1997 年版，第 383 页。
② [日]井手文雄著，陈秉良译：《日本现代财政学》，中国财政经济出版社 1990 年版，第 254 页。
③ [英]西蒙·詹姆斯、克里斯托弗·诺布斯著，罗晓林译：《税收经济学》，中国财政经济出版社 2004 年版，第 10 页。

因此，我们可以给出税收如下定义：税收是国家为实现其职能，凭借政治权力，依法参与单位和个人的财富分配，强制、无偿地取得财政收入的一种形式。

需要说明的是，在不少关于税收的著作中，税收被定义为国家参与国民收入或社会剩余产品的一种分配活动。我们认为，国民收入或社会剩余产品只是税收的宏观意义上的分配对象，但税收首先是一个微观概念，即对于一个具体的纳税人，或在某个具体纳税环节，税收所分配的对象就不一定限于剩余产品。我们在分析税收的本质、制定税收的宏观政策时，理应重视税收的宏观意义上的分配对象，但作为税收概念，则应直观地反映税收活动的基本特征。否则，对于诸如流转税的征收，以剩余产品为分配对象的税收定义就难以理解：亏损企业没有剩余产品，但仍需缴纳流转税。

(二)税收的特征

从上面税收的定义中，我们可以初步看出税收所具有的基本特征：强制性、无偿性和依法征税所具有的固定性。税收的特征反映了税收区别于其他财政收入形式，从中也可以理解税收为什么能成为财政收入的最主要形式。

1. 税收的强制性

税收的强制性是指税收参与社会物品的分配是依据国家的政治权力而不是财产权力，即与生产资料的占有没有关系。税收的强制性具体表现在，税收是以国家法律的形式规定的，而税收法律作为国家法律的组成部分，对不同的所有者都是普遍适用的，任何单位和个人都必须遵守，不依法纳税者要受到法律的制裁。税收的强制性说明，依法纳税是人们不应回避的法律义务。我国宪法就明确规定，我国公民"有依法纳税的义务"。正因为税收具有强制性的特征，所以它是国家取得财政收入的最普遍、最可靠的一种形式。

2. 税收的无偿性

税收的无偿性是就具体的征税过程来说的，表现为国家征税后税款即为国家所有，并不存在对纳税人的直接偿还问题。

税收的无偿性是相对的。对具体的纳税人来说，纳税后并未获得任何报酬。从这个意义上说，税收不具有偿还性或返还性。但若从财政活动的整体来看问题，税收是对政府提供公共物品和服务成本的补偿，这里又反映出有偿性的一面。特别在社会主义条件下，税收具有马克思所说的"从一个处于私人地位的生产者身上扣除的一切，又会直接或间接地用来为处于私人地位的生产者谋福利"的性质，即"取之于民、用之于民"。当然，就某一具体的纳税人来说，他所缴纳的税款与他从公共物品或劳务的消费中所得到的利益并不一定是对称的。

3. 税收的固定性

税收的固定性是指课税对象及每一单位课税对象的征收比例或征收数额是相对固定的，而且是以法律形式事先规定的，只能按预定标准征收，而不能无限度地征收。纳税人取得了应纳税的收入或发生了应纳税的行为，也必须按预定标准如数缴纳，而不能改变这个标准。同样，对税收的固定性也不能绝对化，以为标准确定后永远不能改变。随着社会经济条件的变化，具体的征税标准是可以改变的。例如，国家可以修订税法、调高或调低税率等，但这只是变动征收标准，而不是取消征收标准。所以，这与税收的固定性是并不矛盾的。

税收具有的三个特征是互相联系、缺一不可的，同时具备这三个特征的才叫税收。税收的强制性决定了征收的无偿性，而无偿性同纳税人的经济利益关系极大，因而要求征收的固定性，这样对纳税人来说比较容易接受，对国家来说可以保证收入的稳定。税收的特征是税收区别于其他财政收入形式如国有资产收益、国债收入、规费收入、罚没收入等的基本标志。税收的特征反映了不同社会形态下税收的共性。

二、税收制度概述

(一)税收制度的概念

税收制度简称"税制",是指国家以法律形式规定的各种税收法律、法规的总称,或者说是国家以法律形式确定的各种课税制度的总和。税收制度是取得收入的载体,主要包括国家的税收法律和税收管理体制等。从纳税人的角度来说,它是纳税人履行纳税义务的行为规范;从征税机关来说,它是征税的法律依据和工作规程。国家要征税,纳税人要纳税,双方形成一种征纳关系,这种征纳关系必须用法律或制度的形式加以规定,以便双方在征纳过程中共同遵守。这就形成了税收制度。

与国家其他制度相比,税收制度具有如下特征[①]:

1. 税收制度是正式的制度,是由国家以法律的形式正式颁布实施,所有社会成员都必须遵守的制度。税收制度的正式性是由税收法定主义规定的,税收法定主义要求税收制度在具体立法、执法过程中必须依据正式的国家法律。由于其是正式的制度,因此在变迁过程中一般体现为强制变迁。

2. 税收制度是外在制度,是由国家制定并且被自上而下地强加和执行的。税收制度设有惩罚措施,这些惩罚措施以各种正式的方式强加给社会并依靠法律权力的运用来保证实施。

3. 税收制度的内容是有关国家税收的征收和缴纳,目的是减少经济行为主体纳税方面的机会主义行为,降低税收成本。税收制度使纳税人在经营过程中对自己的税收义务、税收程序更具有预见性,从而妥善安排自己的生产经营活动;税收制度对征纳双方都具有制约作用,可以防止税务工作人员在征税过程中因随意性行为而侵犯纳税人的合法利益,也可以减少纳税人偷逃税行为的发生,降低税收征收管理过程中的机会成本。

4. 税收制度安排是国家的一种再分配方式。这里的再分配包括两个方面:一是事先的再分配——获取收入机会结构的重新安排;二是事后的再分配——由生产和交换的经济过程产生的收入或财富的再分配。现实中这两种再分配很难区分,因为某种政策措施也可能对另一种再分配产生影响,但二者都与公平有密切关系。比较常用的再分配手段是税收。税收以法律形式固定下来就成为税收制度。

(二)税收制度的内容

税收制度的内容主要有三个层次:一是不同的要素构成税种,主要包括纳税人、征税对象、税目、税率、纳税环节、纳税期限、减免税规定等。二是不同的税种构成税收制度,一般包括:所得税,如企业所得税、个人所得税;流转税,如增值税、消费税;其他税种,如房产税、关税等。三是规范税款征收程序的法律法规,如税收征收管理法等。税收制度的核心是税法,税法是指国家制定的、用以调整国家与纳税人之间在征纳税方面权利及义务关系的法律规范的总称,具有统一性、权威性和严肃性,它是国家财政收入的保障,也是国家对市场经济进行宏观调控的重要杠杆。

三、税收制度的确立原则

为实现社会主义市场经济建设和发展的基本要求,在确立我国税收制度时应遵循下列原则:

[①] 王春玲:《我国税收制度的经济学分析——一种法经济学的视角》,经济科学出版社 2007 年版,第 15~16 页。

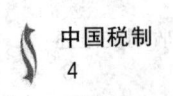

(一)财政原则

财政原则要求税收制度首先保证国家取得足额稳定的财政收入,确保国家实现其职能的物质需要。税收的财政收入原则包括两方面的内容:第一,普遍纳税,是指凡有纳税能力的单位和个人,都应当依法纳税;对条件大体相同者,应该承担相同的纳税义务。第二,收入适度、合理。确立税收制度要充分考虑社会经济状况,取之过度则会影响社会生产力的发展。坚持该原则要注意三点:一是要在确定国家职能和社会经济发展水平的基础上,确定税收占国民收入的比重;二是结合现行税制,按照确定的比重调整设置税种、确定课税对象和税率;三是要考虑税收收入能随着经济的发展而相应增长。

(二)公平原则

公平原则包括以下三个层次的内容:第一层次是税收负担公平。纳税人的税收负担应当与其纳税能力相对称。一方面,能力相同的人应负担相同的税收;另一方面,负担能力不同的人应该负担不同的税收。这是税收本身具有公平性。第二层次是国家通过建立合理的税收机制,建立机会平等的经济环境。第三层次是税收的社会公平。国家通过建立合理的课税机制,对劳动者及其贡献予以承认、尊重和鼓励,对劳动能力低下者则通过其他方式予以补助;同时,对因地位、权力和生产资料占有形成的特殊利益给予一定程度的节制。社会公平强调权利与义务的统一,使社会成员处于平等地位。

(三)效率原则

效率原则是指以最少的耗费实现最大的收入。它包括两方面的内容:一是税收的经济效率,它是指征税过程对纳税人和整个国民经济产生的正负效应,税收制度应有利于提高资源配置效率和宏观经济效益;二是税收的行政效率,即一定时期直接征税成本与入库的税收收入之比,这个比值越小,税收的行政效益就越高。直接征税成本是征税机关为获取税收而耗费的一切费用。

(四)法治原则

法治原则,就是国家税收制度的建立和税收政策的运用,应以法律为依据,依法治税。法治原则的内容包括税收的程序规范和征收内容明确两个方面。前者要求税收程序(包括税收的立法程序、执法程序和司法程序)法定,后者要求征税内容法定。税收的法治原则,是与税收法学中的"税收法定主义"相一致的。市场经济是法治经济,我国要发展社会主义市场经济,就需要依法治国,更需要依法治税。因此,在我国建立和完善符合社会主义市场经济发展要求的税制过程中,提倡和强调法治原则就显得更为重要和迫切。

四、税收制度建立的意义

税收制度的建立,要根据本国的具体政治经济条件。因此,各国的政治经济条件不同,税收制度也不尽相同,具体征税办法也千差万别。就一个国家而言,在不同的时期,由于政治经济条件和政治经济任务不同,税收制度也有着或大或小的差异。在社会主义市场经济条件下,建立一个适合本国国情的税收制度具有重要的意义,主要表现在以下几个方面:

(一)税收制度是处理税收分配关系的载体

税收是国家通过法律手段强制地、无偿地参与国民收入分配的一种分配形式。税收的多少决定着国民收入在纳税人和国家之间的分配比例,通过税款的征缴所形成的国家与纳税人之间的经济关系就是税收的分配关系。我国现阶段的税收分配关系,主要包括国家同国有企业、集体企业、私营企业、外商投资企业、外国企业、股份制企业、其他企业、个体经营者和其他个人的税收关系。例如,国有企业把一部分产品缴纳给国家,体现国家与国有企业的税收法律分配关系,它同国有企业上缴的经营利润所体现的财产分配关系是不同的。

在社会主义市场经济条件下,不分经济性质,只要发生了应税收入、收益或行为,就应当依法纳税,否则就是违法。因此,税收是国家取得财政收入和调控经济运行的理想手段。

税收的分配作用是通过税收制度这一载体实现的,在社会主义市场经济条件下,国家通过征税,实现社会产品或国民收入的转移,都是通过税收制度加以规定、按照税收制度进行征管来实现的。离开了税收制度,就无法进行理想的、科学的国民收入分配。因此,税收制度是处理税收分配关系的载体,要正确处理国家与纳税人之间的经济分配关系,必须建立合理、完善的税收制度。

(二)税收制度是实现税收作用的载体

一个国家要发挥税收的作用,包括取得财政收入、调节生产、消费、分配和不同经济成分的收入水平等,都必须制定理想的税收制度和有效率地执行税收制度,离开税收制度这一实现税收作用的载体,税收作用是无从发挥出来的。也就是说,税收本身作为国民收入的分配手段,必须借助税收制度这一载体,才能将其聚财和调控作用发挥出来。这是因为,不同的税制、不同的税种、不同的税负水平、不同的征管范围,所产生的作用也不相同。例如,不同税负水平的个人所得税税制,体现着合理负担和调控贫富差距的作用;对遗产或赠与课税,体现着鼓励个人劳动致富的作用等。如果离开了制度规定,税收的这些作用就只能是一种潜在的功能,无法发挥出来。因此,税收制度是税收作用的实现形式,只有建立合理、完善的税收制度,才能更好地发挥税收所具有的作用。

(三)税收制度是税收征纳的依据

税收是通过征税主体的征收活动和纳税主体的缴纳活动实现的。无论是作为征税主体的税务机关,还是作为纳税主体的纳税人,如果没有税收制度作为依据,税务机关和纳税人双方的责任和义务都得不到明确,税收的征纳就难以做到科学、客观、公正、有序。因此,税收制度是税收征纳的依据。只有建立了科学的税收制度,才能实现税收征管的科学化;只有建立了理想的税收制度,才能实现理想的税收征收管理。同时,税收制度的建立也要有利于提高税收征纳效率。

第二节 税收制度构成要素

税收制度构成要素简称"税制要素",是指构成税收法规的基本因素。一个完整的税收制度,其构成要素主要应包括征税对象、纳税人、税率、纳税环节、纳税期限、减税免税和违章处理等。

一、征税对象

(一)征税对象的概念

征税对象又称"课税对象"或"课税客体",是指对什么征税。它是一种税区别于另一种税的主要标志,体现着不同税种界限,决定着不同税种名称的由来。例如,增值税的征税对象为商品或劳务的增值额,消费税的征税对象为应税消费品,所得税的征收对象为生产经营所得和其他所得,房产税的征税对象为房屋,等等。征税对象是税收制度最基本的要素,税收制度其他要素的内容一般都是以征税对象为基础确定的。

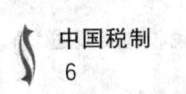

(二)与征收对象有关的概念

与征收对象有关的概念包括税目、计税依据、税源、税本等。

1. 税目

税目是征收对象的具体化,反映了具体的征税范围,代表征税的广度。设置税目的方法有两种:一是列举法,即按照每种商品的经营项目或收入项目分别设置税目,必要时还可以在税目之下划分出若干个子目。列举法适用于税源大、界限清楚的征税对象,如现行消费税税目。二是概括法,即按照商品大类或行业设置税目,适用于品种类别繁多、界限不易划分清楚的征税对象,如现行资源税税目。

2. 计税依据

计税依据又称税基,是指税法中规定的据以计算各种应征税款的依据或者标准。它是征税对象在量上的具体化。计税依据有两种形式:一是价值形式,即以征税对象的价值量(如销售额、所得额)为计税依据;二是实物形式,即以征税对象的实物量(如数量、重量、容量、面积)为计税依据。我国现行税收体系中,增值税和所得税的计税依据等均采用价值形式;城镇土地使用税和车船税等税种的计税依据采用实物形式;消费税和印花税等税种的计税依据采用价值与实物相结合的形式。

3. 税源

税源是税收收入的来源,即各种税收收入的最终出处。

4. 税本

税本是产生税源的物质要素和基础条件。生产资料和劳动力的总和概括起来就是税本。税本与税源有区别,也有联系,人们常把税本比喻为果树,果树所产生的果实就为税源,从税源中取出一部分交给国家即为税收。可见,有税本才有税源,有税源才有税收。税收与税源、税源与税本都是互为依存的关系。

二、纳税人

(一)纳税人的概念

纳税人又称"纳税义务人"或"纳税主体",是指税收制度中规定的直接负有纳税义务的单位和个人。无论什么税,总是要由纳税人来承担的,因此,纳税人是税收制度的基本要素。

纳税人可以是法人,也可以是自然人。法人是指依法成立并能独立地行使法定权利和承担法律义务的社会组织,包括企业法人、事业法人、行政法人和社会团体法人等。自然人是指依法享有民事权利并承担民事义务的个人,包括中国公民、外籍人员和个体工商户等。不论是法人还是自然人,只要在规定的范围内,都可能是纳税人。

(二)与纳税人有关的概念

与纳税人有关的概念有扣缴义务人和负税人。

1. 扣缴义务人

扣缴义务人是指法律、行政法规规定负有代扣代缴、代收代缴税款义务的单位和个人。扣缴义务人既可以是各种类型的企业,也可以是机关、社会团体、民办非企业单位、部队、学校和其他单位,或者是个体工商户、个人合伙经营者和其他自然人。扣缴义务人并不是纳税义务人,但是,为了加强税收的源泉控制,防止税款的流失,保证财政收入的取得,简化征税手续,有的税种需要规定扣缴义务人。例如,个人所得税以支付所得的单位或者个人为扣缴义务人。

2. 负税人

负税人是指最终负担国家征收的税款的单位和个人。如果说纳税人是法律上的纳税主体,负税人则是经济上的纳税主体。纳税人是由国家税法规定的,而负税人则是在社会经济活动中形成的。纳税人和负税人有时是一致的,有时是不一致的。纳税人和负税人的不一致是由税负转嫁引起的。在税负不能转嫁的条件下,负税人也就是纳税人;在税负能够转嫁的条件下,负税人不等于纳税人。

专栏 1-1　纳税人的权利与义务[①]

纳税人享有 14 项权利:

知情权;保密权;税收监督权;纳税申报方式选择权;申请延期申报权;申请延期缴纳税款权;申请退还多缴税款权;依法享受税收优惠权;委托税务代理权;陈述与申辩权;对未出示税务检查证和税务检查通知书的拒绝检查权;税收法律救济权;依法要求听证的权利;索取有关税收凭证的权利。

纳税人负有 10 项义务:

依法进行税务登记的义务;依法设置账簿、保管账簿和有关资料以及依法开具、使用、取得和保管发票的义务;财务会计制度和会计核算软件备案的义务;按照规定安装、使用税控装置的义务;按时、如实申报的义务;按时缴纳税款的义务;代扣、代收税款的义务;接受依法检查的义务;及时提供信息的义务;报告其他涉税信息的义务。

三、税率

税率是指应纳税额与征税对象之间的比例,是计算应纳税额的尺度,体现了征税的深度。税率的设计,直接反映了国家有关经济政策,直接关系着国家财政收入的多少和纳税人税收负担的高低,因此,税率是税收制度的核心要素。我国现行税率有以下几种形式:

(一)比例税率

比例税率是指同一征税对象不论数额大小,都按同一比例征税的税率,是一种应用最广泛、最常见的税率形式。比例税率有两大优点:一是同一课税对象的不同纳税人税收负担相同,能够鼓励先进、鞭策落后,有利于公平竞争;二是计算简便,有利于税收的征收管理。比例税率的缺点在于调节收入的适应性不强,不能体现能力大者多征、能力小者少征的原则。该税率一般适用于对流转额的征税。

在具体运用上,比例税率又可以采取不同的表现形式:(1)统一比例税率,即一个税种只规定一个比例税率,所有的纳税人都按同一税率纳税,如现行车辆购置税和烟叶税税率。(2)产品差别比例税率,即按具体产品或大类产品设计不同的比例税率,如现行消费税税率。(3)地区差别比例税率,即对同一征税对象按照其所在地区分别设计不同税率。地区差别比例税率具有调节地区之间收入的作用,如城市维护建设税税率。(4)幅度比例税率,即在税法规定的统一比例幅度内,由地方政府根据本地具体情况确定具体的适用税率,如现行契税税率。

(二)累进税率

累进税率是指按征税对象数额的大小,划分若干等级,不同等级规定高低不同的税率。征税对象数额越大,则税率越高;数额越小,则税率越低。与比例税率相比,累进税率更符合税收

[①]　国家税务总局:《关于纳税人权利与义务的公告》(国家税务总局公告 2009 年第 1 号),本公告自 2009 年 11 月 6 日起施行。

公平的要求,它对调节纳税人的利润和收入有明显的作用,因此更适用于对所得额的征税。

按照累进依据和累进方式不同,累进税率可分为全额累进税率、超额累进税率、全率累进税率和超率累进税率等具体形式。但在我国现行税收制度中采用的累进税率,仅有超额累进税率(见表1—1)和超率累进税率两种具体形式。

表1—1　　　　　　　　　　　　五级超额累进税率表

级数	所得额级距	税率(%)	速算扣除数(元)
1	全年所得额在1 000元以下(含)	10	0
2	全年所得额在1 000~3 000元(含)	20	100
3	全年所得额在3 000~5 000元(含)	30	400
4	全年所得额在5 000~7 000元(含)	40	900
5	全年所得额在7 000元以上	50	1 600

1. 全额累进税率

全额累进税率是指征税对象的全部数额都按其所适用等级的税率计算应纳税额的累进税率。

【例1—1】 假定甲纳税人全年应纳税所得额为7 000元,乙纳税人全年应纳税所得额为7 001元。则甲纳税人应纳税额=7 000×40%=2 800(元);乙纳税人应纳税额=7 001×50%=3 500.5(元)。

由此可见,全额累进税率的优点是计算简便,其缺点是在两个级距的临界点处会出现税额的增加超过征税对象数额增加的不合理现象。如本例中,乙纳税人只比甲纳税人所得多1元,但应纳税额却增加了700.5元(3 500.5-2 800)。这个结果显然不能被纳税人所接受,不利于鼓励纳税人增加收入。所以,我国目前的税收制度中已不采用这种税率了。

2. 超额累进税率

超额累进税率是指把征税对象按数额的大小分成若干个等级,每个等级规定一个税率,税率依次提高,每一纳税人的征税对象则依所属等级同时适用几个等级的税率分别计算,再将计算结果相加后得出应纳税额。我国目前采用这种税率的税种有个人所得税。

【例1—2】 仍以上述甲、乙两个纳税人为例,即甲全年应纳税所得额为7 000元,乙全年应纳税所得额为7 001元,按超额累进税率的方法计算甲、乙两个纳税人应纳税额如下:

甲纳税人应纳税额为:

1 000×10%=100(元)

(3 000-1 000)×20%=400(元)

(5 000-3 000)×30%=600(元)

(7 000-5 000)×40%=800(元)

应纳税额合计为:100+400+600+800=1 900(元)

乙纳税人应纳税额为:

1 000×10%=100(元)

(3 000-1 000)×20%=400(元)

(5 000-3 000)×30%=600(元)

(7 000-5 000)×40%=800(元)

$(7\,001-7\,000)\times50\%=0.5(元)$

应纳税额合计为：$100+400+600+800+0.5=1\,900.5(元)$

可以看出，全额累进税率与超额累进税率相比较，具有不同的特点。一是在名义税率相同的情况下，全额累进税率的累进程度高、税负重；超额累进税率的累进程度低、税负轻。二是在所得额级距临界点附近，全额累进会出现税负增加超过所得额增加的不合理现象；超额累进则不存在这个问题。三是在计算上，全额累进计算简便，超额累进计算复杂。尽管超额累进税率存在计算复杂的缺点，但世界上许多国家普遍采用这种税率形式。

在实际工作中，超额累进税率计税的复杂性可以通过"速算扣除数"的办法得到简化，即按下面的公式计算：

$$超额累进的应纳税额=全额累进的应纳税额-速算扣除数$$

依上例，甲、乙两个纳税人可用"速算扣除数"的办法计算应纳税额：

甲应纳税额 $=7\,000\times40\%-900=1\,900(元)$

乙应纳税额 $=7\,001\times50\%-1\,600=1\,900.5(元)$

所谓速算扣除数，就是预先按全额累进方法计算的税额减去按超额累进方法计算的税额以后的差额。用公式表示为：

$$速算扣除数=按全额累进方法计算的应纳税额-按超额累进方法计算的应纳税额$$

或：

$$本级速算扣除数=(本级税率-上级税率)\times上级征税对象的最高数额+上级速算扣除数$$

仍以上述甲、乙两个纳税人为例：

第一级速算扣除数 $=1\,000\times10\%-(1\,000-0)\times10\%=0(元)$

或： $=(10\%-0)\times0+0=0(元)$

第二级速算扣除数 $=3\,000\times20\%-[(1\,000-0)\times10\%+(3\,000-1\,000)\times20\%$

$=100(元)$

或： $=(20\%-10\%)\times1\,000+0=100(元)$

其余各级的速算扣除数，以此类推。

全率累进税率与全额累进税率的原理相同，只是税率累进的依据不同，全额累进税率的依据是征税对象的数额，而全率累进税率的依据是征税对象的某种比率，如销售利润率、资金利润率或土地增值率等。超率累进税率与超额累进税率的原理也相同，只是税率累进的依据不是征税对象的数额，而是征税对象的某种比率。

(三)定额税率

定额税率也称固定税额，是按征税对象的一定计量单位直接规定一个固定的应纳税额，而不是规定征收比例。一般适用于从量计征的税种。

定额税率在具体运用上分为以下三种：地区差别税额、幅度税额和分类分级税额。地区差别税额，即为了照顾不同地区的自然资源、生产力水平和盈利水平的差别，对不同地区规定征收不同的税额，如现行耕地占用税。幅度税额，即国家只规定一个税额幅度，由各地根据本地区的实际情况，在规定的幅度内，确定一个执行税额，如现行城镇土地使用税。分类分级税额，即把征税对象划分为若干个类别和等级，对各类、各级分别规定不同的税额，如现行车船税。

定额税率的优点：一是由于税额不随征税对象价值量的增加而增加，因而有利于鼓励企业提高产品质量和改进包装；二是计算简便；三是税额不受征税对象价格变化的影响，负担相对稳定。定额税率的缺点是：由于定额税率的应纳税额与征税对象的价值量无关，所以不能使国

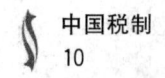

家财政收入随国民收入的增长而同步增长。

四、纳税环节

纳税环节是指税收制度中规定的征税对象从生产到消费流转过程中应当缴纳税款的环节。商品从生产到消费,要经过多个流转环节,包括商品生产、商品批发和商品零售等环节。合理地确定在某个环节缴纳税款,不仅关系到税制结构和整个税制的布局问题,而且对于控制税源、保证国家财政收入、平衡地区间的收入、便利纳税人缴纳税款等方面都有十分重要的意义。

任何一种税都要确定纳税环节,有的税种纳税环节比较明确、固定,有的税种则需要在许多流转环节中选择和确定适当的纳税环节。例如,对一种商品,在生产、批发、零售环节中,可以选择只在生产环节征税,称为"一次课征制",如消费税;也可以选择在两个环节征税,称为"两次课征制";还可以实行在所有流转环节都征税,称为"多次课征制",如增值税。

五、纳税期限

(一)纳税期限的概念

纳税期限是指税法规定的纳税人向国家缴纳税款的期限。各个税种都需要明确规定纳税期限,这是税收的固定性和强制性在时间上的体现。确定纳税期限应遵循三个原则:一是根据国民经济各部门生产经营特点和不同征税对象来确定;二是根据纳税人缴纳税款的数额多少来确定;三是根据纳税义务发生的特殊性和加强税收征管的要求来确定。

(二)纳税期限的形式

我国现行税收制度中规定的纳税期限主要有以下几种形式:

1. 按期纳税。即以1日、3日、5日、10日、15日、1个月和1个季度为纳税期限,如现行增值税、消费税等。

2. 按次纳税。即以纳税人发生纳税行为的次数确定纳税期限,如现行契税、印花税和个人所得税中偶然所得的纳税等。

3. 按年纳税。即以一个年度为纳税期限,如现行企业所得税实行按年计算,分月或分季预缴,年终汇算清缴,多退少补。

理解纳税期限需注意区分两组概念:一是纳税期限不等于纳税申报期。纳税申报期是指纳税期满后纳税人办理纳税手续、解缴税款的时间。二是纳税期限不等于纳税义务发生时间。纳税义务发生时间是指纳税人取得应税收入或发生纳税行为应当承担纳税义务的起始时间。

六、减税免税[1]

减税免税是指国家对特定纳税人或征税对象,给予减轻或者免除税收负担的一种税收优惠措施,包括税基式减免、税率式减免和税额式减免三类,不包括出口退税和财政部门办理的减免税。减税是对应纳税额少征一部分税款,免税则是对应纳税额全部免征。减税免税是把税收的严肃性和必要的灵活性结合起来,体现因地制宜和因事制宜的原则,更好地贯彻税收政策。减税免税是一种特殊的调节手段,必须严格按照税收法律法规的范围和权限办事,任何单位和部门不得任意扩大范围和超越权限擅自减免税。

---

[1] 国家税务总局:《税收减免管理办法》(国家税务总局公告2015年第43号),本办法自2015年8月1日起施行。

(一)减税免税的形式

减税免税具体可分为以下三种形式:

1. 税基式减免

税基式减免,是指通过直接缩小计税依据的方式实现的减免税,包括起征点、免征额、项目扣除和跨期结转等。

(1)起征点。是指征税对象达到一定数额开始征税的起点,征税对象数额未达到起征点的不征税,达到或超过起征点的应就全部数额征税。例如,现行增值税有起征点的规定。

(2)免征额。是指在征税对象的全部数额中免于征税的数额,免征额的部分不征税,仅就超过免征额的部分征税。例如,现行个人所得税中就有免征额的规定。

起征点与免征额同为征税与否的界限,对纳税人来说,在其收入没有达到起征点或没有超过免征额的情况下,两者是一样的。但是它们又有明显的区别。一是当纳税人的收入正好达到起征点时就要征税,而当纳税人的收入正好与免征额相同时,则不用征税。二是当纳税人收入达到或超过起征点时,就要对收入全额征税,而当纳税人收入超过免征额时,则只就超过的部分征税。两者相比,享受免征额的纳税人就要比享受同额起征点的纳税人的税负轻。三是起征点只能照顾一部分纳税人,而免征额可以照顾适用范围内的所有纳税人。

(3)项目扣除。是指在征税对象总额中先扣除某些项目的金额后,以其余额为计税依据计算应纳税额。例如,企业所得税、土地增值税等具有项目扣除的规定。

(4)跨期结转。是指将某些费用或损失向后或向前结转,抵消其一部分收益,以缩小税基,实现减免税,如企业所得税中的亏损弥补等规定。

2. 税率式减免

税率式减免,是指通过直接降低税率的方式实现的减免税,包括重新确定税率、选用其他税率和规定零税率等。如现行增值税中对出口货物实行零税率,企业所得税中对小型微利企业以及高新技术企业均实行低税率优惠。

3. 税额式减免

税额式减免,是指通过直接减少应纳税额的方式实现的减免税,包括全部免征、减半征收、核定减征率以及核定减征税额等。例如,企业所得税中对企业从事国家重点扶持的公共基础设施项目投资经营的所得可以免征、减征企业所得税。又如,个人所得税中对稿酬所得可按应纳税额减征30%。

减税免税是减轻税收负担的措施。与之相对应,税收附加和税收加成则是加重纳税人负担的措施。

税收附加也称地方附加,是地方政府按照国家规定的比例随同正税一起征收的列入地方预算外收入的一种款项,由地方财政单独管理并按规定的范围使用,不得自行变更。例如,教育费附加就只能用于发展地方教育事业。

税收加成是指根据税收制度规定的税率征税后,再以应纳税额为依据加征一定成数的税额。加征一成相当于应纳税额的10%,一般最多只能加征十成。与加成相适应的还有税收加倍,即在应纳税额的基础上加征一定倍数的税额。所以,加成和加倍没有实质性的区别。

(二)减税免税的类型

减免税分为核准类减免税和备案类减免税。

1. 核准类减免税

核准类减免税是指法律法规规定应由税务机关核准的减免税项目。纳税人享受核准类减免税,应当提交核准材料,提出申请,经依法具有批准权限的税务机关按规定核准确认后执行。未按规定申请或虽申请但未经有批准权限的税务机关核准确认的,纳税人不得享受减免税。

纳税人申请核准类减免税的,应当在政策规定的减免税期限内向税务机关提出书面申请,并按要求报送相应的材料。纳税人对报送材料的真实性和合法性承担责任。

税务机关对纳税人提出的减免税申请,应当根据以下情况分别作出处理:

(1)申请的减免税项目,依法不需要由税务机关核准后执行的,应当及时告知纳税人不受理;

(2)申请的减免税材料存在错误的,应当告知并允许纳税人更正;

(3)申请的减免税材料不齐全或者不符合法定形式的,应当场一次性书面告知纳税人;

(4)申请的减免税材料齐全、符合法定形式的,或者纳税人按照税务机关的要求提交全部补正减免税材料的,应当受理纳税人的申请。

税务机关受理或者不予受理减免税申请,应当出具加盖本机关专用印章和注明日期的书面凭证。

减免税的审核是对纳税人提供材料与减免税法定条件的相关性进行审核,不改变纳税人真实申报责任。

减免税申请符合法定条件、标准的,税务机关应当在规定的期限内作出准予减免税的书面决定。依法不予减免税的,税务机关应当说明理由,并告知纳税人享有依法申请行政复议以及提起行政诉讼的权利。

纳税人在减免税书面核准决定未下达之前应按规定进行纳税申报。纳税人在减免税书面核准决定下达之后,所享受的减免税应当进行申报。纳税人享受减免税的情形发生变化时,应当及时向税务机关报告,税务机关对纳税人的减免税资质进行重新审核。

2. 备案类减免税

备案类减免税是指不需要税务机关核准的减免税项目。纳税人享受备案类减免税,应当具备相应的减免税资质,并履行规定的备案手续。

备案类减免税的实施可以按照减轻纳税人负担、方便税收征管的原则,要求纳税人在首次享受减免税的申报阶段在纳税申报表中附列或附送材料进行备案,也可以要求纳税人在申报征期后的其他规定期限内提交报备资料进行备案。

纳税人随纳税申报表提交附送材料或报备材料进行备案的,应当在税务机关规定的减免税期限内,报送列明减免税的项目、依据、范围、期限和减免税依据的相关法律法规规定要求报送的材料。纳税人对报送材料的真实性和合法性承担责任。

税务机关对纳税人提请的减免税备案,应当根据以下情况分别作出处理:

(1)备案的减免税材料存在错误的,应当告知并允许纳税人更正;

(2)备案的减免税材料不齐全或者不符合法定形式的,应当场一次性书面告知纳税人;

(3)备案的减免税材料齐全、符合法定形式的,或者纳税人按照税务机关的要求提交全部补正减免税材料的,应当受理纳税人的备案。

税务机关受理或者不予受理减免税备案,应当出具加盖本机关专用印章和注明日期的书面凭证。

备案类减免税的审核是对纳税人提供资料完整性的审核,不改变纳税人真实申报责任。

税务机关对备案材料进行收集、录入,纳税人在符合减免税资质条件期间,备案材料一次性报备,在政策存续期可一直享受。

纳税人享受备案类减免税的,应当按规定进行纳税申报。纳税人享受减免税到期的,应当停止享受减免税,按照规定进行纳税申报。纳税人享受减免税的情形发生变化时,应当及时向税务机关报告。

(三)减税免税的监督管理

1. 监督检查制度

税务机关应当结合税收风险管理,将享受减免税的纳税人履行纳税义务情况纳入风险管理,加强监督检查。主要内容包括:

(1)纳税人是否符合减免税的资格条件,是否以隐瞒有关情况或者提供虚假材料等手段骗取减免税;

(2)纳税人享受核准类减免税的条件发生变化时,是否根据变化情况,经税务机关重新审查后办理减免税;

(3)纳税人是否存在编造虚假计税依据骗取减免税的行为;

(4)减免税税款有规定用途的,纳税人是否按照规定用途使用减免税款;

(5)减免税有规定减免期限的,是否到期停止享受税收减免;

(6)是否存在纳税人应经而未经税务机关批准自行享受减免税的情况;

(7)已享受减免税是否按时申报。

纳税人享受核准类或备案类减免税的,对符合政策规定条件的材料有留存备查的义务。纳税人在税务机关后续管理中不能提供相关印证材料的,不得继续享受税收减免,追缴已享受的减免税款,并依照《税收征收管理法》的有关规定处理。

税务机关在纳税人首次减免税备案或者变更减免税备案后,应及时开展后续管理工作,对纳税人减免税政策适用的准确性进行审核。对政策适用错误的,告知纳税人变更备案,对不应当享受减免税的,追缴已享受的减免税款,并依照《税收征收管理法》的有关规定处理。

2. 责任追究制度

税务机关应当将减免税核准和备案工作纳入岗位责任制考核体系中,建立税收行政执法责任追究制度:

(1)建立健全减免税跟踪反馈制度。各级税务机关应当定期对减免税核准和备案工作情况进行跟踪与反馈,适时完善减免税工作机制。

(2)建立减免税案卷评查制度。各级税务机关应当建立各类减免税资料案卷,妥善保管各类案卷资料,上级税务机关应定期对案卷资料进行评查。

(3)建立层级监督制度。上级税务机关应建立经常性的监督制度,加强对下级税务机关减免税管理工作的监督,包括是否按规定的权限、条件、时限等实施减免税核准和备案工作。

税务机关需要对纳税人提交的减免税材料内容进行实地核实的,应当指派2名以上工作人员按照规定程序进行实地核查,并将核查情况记录在案。上级税务机关对减免税实地核查工作量大、耗时长的,可委托企业所在地的区县税务机关具体组织实施。

因税务机关的责任批准或者核实错误,造成企业未缴或少缴税款,依照《税收征收管理法》的有关规定处理。

税务机关越权减免税的,除依照《税收征收管理法》规定撤销其擅自作出的决定外,补征应征未征税款,并由上级机关追究直接负责的主管人员和其他直接责任人员的行政责任;构成犯罪的,依法追究刑事责任。

税务机关应对享受减免税企业的实际经营情况进行事后监督检查。检查中,发现有关专

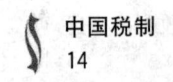

业技术或经济鉴证部门认定失误的,应及时与有关认定部门协调沟通,提请纠正后,及时取消有关纳税人的优惠资格,督促追究有关责任人的法律责任。有关部门非法提供证明,导致未缴、少缴税款的,依照《税收征收管理法》的有关规定处理。

七、违章处理

(一)违章处理的概念

违章处理,是指税务机关对纳税人违反税收制度行为采取的处罚性措施。它是税收强制性在税收制度中的具体体现。

(二)违反税收制度的行为

1. 违反日常税收管理的行为

具体包括:未按规定办理税务登记;未按规定办理纳税申报;未按规定设置保管账簿及有关凭证;未按规定报送财务会计制度、财务会计处理办法、会计核算软件;未按规定向税务机关报告银行账号;拒绝接受税务机关的监督与检查等。

2. 直接妨害税款征收的行为

具体包括:(1)欠税,是指纳税人或扣缴义务人逾期未缴纳税款的行为;(2)逃避缴纳税款,是指纳税义务人、扣缴义务人故意违反税收法规,采取欺骗、隐瞒手段,虚假纳税申报或不申报而逃避缴纳税款,不缴或少缴已扣、已收税款的行为;(3)抗税,是指纳税人或扣缴义务人以暴力威胁方法拒绝缴纳税款的行为;(4)骗税,是指纳税人故意违反税收法规,采取假报出口或者其他欺骗手段,骗取国家出口退税款的行为。

3. 违反发票管理规定的行为

具体包括:未按照规定印制发票或者生产发票防伪专用品;未按照规定领购发票;未按照规定开具发票;未按照规定取得发票;未按照规定保管发票等。

(三)对违反税法行为的处罚

1. 行政处罚

(1)加收滞纳金。滞纳金是税务机关对不按规定而逾期缴纳税款的纳税人给予经济处罚的一种措施。根据税法的规定,对逾期未缴税款者,税务机关除责令限期照章补交滞纳税款外,并从滞纳之日起,按日加收滞纳税款5‰的滞纳金。计算公式为:

$$应交滞纳金=滞纳税款数额×滞纳天数×5‰$$

【例1—3】 某公司将税务机关确定的应于2016年10月15日缴纳的税款20万元,延期至12月25日缴纳,根据《税收征收管理法》的规定,计算该公司应纳的税收滞纳金。

应纳税收滞纳金=200 000×10×5‰=1 000(元)

(2)罚款。即对纳税人的违章行为处以一定数额罚款的经济制裁。具体有两种形式:一种是按应纳税款的倍数罚款;另一种是按一定数额罚款。

(3)其他行政处罚。除加收滞纳金、罚款外,税务机关对税务违章行为还可采取没收财产与违法所得、停止出口退税权、收缴发票和暂停供应发票、吊销营业执照等措施。

2. 刑事处罚

对逃避缴纳税款、抗税、骗税、违反增值税专用发票管理等构成犯罪的,除按税收法律规定补交税款并处以罚金外,对有关责任人员还应移送司法机关依法追究其刑事责任。刑事责任处罚的主刑包括管制、拘役、有期徒刑、无期徒刑和死刑。

第三节　税收制度结构

一、税收制度结构的概述

(一)税收制度结构的含义

税收制度结构,简称税制结构,是指根据特定的社会经济条件和发展要求,一个国家的税收制度中不同税类(或税系)之间以及不同税种之间的相互配合、相互制约的组合状况,它体现了一个国家税收制度的整体布局和内部构造,反映了不同税系和不同税种在整个税收体系中的地位和作用。税制结构是税收理论研究中的一个重要问题,也是一国税制建设中着力解决的问题,它直接影响了一个国家税收宏观调控功能的发挥程度,决定着税收作用的广度和深度。研究不同国家或同一国家不同时期的税制结构,可以准确分析税收负担的分配情况,以及各税种在税制结构中的功能作用及其对社会经济发展和宏观经济运行的影响程度。

建立合理的税制结构,是实现税收职能和相关税收政策目标的基本前提。税制结构包括三个层次的内容:

1. 税类之间的地位、配置及其相互制约、相互协调的构成体系和布局。
2. 税类中各税种之间的地位、配置及其相互制约、相互协调的构成体系和布局。
3. 税种本身各个要素之间的配置及其相互联系与协调的构成体系和布局。

(二)税制结构与税收制度的关系

税制结构与税收制度是两个既有区别又有联系的概念。税制结构是一个国家税收制度的基础,税收制度是一个国家根据其税收政策及税收原则制定的税收法规。税制结构与税收制度的联系表现在两个方面:一是税制结构与税收制度的建立与发展,都取决于同样的经济条件;二是税制结构决定税收制度的规模、内容和作用的范围,也就是说,只有具备合理的税制结构,才可能由此建立完善的税收制度。所以,税制结构是整个税制建设的主体工程。

二、税制结构的分类

(一)以税制中的税种数量多少分类

1. 单一税制结构。是指一个国家只设置一种税的税制结构。由于这类单一税制构想在理论上违背国民收入及其税收分配的一般规律,在财政上难以保证国家税收收入,在税收负担上有悖于公平合理的原则,因此,这种构想一直未能真正付诸实践。

2. 复合税制结构。是指一个国家设置多种税,且主次有序、互相配合、相辅相成的税制结构。由于复合税制避免了单一税制存在的根本缺陷,具有经济上的适应性、功能上的全面性、财政上的保证性和负担上的合理性,现已被世界各国广泛采用。

(二)以在税制中的地位不同分类

1. 以流转税为主体的税制结构。在这种税制结构中,商品税或消费税居于主导地位,它在保证国家税收的均衡性、稳定性以及体现国家的生产与消费政策等方面,有着特殊作用。

2. 以所得税为主体的税制结构。在这种税制结构中,各种所得税起主导作用,这种作用尤其体现在调节收入分配、贯彻弹性负担原则和稳定经济运行等方面。

3. 以资源税为主体的税制结构。这种税制结构在理论上有保证收入的刚性和调节级差收入、鼓励竞争等特点,但若用于实践,则税源过窄,缺乏弹性。

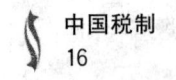

4. 商品劳务税和所得税并重的税制结构。这种税制结构的优点是能够兼顾两者的长处，但在如何衔接两者功能方面仍有一些需要深入探讨的问题。

(三)以税收管理的权限不同分类

1. 中央税制结构。主要是指中央税制内不同税种之间相互关系的总体形式，它可以分为中央主体税与中央辅助税之间的关系，以及主体税种之间与辅助税种之间的结合方式。

2. 地方税制结构。其核心亦涉及上述关键问题。例如，在美国税制结构中，联邦税以所得税为主体并辅以遗产税、赠与税和社会保险税，组成直接税体系。地方(含州和地方两级)税制则以某几种间接税或销售税为主体，辅以其他税种，组成地方两级税制结构。合理设计我国的中央、地方税制结构，特别是地方税制结构，是分税制改革所要解决的重大问题之一。

(四)以税收职能在税制中的地位不同分类

1. 财政型税制结构。是指各类税种的配置以取得财政收入为主要目的，如封建国家实行的就是财政型税制结构等。

2. 经济调节型税制结构。这种税制结构的基本功能是体现国家政策，但在税收财政职能尚未被其他更理想的分配形式取代之前，它很难付诸实践。

3. 财政、经济职能并重型税制结构。这种税制结构已为大多数国家所采用，但在不同领域、不同时期又有所侧重。

三、影响税制结构的因素

税制结构不是凭人们的主观意志确定的，而要受一定客观因素的制约。因此，根据税制优化理论，一国的税制结构必须随着客观条件和环境的变化及时进行调整。一般来说，影响一个国家税制结构的主要因素有：

(一)世界税制改革趋势的影响

经济全球化引发了生产要素自由流动，形成了各国经济紧密依存和联系发展的关系。无论是物的国际流动，还是人员、资本的国际流动，都与税收有着千丝万缕的联系。在经济全球化的作用下，各国为了吸引国际流动资本、国际流动贸易等流动性生产要素，促进本国的经济增长，而通过降低税率、增加税收优惠，甚至实行避税的税制模式，以减少纳税人的税收负担，形成国际税收竞争。实践证明，经济全球化带动了世界性税制改革的发展。

自20世纪80年代以来，以美国为首的经济发达国家率先掀起了历史上规模最大、持续时间最长的税制改革浪潮。这次税制改革不仅蔓延整个90年代，而且还向21世纪波及。在经济全球化的背景下，一个具有强大国际影响力的国家的税制变动，必然会引起与其经济关系密切的国家采取相应的税制改革举动，最终导致税制改革的国际化和税收制度的国际化。可以肯定地说，20多年来，世界上大大小小的国家几乎都进行了不同程度的税制改革，对各国和世界经济的发展产生了深刻的影响。尽管各国都有自身的具体情况，税制改革的措施千差万别，但是改革的起因却相似并具有共同点。一般来说，发达国家税制改革的共同点是：降低所得税率，拓宽其税基，普遍开征增值税且提高增值税的标准税率，个人所得税与公司所得税一体化，普遍采取税收指数化措施。发展中国家税制改革呈现的特征是：增值税被广泛采用，税基逐步拓宽，税率降低，纳税档次减少，降低税收优惠，减少税基侵蚀。

世界性税制改革的浪潮对我国税制的改革与完善产生了直接的影响。1994年的税制改革使我国初步建立了以增值税、所得税为主体的税制模式，基本适应了我国经济发展的需要。但是，经过十多年的运行，现行税制需要进一步优化和调整。2003年9月底，国务院公布了我国新一轮税制改革的方案,并从 2004 年 1 月 1 日起实施。随着新一轮税制改革的逐步深入,我国税制的开放性和国际性特征将越来越明显。在经济全球化和税收国际化情况下,我国税收制度必须加速与国际接轨,从税制结构设计、税种配置、政策取向到征收管理体系等全方位地适应开放经济环境的需要。

(二)社会经济发展水平的影响

社会生产力发展水平决定着经济发达程度、经济结构、收入水平、经济运行状况以及政府的宏观经济政策和目标,从而构成了一个国家在一定时期的经济环境。随着社会生产力的发展,人类社会的经济环境在不断发生变化,人们之间的利益分配关系也在不断变化。由于经济环境的变化,因此要求重新界定人们之间的利益分配关系,形成新的制度安排,以使经济进一步发展。税制结构作为国家税收制度的重要组成部分,以经济环境为根本而建立。当经济环境发生变化时,必然要求对税制结构进行调整和改革,以形成有利于经济发展的新的税制结构。

由此可见,一个国家在选择税制结构时,必须综合考虑国家的总体经济发展水平。一个国家的社会经济发展总体水平可以通过国民生产总值和人均国民生产总值这两个综合指标来反映。国民生产总值,特别是人均国民生产总值,最能反映一个国家的富裕程度。一般而言,在人均国民生产总值比较高的国家,个人的税负承受力较强,就有征收所得税的可能;相反,在人均国民生产总值比较低的国家,个人的税负承受力较弱,所得税的收入比重一般都不大,国家的税收收入主要来源于流转税。世界银行的调查资料也表明,人均国民生产总值较高的国家一般实行以所得税为主体的税制结构;人均国民生产总值较低的国家一般实行以流转税为主体的税制结构。

我国人均国民生产总值比较低,属于发展中国家。如何选择我国的税制结构,不是取决于人们的主观愿望,而是取决于经济环境。如果不考虑我国社会经济发展水平,片面地追求税制结构的先进性,使税制结构的选择超出了经济发展水平,势必会阻碍社会经济的发展。

(三)国家宏观经济政策的影响

税收作为政府宏观调控的重要手段,税制结构的确立与调整必须服务于政府的宏观经济目标和政策。在市场经济条件下,市场虽然是配置资源的较好机制,但市场也有缺陷,会产生市场失效,导致经济的低效率。市场的失效,必须由政府来弥补。通过建立国家宏观调控体系、发挥政府的资源配置功能来提高经济效率,就是一种选择。因此,任何国家为了发展经济,必须综合运用各种经济、法律以及行政手段来强化宏观调控体系。宏观调控体系建立的依据是国家的宏观经济政策目标,而宏观经济政策目标是与现实的经济环境紧密联系在一起的。在不同的经济环境下,国家宏观调控的重点迥然不同。因此,税制结构在某种程度上不可避免地会受到国家宏观经济政策的影响。

(四)税收征收管理能力的影响

税收征收管理能力是指税务机关的行政执法能力,是一个国家依法治税水平、公民纳税意识、税收工作规程、税务人员素质、现代化的征管手段等因素的综合反映。一般来说,一个国家的税收征收管理能力越强,税收的流失就越少,税收收入就越能得到保证。国家的税收征收管理能力对税制结构确定的影响主要体现在:一个国家的税收征收管理能力较强,在确定税制结构时就会更多地考虑社会经济发展的需要,选择税种的余地较大,而不必过多考虑能否将税款征收上来;而在一些税收征收管理能力较差的国家,可选择的税种有限,勉强开征一些税种很难能保证税收收入,选择的余地就较小,只能选择一些征收管理简单的税种,而不能过多地考虑是否对经济发展有利。

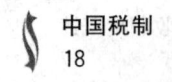

四、我国现行税制结构

(一)我国现行税制结构的形成

新中国成立以来,为了适应不同时期社会政治经济条件的发展变化,我国的税收制度经历了多次重大改革,但税制结构中流转税居于主导地位的特点始终没有改变。中国税制结构的发展演变具体经历了三个阶段。

第一个阶段是新中国成立初期到党的十一届三中全会以前。在这一阶段,我国税制实行以流转税为主体的"多种税、多次征"的税制模式,当时流转税收入占整个税收收入的80%以上。在国有企业占绝对比重、以利润上缴形式为主的计划经济背景下,这种税制结构虽然可以基本满足政府的财政需要,却排斥了税收发挥调节经济的作用。

第二阶段是党的十一届三中全会以后到1994年税制改革以前。我国经济体制改革使国有经济"一枝独秀"的局面逐步有所改变,为适应税源格局的变化,我国政府于1983年和1984年分两步进行了"利改税"的改革,首次对国营企业开征了所得税,并改革了原工商税制。"利改税"以后,我国所得税占工商税收收入的比重迅速上升。1985年,所得税比重达到34.3%,基本形成了一套以流转税为主、所得税为辅、其他税种相互配合的复合税制体系。

第三阶段是1994年税制改革之后。我国现行税制是在1994年工商税制改革的基础上形成的,此次改革侧重于税制结构的调整和优化,在普遍开征增值税的基础上,建立了以增值税为主体,消费税、营业税彼此配合的流转税体系;颁布并实施了统一的内、外资企业所得税法和统一的个人所得税法。1994年税制改革后,我国的税种由32个减少到18个,税制结构得到了简化,并趋于合理,形成了流转税和所得税并重、其他税种相互配合的复合税制体系。

(二)调整和完善我国现行税制结构的设想

经济决定税收,伴随着经济的发展变化,税制结构必然要进行相应的调整,而这种调整必须依托于本国的基本国情,适应现实的经济发展状况和政府的政策目标以及税收征管水平等主客观因素。调整和完善我国税制结构的关键在于不断优化税制结构,利用合理的税种布局及其主辅税种的相互配合,保证及时、足额地取得财政收入,促进社会资源的有效配置。

专栏1—2　中国现行税制结构的特点[①]

流转税收入在中国税制结构中的主体地位明显,但有下降趋势。1994年以来,流转税比重基本维持在70%以上,十几年来,其在税收收入中的比重虽有一定程度的回落,从1994年的79.55%逐步下降到2010年的59.43%,下降近20个百分点,但主体地位依然显著。在流转税中,又以增值税为绝对的主体税种。1994年以来,国内增值税收入虽然减幅最大,从1994年的46.12%降为2010年的29%,下降17个百分点,但仍稳占流转税收入的一半比例,为中国第一大税种。消费税收入逐年降低,由1994年的9.91%下降到2010年的8.3%,下降近2个百分点,调节力度减弱。营业税收入则经历了一个由升到降的发展历程,1994年为13.41%,1998年最高达到17.68%,到2010年又回落到15.2%的水平,在各税种收入的排序上从第2名变为第3名。

[①] 靳万军、石坚:《税收理论与实践》,经济科学出版社2010年版,第179页。编入时作者根据在财政部网站上发表的"2010年税收收入增长的结构性分析"中的各税种收入数据,对阐述的内容进行了调整。

所得税收入比重逐步上升,并有进一步提高的趋势。所得税收入从1994年的15%提高到2010年的24.15%,提高近10个百分点,增幅高达79%。其中,企业所得税所占比重从1994年的12.62%提高到2010年的17.5%,提高近5个百分点,在收入排序上也从1994年的第3位提升为2010年的第2位,超过营业税收入比重。个人所得税收入所占比重虽然不是很高,但增速很快,从1994年的1.43%提高到2010年的6.6%,增长了4.6倍,调节收入作用日益显著。

其他税收占全部税收收入的比重相对较小,很难发挥应用的调节作用。例如,16年来财产税的收入比重始终维持在2%多一点,波动较小,没有随着经济增长体现出应有的财政职能和调节职能。

优化税制结构的核心在于正确地选择主体税种,以及建立一个与其他税种相互协调、相互配合的税制体系。我国主体税种的确定和税制模式的选择首先应立足于我国的基本国情,具体分析我国税收制度运行的外部环境和各税种的功能作用及其适应条件。在今后几年内,我国税制结构的优化应注重以下几方面的调整与完善:

1. 进一步完善以增值税为主、消费税为辅的流转税体系

(1)扩大增值税征税范围。应该根据我国市场经济体制的建立和发展进程,选择时机扩大增值税的征收范围,逐步将一切交易活动纳入增值税的征税范围。首先考虑将与工业生产和商品流通密切相关的交通运输业、建筑安装业纳入增值税征收范围,其次将增值税的覆盖范围扩大到所有劳务,最终取消营业税。

(2)调整消费税制度。适当调整消费税的征税范围,将一些高档次的奢侈性消费品及行为纳入征税范围,对目前与群众生活关系密切的某些已课征消费税的税目予以取消,并提高某些消费品的税率。在2009年实施成品油税费改革的基础上,可以进一步考虑将具有消费税性质的车辆购置税、烟叶税纳入消费税范围征收。

2. 逐步完善所得税制

(1)进一步完善企业所得税的征收管理。从政策的完善角度看,近期主要是全面落实新企业所得税法及其实施条例,一些配套措施需要相继研究出台;从长期看,则需要关注国际税收动态,健全国际税源管理制度,进一步完善反避税措施,加强国际合作与协调。

(2)改革个人所得税制度。随着改革开放的日益深入,社会分配不公平问题越来越受到人们的关注,个人所得税在调节收入分配方面的制度缺陷也逐步显现。要创造条件,加快个人所得税的改革步伐。积极探索并尽快实行个人所得综合与分项征收所得税相结合的个人所得税制模式,合理考虑加计扣除和其他必要扣除项目,建立规范、严密的纳税人自行申报制度,加强税收征管,有效发挥个人所得税的调节社会分配功能。

3. 深化财产税制改革

整合房地产保有环节税种,开征统一规范的房地产税。首先,在2009年1月1日废止城市房地产税的基础上,将现有的房产税、城镇土地使用税以及土地增值税等整合,征收统一的房地产税。其次,扩大税基,将征税范围扩大,并将个人住房纳入征税范围,以更好地调节收入分配,逐步扭转收入分配逐渐扩大的趋势。为避免加重普通百姓的住房负担,可以考虑对普通住宅以一定的方式予以减免优惠。

4. 改革现行资源税制

(1)进一步扩大资源税征税范围,完善资源税调控功能。建议首先对水资源全面征收资源

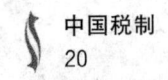

税。在条件成熟时,应将森林、草场、滩涂等逐步纳入资源税的征税范围。此外,还可考虑将耕地占用税并入资源税。

(2)进一步完善资源税的计征方式。在总结现行资源税从价定率和从量定额征收的基础上,研究完善从价定率计征办法。同时,研究资源税实施价外征税,并参与到自然资源价格的价格形成机制中,通过税负传导,使资源税可以对资源消费行为产生影响,从而促进资源的节约使用。

5. 其他税种的改革与完善

在优化我国主体税种的同时,还应进一步改革和完善辅助税种。尽快出台遗产税和赠与税,以增加财政收入,调节收入差距;开征环境税,进一步促进节能减排和环境保护;开征社会保险税,确立合理的社会保障筹资方式,进一步完善社会保障制度;构建全新的房产税制体系。

总之,通过税制的改革与完善,使我国的税制结构真正适应社会主义市场经济体制运行的需要。

第四节 我国税制的建立和发展

中国税制经过 60 多年的建设与改革,取得了巨大进展。从计划经济条件下作为财政收入方式之一的不完全的、相对单一的税收制度,发展演变成为基本适应社会主义市场经济体制要求的、作为财政收入主体形式的复合税收制度。这一过程大致可以划分为四个阶段。

一、我国税制的初步建立和曲折发展阶段(1950~1978 年)

从 1949 年新中国成立到 1978 年底的中国税制,随着国家政治、经济形势的发展与变化,以及党和国家在各个时期政治经济任务的不同要求,中国税收制度的建立与发展经历了一个曲折的过程。主要经历了以下几次大的改革:

(一)新中国税制的初步建立

新中国成立之初的 1950 年,在总结老解放区税收制度建设的经验和清理旧中国税收制度的基础上建立了新中国的税收制度。1950 年 1 月,中央人民政府政务院颁布了《全国税政实施要则》(以下简称《要则》),除农业税外,全国统一征收 14 种税。《要则》的公布实施,标志着新中国税收制度的正式建立。从 1953 年开始,中国进入了社会主义建设时期,为了配合 1953 年开始的对私企改造和第一个 5 年计划的实施以及为了适应已经变化的经济形势,1952 年底,根据"保证税收,简化税制"的精神,对新中国税制进行了第一次修正,于 1953 年 1 月 1 日起实行,此次税制修正的主要内容就是试行商品流通税。

(二)1958 年的税制改革

"一五"计划的完成和"二五"计划的开始,以及 1958 年出现的国民经济"大跃进",客观上都要求对税收制度进行改革。此次税制改革是在坚持"基本上在原有税负的基础上简化税制"的原则下进行的,改革内容主要是两个方面:试行工商统一税,即将原有的商品流通税、货物税、营业税和印花税合并为工商统一税;统一农业税制。

(三)1973 年的税制改革

此轮税制改革的指导思想是"合并税种,简化征收方法,改革不合理的工商税收制度"。改革的主要内容就是试行工商税,即把原来对工商企业征收的工商统一税及其附加、城市房地产税、车船使用牌照税、盐税和屠宰税合并为工商税。

二、有计划的商品经济时期的税制改革阶段(1979~1993年)

这一时期的税制改革可分为涉外税制的建立、两步"利改税"方案的实施和1984年工商税制改革。

(一)1978~1982年的涉外税制改革

1978~1982年成为我国税制建设的恢复时期和税制改革的起步时期,从思想上、理论上为税制改革的推进做了大量突破性工作,打下理论基础。从1980年9月到1981年12月,为适应我国对外开放初期引进外资、开展对外经济合作的需要,第五届全国人大先后通过了《中外合资经营企业所得税法》、《个人所得税法》和《外国企业所得税法》,对中外合资企业、外国企业继续征收工商统一税、城市房地产税和车船使用牌照税,初步形成了一套大体适用的涉外税收制度。

(二)1983年的第一步"利改税"方案

作为国营企业改革和城市经济改革的一项重大措施,1983年,国务院决定在全国试行国营企业"利改税",即第一步"利改税",将新中国成立后实行了30多年的国营企业向国家上缴利润的制度改为缴纳企业所得税。这一改革从理论上和实践上突破了国营企业只能向国家缴纳利润、国家不能向国营企业征收所得税的禁区,成为国家与企业分配关系的一个历史性转折。

(三)1984年的第二步"利改税"方案和工商税制改革

为了加快城市经济体制改革的步伐,经第六届全国人大批准,国务院决定从1984年10月起在全国实施第二步"利改税"和工商税制改革,发布了关于国营企业所得税、国营企业调节税、产品税、增值税、营业税、盐税、资源税的一系列行政法规,成为我国改革开放之后第一次大规模的税制改革。此后,国务院又陆续发布了关于征收集体企业所得税、私营企业所得税、城乡个体工商业户所得税、个人收入调节税、城市维护建设税、奖金税(包括国营企业奖金税、集体企业奖金税和事业单位奖金税)、国营企业工资调节税、固定资产投资方向调节税、特别消费税、房产税、车船使用税、城镇土地使用税、印花税、筵席税等税收的法规。1991年,第七届全国人大第四次会议将中外合资经营企业所得税法与外国企业所得税法合并为《外商投资企业和外国企业所得税法》。至此,我国工商税制共有37个税种,按照经济性质和作用,大致分为流转税、所得税、资源税、财产和行为税、特定目的税、涉外税、农业税七大类。

总之,这一时期全面改革了工商税制,建立了涉外税制,彻底摒弃了"非税论"和"税收无用论"的观点,恢复和开征了一些新税种,从而使我国税制逐步转化为多税种、多环节、多层次的复合税制,税收调节经济的杠杆作用日益加强。

三、社会主义市场经济初期的税制改革阶段(1994~2002年)

1992年党的"十四大"提出了建立社会主义市场经济的经济体制改革目标后,为适应市场经济的内涵要求,1994年我国启动了新中国成立以来规模最大、范围最广、内容最深刻、力度最强的工商税制改革。

(一)全面改革流转税

以实行规范化的增值税为核心,相应设置消费税、营业税,建立新的流转税课税体系,对外资企业停止征收原工商统一税,实行新的流转税制。

(二)对内资企业实行统一的企业所得税

取消原来分别设置的国营企业所得税、国营企业调节税、集体企业所得税和私营企业所得税,同时,国营企业不再执行企业承包上缴所得税的包干制。

(三)统一个人所得税

取消原个人收入调节税和城乡个体工商业户所得税,对个人收入和个体工商户的生产经营所得统一实行修订后的《个人所得税法》。

(四)调整、撤并和开征其他一些税种

调整资源税、城市维护建设税和城镇土地使用税;取消集市交易税、牲畜交易税、烧油特别税、奖金税和工资调节税;开征土地增值税、证券交易印花税;盐税并入资源税,特别消费税并入消费税。

(五)将一些具有税收特征的收费项目转化为税收

2000年10月22日,国务院颁布了《车辆购置税暂行条例》,自2001年1月1日起在全国范围内征收车辆购置税。开征的同时,取消了车辆购置附加费。

改革之后的我国税制,税种设置由原来的37个减少为23个,初步实现了税制的简化、规范和高效统一。

四、社会主义市场经济完善期的税制改革阶段(2003年以后)

2003年10月,党的十六届三中全会明确提出了"简税制、宽税基、低税率、严征管"的新一轮税制改革基本原则。按照这一指导思想,从2003年以来,我国又推行了以全面取消农业税,统一内、外资企业所得税,实施增值税转型为主要内容的税制改革。

(一)全面取消农业税

为了切实减轻农民负担,中央决定从2000年开始在农村开展税费改革。农村税费改革过程中,根据"减轻、规范、稳定"的原则对农(牧)业税和农业特产税进行了调整,明确在5年内将逐步取消农业税。2005年12月29日,十届全国人大常委会第十九次会议经表决决定,自2006年1月1日起在全国范围内彻底取消农业税。

(二)对车船使用税、城镇土地使用税等零星税种的改革

2006年4月28日,国务院公布了《烟叶税暂行条例》,对烟叶的收购实行20%的比例税率。2007年1月1日,《车船税暂行条例》正式实施,取代了1986年9月15日国务院发布的《车船使用税暂行条例》。此外,修改后的《城镇土地使用税暂行条例》也于2007年1月1日起正式实施。这次修改将外商投资企业和外国企业也纳入了城镇土地使用税的纳税人范围,同时根据社会经济的发展情况,将税额标准也做了提高。

(三)修订个人所得税制,提高工资、薪金所得的费用扣除标准

2005年12月14日,根据十届全国人大常委会第十八次全体会议《关于修改〈中华人民共和国个人所得税法〉的决定》,从2006年1月1日起,工资薪金所得费用扣除标准由每月800元提高到每月1 600元;2007年6月29日,经全国人大常委会通过,进一步将工资、薪金所得费用扣除标准提高到每月2 000元;2011年6月30日,经全国人大常委会通过,再次将工资、薪金所得费用扣除标准提高到每月3 500元。

(四)进一步完善消费税,扩大消费税征税范围

财政部、国家税务总局于2006年3月22日下发《关于调整和完善消费税政策的通知》,决定从2006年4月1日起调整部分消费税税目、税率及相关政策。主要内容包括:提高了大排

量汽车的税率,降低了小排量汽车的税收负担;扩大了成品油的征税范围;对木制一次性筷子、实木地板、游艇、高尔夫球及球具、高档手表征收消费税;对护肤护发品停止征收消费税。2009年5月26日,财政部、国家税务总局印发了《关于调整烟产品消费税政策的通知》,政策涉及调整卷烟生产环节消费税计税价格和卷烟生产环节(含进口)消费税的从价税税率,并规定在卷烟批发环节按5%(2015年5月10日起,将税率提高到11%,并按0.005元/支加征从量税)加征一道从价税。自2014年11月25日起,先后3次调整并提高成品油消费税单位税额。自2015年2月1日起,对电池、涂料征收消费税。财政部、国家税务总局印发《关于调整化妆品消费税政策的通知》(财税〔2016〕103号),自2016年10月1日起,取消对普通美容、修饰类化妆品征收消费税,将"化妆品"税目名称更名为"高档化妆品"。

(五)统一内、外资企业所得税

为维护国家的税收主权,制定适应我国市场经济发展要求和国际发展趋势的企业所得税法,2007年3月16日,第十届全国人大第五次会议审议通过了《中华人民共和国企业所得税法》,并自2008年1月1日起实施。新企业所得税法的实施结束了企业所得税法律制度对内、外资分立的局面,逐步建立起规范、统一、公平、透明的企业所得税法律制度。

(六)增值税转型改革的全面实施

为推进增值税制度完善,促进国民经济平稳较快发展,2008年11月10日,国务院公布了修订后的《中华人民共和国增值税暂行条例》,新修订的条例自2009年1月1日起实施。这样,实现了在全国范围内的增值税转型改革,实行消费型增值税。同时,为了能够同增值税条例有效衔接并适应经济社会发展的需要,修订并出台了新的《中华人民共和国消费税暂行条例》和《中华人民共和国营业税暂行条例》。

(七)统一内、外资企业房产税和城市维护建设税

2008年12月31日,国务院公布了第546号令,自2009年1月1日起废止《城市房地产税暂行条例》,外商投资企业、外国企业和外籍人员依照《中华人民共和国房产税暂行条例》缴纳房产税。2010年10月18日,国务院下发《关于统一内外资企业和个人城市维护建设税和教育费附加制度的通知》,决定统一内、外资企业和个人城市维护建设税,自2010年12月1日起,外商投资企业、外国企业及外籍人员适用《中华人民共和国城市维护建设税暂行条例》。

(八)资源税改革

2010年6月1日起,资源税改革率先在新疆试点,财政部印发了《新疆原油、天然气资源税改革若干问题的规定》的通知,规定对原油、天然气资源税实行从价计征,税率为5%。国务院于2010年7月5日至6日召开的西部大开发工作会议明确将对煤炭、原油、天然气等资源税由从量征收改为从价征收,并明确将资源税改革政策推广到西部12个省市区。2011年9月21日,国务院第173次常务会议通过《关于修改〈中华人民共和国资源税暂行条例〉的决定》,自2011年11月1日起施行。为促进资源节约集约利用和环境保护,推动转变经济发展方式,规范资源税费制度,经国务院批准,自2014年12月1日起在全国范围内实施煤炭资源税从价计征改革,煤炭资源税税率幅度为2%~10%。[①] 自2015年5月1日起实施稀土、钨、钼资源税清费立税、从价计征改革。[②] 根据党中央、国务院决策部署,财政部、国家税务总局印发《关于全面推进资源税改革的通知》(财税〔2016〕53号)和《关于资源税改革具体政策问题的

[①] 财政部、国家税务总局:《关于实施煤炭资源税改革的通知》(财税〔2014〕72号)。
[②] 财政部、国家税务总局:《关于实施稀土、钨、钼资源税从价计征改革的通知》(财税〔2015〕52号)。

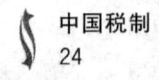

通知》(财税〔2016〕54号),自2016年7月1日起全面推进资源税改革,并在河北省开征水资源税试点工作。

(九)营业税改征增值税试点

2011年11月16日,财政部国家税务总局印发了《营业税改征增值税试点方案》(财税〔2011〕110号),规定从2012年1月1日起,上海市交通运输业和部分现代服务业将进行营业税改征增值税试点。主要内容是:在现行增值税17%和13%两档税率的基础上,新增设11%和6%两档低税率,交通运输业适用11%的税率,研发和技术服务、文化创意、物流辅助和鉴证咨询等现代服务业适用6%的税率;试点纳税人原享受的技术转让等营业税减免税政策,调整为增值税免税或即征即退;现行增值税一般纳税人向试点纳税人购买服务,可抵扣进项税额;试点纳税人原适用的营业税差额征税政策,试点期间可以延续;原归属试点地区的营业税收入,改征增值税后仍归属试点地区。

经国务院批准,自2012年8月1日开始,北京市、天津市、江苏省、安徽省、浙江省(含宁波市)、福建省(含厦门市)、湖北省、广东省(含深圳市)实施交通运输业和部分现代服务业营业税改征增值税的试点工作。

自2013年8月1日起,在全国范围内开展交通运输业和部分现代服务业营业税改征增值税试点;自2014年1月1日起,在全国范围内开展铁路运输和邮政业营业税改征增值税试点[1];电信业自2014年6月1日起纳入营业税改征增值税试点。[2] 经国务院批准,自2016年5月1日起,在全国范围内全面推开营业税改征增值税试点,建筑业、房地产业、金融业、生活服务业等全部营业税纳税人,纳入试点范围,由缴纳营业税改为缴纳增值税。[3]

专栏1—3　我国"十二五"时期税制改革的进一步深化[4]

1. 建立、健全科学的税收制度和政策体系。按照优化税制结构、公平税收负担、规范分配关系、完善税权设置的原则,改革和健全货物劳务税、所得税、财产行为税制,构建有利于科学发展和加快转变经济发展方式的税收体制机制,充分发挥税收筹集收入和调控经济、调节分配作用,为全面建设小康社会、开创我国改革开放和现代化事业新局面奠定科学的税制基础。

2. 深化货物劳务税制改革。立足于普遍征收为主与特殊调节为辅,以实现增值税扩围和完善消费税为重点,优化货物劳务税制。扩大增值税征收范围,相应调减营业税等税收。结合增值税改革,完善生产性服务业税收制度。合理调整消费税征收范围、税率结构和征税环节,将部分大量消耗资源、严重污染环境的商品以及高档奢侈品纳入消费税征收范围。优化进出口税收制度。

3. 深化所得税制改革。立足于促进社会公平与提升所得税收入比重,以逐步建立、健全综合与分类相结合的个人所得税制为重点,完善所得税制。进一步完善企业所得税制,优化政策体系和管理制度。稳步推进个人所得税制改革,完善个人所得税征管机制。合理调整个人所得税税基和税率结构,提高工资、薪金所得费用扣除标准,减轻中低收入者税收负担,加大对高收入者的税收调节力度。

---

[1] 财政部、国家税务总局:《关于将铁路运输和邮政业纳入营业税改征增值税试点的通知》(财税〔2013〕106号)。
[2] 财政部、国家税务总局:《关于将电信业纳入营业税改征增值税试点的通知》(财税〔2014〕43号)。
[3] 财政部、国家税务总局:《关于全面推开营业税改征增值税试点的通知》(财税〔2016〕36号)。
[4] 国家税务总局网:《"十二五"时期税收发展规划纲要》。

4. 深化财产行为税制改革。立足于合理配置税权与完善地方税体系,以研究推进房地产税改革、完善资源环境税费制度为重点,健全财产行为税制。继续推进费改税,全面改革资源税,按照价、税、费、租联动机制,适当提高资源税税负,完善计征方式,将重要资源产品由从量定额征收改为从价定率征收。选择防治任务繁重、技术标准成熟的税目开征环境保护税,逐步扩大征收范围。积极推进耕地占用税改革。统筹实施城市维护建设税、教育费附加、印花税和契税改革。逐步健全地方税体系,赋予省级政府适当税政管理权限。

5. 调整和完善税收政策。适应加快转变经济发展方式、构建资源节约型和环境友好型社会、推动城乡统筹和区域协调发展、调节收入分配、保障和改善民生、提高对外开放水平等要求,进一步调整并完善税收政策。健全鼓励创新、引导投资和消费、促进战略性新兴产业和高技术产业发展、支持科研成果产业化、推动产业结构升级和服务业发展的税收政策。全面落实企业研发费用加计扣除等促进技术进步的税收激励政策。加大对发展循环经济的税收政策支持力度。健全合理引导住房需求的差别化税收政策。完善促进西部大开发、中部崛起、东北等老工业基地振兴以及西藏、新疆等区域发展的税收政策。进一步研究实施支持就业与再就业的税收政策。落实和完善对中小企业的税收优惠政策。完善"两高一资"产品出口退税政策。积极实施鼓励企业"走出去"的税收政策。扩大扶持社会组织发展的税收优惠种类和范围。落实并完善公益性捐赠的税收优惠政策。

本章小结

税收是国家为了实现其职能,凭借政治权力,依法参与单位和个人的财富分配,强制、无偿地取得财政收入的一种形式。税收具有强制性、无偿性和固定性三个形式特征。

税收制度简称"税制",是指国家以法律形式规定的各种税收法律、法规的总称,或者说是国家以法律形式确定的各种课税制度的总和。税收制度的内容主要有三个层次:一是不同的要素构成税种;二是不同的税种构成税法;三是规范税款征收程序的法律法规。一个完整的税收制度,其构成要素主要应包括征税对象、纳税人、税率、纳税环节、纳税期限、减税免税和违章处理等。其中,征税对象、纳税人和税率是最基本的税制要素。

税制结构是一个国家根据其生产力发展水平、社会经济结构、经济运行机制、税收征管水平等,合理设置各个税类、税种和税制要素等而形成的相互协调、相互补充的体系和布局。我国现在实行的是多税种的复合税制结构。我国税制模式的发展演变具体经历了三个阶段:一是以流转税为主体的"多种税、多次征"的税制模式;二是以流转税为主、所得税为辅、其他税种相互配合的税制模式;三是流转税和所得税并重、其他税种相互配合的税制模式。

我国税收制度的建立和发展经历了税制的初步建立和曲折发展阶段、有计划的商品经济时期的税制改革阶段、社会主义市场经济初期的税制改革阶段和社会主义市场经济完善期的税制改革阶段这四个阶段。

推荐阅读书目

[1]中国社会科学院财政与贸易经济研究所:《中国启动新一轮税制改革:理念转变、政策分析和相关安排》,中国财政经济出版社 2003 年版。

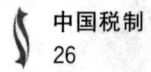

[2]安体富、王海勇:《当前中国税收制度改革研究》,中国税务出版社2006年版。

[3]黄天华:《中国税收制度史》,华东师范大学出版社2007年版。

[4]杨斌:《税收学原理》,高等教育出版社2008年版。

[5]胡怡建:《转轨经济中的税收变革》,中国财政经济出版社2008年版。

[6]刘佐:《中国税制改革三十年》,中国财政经济出版社2008年版。

[7]靳万军、石坚:《税收理论与实践》,经济科学出版社2010年版。

[8]李华罡:《税制结构变迁与优化的政治经济学分析》,中国税务出版社2010年版。

[9]王建平:《纳税人权利及其保障研究》,中国税务出版社2010年版。

[10]韩仁月:《税制结构变迁、效应及优化研究》,经济科学出版社2011年版。

[11]高凌江:《中国税收分配与税制结构问题研究》,中国经济出版社2011年版。

[12]张学博:《减免税法律制度研究》,中国政法大学出版社2012年版。

[13]王霞:《税收优惠法律制度研究:以法律的规范性及正当性为视角》,法律出版社2012年版。

[14]李旭鸿:《税式支出制度的法律分析》,法律出版社2012年版。

[15]汪昊:《经济结构调整与税制改革研究》,中国税务出版社2013年版。

[16]陈少克、陆跃祥:《税制结构的性质与中国税制改革研究》,经济科学出版社2013年版。

[17]高军:《纳税人基本权研究》,中国社会科学出版社2011年版。

[18]李永刚:《中国税制改革研究:基于拓展的最优税制理论》,立信会计出版社2012年版。

[19]朱志刚:《我国税制结构:影响因素分析与优化路径选择》,中国税务出版社2014年版。

[20]张斌:《税制变迁研究》,中国社会科学出版社2014年版。

第二章 增值税税制

本章导读

目前世界上大约有 140 多个国家和地区实行了增值税,增值税逐步成为一个国际通用的税种,增值税也是我国现阶段的第一大税种。现行增值税的基本规范是 2008 年 11 月 5 日经国务院第 34 次常务会议修订通过的《中华人民共和国增值税暂行条例》,以及 2008 年 12 月 15 日由财政部、国家税务总局制定,并根据 2011 年 10 月 28 日财政部、国家税务总局审议通过的《关于修改〈中华人民共和国增值税暂行条例实施细则〉和〈中华人民共和国营业税暂行条例实施细则〉的决定》修订的《中华人民共和国增值税暂行条例实施细则》。在从 2012 年 1 月开始试点"营改增",并于 2013 年和 2014 年扩大试点范围的基础上,经国务院批准,自 2016 年 5 月 1 日起,在全国范围内全面推开营业税改征增值税试点,建筑业、房地产业、金融业、生活服务业等全部营业税纳税人,纳入试点范围。本章主要介绍增值税理论增值额、法定增值额、增值税特点、增值税种类和计税方法等基本理论;关于增值税纳税人、征收范围、税率等税制要素的基本规定;增值税应纳税额计算;出口货物退(免)税规定与计算;增值税征收管理。通过本章学习,了解增值税的基本原理与特点;掌握增值税的基本税制要素规定、应纳税额的计算和出口货物退(免)税征收管理。

第一节 增值税概述

一、增值税的概念

增值税是对单位和个人在商品生产经营过程中,或提供应税劳务、销售服务、无形资产或者不动产时实现的增值额征收的一种税。具体来说,我国的增值税是对我国境内销售货物,提供加工、修理修配劳务,销售服务、无形资产或者不动产,以及进口货物的单位和个人,就其取得的货物、应税劳务的销售额,应税服务、无形资产或者不动产的销售额,以及进口货物的金额计算税款,并实行税款抵扣制的一种流转税。

(一)理论增值额

增值额是指企业或者其他经营者从事生产经营或者提供劳务,在购入的商品或者取得劳务的价值基础上新增加的价值额。现实经济生活中,对增值额这一概念可以从以下四个方面理解:一是从理论上讲,增值额是指生产经营者在生产经营过程中新创造的价值额。增值额相当于商品价值 $C+V+M$ 中的 $V+M$ 部分。C 是商品生产过程中所消耗的生产资料转移价值;V 是劳动者为自己创造的价值,即工资;M 是劳动者为社会创造的价值,即剩余价值或盈利。增值额是劳动者新创造的价值,从内容上讲大致相当于净产值或国民收入。二是就一个生产单位而言,增值额是这个单位商品销售收入额或经营收入额扣除非增值项目(相当于物化劳动,如外购的原材料、燃料、动力、包装物、低值易耗品等)价值后的余额。这个余额,大体相当于该单位活劳动创造的价值。三是就一个商品的生产经营全过程来讲,不论其生产经营经过几个环节,其最后的销售价格应等于该商品从生产到流通的各个环节的增值额之和。四是从国民收入分配角度看,增值额 $V+M$ 在我国相当于净产值,包括工资、利润、利息、租金和其他属于增值性的收入。

例如,某项货物最终销售价格为380元,这380元是由三个生产经营环节共同创造的。那么,该货物在三个环节中创造的增值额之和就是该货物的全部销售额。该货物各环节的增值额和销售额的数量及关系见表2—1(为便于计算,假定各环节都没有物质消耗,都是该环节自己新创造的价值)。

表2—1　　　　　　　　　货物在各环节的增值与价格关系　　　　　　　　　单位:元

项目＼环节	制造环节	批发环节	零售环节	合　计
销售额	150	280	380	—
增值额	150	130	100	380

该项货物在上述三个环节创造的增值额之和为380元,该项货物的最终销售价格也是380元。这种情况说明,实行增值税时,在税率一致的情况下,对每一生产流通环节征收的增值税之和,实际上就是按货物最终销售额征收的增值税。

(二)法定增值额

实行增值税的国家,据以征税的增值额往往都是法定增值额。所谓法定增值额,是指各国政府根据各自的国情、政策要求,在增值税制度中确定的增值额。法定增值额可以等于理论上的增值额,也可以大于或小于理论上的增值额。造成法定增值额与理论增值额不一致的重要原因是,各国增值税制规定扣除范围时,对外购固定资产的处理办法不同。一般来说,各国在确定征税的增值额时,对外购流动资产价款都允许从货物总价值中扣除。但是,对外购固定资产价款各国处理办法有所不同,有些国家允许扣除,有些国家不允许扣除。在允许扣除的国家,扣除情况也不一样。另外,由于存在一些难以征收增值税的行业以及对一些项目给予减免税,理论增值额与法定增值额也有很大不同。

例如,某公司报告其货物销售额为100万元,从外单位购入的原材料等流动资产价款为30万元,购入机器设备等固定资产价款为50万元,当期计入成本的折旧费为5万元。根据上述条件,该公司的理论增值额及在不同国别增值税制度下的法定增值额详见表2—2。

表2—2　　　　　　　　　不同国别的法定增值额　　　　　　　　　单位:万元

国别＼项目	允许扣除的外购流动资产价款	允许扣除的外购固定资产价款	理论增值额	法定增值额	法定增值额与理论增值额的差额
A国	30	0	65	70	+5
B国	30	5	65	65	0
C国	30	50	65	20	-45

从表2—2可以看出,实行增值税的国家由于对外购固定资产价款的扣除额不同,计算出来的法定增值额也不同。在同一纳税期内,允许扣除的数额越多,法定增值额则越少。

从上述对增值额概念的分析来看,纯理论的增值额对计算增值税并没有实际意义,而仅仅是对增值税本质的一种理论抽象,因此各国都是根据法定增值额来计算增值税的。但是,实施增值税的国家无论以哪种法定增值额作为课税基数,在实际计算增值税税额时都不是直接以增值额作为计税依据;也就是说,各国计算增值税税额时都不是先计算出各生产经营环节的增值额,然后再据此计算增值税,而是采取从销售总额的应纳税款中扣除外购项目已纳税款的税款抵扣法。可见,增值额这一概念只有从理论角度看才具有现实意义,在实际计算税额时并不直接发挥作用。不直接通过增值额计算增值税的原因是,确定增值额在实际工作中是一件很困难的事,甚至难以做到。

(三)增值税的特点

我国现行增值税作为一种新型流转税税种,与其他税种比较,具有以下一些特点:

1. 采用消费型增值税

由于生产型增值税对固定资产存在重复征税,抑制了纳税人对固定资产投资的积极性。为了提高企业的技术改造能力,加强企业的固定资产改造,国务院决定,自2009年1月1日起,在全国范围内实施消费型增值税。

2. 增值税实行价外税

即税金不包含在销售价格内,把税款同价格分开,使企业的成本核算不受税收影响。这样可以更清楚地体现增值税的转嫁性,不是经营者创造了税收,而是消费者负担了税收,同时也为使用专用发票实行发票抵扣制奠定了基础。

3. 实行税款抵扣制

实行凭注明税款的专用发票进行抵扣的办法。专用发票分别标明货物价款和税金,纳税人在本环节销售货物时,要注明增值税税款;在下个环节,凭购进货物专用发票注明的税款予以抵扣。

4. 划分一般纳税人和小规模纳税人

把具备一般纳税人条件的企业纳入一般纳税人管理范围,凭购进货物增值税专用发票所注明的税款予以抵扣;对销售额未达到规定标准且会计核算不健全的企业作为小规模纳税人,采用简易征收办法,不实行税款抵扣制。

二、增值税的计税方法

增值税的计税方法,根据增值税的基本原理可分为直接计税法和间接计税法两种。

(一)直接计税法

直接计税法是指根据法定增值额和适用税率直接计算应纳增值税额的方法。直接计税法又因计算法定增值额的方法不同,分为"加法"和"减法"两种。

1. 加法

加法又称分配法,是指纳税人在纳税期内,将由于从事生产经营活动所创造的那部分新价值的项目,如工资、利息、租金、利润和其他增值项目等累加起来,求出增值额,再直接乘以适用税率,即为应纳增值税额的方法。其基本计算公式为:

$$应纳税额=(工资+利息+租金+利润+其他增值项目)\times 适用税率$$

由于这种方法首先要确定哪些属于增值项目、哪些属于非增值项目,而在实际中,企业的增值因素和非增值因素在会计处理上,尤其在某个短时期如一个月内是难以划分清楚的,这就往往会引起税企双方的争执。因此,这种方法只是理论上的一种方法。我国在引入增值税时

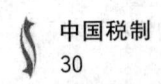

在试点中曾尝试过此种方法,但到目前为止,实行增值税的国家中,尚无一个国家实际采用。

2. 减法

减法又称扣额法,是指以纳税人在纳税期内销售应税货物(或劳务)的销售总额,减去非增值项目金额——如外购原材料、燃料、动力等——后的余额作为增值额,再乘以增值税税率,计算出应纳税额的方法。其基本公式为:

$$应纳税额＝(销售总额－非增值项目金额)×增值税税率$$

这种方法也存在增值项目和非增值项目难以划分以及兼营不同税率货物(劳务)、免税货物扣除项目金额划分与计算的问题,因此在实际中也没有被广泛采用。

(二)间接计税法

间接计税法又称扣税法,是指按纳税人的销售额乘以适用税率,再减去法定扣除项目的已纳税金,求出应纳增值税额的方法。其计算公式如下:

$$应纳税额＝应税销售额×增值税税率－法定扣除项目已纳税$$

在扣税法中,因法定扣除项目已纳税金的计算依据不同,又可分为以下两种:

1. 购进扣税法

购进扣税法,是指从本期销项税额中减去本期购入的法定扣除项目已纳税金(一般称为进项税额)来计算应纳增值税税额的方法。其计算公式为:

$$应纳税额＝本期销项税额－本期进项税额$$

2. 实耗扣税法

实耗扣税法,是指从本期销项税额中减去本期实际耗用的法定扣除项目已纳税金来计算应纳增值税额的方法。其计算公式为:

$$应纳税额＝本期销项税额－本期实耗税额$$

我国目前所采用的增值税计算方法为购进扣税法,即在计算进项税额时,按当期购进商品已纳税额计算。实际征收中,采用凭增值税专用发票或其他合法扣税凭证注明税款进行抵扣的办法计算应纳税款。

三、增值税的类型

为了避免重复征税,世界上实行增值税的国家,对纳税人外购原材料、燃料、动力、包装物和低值易耗品等已纳的增值税税金,一般都准予从销项税额中抵扣。但对固定资产已纳的增值税税金是否允许扣除,政策不一,在处理上不尽相同,由此形成了三种不同的类型。

(一)生产型增值税

生产型增值税是指计算增值税时,不允许扣除任何外购固定资产的价款,作为课税基数的法定增值额除包括纳税人新创造价值外,还包括当期计入成本的外购固定资产价款部分,即法定增值额相当于当期工资、利息、租金、利润等理论增值额与折旧额之和。从整个国民经济来看,这一课税基数大致相当于国民生产总值的统计口径,故称为生产型增值税。此种类型的增值税对固定资产存在重复征税现象,而且越是资本有机构成高的行业,重复征税现象就越严重。这种类型的增值税虽然不利于鼓励投资,但可以保证财政收入。

(二)收入型增值税

收入型增值税是指计算增值税时对外购固定资产价款只允许扣除当期计入产品价值的折旧费部分,作为课税基数的法定增值额相当于当期工资、利息、租金和利润等各增值项目之和。从整个国民经济来看,这一课税基数相当于国民收入部分,故称为收入型增值税。此种类型的增值税从理论上讲是一种标准的增值税,但由于外购固定资产价款是以计提折旧的方式分期转入产品价值的,且转入部分没有逐笔对应的外购凭证,故给凭发票扣税的计算方法带来困难,从而影响了这种方法的广泛采用。

(三)消费型增值税

消费型增值税是指计算增值税时,允许将当期购入的固定资产价款一次全部扣除,作为课税基数的法定增值额相当于纳税人当期的全部销售额扣除外购的全部生产资料价款后的余额。从整个国民经济来看,这一课税基数仅限于消费资料价值的部分,故称为消费型增值税。此种类型的增值税在购进固定资产的当期因扣除额大大增加,会减少财政收入。但这种方法最宜采用凭发票扣税的计算方法,因为凭固定资产的外购发票可以一次将其已纳税款全部扣除,既便于操作,也便于管理,所以是三种类型中最简便、最能体现增值税优越性的一种类型。

我国1994年实施的增值税属于生产型增值税,自2009年1月1日起,在全国推行增值税转型改革,实行消费型增值税。目前世界上实行增值税的国家大多数也采用消费型增值税。为消除对货物和劳务分别征收增值税与营业税所产生的重复征税,建立、健全有利于科学发展的税收制度,促进经济结构调整,支持现代服务业的发展,从2012年1月1日起,在上海市交通运输业和部分现代服务业开展营业税改征增值税试点,2016年5月1日起在全国范围内全面推开营业税改征增值税试点工作。

专栏2—1　我国增值税制度的发展历程[①]

增值税是对生产、销售商品或提供劳务过程中实现的增值额征收的一个税种。我国在1979年引进增值税并开始在少数地区试点,征税范围仅选择机器机械和农业机具两个行业以及自行车、缝纫机、电风扇三种产品。自1983年1月起在全国范围内对两大行业和三种产品试行增值税。1984年,我国实施第二步"利改税"和工商税制改革时,正式建立增值税制度。1984年9月18日,国务院发布了《中华人民共和国增值税条例(草案)》,9月28日,财政部颁发了《中华人民共和国增值税条例(草案)实施细则》,均自1984年10月1日起施行。1984年开始实行的增值税只限于生产环节,对12项工业产品征收;经过1986年、1987年和1988年三次扩大征收范围后,对31大类产品征收增值税。1993年12月13日,国务院发布了《中华人民共和国增值税暂行条例》,12月25日,财政部发布了《中华人民共和国增值税暂行条例实施细则》,自1994年1月1日起施行,确立了现行增值税制度的基本内容。

我国1994年开始实行的增值税属于生产型增值税。2004年7月1日起,我国在东北地区部分行业实行了扩大增值税抵扣范围试点;2007年7月1日起,在中部6省26个老工业基地城市部分行业实行扩大增值税抵扣范围试点;2008年7月1日起,将东北老工业基地扩大增值税抵扣范围试点政策适用于内蒙古东部地区。自2008年7月1日起,对汶川地震受灾严重地区的所有行业(国家限制发展的特定行业除外)实行增值税扩大抵扣范围政策,允许企业新购进机器设备所含的增值税进项税额予以抵扣。

2008年11月10日,国务院公布了修订后的《中华人民共和国增值税暂行条例》,同年12月18日财政部公布了新的《中华人民共和国增值税暂行条例实施细则》,均自2009年1月1日起施行。

---

① 岳树民:《中国税制》,北京大学出版社2010年版,第17页。

第二节　增值税的法律规定

一、增值税的征税范围

(一)增值税征税范围的一般规定

增值税征税范围包括在我国境内销售货物,提供加工、修理修配劳务,销售服务、无形资产或者不动产,以及进口货物,但属于下列非经营活动的情形除外:

(1)行政单位收取的同时满足以下条件的政府性基金或者行政事业性收费。

①由国务院或者财政部批准设立的政府性基金,由国务院或者省级人民政府及其财政、价格主管部门批准设立的行政事业性收费;

②收取时开具省级以上(含省级)财政部门监(印)制的财政票据;

③所收款项全额上缴财政。

(2)单位或者个体工商户聘用的员工为本单位或者雇主提供取得工资的服务。

(3)单位或者个体工商户为聘用的员工提供服务。

(4)财政部和国家税务总局规定的其他情形。

增值税征税范围的具体内容如下:

1. 销售货物

销售货物,是指有偿转让货物的所有权。这里的"货物"是指除土地、房屋和其他建筑物等一切不动产之外的有形动产,包括电力、热力和气体在内。"有偿转让"不仅指从购买方取得货币,还包括取得货物或其他经济利益。

2. 提供加工和修理修配劳务

加工是指受托加工货物,即委托方提供原料及主要材料、受托方按照委托方的要求制造货物并收取加工费的业务;修理修配是指受托对损伤和丧失功能的货物进行修复,使其恢复原状和功能的业务。这里的提供加工和修理修配劳务是指以从委托方取得货币、货物或其他经济利益为条件的有偿提供加工和修理修配劳务。但是,单位或者个体经营者聘用的员工为本单位或者雇主提供加工、修理修配劳务,不包括在内。

境外非居民在中国境内从事加工、修理修配业务,也属于增值税的征税范围。[①]

3. 销售服务

销售服务,是指提供交通运输服务、邮政服务、电信服务、建筑服务、金融服务、现代服务、生活服务。

(1)交通运输服务。

交通运输服务,是指利用运输工具将货物或者旅客送达目的地,使其空间位置得到转移的业务活动。包括陆路运输服务、水路运输服务、航空运输服务和管道运输服务。

①陆路运输服务。

陆路运输服务,是指通过陆路(地上或者地下)运送货物或者旅客的运输业务活动,包括铁路运输服务和其他陆路运输服务。

[①] 国家税务总局:《非居民承包工程作业和提供劳务税收管理暂行办法》(国家税务总局令〔2009〕第19号),本办法自2009年3月1日起施行。

铁路运输服务,是指通过铁路运送货物或者旅客的运输业务活动。

其他陆路运输服务,是指铁路运输以外的陆路运输业务活动。包括公路运输、缆车运输、索道运输、地铁运输、城市轻轨运输等。

出租车公司向使用本公司自有出租车的出租车司机收取的管理费用,按照陆路运输服务缴纳增值税。

②水路运输服务。

水路运输服务,是指通过江、河、湖、川等天然、人工水道或者海洋航道运送货物或者旅客的运输业务活动。

水路运输的程租、期租业务属于水路运输服务。

程租业务,是指运输企业为租船人完成某一特定航次的运输任务并收取租赁费的业务。

期租业务,是指运输企业将配备有操作人员的船舶承租给他人使用一定期限,承租期内听候承租方调遣,不论是否经营,均按天向承租方收取租赁费,发生的固定费用均由船东负担的业务。

③航空运输服务。

航空运输服务是指通过空中航线运送货物或者旅客的运输业务活动。

航空运输的湿租业务属于航空运输服务。湿租业务,是指航空运输企业将配备有机组人员的飞机承租给他人使用一定期限,承租期内听候承租方调遣,不论是否经营,均按一定标准向承租方收取租赁费,发生的固定费用均由承租方承担的业务。

航天运输服务按照航空运输服务缴纳增值税。航天运输服务,是指利用火箭等载体将卫星、空间探测器等空间飞行器发射到空间轨道的业务活动。

④管道运输服务。

管道运输服务,是指通过管道设施输送气体、液体、固体物质的运输业务活动。

无运输工具承运业务按照交通运输服务缴纳增值税。无运输工具承运业务,是指经营者以承运人身份与托运人签订运输服务合同,收取运费并承担承运人责任,然后委托实际承运人完成运输服务的经营活动。

(2)邮政服务。

邮政服务,是指中国邮政集团公司及其所属邮政企业提供邮件寄递、邮政汇兑和机要通信等邮政基本服务的业务活动。包括邮政普遍服务、邮政特殊服务和其他邮政服务。

①邮政普遍服务。

邮政普遍服务,是指函件、包裹等邮件寄递,以及邮票发行、报刊发行和邮政汇兑等业务活动。

函件,是指信函、印刷品、邮资封片卡、无名址函件和邮政小包等。

包裹,是指按照封装上的名址递送给特定个人或者单位的独立封装的物品,其重量不超过五十千克,任何一边的尺寸不超过一百五十厘米,长、宽、高合计不超过三百厘米。

②邮政特殊服务。

邮政特殊服务,是指义务兵平常信函、机要通信、盲人读物和革命烈士遗物的寄递等业务活动。

③其他邮政服务。

其他邮政服务,是指邮册等邮品销售、邮政代理等业务活动。

(3)电信服务。

电信服务,是指利用有线、无线的电磁系统或者光电系统等各种通信网络资源,提供语音通话服务,传送、发射、接收或者应用图像、短信等电子数据和信息的业务活动。包括基础电信服务和增值电信服务。

①基础电信服务。

基础电信服务,是指利用固网、移动网、卫星、互联网提供语音通话服务的业务活动,以及出租或者出售带宽、波长等网络元素的业务活动。

②增值电信服务。

增值电信服务,是指利用固网、移动网、卫星、互联网、有线电视网络,提供短信和彩信服务、电子数据和信息的传输及应用服务、互联网接入服务等业务活动。

卫星电视信号落地转接服务,按照增值电信服务缴纳增值税。

(4)建筑服务。

建筑服务,是指各类建筑物、构筑物及其附属设施的建造、修缮、装饰,线路、管道、设备、设施等的安装以及其他工程作业的业务活动。包括工程服务、安装服务、修缮服务、装饰服务和其他建筑服务。

①工程服务。

工程服务,是指新建、改建各种建筑物、构筑物的工程作业,包括与建筑物相连的各种设备或者支柱、操作平台的安装或者装设工程作业,以及各种窑炉和金属结构工程作业。

②安装服务。

安装服务,是指生产设备、动力设备、起重设备、运输设备、传动设备、医疗实验设备以及其他各种设备、设施的装配、安置工程作业,包括与被安装设备相连的工作台、梯子、栏杆的装设工程作业,以及被安装设备的绝缘、防腐、保温、油漆等工程作业。

固定电话、有线电视、宽带、水、电、燃气、暖气等经营者向用户收取的安装费、初装费、开户费、扩容费以及类似收费,按照安装服务缴纳增值税。

③修缮服务。

修缮服务,是指对建筑物、构筑物进行修补、加固、养护、改善,使之恢复原来的使用价值或者延长其使用期限的工程作业。

④装饰服务。

装饰服务,是指对建筑物、构筑物进行修饰装修,使之美观或者具有特定用途的工程作业。

⑤其他建筑服务。

其他建筑服务,是指上述工程作业之外的各种工程作业服务,如钻井(打井)、拆除建筑物或者构筑物、平整土地、园林绿化、疏浚(不包括航道疏浚)、建筑物平移、搭脚手架、爆破、矿山穿孔、表面附着物(包括岩层、土层、沙层等)剥离和清理等工程作业。

(5)金融服务。

金融服务,是指经营金融保险的业务活动。包括贷款服务、直接收费金融服务、保险服务和金融商品转让。

①贷款服务。

贷款,是指将资金贷与他人使用而取得利息收入的业务活动。

各种占用、拆借资金取得的收入,包括金融商品持有期间(含到期)利息(保本收益、报酬、资金占用费、补偿金等)收入、信用卡透支利息收入、买入返售金融商品利息收入、融资融券收取的利息收入,以及融资性售后回租、押汇、罚息、票据贴现、转贷等业务取得的利息及利息性质的收入,按照贷款服务缴纳增值税。

融资性售后回租,是指承租方以融资为目的,将资产出售给从事融资性售后回租业务的企业后,从事融资性售后回租业务的企业将该资产出租给承租方的业务活动。

以货币资金投资收取的固定利润或者保底利润,按照贷款服务缴纳增值税。

②直接收费金融服务。

直接收费金融服务,是指为货币资金融通及其他金融业务提供相关服务并且收取费用的业务活动。包括提供货币兑换、账户管理、电子银行、信用卡、信用证、财务担保、资产管理、信托管理、基金管理、金融交易场所(平台)管理、资金结算、资金清算、金融支付等服务。

③保险服务。

保险服务,是指投保人根据合同约定,向保险人支付保险费,保险人对于合同约定的可能发生的事故因其发生所造成的财产损失承担赔偿保险金责任,或者当被保险人死亡、伤残、疾病或者达到合同约定的年龄、期限等条件时承担给付保险金责任的商业保险行为。包括人身保险服务和财产保险服务。

人身保险服务,是指以人的寿命和身体为保险标的的保险业务活动。

财产保险服务,是指以财产及其有关利益为保险标的的保险业务活动。

④金融商品转让。

金融商品转让,是指转让外汇、有价证券、非货物期货和其他金融商品所有权的业务活动。其他金融商品转让包括基金、信托、理财产品等各类资产管理产品和各种金融衍生品的转让。

(6)现代服务。

现代服务,是指围绕制造业、文化产业、现代物流产业等提供技术性、知识性服务的业务活动。包括研发和技术服务、信息技术服务、文化创意服务、物流辅助服务、租赁服务、鉴证咨询服务、广播影视服务、商务辅助服务和其他现代服务。

①研发和技术服务。

研发和技术服务,包括研发服务、合同能源管理服务、工程勘察勘探服务、专业技术服务。

研发服务,也称技术开发服务,是指就新技术、新产品、新工艺或者新材料及其系统进行研究与试验开发的业务活动。

合同能源管理服务,是指节能服务公司与用能单位以契约形式约定节能目标,节能服务公司提供必要的服务,用能单位以节能效果支付节能服务公司投入及其合理报酬的业务活动。

工程勘察勘探服务,是指在采矿、工程施工前后,对地形、地质构造、地下资源蕴藏情况进行实地调查的业务活动。

专业技术服务,是指气象服务、地震服务、海洋服务、测绘服务、城市规划、环境与生态监测服务等专项技术服务。

②信息技术服务。

信息技术服务,是指利用计算机、通信网络等技术对信息进行生产、收集、处理、加工、存储、运输、检索和利用,并提供信息服务的业务活动。包括软件服务、电路设计及测试服务、信息系统服务、业务流程管理服务和信息系统增值服务。

软件服务,是指提供软件开发服务、软件维护服务、软件测试服务的业务活动。

电路设计及测试服务,是指提供集成电路和电子电路产品设计、测试及相关技术支持服务的业务活动。

信息系统服务，是指提供信息系统集成、网络管理、网站内容维护、桌面管理与维护、信息系统应用、基础信息技术管理平台整合、信息技术基础设施管理、数据中心、托管中心、信息安全服务、在线杀毒、虚拟主机等业务活动。包括网站对非自有的网络游戏提供的网络运营服务。

业务流程管理服务，是指依托信息技术提供的人力资源管理、财务经济管理、审计管理、税务管理、物流信息管理、经营信息管理和呼叫中心等服务的活动。

信息系统增值服务，是指利用信息系统资源为用户附加提供的信息技术服务。包括数据处理、分析和整合、数据库管理、数据备份、数据存储、容灾服务、电子商务平台等。

③文化创意服务。

文化创意服务，包括设计服务、知识产权服务、广告服务和会议展览服务。

设计服务，是指把计划、规划、设想通过文字、语言、图画、声音、视觉等形式传递出来的业务活动。包括工业设计、内部管理设计、业务运作设计、供应链设计、造型设计、服装设计、环境设计、平面设计、包装设计、动漫设计、网游设计、展示设计、网站设计、机械设计、工程设计、广告设计、创意策划、文印晒图等。

知识产权服务，是指处理知识产权事务的业务活动。包括对专利、商标、著作权、软件、集成电路布图设计的登记、鉴定、评估、认证、检索服务。

广告服务，是指利用图书、报纸、杂志、广播、电视、电影、幻灯、路牌、招贴、橱窗、霓虹灯、灯箱、互联网等各种形式，为客户的商品、经营服务项目、文体节目或者通告、声明等委托事项进行宣传和提供相关服务的业务活动。包括广告代理和广告的发布、播映、宣传、展示等。

会议展览服务，是指为商品流通、促销、展示、经贸洽谈、民间交流、企业沟通、国际往来等举办或者组织安排的各类展览和会议的业务活动。

④物流辅助服务。

物流辅助服务，包括航空服务、港口码头服务、货运客运场站服务、打捞救助服务、装卸搬运服务、仓储服务和收派服务。

航空服务，包括航空地面服务和通用航空服务。

航空地面服务，是指航空公司、飞机场、民航管理局、航站等向在境内航行或者在境内机场停留的境内外飞机或者其他飞行器提供导航等劳务性地面服务的业务活动。包括旅客安全检查服务、停机坪管理服务、机场候机厅管理服务、飞机清洗消毒服务、空中飞行管理服务、飞机起降服务、飞行通信服务、地面信号服务、飞机安全服务、飞机跑道管理服务、空中交通管理服务等。

通用航空服务，是指为专业工作提供飞行服务的业务活动，包括航空摄影、航空培训、航空测量、航空勘探、航空护林、航空吊挂播洒、航空降雨、航空气象探测、航空海洋监测、航空科学实验等。

港口码头服务，是指港务船舶调度服务、船舶通讯服务、航道管理服务、航道疏浚服务、灯塔管理服务、航标管理服务、船舶引航服务、理货服务、系解缆服务、停泊和移泊服务、海上船舶溢油清除服务、水上交通管理服务、船只专业清洗消毒检测服务和防止船只漏油服务等为船只提供服务的业务活动。

港口设施经营人收取的港口设施保安费，按照港口码头服务缴纳增值税。

货运客运场站服务，是指货运客运场站提供货物配载服务、运输组织服务、中转换乘服务、车辆调度服务、票务服务、货物打包整理、铁路线路使用服务、加挂铁路客车服务、铁路行包专列发送服务、铁路到达和中转服务、铁路车辆编解服务、车辆挂运服务、铁路接触网服务、铁路机车牵引服务等业务活动。

打捞救助服务,是指提供船舶人员救助、船舶财产救助、水上救助和沉船沉物打捞服务的业务活动。

装卸搬运服务,是指使用装卸搬运工具或者人力、畜力,将货物在运输工具之间、装卸现场之间或者运输工具与装卸现场之间进行装卸和搬运的业务活动。

仓储服务,是指利用仓库、货场或者其他场所代客贮放、保管货物的业务活动。

收派服务,是指接受寄件人委托,在承诺的时限内完成函件和包裹的收件、分拣、派送服务的业务活动。

收件服务,是指从寄件人收取函件和包裹,并运送到服务提供方同城的集散中心的业务活动。

分拣服务,是指服务提供方在其集散中心对函件和包裹进行归类、分发的业务活动。

派送服务,是指服务提供方从其集散中心将函件和包裹送达同城的收件人的业务活动。

⑤租赁服务。

租赁服务,包括融资租赁服务和经营租赁服务。

融资租赁服务,是指具有融资性质和所有权转移特点的租赁活动。即出租人根据承租人所要求的规格、型号、性能等条件购入有形动产或者不动产租赁给承租人,合同期内租赁物所有权属于出租人,承租人只拥有使用权,合同期满付清租金后,承租人有权按照残值购入租赁物,以拥有其所有权。不论出租人是否将租赁物销售给承租人,均属于融资租赁。

按照标的物的不同,融资租赁服务可分为有形动产融资租赁服务和不动产融资租赁服务。

融资性售后回租不按照本税目缴纳增值税。

经营租赁服务,是指在约定时间内将有形动产或者不动产转让他人使用且租赁物所有权不变更的业务活动。

按照标的物的不同,经营租赁服务可分为有形动产经营租赁服务和不动产经营租赁服务。

将建筑物、构筑物等不动产或者飞机、车辆等有形动产的广告位出租给其他单位或者个人用于发布广告,按照经营租赁服务缴纳增值税。

车辆停放服务、道路通行服务(包括过路费、过桥费、过闸费等)等,按照不动产经营租赁服务缴纳增值税。

水路运输的光租业务、航空运输的干租业务,属于经营租赁。

光租业务,是指运输企业将船舶在约定的时间内出租给他人使用,不配备操作人员,不承担运输过程中发生的各项费用,只收取固定租赁费的业务活动。

干租业务,是指航空运输企业将飞机在约定的时间内出租给他人使用,不配备机组人员,不承担运输过程中发生的各项费用,只收取固定租赁费的业务活动。

⑥鉴证咨询服务。

鉴证咨询服务,包括认证服务、鉴证服务和咨询服务。

认证服务,是指具有专业资质的单位利用检测、检验、计量等技术,证明产品、服务、管理体系符合相关技术规范、相关技术规范的强制性要求或者标准的业务活动。

鉴证服务,是指具有专业资质的单位受托对相关事项进行鉴证,发表具有证明力的意见的业务活动。包括会计鉴证、税务鉴证、法律鉴证、职业技能鉴定、工程造价鉴证、工程监理、资产评估、环境评估、房地产土地评估、建筑图纸审核、医疗事故鉴定等。

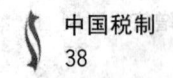

咨询服务，是指提供信息、建议、策划、顾问等服务的活动。包括金融、软件、技术、财务、税收、法律、内部管理、业务运作、流程管理、健康等方面的咨询。

翻译服务和市场调查服务按照咨询服务缴纳增值税。

⑦广播影视服务。

广播影视服务，包括广播影视节目（作品）的制作服务、发行服务和播映（含放映，下同）服务。

广播影视节目（作品）制作服务，是指进行专题（特别节目）、专栏、综艺、体育、动画片、广播剧、电视剧、电影等广播影视节目和作品制作的服务。具体包括与广播影视节目和作品相关的策划、采编、拍摄、录音、音视频文字图片素材制作、场景布置，后期的剪辑、翻译（编译）、字幕制作，片头、片尾、片花制作，特效制作，影片修复，编目和确权等业务活动。

广播影视节目（作品）发行服务，是指以分账、买断、委托等方式，向影院、电台、电视台、网站等单位和个人发行广播影视节目（作品）以及转让体育赛事等活动的报道及播映权的业务活动。

广播影视节目（作品）播映服务，是指在影院、剧院、录像厅及其他场所播映广播影视节目（作品），以及通过电台、电视台、卫星通信、互联网、有线电视等无线或者有线装置播映广播影视节目（作品）的业务活动。

⑧商务辅助服务。

商务辅助服务，包括企业管理服务、经纪代理服务、人力资源服务、安全保护服务。

企业管理服务，是指提供总部管理、投资与资产管理、市场管理、物业管理、日常综合管理等服务的业务活动。

经纪代理服务，是指各类经纪、中介、代理服务。包括金融代理、知识产权代理、货物运输代理、代理报关、法律代理、房地产中介、职业中介、婚姻中介、代理记账、拍卖等。

货物运输代理服务，是指接受货物收货人、发货人、船舶所有人、船舶承租人或者船舶经营人的委托，以委托人的名义，为委托人办理货物运输、装卸、仓储和船舶进出港口、引航、靠泊等相关手续的业务活动。

代理报关服务，是指接受进出口货物的收、发货人委托，代为办理报关手续的业务活动。

人力资源服务，是指提供公共就业、劳务派遣、人才委托招聘、劳动力外包等服务的业务活动。

安全保护服务，是指提供保护人身安全和财产安全，维护社会治安等的业务活动。包括场所住宅保安、特种保安、安全系统监控以及其他安保服务。

⑨其他现代服务。

其他现代服务，是指除研发和技术服务、信息技术服务、文化创意服务、物流辅助服务、租赁服务、鉴证咨询服务、广播影视服务和商务辅助服务以外的现代服务。

(7)生活服务。

生活服务，是指为满足城乡居民日常生活需求提供的各类服务活动。包括文化体育服务、教育医疗服务、旅游娱乐服务、餐饮住宿服务、居民日常服务和其他生活服务。

①文化体育服务。

文化体育服务，包括文化服务和体育服务。

文化服务，是指为满足社会公众文化生活需求提供的各种服务。包括文艺创作、文艺表演、文化比赛，图书馆的图书和资料借阅，档案馆的档案管理，文物及非物质遗产保护，组织举办宗教活动、科技活动、文化活动,提供游览场所。

体育服务,是指组织举办体育比赛、体育表演、体育活动,以及提供体育训练、体育指导、体育管理的业务活动。

②教育医疗服务。

教育医疗服务,包括教育服务和医疗服务。

教育服务,是指提供学历教育服务、非学历教育服务、教育辅助服务的业务活动。

学历教育服务,是指根据教育行政管理部门确定或者认可的招生和教学计划组织教学,并颁发相应学历证书的业务活动。包括初等教育、初级中等教育、高级中等教育、高等教育等。

非学历教育服务,包括学前教育、各类培训、演讲、讲座、报告会等。

教育辅助服务,包括教育测评、考试、招生等服务。

医疗服务,是指提供医学检查、诊断、治疗、康复、预防、保健、接生、计划生育、防疫服务等方面的服务,以及与这些服务有关的提供药品、医用材料器具、救护车、病房住宿和伙食的业务。

③旅游娱乐服务。

旅游娱乐服务,包括旅游服务和娱乐服务。

旅游服务,是指根据旅游者的要求,组织安排交通、游览、住宿、餐饮、购物、文娱、商务等服务的业务活动。

娱乐服务,是指为娱乐活动同时提供场所和服务的业务。具体包括提供歌厅、舞厅、夜总会、酒吧等场所,以及台球、高尔夫球、保龄球、游艺(包括射击、狩猎、跑马、游戏机、蹦极、卡丁车、热气球、动力伞、射箭、飞镖)等娱乐活动。

④餐饮住宿服务。

餐饮住宿服务,包括餐饮服务和住宿服务。

餐饮服务,是指通过同时提供饮食和饮食场所的方式为消费者提供饮食消费服务的业务活动。

住宿服务,是指提供住宿场所及配套服务等的活动。包括宾馆、旅馆、旅社、度假村和其他经营性住宿场所提供的住宿服务。

⑤居民日常服务。

居民日常服务,是指主要为满足居民个人及其家庭日常生活需求提供的服务,包括市容市政管理、家政、婚庆、养老、殡葬、照料和护理、救助救济、美容美发、按摩、桑拿、氧吧、足疗、沐浴、洗染、摄影扩印等服务。

⑥其他生活服务。

其他生活服务,是指除文化体育服务、教育医疗服务、旅游娱乐服务、餐饮住宿服务和居民日常服务之外的生活服务。

4. 销售无形资产

销售无形资产,是指转让无形资产所有权或者使用权的业务活动。无形资产,是指不具实物形态,但能带来经济利益的资产,包括技术、商标、著作权、商誉、自然资源使用权和其他权益性无形资产。

技术,包括专利技术和非专利技术。

自然资源使用权,包括土地使用权、海域使用权、探矿权、采矿权、取水权和其他自然资源使用权。

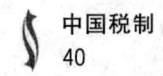

其他权益性无形资产,包括基础设施资产经营权、公共事业特许权、配额、经营权(包括特许经营权、连锁经营权、其他经营权)、经销权、分销权、代理权、会员权、席位权、网络游戏虚拟道具、域名、名称权、肖像权、冠名权、转会费等。

5. 销售不动产

销售不动产,是指转让不动产所有权的业务活动。不动产,是指不能移动或者移动后会引起性质、形状改变的财产,包括建筑物、构筑物等。

建筑物,包括住宅、商业营业用房、办公楼等可供居住、工作或者进行其他活动的建造物。

构筑物,包括道路、桥梁、隧道、水坝等建造物。

转让建筑物有限产权或者永久使用权的,转让在建的建筑物或者构筑物所有权的,以及在转让建筑物或者构筑物时一并转让其所占土地的使用权的,按照销售不动产缴纳增值税。

6. 进口货物

进口货物,是指申报进入我国海关境内的货物。确定一项货物是否属于进口货物,必须看其是否办理了报关进口手续。通常,境外产品要输入境内,必须向我国海关申报进口,并办理有关报关手续。只要是报关进口的应税货物,均属于增值税征税范围,除享受免税政策的货物外,均应在进口环节缴纳增值税。

(二)增值税征税范围的特殊规定

1. 视同销售货物行为

视同销售货物行为,是指按照会计准则的规定,不属于货物销售,但按照税法有关规定应当申报缴纳增值税的行为,包括不发生货物所有权转移和不以直接有偿形式进行的货物转让。根据《增值税暂行条例实施细则》和《营业税改征增值税试点实施办法》的规定,单位或个体经营者的下列行为视同销售货物,征收增值税。

(1)将货物交付其他单位或者个人代销。

(2)销售代销货物。

(3)设有两个以上机构并实行统一核算的纳税人,将货物从一个机构移送其他机构用于销售时,相关机构不是设在同一县(市)的,要视同销售交纳增值税;相关机构设在同一县(市)的,仍在货物最终实现销售时纳税,中间移送时则不交税。

(4)将自产、委托加工的货物用于非增值税应税项目。

(5)将自产、委托加工的货物用于集体福利或个人消费。

(6)将自产、委托加工或购买的货物作为投资,提供给其他单位或个体工商户。

(7)将自产、委托加工或购买的货物分配给股东或投资者。

(8)将自产、委托加工或购买的货物无偿赠给其他单位或个人。

上述8种情况中,第(4)种和第(5)种中不包括购买的货物,是因为将购买的货物用于非应税项目或集体福利及个人消费时,纳税人就成为购买货物的最终消费者,而且是消费在不征增值税的项目上。这种情况只关系到其进项税额能否抵扣,而不是销售问题。

(9)单位或者个体工商户向其他单位或者个人无偿提供服务,但用于公益事业或者以社会公众为对象的除外。

(10)单位或者个人向其他单位或者个人无偿转让无形资产或者不动产,但用于公益事业或者以社会公众为对象的除外。

(11)财政部和国家税务总局规定的其他情形。

2. 混合销售行为

一项销售行为如果既涉及服务又涉及货物,为混合销售。从事货物的生产、批发或者零售的单位和个体工商户的混合销售行为,按照销售货物缴纳增值税;其他单位和个体工商户的混合销售行为,按照销售服务缴纳增值税。

上述从事货物的生产、批发或者零售的单位和个体工商户,包括以从事货物的生产、批发或者零售为主,并兼营销售服务的单位和个体工商户在内。

3. 兼营行为

所谓兼营行为,是指纳税人的经营范围既包括销售货物和提供加工、修理修配劳务,又包括销售服务、无形资产或者不动产,但是销售货物,提供加工、修理修配劳务,销售服务、无形资产或者不动产不同时发生在一项销售行为中。

纳税人兼营销售货物,提供加工、修理修配劳务,销售服务、无形资产或者不动产,适用不同税率或者征收率的,应当分别核算适用不同税率或者征收率的销售额;未分别核算的,从高适用税率。

(三)不征收增值税的项目

(1)基本建设单位和从事建筑安装业务的企业附设工厂、车间在建筑现场制造的预制构件,凡是直接用于本单位或本企业建筑工程的,不征收增值税。

(2)供应或开采未经加工的天然水(如水库供应农业灌溉用水、工厂自采地下水用于生产),不征收增值税。

(3)对国家管理部门行使其管理职能,发放的执照、牌照和有关证书等取得的工本费收入,不征收增值税。

(4)对体育彩票的发行收入,不征收增值税。

(5)对增值税纳税人收取的会员费收入,不征收增值税。

(6)代购货物行为,凡同时具备以下条件的,不征收增值税:

①受托方不垫付资金;

②销货方将发票开具给委托方,并由受托方将该项发票转交给委托方;

③受托方按销售方实际收取的销售额和销项税额与委托方结算货款,并另外收取手续费。

(7)根据国家指令无偿提供的铁路运输服务、航空运输服务,属于《营业税改征增值税试点实施办法》第十四条规定的用于公益事业的服务。

(8)存款利息。

(9)被保险人获得的保险赔付。

(10)房地产主管部门或者其指定机构、公积金管理中心、开发企业以及物业管理单位代收的住宅专项维修资金。

(11)在资产重组过程中,通过合并、分立、出售、置换等方式,将全部或者部分实物资产以及与其相关联的债权、负债和劳动力一并转让给其他单位和个人,其中涉及的不动产、土地使用权转让行为。

二、增值税的纳税人

(一)纳税人的基本规定

根据《增值税暂行条例》和《营业税改征增值税试点实施办法》的规定,凡在中华人民共和国境内销售货物或者提供加工、修理修配劳务,销售服务、无形资产或者不动产,以及进口货物的单位和个人,为增值税的纳税义务人。

1. 单位

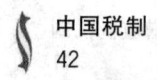

是指一切从事销售或进口货物，提供应税劳务，销售应税服务、无形资产或者不动产的单位，包括企业、行政单位、事业单位、军事单位、社会团体及其他单位。

2. 个人

是指从事销售或进口货物，提供应税劳务，销售应税服务、无形资产或者不动产的个人，包括个体工商户和其他个人。

3. 承包人和发包人

单位以承包、承租、挂靠方式经营的，承包人、承租人、挂靠人（以下统称承包人）以发包人、出租人、被挂靠人（以下统称发包人）名义对外经营并由发包人承担相关法律责任的，以该发包人为纳税人；否则，以承包人为纳税人。

4. 扣缴义务人

中华人民共和国境外的单位或者个人在境内提供应税劳务，在境内未设有经营机构的，以其代理人为增值税扣缴义务人；在境内没有代理人的，以购买方或者接受方为增值税扣缴义务人。

中华人民共和国境外单位或者个人在境内发生销售服务、无形资产或者不动产，在境内未设有经营机构的，以购买方为增值税扣缴义务人。财政部和国家税务总局另有规定的除外。

（二）一般纳税人与小规模纳税人的划分

为了便于增值税的征收管理，我国将纳税人按生产经营规模大小和会计核算是否健全，划分为一般纳税人和小规模纳税人。

1. 一般纳税人

一般纳税人是指年应税销售额[①]超过规定的小规模纳税人标准，且会计核算健全的企业和企业性单位。

年应税销售额未超过财政部、国家税务总局规定的小规模纳税人标准以及新开业的纳税人，可以向主管税务机关申请一般纳税人资格认定。除国家税务总局另有规定外，纳税人一经认定为一般纳税人后，不得转为小规模纳税人。

一般纳税人应当向主管税务机关申请资格认定，但下列纳税人不办理一般纳税人资格认定：

(1)个体工商户以外的其他个人；

(2)选择按照小规模纳税人纳税的非企业性单位；

(3)选择按照小规模纳税人纳税的不经常发生应税行为的企业。

2. 小规模纳税人

小规模纳税人是指按照一定标准确定的、规模较小的、会计核算制度不健全的增值税纳税人。所称"会计核算不健全"，是指不能按照国家统一的会计制度规定设置账簿，无法根据合法、有效凭证核算。小规模纳税人的确定标准如下：

(1)从事货物生产或者提供应税劳务的纳税人，以及以从事货物生产或者提供应税劳务为主，并兼营货物批发或者零售的纳税人，年应征增值税销售额在50万元（含本数）以下的；所称"以从事货物生产或者提供应税劳务为主"，是指纳税人的年货物生产或者提供应税劳务的销

[①] 年应税销售额，是指纳税人在连续不超过12个月的经营期内累计应征增值税销售额，包括纳税申报销售额、稽查查补销售额、纳税评估调整销售额、税务机关代开发票销售额和免税销售额。稽查查补销售额和纳税评估调整销售额计入查补税款申报当月的销售额，不计入税款所属期销售额。

售额占年应税销售额的比重在50%以上。

(2) 从事货物批发或零售的纳税人,年应税销售额在80万元(含本数)以下的。

(3) 从事销售服务、无形资产或者不动产(以下简称应税行为)的纳税人,年应税销售额在500万元(含本数)以下的。

年应税销售额超过小规模纳税人标准的其他个人按小规模纳税人纳税;非企业性单位[①]、不经常发生应税行为的企业[②]可选择按小规模纳税人纳税。

应税行为年销售额超过规定标准的其他个人不属于一般纳税人。应税行为年销售额超过规定标准但不经常提供应税行为的单位和个体工商户,可选择按照小规模纳税人纳税。

小规模纳税人会计核算健全、能够提供准确的税务资料的,可以向主管税务机关申请资格认定,不作为小规模纳税人。

三、增值税的税率

(一) 基本税率

现行增值税的基本税率为17%。除列举适用低税率的货物以及出口货物外,纳税人销售货物或者进口货物以及提供有形动产租赁服务的,一律适用17%税率。

(二) 低税率

1. 提供增值电信服务、金融服务、现代服务(有形动产租赁服务、不动产租赁服务除外)、生活服务、销售无形资产(转让土地使用权除外),税率为6%。

2. 提供交通运输服务、邮政服务、基础电信服务、建筑服务、不动产租赁服务、销售不动产、转让土地使用权,税率为11%。

3. 纳税人销售或者进口下列货物,税率为13%:

(1) 农业产品。包括种植业、养殖业、林业、牧业、水产业生产的各种植物、动物的初级产品。

(2) 食用植物油。仅指芝麻油、花生油、豆油、菜籽油、米糠油、葵花籽油、棉籽油、玉米胚油、茶油、胡麻油以及以上述油为原料生产的混合油。棕榈油、核桃油、橄榄油、花椒油、杏仁油、葡萄籽油、牡丹籽油,也属于本货物征税范围。

(3) 自来水、暖气、冷气、热水、煤气、石油液化气、天然气、沼气、居民用煤炭制品。

(4) 图书、报纸、杂志。

(5) 饲料、化肥、农药、农膜、农机(不包括农机零部件)。

(6) 食用盐。

(7) 音像制品和电子出版物。

(8) 二甲醚。

(9) 密集型烤房设备、频振式杀虫灯、自动虫情测报灯、粘虫板。[③]

(10) 卷帘机。卷帘机是指用于农业温室、大棚,以电机驱动,对保温被或草帘进行自动卷放的机械设备,一般由电机、变速箱、联轴器、卷轴、悬臂、控制装置等部分组成。[④]

---

① 非企业性单位,是指行政单位、事业单位、军事单位、社会团体和其他单位。
② 不经常发生应税行为的企业,是指非增值税纳税人。不经常发生应税行为,是指其偶然发生增值税应税行为。
③ 国家税务总局:《关于部分产品增值税适用税率问题的公告》(国家税务总局公告2012年第10号),本公告自2012年4月1日起施行。
④ 国家税务总局:《关于卷帘机适用增值税税率问题的公告》(国家税务总局公告2012年第29号),本公告自2012年8月1日起施行。

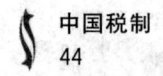

(11)动物骨粒。① 动物骨粒是指将动物骨经筛选、破碎、清洗、晾晒等工序加工后的产品。
(12)国务院规定的其他货物。

由于增值税设置了一档基本税率和几档低税率,因此对经营活动中存在纳税人兼营不同税率的货物或者应税劳务的情形,税法规定,纳税人兼营不同税率的货物或者应税劳务,应当分别核算不同税率货物或者应税劳务的销售额;未分别核算销售额的,从高适用税率。

纳税人销售不同税率的货物或者劳务,并兼营应属一并征收增值税的非应税劳务的,其非应税劳务应从高适用税率。

(三)零税率

纳税人出口货物,税率为零。但是,国务院另有规定的除外。

税率为零不是简单地等同于免税。出口货物免税仅指在出口环节不征收增值税,而零税率是指对出口货物除了在出口环节不需要缴纳增值税,而且可以退还出口货物在出口前已经缴纳的增值税。这样使该出口产品在出口时完全不含增值税税款进入国际市场。当然,我国目前并非对全部出口产品完全实行零税率。国务院规定不适用零税率的货物,主要包括纳税人出口的原油、援外出口货物,国家禁止出口的天然牛黄、麝香、铜及铜基合金、白金、糖等货物。

中华人民共和国境内的单位和个人销售的下列服务和无形资产,适用增值税零税率:

1. 国际运输服务。是指:
(1)在境内载运旅客或者货物出境;
(2)在境外载运旅客或者货物入境;
(3)在境外载运旅客或者货物。
2. 航天运输服务。
3. 向境外单位提供的完全在境外消费的下列服务:
(1)研发服务。
(2)合同能源管理服务。
(3)设计服务。
(4)广播影视节目(作品)的制作和发行服务。
(5)软件服务。
(6)电路设计及测试服务。
(7)信息系统服务。
(8)业务流程管理服务。
(9)离岸服务外包业务。离岸服务外包业务包括信息技术外包服务(ITO)、技术性业务流程外包服务(BPO)、技术性知识流程外包服务(KPO),其所涉及的具体业务活动,按照《销售服务、无形资产、不动产注释》相对应的业务活动执行。
(10)转让技术。
4. 财政部和国家税务总局规定的其他服务。

---

① 国家税务总局:《关于动物骨粒适用增值税税率的公告》(国家税务总局公告2013年第71号),本公告自2014年1月1日起施行。

(四)征收率

1. 征收率的一般规定

小规模纳税人销售货物或者应税劳务,实行按销售额与征收率计算应纳税额的简易方法。小规模纳税人增值税征收率为3%。

2. 征收率的特殊规定

(1)一般纳税人销售自产的下列货物,可选择按照简易办法,依照3%征收率计算缴纳增值税[①]:

①县级及县级以下小型水力发电单位生产的电力。小型水力发电单位,是指各类投资主体建设的装机容量为5万千瓦以下(含5万千瓦)的小型水力发电单位。

②建筑用和生产建筑材料所用的砂、土、石料。

③以自己采掘的砂、土、石料或其他矿物连续生产的砖、瓦、石灰(不含黏土实心砖、瓦)。

④用微生物、微生物代谢物、动物毒素、人或动物的血液或组织制成的生物制品。

⑤自来水。

⑥商品混凝土(仅限于以水泥为原料生产的水泥混凝土)。

一般纳税人选择简易办法计算并缴纳增值税后,36个月内不得变更。

(2)一般纳税人销售货物属于下列情形之一的,暂按简易办法,依照3%征收率计算缴纳增值税:

①寄售商店代销寄售物品(包括居民个人寄售的物品在内);

②典当业销售死当物品;

③经国务院或国务院授权机关批准的免税商店零售的免税品。

(3)一般纳税人销售自己使用过的固定资产,属于以下两种情形,可按简易办法,依照3%征收率减按2%征收增值税,同时不得开具增值税专用发票[②]:

①纳税人购进或者自制固定资产时为小规模纳税人,认定为一般纳税人后销售该固定资产。

②一般纳税人发生按简易办法征收增值税应税行为,销售其按照规定不得抵扣且未抵扣进项税额的固定资产。

税率和征收率的调整,由国务院决定。

专栏2-2　各国增值税税率比较[③]

综观各国增值税的税率,可分为单一税率和多档税率两类。单一税率即对各种商品在各个环节课税都采用同一比例税率。在该税率结构下,增值税计征较为方便。多档税率则有两个以上不同税率,一般有标准税率、低税率和高税率,很多国家还特别设置零税率。其中,标准税率体现增值税的基本课征水平,适用于一般商品和劳务;低税率适用于食品、药品等生活必需品;高税率则适用于少数需要加以限制的高档商品或奢侈品。

[①] 财政部、国家税务总局:《关于简并增值税征收率政策的通知》(财税〔2014〕57号),本通知自2014年7月1日起施行。

[②] 国家税务总局:《关于简并增值税征收率有关问题的公告》(国家税务总局公告2014年第36号),本公告自2014年7月1日起施行。

[③] 樊勇、袁荻雅:《借鉴国际经验 进一步完善我国增值税制度》,《涉外税务》2012年第3期,第42页。

> 根据荷兰国际财政文献局(IBFD)公布的有关资料,在实施增值税的 135 个国家(地区)中,就税率结构来看,有 67 个实行单一税率,占全部国家(地区)的 49.6%;在实行多档税率的国家(地区)中,有 43 个实行 1 档标准税率加 2～3 档低税率(主要是 2 档低税率),它们基本上是亚、非、拉的发展中国家;另外,少数几个国家实行 4 档税率。就税率水平来看,标准税率在 10%～20%的有 115 个,占全部国家(地区)的 85.2%;标准税率在 9%及以下的有 8 个,占 5.9%;标准税率在 21%以上的有 12 个,占 8.9%,主要是瑞典(25%)、丹麦(25%)、冰岛(24.5%)和芬兰(24.2%)等高福利、高税收的北欧国家和匈牙利(22%)、克罗地亚(22%)、波兰(22%)等东欧国家,以及少量的拉美国家。可见,实施增值税的大部分国家(地区)以单一税率和 1 档标准税率加 1 档低税率为主,且其标准税率控制在 10%～20%。
>
> 截至 2010 年,在实行单一税率的国家中,韩国、日本、新加坡、泰国、印度尼西亚、柬埔寨等亚洲国家的税率大多设置在 10%以下。在欧盟 27 个成员国中,除丹麦实行单一税率 25%外,其他国家都实行多档税率,且税率基本在 15%～25%,有 11 个国家在 20%以上。其中,只有 1 档低税率的国家有 9 个,除拉脱维亚(12%)外,其他国家均在 5%～10%;有 2 档低税率的国家有 16 个;有 3 档低税率的只有卢森堡 1 个国家。另外,值得注意的是,希腊、德国、加拿大、爱尔兰等发达国家近年都提高了增值税税率,波兰、立陶宛等国可能在今后几年内提高税率。

四、增值税的税收优惠

(一)增值税减免的一般规定

1. 对农业生产者销售的自产农业产品免征增值税。

农业生产者,是指直接从事植物的种植、收割和动物的饲养、捕捞的单位和个人。农业产品按《农业产品征税范围注释》规定执行。免税仅限于自产产品,对农业生产单位和个人外购的农业产品以及单位和个人外购的农业产品进行生产、加工后销售的仍属注释所列农业产品的,不属免税范围。

2. 对避孕药品和用具免征增值税。

3. 对古旧图书免征增值税。古旧图书是指向社会收购的古书和旧书。

4. 对直接用于科学研究、科学试验和教学的进口仪器、设备免征增值税。

5. 对外国政府、国际组织无偿援助的进口物资和设备免征增值税。

6. 对由残疾人组织直接进口供残疾人专用的物品免征增值税。

7. 对残疾人员个人提供加工和修理修配劳务免征增值税。

8. 对残疾人专用的假肢、轮椅、矫形器(包括上肢矫形器、下肢矫形器、脊椎侧弯矫形器)免征增值税。

9. 对资源综合利用产品和再生资源(废旧物资)实行增值税优惠政策。[①]

(1)下列产品实行免征增值税政策:再生水;以废旧轮胎为原料生产的胶粉;翻新轮胎;生产原料中掺兑废渣比例不低于 30%的特定建材产品;销售自产的以建(构)筑废物、煤矸石为

[①] 财政部、国家税务总局:《关于调整完善资源综合利用产品及劳务增值税政策的通知》(财税〔2011〕115 号),本通知自 2011 年 1 月 1 起施行。

原料[原料中建(构)筑废物、煤矸石的比重不低于90%]生产的建筑砂石骨料;垃圾处理、污水处理处置劳务。

(2)下列产品实行增值税即征即退100%政策:以工业废气为原料生产的高纯度二氧化碳产品;以垃圾为燃料生产的电力或者热力;以煤炭开采过程中伴生的舍弃物油母页岩为原料生产的页岩油;以废旧沥青混凝土为原料生产的再生沥青混凝土;采用旋窑法工艺生产并且生产原料中掺兑废渣比例不低于30%的水泥(包括水泥熟料);利用工业生产过程中产生的余热、余压生产的电力或热力,发电(热)原料中100%利用上述资源;以餐厨垃圾、畜禽粪便、稻壳、花生壳、玉米芯、油茶壳、棉籽壳、三剩物、次小薪材、含油污水、有机废水、污水处理后产生的污泥、油田采油过程中产生的油污泥(浮渣),包括利用上述资源发酵产生的沼气为原料生产的电力、热力、燃料,生产原料中上述资源的比重不低于80%,其中利用油田采油过程中产生的油污泥(浮渣)生产燃料的资源比重不低于60%;以污水处理后产生的污泥为原料生产的干化污泥、燃料,生产原料中上述资源的比重不低于90%;以废弃的动物油、植物油为原料生产的饲料级混合油,饲料级混合油应达到《饲料级混合油》规定的技术要求,生产原料中上述资源的比重不低于90%;以回收的废矿物油为原料生产的润滑油基础油、汽油、柴油等工业油料,生产企业必须取得《危险废物综合经营许可证》,生产原料中上述资源的比重不低于90%;以油田采油过程中产生的油污泥(浮渣)为原料生产的乳化油调和剂及防水卷材辅料产品,生产企业必须取得《危险废物综合经营许可证》,生产原料中上述资源的比重不低于70%;以人发为原料生产的档发,生产原料中90%以上为人发。

(3)下列产品实行增值税即征即退80%政策:以三剩物、次小薪材和农作物秸秆3类农林剩余物为原料生产的木(竹、秸秆)纤维板、木(竹、秸秆)刨花板、细木工板、活性炭、栲胶、水解酒精、炭棒;以沙柳为原料生产的箱板纸。

(4)下列产品实行增值税即征即退50%政策:以退役军用发射药为原料生产的涂料硝化棉粉;以燃煤发电厂及各类工业企业产生的烟气、高硫天然气进行脱硫生产的副产品;以废弃酒糟和酿酒底锅水为原料生产的蒸汽、活性炭、白炭黑、乳酸、乳酸钙、沼气;以煤矸石、煤泥、石煤、油母页岩为燃料生产的电力和热力;利用风力生产的电力;部分新型墙体材料产品;以蔗渣为原料生产的蔗渣浆、蔗渣刨花板及各类纸制品,生产原料中蔗渣所占比重不低于70%;以粉煤灰、煤矸石为原料生产的氧化铝、活性硅酸钙,生产原料中上述资源的比重不低于25%;利用污泥生产的污泥微生物蛋白,生产原料中上述资源的比重不低于90%;以煤矸石为原料生产的瓷绝缘子、煅烧高岭土,其中瓷绝缘子生产原料中煤矸石所占比重不低于30%,煅烧高岭土生产原料中煤矸石所占比重不低于90%;以废旧电池、废感光材料、废彩色显影液、废催化剂、废灯泡(管)、电解废弃物、电镀废弃物、废线路板、树脂废弃物、烟尘灰、湿法泥、熔炼渣、河底淤泥、废旧电机、报废汽车为原料生产的金、银、钯、铑、铜、铅、汞、锡、铋、碲、铟、硒、铂族金属,其中综合利用危险废弃物的企业必须取得《危险废物综合经营许可证》,生产原料中上述资源的比重不低于90%;以废塑料、废旧聚氯乙烯(PVC)制品、废橡胶制品及废铝塑复合纸包装材料为原料生产的汽油、柴油、废塑料(橡胶)油、石油焦、炭黑、再生纸浆、铝粉、汽车用改性再生专用料、摩托车用改性再生专用料、家电用改性再生专用料、管材用改性再生专用料、化纤用再生聚酯专用料(杂质含量低于0.5 mg/g,水分含量低于1%)、瓶用再生聚对苯二甲酸乙二醇酯(PET)树脂(乙醛质量分数小于等于$1\mu g/g$)及再生塑料制品,生产原料中上述资源的比重不低于70%;以废弃天然纤维、化学纤维及其制品为原料生产的纤维纱及织布、无纺布、毡、粘合剂及再生聚酯产品,生产原料中上述资源的比重不低于90%;以废旧石墨为原料生产的石墨异形件、石墨块、石墨粉和石墨增碳剂,生产原料中上述资源的比重不低于90%。

(5)增值税先征后退政策仅适用于以废弃的动物油和植物油为原料生产的生物柴油。

10. 下列农业生产资料免征增值税:农膜;生产并销售的氮肥、磷肥以及以免税化肥为主要原料的复混肥(企业生产复混肥产品所用的免税化肥成本占原料中全部化肥成本的比重高于70%);批发和零售的种子、种苗、化肥、农药、农机;有机肥;饲料。用于动物饲养的粮食、饲料添加剂、宠物饲料不属于免税范围。

11. 对安置残疾人的单位,实行由税务机关按单位实际安置残疾人的人数限额即征即退增值税或减征营业税的办法。

12. 对增值税纳税人收取的会员费收入不征收增值税。

13. 按债转股企业与金融资产管理公司签订的债转股协议,债转股原企业将货物资产作为投资提供给债转股新公司的,免征增值税。

14. 转让企业全部产权是整体转让企业资产、债权、债务及劳动力的行为,因此,转让企业全部产权涉及的应税货物的转让,不属于增值税的征税范围,不征收增值税。

15. 自2012年1月1日起,对从事蔬菜①批发、零售的纳税人销售的蔬菜免征增值税。

纳税人兼营免税、减税项目的,应当分别核算免税、减税项目的销售额;未分别核算销售额的,不得免税、减税。

(二)营业税改征增值税试点过渡时期免征增值税的规定

1. 托儿所、幼儿园提供的保育和教育服务。
2. 养老机构提供的养老服务。
3. 残疾人福利机构提供的育养服务。
4. 婚姻介绍服务。
5. 殡葬服务。
6. 残疾人员本人为社会提供的服务。
7. 医疗机构提供的医疗服务。
8. 从事学历教育的学校提供的教育服务。
9. 学生勤工俭学提供的服务。
10. 农业机耕、排灌、病虫害防治、植物保护、农牧保险以及相关技术培训业务,家禽、牲畜、水生动物的配种和疾病防治。
11. 纪念馆、博物馆、文化馆、文物保护单位管理机构、美术馆、展览馆、书画院、图书馆在自己的场所提供文化体育服务取得的第一道门票收入。
12. 寺院、宫观、清真寺和教堂举办文化、宗教活动的门票收入。
13. 行政单位之外的其他单位收取的符合《营业税改征增值税试点实施办法》第十条规定条件的政府性基金和行政事业性收费。
14. 个人转让著作权。
15. 个人销售自建自用住房。
16. 2018年12月31日前,公共租赁住房经营管理单位出租公共租赁住房。
17. 台湾航运公司、航空公司从事海峡两岸海上直航、空中直航业务在大陆取得的运输

---

① 蔬菜是指可作副食的草本、木本植物,包括各种蔬菜、菌类植物和少数可作副食的木本植物;经挑选、清洗、切分、晾晒、包装、脱水、冷藏、冷冻等工序加工的蔬菜,也属于蔬菜的范围。各种蔬菜罐头不属于免税蔬菜的范围。蔬菜罐头是指蔬菜经处理、装罐、密封、杀菌或无菌包装而制成的食品。

收入。

18. 纳税人提供的直接或者间接国际货物运输代理服务。

19. 以下利息收入：

（1）国家助学贷款。

（2）国债、地方政府债。

（3）人民银行对金融机构的贷款。

（4）住房公积金管理中心用住房公积金在指定的委托银行发放的个人住房贷款。

（5）外汇管理部门在从事国家外汇储备经营过程中，委托金融机构发放的外汇贷款。

（6）统借统还业务中，企业集团或企业集团中的核心企业以及集团所属财务公司按不高于支付给金融机构的借款利率水平或者支付的债券票面利率水平，向企业集团或者集团内下属单位收取的利息。

20. 被撤销金融机构以货物、不动产、无形资产、有价证券、票据等财产清偿债务。

21. 保险公司开办的一年期以上人身保险产品取得的保费收入。

22. 下列金融商品转让收入：

（1）合格境外投资者（QFII）委托境内公司在我国从事证券买卖业务。

（2）香港市场投资者（包括单位和个人）通过沪港通买卖上海证券交易所上市A股。

（3）对香港市场投资者（包括单位和个人）通过基金互认买卖内地基金份额。

（4）证券投资基金（封闭式证券投资基金、开放式证券投资基金）管理人运用基金买卖股票、债券。

（5）个人从事金融商品转让业务。

23. 金融同业往来利息收入。

24. 国家商品储备管理单位及其直属企业承担商品储备任务，从中央或者地方财政取得的利息补贴收入和价差补贴收入。

25. 纳税人提供技术转让、技术开发和与之相关的技术咨询、技术服务。

26. 同时符合下列条件的合同能源管理服务：

（1）节能服务公司实施合同能源管理项目相关技术，应当符合国家质量监督检验检疫总局和国家标准化管理委员会发布的《合同能源管理技术通则》（GB/T24915－2010）规定的技术要求。

（2）节能服务公司与用能企业签订节能效益分享型合同，其合同格式和内容符合《中华人民共和国合同法》和《合同能源管理技术通则》（GB/T24915－2010）等规定。

27. 政府举办的从事学历教育的高等、中等和初等学校（不含下属单位），举办进修班、培训班取得的全部归该学校所有的收入。

举办进修班、培训班取得的收入进入该学校下属部门自行开设账户的，不予免征增值税。

28. 政府举办的职业学校设立的，主要为在校学生提供实习场所并由学校出资自办、由学校负责经营管理、经营收入归学校所有的企业，从事《销售服务、无形资产或者不动产注释》中"现代服务"（不含融资租赁服务、广告服务和其他现代服务）、"生活服务"（不含文化体育服务、其他生活服务和桑拿、氧吧）业务活动取得的收入。

29. 家政服务企业由员工制家政服务员提供家政服务取得的收入。

30. 福利彩票、体育彩票的发行收入。

31. 军队空余房产租赁收入。

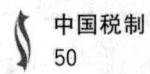

32. 为了配合国家住房制度改革,企业、行政事业单位按房改成本价、标准价出售住房取得的收入。

33. 将土地使用权转让给农业生产者用于农业生产。

34. 涉及家庭财产分割的个人无偿转让不动产、土地使用权。

家庭财产分割包括下列情形:离婚财产分割;无偿赠与配偶、父母、子女、祖父母、外祖父母、孙子女、外孙子女、兄弟姐妹;无偿赠与对其承担直接抚养或者赡养义务的抚养人或者赡养人;房屋产权所有人死亡,法定继承人、遗嘱继承人或者受遗赠人依法取得房屋产权。

35. 土地所有者出让土地使用权和土地使用者将土地使用权归还给土地所有者。

36. 县级以上地方人民政府或自然资源行政主管部门出让、转让或收回自然资源使用权(不含土地使用权)。

(三)跨境应税行为免征增值税的规定

1. 工程项目在境外的建筑服务。
2. 工程项目在境外的工程监理服务。
3. 工程、矿产资源在境外的工程勘察勘探服务。
4. 会议展览地点在境外的会议展览服务。
5. 存储地点在境外的仓储服务。
6. 标的物在境外使用的有形动产租赁服务。
7. 在境外提供的广播影视节目(作品)的播映服务。
8. 在境外提供的文化体育服务、教育医疗服务、旅游服务。
9. 为出口货物提供的邮政服务、收派服务、保险服务。
10. 向境外单位销售的完全在境外消费的电信服务。
11. 向境外单位销售的完全在境外消费的知识产权服务。
12. 向境外单位销售的完全在境外消费的物流辅助服务(仓储服务、收派服务除外)。
13. 向境外单位销售的完全在境外消费的鉴证咨询服务。

下列情形不属于完全在境外消费的鉴证咨询服务:
(1)服务的实际接受方为境内单位或者个人。
(2)对境内的货物或不动产进行的认证服务、鉴证服务和咨询服务。

14. 向境外单位销售的完全在境外消费的专业技术服务。

下列情形不属于完全在境外消费的专业技术服务:
(1)服务的实际接受方为境内单位或者个人。
(2)对境内的天气情况、地震情况、海洋情况、环境和生态情况进行的气象服务、地震服务、海洋服务、环境和生态监测服务。
(3)为境内的地形地貌、地质构造、水文、矿藏等进行的测绘服务。
(4)为境内的城、乡、镇提供的城市规划服务。

15. 向境外单位销售的完全在境外消费的商务辅助服务。

下列情形不属于完全在境外消费的商务辅助服务:
(1)服务的实际接受方为境内单位或者个人。
(2)对境内不动产进行的投资与资产管理服务、物业管理服务、房地产中介服务。
(3)拍卖境内货物或不动产过程中提供的经纪代理服务。
(4)为境内货物或不动产的物权纠纷提供的法律代理服务。

(5)为境内货物或不动产提供的安全保护服务。

16. 向境外单位销售的广告投放地在境外的广告服务。

17. 向境外单位销售的完全在境外消费的无形资产(技术除外)。

下列情形不属于向境外单位销售的完全在境外消费的无形资产：

(1)无形资产未完全在境外使用。

(2)所转让的自然资源使用权与境内自然资源相关。

(3)所转让的基础设施资产经营权、公共事业特许权与境内货物或不动产相关。

(4)向境外单位转让在境内销售货物、应税劳务、服务、无形资产或不动产的配额、经营权、经销权、分销权、代理权。

18. 为境外单位之间的货币资金融通及其他金融业务提供的直接收费金融服务，且该服务与境内的货物、无形资产和不动产无关。

19. 属于以下情形的国际运输服务：

(1)以无运输工具承运方式提供的国际运输服务。

(2)以水路运输方式提供国际运输服务，但未取得《国际船舶运输经营许可证》的。

(3)以公路运输方式提供国际运输服务，但未取得《道路运输经营许可证》或者《国际汽车运输行车许可证》，或者《道路运输经营许可证》的经营范围未包括"国际运输"的。

(4)以航空运输方式提供国际运输服务，但未取得《公共航空运输企业经营许可证》，或者其经营范围未包括"国际航空客货邮运输业务"的。

(5)以航空运输方式提供国际运输服务，但未持有《通用航空经营许可证》，或者其经营范围未包括"公务飞行"的。

20. 符合零税率政策，但适用简易计税方法或声明放弃适用零税率选择免税的下列应税行为：

(1)国际运输服务。

(2)航天运输服务。

(3)向境外单位提供的完全在境外消费的下列服务：

①研发服务；

②合同能源管理服务；

③设计服务；

④广播影视节目(作品)的制作和发行服务；

⑤软件服务；

⑥电路设计及测试服务；

⑦信息系统服务；

⑧业务流程管理服务；

⑨离岸服务外包业务。

(4)向境外单位转让完全在境外消费的技术。

纳税人向国内海关特殊监管区域内的单位或者个人销售服务、无形资产，不属于跨境应税行为，应照章征收增值税。

(四)增值税起征点的规定

对个人销售额未达到增值税起征点的，免征增值税。增值税起征点的适用范围限于个人，

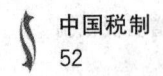

不适用于登记为一般纳税人的个体工商户。增值税起征点的幅度规定如下[①]：

1. 销售货物的，为月销售额5 000～20 000元；
2. 销售应税劳务的，为月销售额5 000～20 000元；
3. 按次纳税的，为每次（日）销售额300～500元；
4. 销售服务、无形资产或者不动产的起征点：

（1）按期纳税的，为月销售额5 000～20 000元（含本数）；

（2）按次纳税的，为每次（日）销售额300～500元（含本数）。

省、自治区、直辖市财政厅（局）和国家税务局应在规定的幅度内，根据实际情况确定本地区适用的起征点，并报财政部、国家税务总局备案。

纳税人销售额未达到国务院财政、税务主管部门规定的增值税起征点的，免征增值税；达到起征点的，依照规定全额计算缴纳增值税。

第三节　增值税应纳税额的计算

一、一般计税方法应纳税额的计算

增值税一般纳税人销售货物，提供应税劳务，销售应税服务、无形资产或者不动产，采用一般计税方法计算缴纳增值税。一般计税方法的应纳税额，是指当期销项税额抵扣当期进项税额后的余额，应纳税额计算公式为：

$$应纳税额＝当期销项税额－当期进项税额$$

当期销项税额小于当期进项税额不足抵扣时，其不足部分可以结转下期继续抵扣。

在确定当期销项税额时，主要考虑两个问题：一是当期要不要计税，即按照规定，纳税义务是否产生；二是该笔业务中所涉及销项税额的具体计算。

在确定当期进项税额时，也要考虑两个问题：一是按照规定，该笔业务中所涉及的进项税额能否抵扣；二是该笔进项税额能否在当期全部抵扣。

（一）销项税额的计算

销项税额是指纳税人销售货物，提供应税劳务，销售应税服务、无形资产或者不动产，按照销售额和规定税率计算并向购买方收取的增值税税额。这个概念包括两层含义：其一，销项税额是计算出来的，对销货方来说，在没有依法抵扣其进项税额前，销项税额不是其应纳增值税额，而是销售货物，提供应税劳务，销售应税服务、无形资产或者不动产的整体税负；其二，销项税额是向购买方收取的。销项税额的计算公式为：

$$销项税额＝销售额×增值税适用税率$$

从上述公式可知，销项税额的正确计算取决于销售额和适用税率两个因素。

1. 销售货物或者提供应税劳务的销售额

销售额是指纳税人销售货物或者提供应税劳务向购买方收取的全部价款和价外费用，但是不包括收取的增值税销项税额。

价外费用，包括价外向购买方收取的手续费、补贴、基金、集资费、返还利润、奖励费、违约金、滞纳金、延期付款利息、赔偿金、代收款项、代垫款项、包装费、包装物租金、储备费、优质费、

[①] 国家税务总局：《关于修改〈中华人民共和国增值税暂行条例实施细则〉和〈中华人民共和国营业税暂行条例实施细则〉的决定》（中华人民共和国财政部令第65号，自2011年11月1日起施行），以及《营业税改征增值税试点实施办法》。

运输装卸费以及其他各种性质的价外收费。但下列项目不包括在内:

(1)受托加工应征消费税的消费品所代收代缴的消费税。

(2)同时符合以下条件的代垫运输费用:①承运部门运输费用发票开具给购买方的;②纳税人将该项发票转交给购买方的。

(3)同时符合以下条件代为收取的政府性基金或者行政事业性收费:①由国务院或者财政部批准设立的政府性基金,由国务院或者省级人民政府及其财政、价格主管部门批准设立的行政事业性收费;②收取时开具省级以上财政部门印制的财政票据;③所收款项全额上缴财政。

(4)销售货物的同时代办保险等而向购买方收取的保险费,以及向购买方收取的代购买方缴纳的车辆购置税、车辆牌照费。

凡随同销售货物或提供应税劳务向购买方收取的价外费用,无论其会计制度规定如何核算,均应并入销售额计算应纳税额。但是应当注意,对增值税一般纳税人向购买方收取的价外费用和逾期包装物押金,应视为含税收入,在征税时应换算成不含税收入再并入销售额。

纳税人按人民币以外的货币结算销售额的,其销售额的人民币折合率可以选择销售额发生的当天或者当月1日的人民币汇率中间价。纳税人应在事先确定采用何种折合率,确定后1年内不得变更。

2. 特殊销售方式下的销售额

在企业的销售活动中,为了达到促销的目的,往往有多种销售方式。在不同销售方式下,销售者取得的销售额会有所不同,对不同销售方式如何确定其应税销售额,增值税法分别作出了明确的规定。

(1)采取折扣方式销售。

纳税人销售过程中的折扣分为两种:商业折扣和现金折扣。

①商业折扣,也称价格折扣或折扣销售。它是销货方为鼓励购货方购买数量较多而给予的价格优惠,即购买数量越多,价格越低。商业折扣一般都从销售价格中直接扣算,即购买方的价款和销售方所收的货款,都是按打折以后的售价来计算的。在大多数情况下,销售额和折扣额是需要在同一张发票上注明的。① 但纳税人销售货物并向购买方开具增值税专用发票后,由于购货方在一定时期内累计购买货物达到一定数量,或者由于市场价格下降等原因,销货方给予购货方相应的价格优惠或补偿等折扣、折让行为,销货方也可按现行有关规定开具红字增值税专用发票。

②现金折扣,也称销售折扣。它是销货方为鼓励购买方在一定期限内早日偿还货款,而给予购买方的一种债务扣除。如某企业销售一批商品,付款条件为:$2/10,1/20,n/30$。这表示如果购买方在10日内付款,货款折扣2%;20日内付款,货款折扣1%;30日内付款,要全额支付。现金折扣发生在销货之后,是一种融资性质的理财费用,因此,税法规定现金折扣不得从销售额中扣除。

在理解以折扣方式销售货物时,还需要注意以下两点:第一,必须将现金折扣与销售折让进行准确区分。销售折让是指货物销售后,由于其品种、质量等原因购货方未退货,但销货方需给予购货方的一种价格折让。销售折让与现金折扣相比较,虽然都是在货物销售后发生的,

---

① 国家税务总局《关于折扣额抵减增值税应税销售额问题的通知》(国税函〔2010〕56号)规定,纳税人采取折扣方式销售货物,销售额和折扣额在同一张发票上分别注明,是指销售额和折扣额在同一张发票上的"金额"栏中分别注明的,可按折扣后的销售额征收增值税;未在同一张发票"金额"栏中注明折扣额,而仅在发票的"备注"栏中注明折扣额的,折扣额不得从销售额中减除。

但因为销售折让是由于货物的品种和质量引起销售额的减少,因此,对销售折让可以以折让后的货款为销售额。第二,商业折扣仅限于货物价格的折扣,如果销货方将自产、委托加工和购买的货物用于实物折扣,则该实物的款额或折合的价值量不能从货物销售额中减除,且该实物应按"视同销售货物"中的"赠送他人"计算征收增值税。

(2)采取以旧换新方式销售。

以旧换新是指纳税人在销售自己的货物时,折价收回同类旧货物,并以折价款部分冲减货物价款的一种销售方式。鉴于销售货物和收购货物是两种不同的业务活动,销售额和收购额不能相互抵减。我国税法规定,采取以旧换新方式销售货物的(金银首饰除外),应按新货物的同期销售价格确定销售额,不得扣减旧货物的收购价格。但考虑到金银首饰以旧换新业务的特殊情况,对金银首饰以旧换新业务,可以按销售方实际收取的不含增值税的全部价款征收增值税。

(3)采取还本销售方式销售。

还本销售是指纳税人在销售货物后,按约定时间,一次或分次将购货款部分或全部退还给购货方,退还的货款即为还本支出。这种方式实际上是以提供货物而取得还本不付息的资金的一种融资行为。税法规定,纳税人采取还本销售方式销售货物的,其销售额就是货物的销售价格,不得从销售额中减除还本支出。

(4)采取以物易物方式销售。

以物易物是一种较为特殊的购销活动,是指在货物所有权转让过程中,交易双方不是以货币结算,而是以同等价款的货物相互结算,实现货物购销的一种方式。尽管以物易物销售方式不直接涉及货币收支活动,但其实质上仍是一种购销行为。因此,从税务处理角度看,以物易物双方都应作购销处理,以各自发出的货物核算销售额并计算销项税额,以各自收到的货物核算购货额并计算进项税额。值得注意的是,以物易物活动中,双方应分别开具合法的票据,如收到的货物不能取得相应的增值税专用发票和其他合法票据的,一律不得抵扣进项税额。

(5)直销企业增值税销售额的确定。

直销企业的经营模式主要有两种:一是直销员按照批发价向直销企业购买货物,再按照零售价向消费者销售货物;二是直销员仅起到中介介绍作用,直销企业按照零售价向直销员介绍的消费者销售货物,并另外向直销员支付报酬。

根据直销企业的经营模式,直销企业增值税销售额的确定分以下两种情况:

①直销企业先将货物销售给直销员,直销员再将货物销售给消费者的,直销企业的销售额为其向直销员收取的全部价款和价外费用。直销员将货物销售给消费者时,应按照现行规定缴纳增值税。

②直销企业通过直销员向消费者销售货物,直接向消费者收取货款的,直销企业的销售额为其向消费者收取的全部价款和价外费用。

(6)带包装物销售的包装物押金处理。

包装物是指纳税人包装本单位货物的各种物品。纳税人销售货物时另收取包装物押金,目的是促使购货方及早退回包装物以便周转使用。税法规定:纳税人为销售货物而出租出借包装物收取的押金,单独记账核算的,时间在12个月以内,又未过期的,不并入销售额征税;但对因逾期未收回包装物不再退还的押金,应按所包装货物的适用税率计算销项税额。这里的逾期,是指按合同约定实际逾期或以12个月为期限,对收取12个月以上的押金,无论是否退还均并入销售额征税。当然,在将包装物押金并入销售额征税时,需要先将该押金换算为不含税价,再并入销售额征税。对于个别包装物周转使用期限较长的,报经税务机关确定后,可适当放宽逾期期限。另外,包装物押金不应混同于包装物租金,包装物租金在销货时作为价外费用并入销售额计算销项税额。

对销售除啤酒、黄酒外的其他酒类产品而收取的包装物押金,无论是否返还以及会计上如何核算,均应并入当期销售额征税。对销售啤酒、黄酒所收取的押金,按上述一般押金的规定处理。

(7) 对价格明显偏低并无正当理由或者视同销售货物行为销售额的确定。

纳税人有价格明显偏低并无正当理由或者有视同销售货物行为而无销售额者,按下列顺序确定销售额:

①按纳税人最近时期同类货物的平均销售价格确定。
②按其他纳税人最近时期同类货物的平均销售价格确定。
③按组成计税价格确定。组成计税价格的公式为:

$$组成计税价格＝成本×(1＋成本利润率)$$

属于应征消费税的货物,其组成计税价格中应加计消费税额。其组成计税价格公式为:

$$组成计税价格＝成本×(1＋成本利润率)＋消费税税额$$

或:

$$组成计税价格＝成本×(1＋成本利润率)÷(1－消费税税率)$$

公式中的"成本"是指销售自产货物的为实际生产成本,销售外购货物的为实际采购成本。公式中的"成本利润率"由国家税务总局统一确定为10%,但属于应按从价定率征收消费税的货物,其成本利润率为消费税有关法规中确定的成本利润率。

3. 销售服务、无形资产或者不动产销售额的确定

根据《营业税改征增值税试点实施办法》的规定,纳税人销售服务、无形资产或者不动产销售额,是指纳税人发生销售服务、无形资产或者不动产取得的全部价款和价外费用,财政部和国家税务总局另有规定的除外。

价外费用,是指价外收取的各种性质的收费,但不包括代为收取并符合《营业税改征增值税试点实施办法》第十条规定的政府性基金或者行政事业性收费,以及以委托方名义开具发票代委托方收取的款项。

纳税人销售服务、无形资产或者不动产销售额按照以下规定确定:

(1) 贷款服务,以提供贷款服务取得的全部利息及利息性质的收入为销售额。

(2) 直接收费金融服务,以提供直接收费金融服务收取的手续费、佣金、酬金、管理费、服务费、经手费、开户费、过户费、结算费、转托管费等各类费用为销售额。

(3) 金融商品转让,按照卖出价扣除买入价后的余额为销售额。

转让金融商品出现的正负差,按盈亏相抵后的余额为销售额。若相抵后出现负差,可结转下一纳税期与下期转让金融商品销售额相抵,但年末时仍出现负差的,不得转入下一个会计年度。

金融商品的买入价,可以选择按照加权平均法或者移动加权平均法进行核算,选择后36个月内不得变更。

金融商品转让,不得开具增值税专用发票。

(4) 经纪代理服务,以取得的全部价款和价外费用,扣除向委托方收取并代为支付的政府性基金或者行政事业性收费后的余额为销售额。向委托方收取的政府性基金或者行政事业性

收费,不得开具增值税专用发票。

(5)融资租赁和融资性售后回租业务。

①经人民银行、银监会或者商务部批准从事融资租赁业务的试点纳税人,提供融资租赁服务,以取得的全部价款和价外费用,扣除支付的借款利息(包括外汇借款和人民币借款利息)、发行债券利息和车辆购置税后的余额为销售额。

②经人民银行、银监会或者商务部批准从事融资租赁业务的试点纳税人,提供融资性售后回租服务,以取得的全部价款和价外费用(不含本金),扣除对外支付的借款利息(包括外汇借款和人民币借款利息)、发行债券利息后的余额作为销售额。

③试点纳税人根据2016年4月30日前签订的有形动产融资性售后回租合同,在合同到期前提供的有形动产融资性售后回租服务,可继续按照有形动产融资租赁服务缴纳增值税。

继续按照有形动产融资租赁服务缴纳增值税的试点纳税人,经人民银行、银监会或者商务部批准从事融资租赁业务的,根据2016年4月30日前签订的有形动产融资性售后回租合同,在合同到期前提供的有形动产融资性售后回租服务,可以选择以下方法之一计算销售额:

一是以向承租方收取的全部价款和价外费用,扣除向承租方收取的价款本金,以及对外支付的借款利息(包括外汇借款和人民币借款利息)、发行债券利息后的余额为销售额。

纳税人提供有形动产融资性售后回租服务,计算当期销售额时可以扣除的价款本金,为书面合同约定的当期应当收取的本金。无书面合同或者书面合同没有约定的,为当期实际收取的本金。

试点纳税人提供有形动产融资性售后回租服务,向承租方收取的有形动产价款本金,不得开具增值税专用发票,可以开具普通发票。

二是以向承租方收取的全部价款和价外费用,扣除支付的借款利息(包括外汇借款和人民币借款利息)、发行债券利息后的余额为销售额。

④经商务部授权的省级商务主管部门和国家经济技术开发区批准的从事融资租赁业务的试点纳税人,2016年5月1日后实收资本达到1.7亿元的,从达到标准的当月起按照上述第①、②、③点规定执行;2016年5月1日后实收资本未达到1.7亿元但注册资本达到1.7亿元的,在2016年7月31日前仍可按照上述第①、②、③点规定执行;2016年8月1日后开展的融资租赁业务和融资性售后回租业务,不得按照上述第①、②、③点规定执行。

(6)航空运输企业的销售额,不包括代收的机场建设费和代售其他航空运输企业客票而代收转付的价款。

(7)试点纳税人中的一般纳税人(以下称一般纳税人)提供客运场站服务,以其取得的全部价款和价外费用,扣除支付给承运方运费后的余额为销售额。

(8)试点纳税人提供旅游服务,可以选择以取得的全部价款和价外费用,扣除向旅游服务购买方收取并支付给其他单位或者个人的住宿费、餐饮费、交通费、签证费、门票费和支付给其他接团旅游企业的旅游费用后的余额为销售额。

选择上述办法计算销售额的试点纳税人,向旅游服务购买方收取并支付的上述费用,不得开具增值税专用发票,可以开具普通发票。

(9)房地产开发企业中的一般纳税人销售其开发的房地产项目(选择简易计税方法的房地产老项目除外),以取得的全部价款和价外费用,扣除受让土地时向政府部门支付的土地价款后的余额为销售额。

房地产老项目,是指《建筑工程施工许可证》注明的合同开工日期在2016年4月30日前的房地产项目。

(10)试点纳税人按照上述(4)~(9)款的规定从全部价款和价外费用中扣除的价款,应当取得符合法律、行政法规和国家税务总局规定的有效凭证;否则,不得扣除。

上述凭证是指:

①支付给境内单位或者个人的款项,以发票为合法有效凭证。

②支付给境外单位或者个人的款项,以该单位或者个人的签收单据为合法有效凭证,税务机关对签收单据有疑义的,可以要求其提供境外公证机构的确认证明。

③缴纳的税款,以完税凭证为合法有效凭证。

④扣除的政府性基金、行政事业性收费或者向政府支付的土地价款,以省级以上(含省级)财政部门监(印)制的财政票据为合法有效凭证。

⑤国家税务总局规定的其他凭证。

纳税人取得的上述凭证属于增值税扣税凭证的,其进项税额不得从销项税额中抵扣。

(11)一般纳税人跨县(市)提供建筑服务,适用一般计税方法计税的,应以取得的全部价款和价外费用为销售额计算应纳税额。纳税人应以取得的全部价款和价外费用扣除支付的分包款后的余额,按照2%的预征率在建筑服务发生地预缴税款后,向机构所在地主管税务机关进行纳税申报。

(12)一般纳税人销售其2016年5月1日后取得(不含自建)的不动产,应适用一般计税方法,以取得的全部价款和价外费用为销售额计算应纳税额。纳税人应以取得的全部价款和价外费用减去该项不动产购置原价或者取得不动产时的作价后的余额,按照5%的预征率在不动产所在地预缴税款。

(13)一般纳税人销售其2016年5月1日后自建的不动产,应适用一般计税方法,以取得的全部价款和价外费用为销售额计算应纳税额。纳税人应以取得的全部价款和价外费用,按照5%的预征率在不动产所在地预缴税款。

(14)一般纳税人出租其2016年5月1日后取得的、与机构所在地不在同一县(市)的不动产,应按照3%的预征率在不动产所在地预缴税款。

(15)一般纳税人销售其2016年4月30日前取得(不含自建)的不动产,适用一般计税方法计税的,以取得的全部价款和价外费用为销售额计算应纳税额。上述纳税人应以取得的全部价款和价外费用减去该项不动产购置原价或者取得不动产时的作价后的余额,按照5%的预征率在不动产所在地预缴税款。

(16)房地产开发企业中的一般纳税人销售房地产老项目,以及一般纳税人出租其2016年4月30日前取得的不动产,适用一般计税方法计税的,应以取得的全部价款和价外费用,按照3%的预征率在不动产所在地预缴税款。

(17)一般纳税人销售其2016年4月30日前自建的不动产,适用一般计税方法计税的,应以取得的全部价款和价外费用为销售额计算应纳税额。纳税人应以取得的全部价款和价外费用,按照5%的预征率在不动产所在地预缴税款。

4. 含税销售额的换算

增值税属于价外税,纳税人在销售货物开具发票时,应将销售额和增值税额分项记录。作为增值税税基的,只是增值税专用发票上单独列明的不含增值税税款的销售额。但是,根据税法规定,有些一般纳税人,如商品零售企业或其他企业,将货物或应税劳务出售给消费者、使用单位或小规模纳税人,只能开具普通发票。由于普通发票上价款和税款不能分别注明,这样,

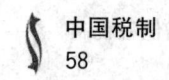

一部分纳税人在销售货物或应税劳务时,就会出现将销售额与增值税额合并定价的方法,因而出现了含税销售额。在计算应纳税额时,如果不将含税销售额换算成不含税销售额,就会导致增值税计税环节出现重复纳税的现象,甚至出现物价非正常上涨的局面。因此,为了准确计算应纳税额,需要将含税销售额换算成不含税销售额。

一般纳税人销售货物或应税劳务采用销售额和销项税额合并定价方法的,其不含税销售额的计算公式如下:

$$不含税销售额 = 含税销售额 \div (1 + 增值税税率)$$

5. 混合销售行为销售额的确定

混合销售行为依照规定应当缴纳增值税的,其销售额为货物的销售额与非增值税应税劳务营业额的合计。该非增值税应税劳务营业额应视同含税销售额处理,计税时应将非增值税应税劳务营业额换算为不含增值税的收入,然后并入货物销售额。

6. 兼营非增值税应税劳务销售额的确定

纳税人兼营非增值税应税项目的,应分别核算货物或者应税劳务的销售额和非增值税应税项目的营业额;未分别核算的,由主管税务机关核定货物或者应税劳务的销售额。

(二)进项税额的计算

进项税额是指纳税人购进货物,接受应税劳务、应税服务、无形资产或者不动产所支付或负担的增值税额。这个概念包括两层含义:第一,增值税税额是销售方通过价外收取的,因此,进项税额实际上是购货方支付给销售方的税额;第二,进项税额是发票上注明的,或者按照规定的扣除率计算出来的。

一般而言,准予抵扣进项税额的确定可以采用以下两种方法:一是进项税额体现支付或者负担的增值税额,直接在销货方开具的增值税专用发票和海关完税凭证上注明的税额,不需要计算;二是购进某些货物或者接受应税劳务、应税服务、无形资产或者不动产时,其进项税额根据支付金额和法定扣除率来计算。

正确计算进项税额,按照税法规定进行进项税额抵扣,是保证增值税应纳税额计算正确的另一个重要环节。需要注意的是,并不是纳税人购进货物,接受应税劳务、应税服务、无形资产或者不动产所支付或负担的增值税额都可以在销项税额中抵扣。因此,税法对进项税额的抵扣项目作了严格规定。

1. 准予从销项税额中抵扣的进项税额

按照规定,准予从销项税额中抵扣的进项税额,限于下列增值税扣税凭证上注明的增值税税额和按规定的扣除率计算的进项税额。增值税扣税凭证是指增值税专用发票、海关进口增值税专用缴款书、农产品收购发票、农产品销售发票和完税凭证。

(1)从销售方或者提供方取得的增值税专用发票上注明的增值税额。[①]

(2)从海关取得的海关进口增值税专用缴款书上注明的增值税额。

纳税人进口货物,凡已缴纳了进口环节增值税的,不论其是否已经支付货款,其取得的海关进口增值税专用缴款书均可作为增值税进项税额抵扣凭证,在规定的期限内申报抵扣进项税额。

---

① 企业购置增值税防伪税控系统专用设备和通用设备,可凭购货所取得的专用发票所注明的税额从增值税销项税额中抵扣。其中,专用设备包括税控金属卡、税控IC卡和读卡器;通用设备包括用于防伪税控系统开具专用发票的计算机和打印机。增值税一般纳税人用于采集增值税专用发票抵扣联信息的扫描器具和计算机,属于防伪税控通用设备。对纳税人购置上述设备取得的增值税专用发票所注明的增值税额,计入当期增值税进项税额。

(3)购进农产品,除取得增值税专用发票或者海关进口增值税专用缴款书外,按照农产品收购发票或者销售发票上注明的农产品买价和13%的扣除率计算的进项税额,从当期销项税额中扣除。其进项税额的计算公式为:

$$准予抵扣的进项税额=买价×扣除率$$

需要说明的是:第一,所谓"农产品",是指直接从事植物的种植、收割和动物饲养、捕捞的单位和个人销售的自产且免征增值税的农产品;农产品包括的具体品目按照财政部、国家税务总局印发的《农业产品征收范围注释》执行。第二,购进农产品的买价,包括纳税人购进农产品时在农产品收购发票或者销售发票上注明的价款和按规定缴纳的烟叶税。第三,纳税人购进烟叶准予抵扣的增值税进项税额,按照烟叶买价和法定扣除率计算,烟叶买价包括纳税人支付给烟叶销售者的烟叶收购价款和价外补贴[①],以及按规定缴纳的烟叶税。价外补贴统一按烟叶收购价款的10%计算。如果没有发生价外补贴,不应计算10%的补贴;如果发生价外补贴,则不论是否超过或低于10%,均按10%计算价外补贴。其计算公式如下:

$$烟叶收购金额=烟叶收购价款×(1+10\%)$$

$$烟叶买价=烟叶收购金额×(1+20\%)$$

$$准予抵扣的进项税额=烟叶买价×13\%$$

【例2—1】 金圣卷烟厂是增值税一般纳税人,2016年4月收购一批烟叶用于生产卷烟,收购价款为800万元,另外以现金形式直接补贴烟农的生产投入补贴90万元,收购价款和补贴在同一张农产品收购发票上分别注明。计算金圣卷烟厂收购这批烟叶准予抵扣的进项税额。

烟叶收购金额 $=800×(1+10\%)=880$(万元)

烟叶买价 $=880×(1+20\%)=1\,056$(万元)

准予抵扣的进项税额 $=1\,056×13\%=137.28$(万元)

(4)不动产进项税额的抵扣。[②]

①增值税一般纳税人(以下称纳税人)2016年5月1日后取得并在会计制度上按固定资产核算的不动产,以及2016年5月1日后发生的不动产在建工程,其进项税额应按照规定分2年从销项税额中抵扣,第一年抵扣比例为60%,第二年抵扣比例为40%。

取得的不动产,包括以直接购买、接受捐赠、接受投资入股以及抵债等各种形式取得的不动产。

纳税人新建、改建、扩建、修缮、装饰不动产,属于不动产在建工程。

房地产开发企业自行开发的房地产项目、融资租入的不动产,以及在施工现场修建的临时建筑物、构筑物,其进项税额不适用上述分2年抵扣的规定。

上述进项税额中,60%的部分于取得扣税凭证的当期从销项税额中抵扣;40%的部分为待抵扣进项税额,于取得扣税凭证的当月起第13个月从销项税额中抵扣。

②纳税人2016年5月1日后购进货物和设计服务、建筑服务,用于新建不动产,或者用于改建、扩建、修缮、装饰不动产并增加不动产原值超过50%的,其进项税额依照规定分2年从销项税额中抵扣。

不动产原值,是指取得不动产时的购置原价或作价。

---

① 根据财政部、国家税务总局《关于收购烟叶支付的价外补贴进项税额抵扣问题的通知》(财税〔2011〕21号)规定,烟叶收购单位收购烟叶时,按国家有关规定以现金形式直接补贴烟农的生产投入补贴,属于农产品买价,应与烟叶收购价格在同一张农产品收购发票或者销售发票上分别注明;否则,生产投入补贴不得计算增值税进项税额进行抵扣。

② 国家税务总局:《不动产进项税额分期抵扣暂行办法》(国家税务总局公告2016年第15号),本公告自2016年5月1日起施行。

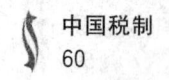

上述分2年从销项税额中抵扣的购进货物,是指构成不动产实体的材料和设备,包括建筑装饰材料和给排水、采暖、卫生、通风、照明、通信、煤气、消防、中央空调、电梯、电气、智能化楼宇设备及配套设施。

③购进时已全额抵扣进项税额的货物和服务,转用于不动产在建工程的,其已抵扣进项税额的40%部分,应于转用的当期从进项税额中扣减,计入待抵扣进项税额,并于转用的当月起第13个月从销项税额中抵扣。

④已抵扣进项税额的不动产,发生非正常损失,或者改变用途,专用于简易计税方法计税项目、免征增值税项目、集体福利或者个人消费的,按照下列公式计算不得抵扣的进项税额:

$$不得抵扣的进项税额=(已抵扣进项税额+待抵扣进项税额)\times 不动产净值率$$

$$不动产净值率=(不动产净值\div 不动产原值)\times 100\%$$

不得抵扣的进项税额小于或等于该不动产已抵扣进项税额的,应于该不动产改变用途的当期,将不得抵扣的进项税额从进项税额中扣减。

不得抵扣的进项税额大于该不动产已抵扣进项税额的,应于该不动产改变用途的当期,将已抵扣进项税额从进项税额中扣减,并从该不动产待抵扣进项税额中扣减不得抵扣进项税额与已抵扣进项税额的差额。

⑤按照规定不得抵扣进项税额的不动产,发生用途改变,用于允许抵扣进项税额项目的,按照下列公式在改变用途的次月计算可抵扣进项税额。

$$可抵扣进项税额=增值税扣税凭证注明或计算的进项税额\times 不动产净值率$$

按照规定计算的可抵扣进项税额,60%的部分于改变用途的次月从销项税额中抵扣,40%的部分为待抵扣进项税额,于改变用途的次月起第13个月从销项税额中抵扣。

(5)接受境外单位或者个人提供的应税服务,从税务机关或者境内代理人取得的解缴税款的中华人民共和国税收缴款凭证上注明的增值税额。

(6)按规定不得抵扣且未抵扣进项税额的固定资产、无形资产发生用途改变,用于允许抵扣进项税额的应税项目,可在用途改变的次月按照下列公式,依据合法、有效的增值税扣税凭证,计算可以抵扣的进项税额:

$$可以抵扣的进项税额=固定资产、无形资产净值\div (1+适用税率)\times 适用税率$$

(7)公路通行费进项税额抵扣。[①]

增值税一般纳税人支付的道路、桥、闸通行费,暂凭取得的通行费发票(不含财政票据)上注明的收费金额,按照下列公式计算可抵扣的进项税额:

$$高速公路通行费可抵扣进项税额$$
$$=高速公路通行费发票上注明的金额\div (1+3\%)\times 3\%$$
$$一级公路、二级公路、桥、闸通行费可抵扣进项税额$$
$$=一级公路、二级公路、桥、闸通行费发票上注明的金额\div (1+5\%)\times 5\%$$

通行费,是指有关单位依法或者依规设立并收取的过路、过桥和过闸费用。

2. 不得从销项税额中抵扣的进项税额

按照规定,纳税人下列项目的进项税额不得从销项税额中抵扣:

(1)用于简易计税方法计税项目、免征增值税项目、集体福利或者个人消费的购进货物、加工、修理修配劳务,以及服务、无形资产和不动产。

[①] 财政部、国家税务总局:《关于收费公路通行费增值税抵扣有关问题的通知》(财税〔2016〕86号),本通知自2016年8月1日起施行。

所称购进货物,不包括既用于增值税应税项目(不含免征增值税项目)也用于非增值税应税项目、免征增值税项目、集体福利或者个人消费的固定资产。所称固定资产,是指使用期限超过12个月的机器、机械、运输工具以及其他与生产经营有关的设备、工具、器具等有形动产。所称不动产,是指不能移动或者移动后会引起性质、形状改变的财产,包括建筑物、构筑物和其他土地附着物。纳税人新建、改建、扩建、修缮、装饰不动产,均属于不动产在建工程。

建筑物,是指供人们在其内生产、生活和其他活动的房屋或者场所,具体为《固定资产分类与代码》(GB/T14885-1994)中代码前两位为"02"的房屋;构筑物,是指人们不在其内生产、生活的人工建造物,具体为《固定资产分类与代码》(GB/T14885-1994)中代码前两位为"03"的构筑物;其他土地附着物,是指矿产资源及土地上生长的植物。

凡以建筑物或者构筑物为载体的附属设备和配套设施,无论在会计处理上是否单独记账与核算,均应作为建筑物或者构筑物的组成部分,其进项税额不得在销项税额中抵扣。附属设备和配套设施是指给排水、采暖、卫生、通风、照明、通信、煤气、消防、中央空调、电梯、电气、智能化楼宇设备和配套设施。[①]

所称个人消费,包括纳税人的交际应酬消费。

(2)非正常损失的购进货物,以及相关的加工、修理修配劳务和交通运输服务。

非正常损失,是指因管理不善造成货物被盗、丢失、霉烂变质,以及因违反法律法规造成货物或者不动产被依法没收、销毁、拆除的情形。

(3)非正常损失的在产品、产成品所耗用的购进货物(不包括固定资产)、加工、修理修配劳务或者交通运输服务。

(4)非正常损失的不动产,以及该不动产所耗用的购进货物、设计服务和建筑服务。

(5)非正常损失的不动产在建工程所耗用的购进货物、设计服务和建筑服务。

纳税人新建、改建、扩建、修缮、装饰不动产,均属于不动产在建工程。

(6)购进的旅客运输服务、贷款服务、餐饮服务、居民日常服务和娱乐服务。

(7)财政部和国家税务总局规定的其他情形。

(8)适用一般计税方法的纳税人,兼营简易计税方法计税项目、免征增值税项目而无法划分不得抵扣的进项税额,按照下列公式计算不得抵扣的进项税额:

不得抵扣的进项税额=当期无法划分的全部进项税额×(当期简易计税方法计税项目销售额+免征增值税项目销售额)÷当期全部销售额

主管税务机关可以按照上述公式,依据年度数据对不得抵扣的进项税额进行清算。

(9)已抵扣进项税额的固定资产、无形资产,发生规定不得抵扣销项税额情形的,按照下列公式计算不得抵扣的进项税额:

不得抵扣的进项税额=固定资产、无形资产净值×适用税率

固定资产、无形资产净值,是指纳税人根据财务会计制度计提折旧或摊销后的余额。

(10)纳税人接受贷款服务向贷款方支付的与该笔贷款直接相关的投融资顾问费、手续费、咨询费等费用,其进项税额不得从销项税额中抵扣。

(11)纳税人取得的增值税扣税凭证不符合法律、行政法规或者国家税务总局有关规定的,其进项税额不得从销项税额中抵扣。

(12)纳税人凭完税凭证抵扣进项税额的,应当具备书面合同、付款证明和境外单位的对账

---

① 财政部、国家税务总局:《关于固定资产进项税额抵扣问题的通知》(财税〔2009〕113号),本通知自2009年9月9日起施行。

单或者发票;资料不全的,其进项税额不得从销项税额中抵扣。

已抵扣进项税额的购进货物(不含固定资产)、劳务、服务,发生规定不得抵扣销项税额情形(简易计税方法计税项目、免征增值税项目除外)的,应当将该进项税额从当期进项税额中扣减;无法确定该进项税额的,按照当期实际成本计算应扣减的进项税额。

(三)应纳税额的计算

纳税人销售货物,提供应税劳务,销售服务、无形资产或者不动产,其应纳税额为当期销项税额抵扣当期进项税额后的余额。基本计算公式为:

$$应纳税额＝当期销项税额－当期进项税额$$

1. 计算应纳税额的时间限定

为了保证计算应纳税额的合理、准确性,纳税人必须严格把握当期进项税额从当期销项税额中抵扣这个要点。"当期"是一个重要的时间限定,具体是指税务机关依照税法规定对纳税人确定的纳税期限;只有在纳税期限内实际发生的销项税额、进项税额,才是法定的当期销项税额或当期进项税额。

(1)计算销项税额的时间限定。

销项税额是增值税一般纳税人销售货物,提供加工、修理修配劳务,销售服务、无形资产或者不动产按照实现的销售额计算的金额。税法严格规定了销项税额计算时间。例如,采取直接收款方式销售货物,不论货物是否发出,均为收到销售额或取得索取销售额的凭据,并将提货单交给买方的当天;采取托收承付和委托银行收款方式销售货物,为发出货物并办妥托收手续的当天;纳税人发生视同销售货物行为中(3)~(10)项的,为货物移送的当天,以保证准时、准确记录和核算当期销项税额。

(2)进项税额申报抵扣的时间限定。

一般纳税人取得的增值税扣税凭证,其抵扣期限按下列规定执行[①]:

纳税人取得的增值税专用发票、公路内河货物运输业统一发票和机动车销售统一发票,应在开具之日起180日内到税务机关办理认证,并在认证通过的次月申报期内,向主管税务机关申报抵扣进项税额。

实行海关进口增值税专用缴款书(以下简称海关缴款书)"先比对后抵扣"管理办法的增值税一般纳税人取得海关缴款书,应在开具之日起180日内向主管税务机关报送《海关完税凭证抵扣清单》(包括纸质资料和电子数据)申请稽核比对。未实行海关缴款书"先比对后抵扣"管理办法的增值税一般纳税人取得海关缴款书,应在开具之日起180日后的第一个纳税申报期结束以前,向主管税务机关申报抵扣进项税额。

纳税人丢失已开具专用发票的发票联和抵扣联,如果丢失前已认证相符的,购买方凭销售方提供的相应专用发票记账联复印件及销售方所在地主管税务机关出具的《丢失增值税专用发票已报税证明单》,经购买方主管税务机关审核同意后,可作为增值税进项税额的抵扣凭证;如果丢失前未认证的,购买方凭销售方提供的相应专用发票记账联复印件到主管税务机关进行认证,认证相符的凭该专用发票记账联复印件及销售方所在地主管税务机关出具的《丢失增值税专用发票已报税证明单》,经购买方主管税务机关审核同意后,可作为增值税进项税额的抵扣凭证。

纳税人丢失已开具专用发票的抵扣联,如果丢失前已认证相符的,可使用专用发票发票联

[①] 国家税务总局:《关于调整增值税扣税凭证抵扣期限有关问题的通知》(国税函〔2009〕617号),本通知自2010年1月1日起施行。

复印件留存备查;如果丢失前未认证的,可使用专用发票发票联到主管税务机关认证,专用发票发票联复印件留存备查。

纳税人丢失已开具专用发票的发票联,可将专用发票抵扣联作为记账凭证,专用发票抵扣联复印件留存备查。

对纳税人丢失海关缴款书,应在上述规定期限内,凭报关地海关出具的相关已完税证明,向主管税务机关提出抵扣申请。主管税务机关受理申请后,应当进行审核,并将纳税人提供的海关缴款书电子数据纳入稽核系统进行比对。稽核比对无误后,方可允许计算进项税额抵扣。

一般纳税人取得的增值税专用发票、公路内河货物运输业统一发票、机动车销售统一发票以及海关缴款书,未在规定期限内到税务机关办理认证、申报抵扣或者申请稽核比对的,不得作为合法的增值税扣税凭证,不得计算进项税额抵扣。

但是,对增值税一般纳税人发生真实交易,由于以下客观原因造成增值税扣税凭证逾期的,经主管税务机关审核、逐级上报,由国家税务总局认证、稽核比对后,对比对相符的增值税扣税凭证,允许纳税人继续抵扣其进项税额[①]:

①因自然灾害、社会突发事件等不可抗力因素造成增值税扣税凭证逾期;

②增值税扣税凭证被盗、抢,或者因邮寄丢失、误递导致逾期;

③有关司法、行政机关在办理业务或者检查中,扣押增值税扣税凭证,纳税人不能正常履行申报义务,或者税务机关信息系统、网络故障,未能及时处理纳税人网上认证数据等导致增值税扣税凭证逾期;

④买卖双方因经济纠纷,未能及时传递增值税扣税凭证,或者纳税人变更纳税地点,注销旧户和重新办理税务登记的时间过长,导致增值税扣税凭证逾期;

⑤由于企业办税人员伤亡、突发危重疾病或者擅自离职,未能办理交接手续,导致增值税扣税凭证逾期;

⑥国家税务总局规定的其他情形。

2. 计算应纳税额时进项税额不足抵扣的处理

由于增值税实行购进扣税法,有时企业当期购进的货物很多,在计算应纳税额时会出现当期销项税额小于当期进项税额不足抵扣的情况,根据税法规定,当期销项税额小于当期进项税额不足抵扣时,其不足部分可以结转下期继续抵扣。

3. 扣减发生期进项税额的规定

由于增值税实行以当期销项税额抵扣当期进项税额的"购进扣税法",当期购进的货物或应税劳务如果事先并未确定将用于非生产经营项目,其进项税额会在当期销项税额中予以抵扣。已抵扣进项税额的购进货物或者应税劳务,发生用于非应税项目、用于集体福利等情形的(免税项目、非增值税应税劳务除外),应当将该项购进货物或者应税劳务的进项税额从当期的进项税额中扣减;无法确定该项进项税额的,按当期实际成本计算应扣减的进项税额。

这里所称从当期发生的进项税额中扣减,是指已抵扣进项税额的购进货物或应税劳务是在哪一个时期发生改变用途情况的,就从这个发生期内纳税人的进项税额中扣减,而无须追溯到这些购进货物或应税劳务抵扣进项税额的那个时期。

这里所称按当期实际成本计算应扣减的进项税额,是指其扣减进项税额的计算依据不是

[①] 国家税务总局:《关于逾期增值税扣税凭证抵扣问题的公告》(国家税务总局公告2011年第50号),本公告自2011年10月1日起施行。

按该货物或应税劳务的原进价,而是按发生改变用途情况的当期该货物或应税劳务的实际成本,即进价+运费+保险费+其他有关费用,按征税时该货物或应税劳务适用的税率计算应扣减的进项税额。前述实际成本的计算公式,对于进口货物是完全适用的;如果是国内购进的货物,主要包括进价和运费两大部分。

一般纳税人兼营免税项目而无法划分不得抵扣的进项税额的,按下列公式计算不得抵扣的进项税额:

不得抵扣的进项税额＝当月无法划分的全部进项税额×当月免税项目销售额合计÷当月全部销售额、营业额合计

4. 一般计税方法应纳税额的特殊规定

(1)一般纳税人转让不动产,适用一般计税方法应纳税额的规定。①

①一般纳税人转让其2016年4月30日前取得(不含自建)的不动产,选择适用一般计税方法计税的,以取得的全部价款和价外费用为销售额计算应纳税额。纳税人应以取得的全部价款和价外费用扣除不动产购置原价或者取得不动产时的作价后的余额,按照5%的预征率向不动产所在地主管地税机关预缴税款,向机构所在地主管国税机关申报纳税。

②一般纳税人转让其2016年4月30日前自建的不动产,选择适用一般计税方法计税的,以取得的全部价款和价外费用为销售额计算应纳税额。纳税人应以取得的全部价款和价外费用,按照5%的预征率向不动产所在地主管地税机关预缴税款,向机构所在地主管国税机关申报纳税。

③一般纳税人转让其2016年5月1日后取得(不含自建)的不动产,适用一般计税方法,以取得的全部价款和价外费用为销售额计算应纳税额。纳税人应以取得的全部价款和价外费用扣除不动产购置原价或者取得不动产时的作价后的余额,按照5%的预征率向不动产所在地主管地税机关预缴税款,向机构所在地主管国税机关申报纳税。

④一般纳税人转让其2016年5月1日后自建的不动产,适用一般计税方法,以取得的全部价款和价外费用为销售额计算应纳税额。纳税人应以取得的全部价款和价外费用,按照5%的预征率向不动产所在地主管地税机关预缴税款,向机构所在地主管国税机关申报纳税。

(2)纳税人跨县(市、区)提供建筑服务,适用一般计税方法计税的,按照以下公式计算应预缴税款:

应预缴税款＝(全部价款和价外费用－支付的分包款)÷(1+11%)×2%

(3)房地产开发企业中的一般纳税人销售自行开发的房地产项目,适用一般计税方法计税,按照取得的全部价款和价外费用,扣除当期销售房地产项目对应的土地价款后的余额计算销售额。销售额的计算公式如下②:

销售额＝(全部价款和价外费用－当期允许扣除的土地价款)÷(1+11%)

当期允许扣除的土地价款按照以下公式计算:

当期允许扣除的土地价款＝当期销售房地产项目建筑面积÷房地产项目可供销售建筑面积×支付的土地价款

当期销售房地产项目建筑面积,是指当期进行纳税申报的增值税销售额对应的建筑面积。

房地产项目可供销售建筑面积,是指房地产项目可以出售的总建筑面积,不包括销售房地

---

① 国家税务总局:《纳税人转让不动产增值税征收管理暂行办法》(国家税务总局公告2016年第14号),本公告自2016年5月1日起施行。

② 国家税务总局:《房地产开发企业销售自行开发的房地产项目增值税征收管理暂行办法》(国家税务总局公告2016年第18号),本公告自2016年5月1日起施行。

产项目时未单独作价结算的配套公共设施的建筑面积。

支付的土地价款,是指向政府、土地管理部门或受政府委托收取土地价款的单位直接支付的土地价款。

一般纳税人应在收到预收款时,按照3%的预征率预缴增值税。应预缴税款的计算公式:

$$应预缴税款=预收款\div(1+适用税率11\%)\times3\%$$

一般纳税人销售自行开发的房地产项目,应按照规定的纳税义务发生时间,以当期销售额和11%的适用税率计算当期应纳税额,抵减已预缴税款后,向主管国税机关申报纳税。未抵减完的预缴税款可以结转下期继续抵减。

一般纳税人销售自行开发的房地产项目,兼有一般计税方法计税、简易计税方法计税、免征增值税的房地产项目而无法划分不得抵扣的进项税额的,应以《建筑工程施工许可证》注明的"建设规模"为依据进行划分。

不得抵扣的进项税额=当期无法划分的全部进项税额×(简易计税、免税房地产项目建设规模÷房地产项目总建设规模)

(4)纳税人出租不动产适用一般计税方法计税的,应预缴税款计算公式:

$$应预缴税款=含税销售额\div(1+11\%)\times3\%$$

5. 销货退回或折让的税务处理

纳税人在货物购销活动中,因货物质量、规格等原因发生销货退回或销售折让的情况。由于销货退回或折让不仅涉及销货价款或折让价款的退回,还涉及增值税的退回,这样,销货方和购货方应相应对当期的销项税额或进项税额进行调整。现行税法规定,增值税一般纳税人采用一般计税方法计税的,因销售折让、中止或者退回而退还给购买方的增值税额,应当从当期的销项税额中扣减;因销售折让、中止或者退回而收回的增值税额,应当从当期的进项税额中扣减。

一般纳税人销售货物,提供应税劳务,销售服务、无形资产或者不动产,开具增值税专用发票后,发生销售货物退回或者折让、开票有误等情形,应按国家税务总局的规定开具红字增值税专用发票。未按规定开具红字增值税专用发票的,增值税额不得从销项税额中扣减。

对于纳税人进货退出或折让而不扣减当期进项税额,造成不纳税或少纳税的,都将被认定为偷税行为,并按偷税予以处罚。

6. 向供货方取得返还收入的税务处理

商业企业向供货方收取的与商品销售量、销售额挂钩的各种返还收入,应冲减当期增值税进项税额。应冲减进项税额的计算公式调整为:

当期应冲减进项税额=当期取得的返还资额÷(1+所购货物适用增值税税率)×所购货物适用增值税税率

商业企业向供货方收取的各种返还收入,一律不得开具增值税专用发票。

【例2—2】 某市卷烟生产企业为增值税一般纳税人,2016年8月有关经营情况如下:

(1)期初库存外购已税烟丝300万元,本期外购已税烟丝取得防伪税控系统开具的增值税专用发票,注明价款2 000万元,增值税340万元,支付本期外购烟丝运输费用50万元,取得经税务机关认定的运输公司开具的普通发票。

(2)生产领用库存烟丝2 100万元,生产卷烟2 500标准箱(每标准条200支,调拨价格均大于70元)。

(3)经专卖局批准,销售卷烟给各商场1 200箱,取得不含税销售收入3 600万元,由于货款收回及时给了各商场2%的折扣;销售给各卷烟专卖店800箱,取得不含税销售收入2 400

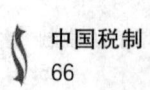

万元,支付销货运输费用 120 万元,并取得了经税务机关认定的运输公司开具的普通发票。

(4)取得专卖店购买卷烟延期付款的补贴收入 21.06 万元,已向对方开具普通发票。

(5)销售雪茄烟 300 箱给各专卖店,取得不含税销售收入 600 万元,以雪茄烟 40 箱换回小轿车 2 辆自用,取得增值税专用发票;零售雪茄烟 15 箱,取得含税销售收入 35.1 万元;取得雪茄烟过期的包装物押金收入 7.02 万元。

(6)月末盘存发现库存烟丝短缺 32.79 万元(其中含运费成本 2.79 万元),经认定,短缺的烟丝属于非正常损失。

(备注:本题所涉及的增值税专用发票均为防伪税控系统开具,且取得的增值税发票都已在当期通过税务机关的认证。)

要求:计算该卷烟厂 8 月份应缴纳的增值税。

(1)计算 8 月份的销项税额。

①8 月份销售卷烟与取得延期付款补贴收入的销项税额
$= 3\,600 \times 17\% + 2\,400 \times 17\% + 21.06 \div (1+17\%) \times 17\% = 1\,023.06(万元)$

②8 月份销售雪茄烟与押金收入的销项税额
$= 600 \times 17\% + 600 \div 300 \times 40 \times 17\% + 35.1 \div (1+17\%) \times 17\% + 7.02 \div (1+17\%) \times 17\%$
$= 121.72(万元)$

③8 月份的销项税额 $= 1\,023.06 + 121.72 = 1\,144.78(万元)$

(2)计算 8 月份应抵扣的进项税额。

①8 月份非正常损失烟丝应转出的进项税额
$= (32.79 - 2.79) \times 17\% + 2.79 \div (1-7\%) \times 7\% = 5.31(万元)$

②8 月份应抵扣的进项税额
$= 340 + 50 \times 7\% + 120 \times 7\% - 5.31 = 346.59(万元)$

(3)计算 8 月份应缴纳的增值税。

8 月份应缴的增值税 $= 1\,144.78 - 346.59 = 798.19(万元)$

二、简易计税方法应纳税额的计算

(一)适用简易计税方法的范围

1. 小规模纳税人销售货物,提供加工、修理修配劳务,销售服务、无形资产或者不动产,按简易计税方法计算缴纳增值税。

2. 一般纳税人发生财政部和国家税务总局规定的特定应税行为,可以选择适用简易计税方法计税,但一经选择,36 个月内不得变更。增值税一般纳税人发生下列应税行为,可以选择适用简易计税方法计算缴纳增值税:

(1)应税服务。

①公共交通运输服务。

公共交通运输服务,包括轮客渡、公交客运、地铁、城市轻轨、出租车、长途客运、班车。

班车,是指按固定路线、固定时间运营并在固定站点停靠的运送旅客的陆路运输服务。

②经认定的动漫企业为开发动漫产品提供的动漫脚本编撰、形象设计、背景设计、动画设计、分镜、动画制作、摄制、描线、上色、画面合成、配音、配乐、音效合成、剪辑、字幕制作、压缩转码(面向网络动漫、手机动漫格式适配)服务,以及在境内转让动漫版权(包括动漫品牌、形象或

者内容的授权及再授权)。

动漫企业和自主开发、生产动漫产品的认定标准和认定程序,按照《文化部 财政部 国家税务总局关于印发〈动漫企业认定管理办法(试行)〉的通知》(文市发〔2008〕51号)的规定执行。

③电影放映服务、仓储服务、装卸搬运服务、收派服务和文化体育服务。

(2)建筑服务。[1]

①一般纳税人以清包工方式提供的建筑服务,可以选择适用简易计税方法计税。

以清包工方式提供建筑服务,是指施工方不采购建筑工程所需的材料或只采购辅助材料,并收取人工费、管理费或者其他费用的建筑服务。

②一般纳税人为甲供工程提供的建筑服务,可以选择适用简易计税方法计税。

甲供工程,是指全部或部分设备、材料、动力由工程发包方自行采购的建筑工程。

③一般纳税人跨县(市、区)提供建筑服务,选择适用简易计税方法计税的,以取得的全部价款和价外费用扣除支付的分包款后的余额,按照3%的征收率计算应预缴税款。

小规模纳税人跨县(市、区)提供建筑服务,以取得的全部价款和价外费用扣除支付的分包款后的余额,按照3%的征收率计算应预缴税款。

(3)转让不动产。[2]

①一般纳税人转让其2016年4月30日前取得(不含自建)的不动产,可以选择适用简易计税方法计税,以取得的全部价款和价外费用扣除不动产购置原价或者取得不动产时的作价后的余额为销售额,按照5%的征收率计算应纳税额。纳税人应按照上述计税方法向不动产所在地主管地税机关预缴税款,向机构所在地主管国税机关申报纳税。

②一般纳税人转让其2016年4月30日前自建的不动产,可以选择适用简易计税方法计税,以取得的全部价款和价外费用为销售额,按照5%的征收率计算应纳税额。纳税人应按照上述计税方法向不动产所在地主管地税机关预缴税款,向机构所在地主管国税机关申报纳税。

③小规模纳税人转让其取得的不动产,除个人转让其购买的住房外,按照以下规定缴纳增值税:

小规模纳税人转让其取得(不含自建)的不动产,以取得的全部价款和价外费用扣除不动产购置原价或者取得不动产时的作价后的余额为销售额,按照5%的征收率计算应纳税额。

小规模纳税人转让其自建的不动产,以取得的全部价款和价外费用为销售额,按照5%的征收率计算应纳税额。

除其他个人之外的小规模纳税人,应按照规定的计税方法,向不动产所在地主管地税机关预缴税款,向机构所在地主管国税机关申报纳税;其他个人按照本条规定的计税方法,向不动产所在地主管地税机关申报纳税。

④个人转让其购买的住房,按照以下规定缴纳增值税:

个人转让其购买的住房,按照有关规定全额缴纳增值税的,以取得的全部价款和价外费用为销售额,按照5%的征收率计算应纳税额。

个人转让其购买的住房,按照有关规定差额缴纳增值税的,以取得的全部价款和价外费用

---

[1] 国家税务总局:《纳税人跨县(市、区)提供建筑服务增值税征收管理暂行办法》(国家税务总局公告2016年第17号),本公告自2016年5月1日起施行。

[2] 国家税务总局:《纳税人转让不动产增值税征收管理暂行办法》(国家税务总局公告2016年第14号),本公告自2016年5月1日起施行。

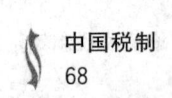

扣除购买住房价款后的余额为销售额,按照5%的征收率计算应纳税额。

个体工商户应按照本条规定的计税方法,向住房所在地主管地税机关预缴税款,向机构所在地主管国税机关申报纳税;其他个人应按照本条规定的计税方法,向住房所在地主管地税机关申报纳税。

⑤其他个人以外的纳税人转让其取得的不动产,区分以下情形计算应向不动产所在地主管地税机关预缴的税款:

以转让不动产取得的全部价款和价外费用作为预缴税款计算依据的,计算公式为:

$$应预缴税款 = 全部价款和价外费用 \div (1+5\%) \times 5\%$$

以转让不动产取得的全部价款和价外费用扣除不动产购置原价或者取得不动产时的作价后的余额作为预缴税款计算依据的,计算公式为:

$$应预缴税款 = (全部价款和价外费用 - 不动产购置原价或者取得不动产时的作价) \div (1+5\%) \times 5\%$$

⑥一般纳税人销售自行开发的房地产老项目,可以选择适用简易计税方法按照5%的征收率计税。

房地产老项目,是指《建筑工程施工许可证》注明的合同开工日期在2016年4月30日前的房地产项目;《建筑工程施工许可证》未注明合同开工日期或者未取得《建筑工程施工许可证》,但建筑工程承包合同注明的开工日期在2016年4月30日前的建筑工程项目。

⑦房地产开发企业中的小规模纳税人销售自行开发的房地产项目,按照5%的征收率计税。

(4)不动产经营租赁服务。①

①一般纳税人出租其2016年4月30日前取得的不动产,可以选择适用简易计税方法,按照5%的征收率计算应纳税额。

②公路经营企业中的一般纳税人收取试点前开工的高速公路的车辆通行费,可以选择适用简易计税方法,减按3%的征收率计算应纳税额。

试点前开工的高速公路,是指相关施工许可证明上注明的合同开工日期在2016年4月30日前的高速公路。

③一般纳税人出租其2016年5月1日后取得的、与机构所在地不在同一县(市)的不动产,应按照3%的预征率在不动产所在地预缴税款后,向机构所在地主管税务机关进行纳税申报。

④单位和个体工商户出租不动产(不含个体工商户出租住房),按照5%的征收率计算应纳税额。个体工商户出租住房,按照5%的征收率减按1.5%计算应纳税额。

⑤其他个人出租不动产(不含住房),按照5%的征收率计算应纳税额,向不动产所在地主管地税机关申报纳税。其他个人出租住房,按照5%的征收率减按1.5%计算应纳税额,向不动产所在地主管地税机关申报纳税。

(5)提供物业管理服务。②

提供物业管理服务的纳税人,向服务接受方收取自来水水费,以扣除其对外支付的自来水水费后的余额为销售额,按简易计税方法依照3%的征收率计算缴纳增值税。

---

① 国家税务总局:《纳税人提供不动产经营租赁服务增值税征收管理暂行办法》(国家税务总局公告2016年第16号),本公告自2016年5月1日起施行。

② 国家税务总局:《关于物业管理服务中收取的自来水水费增值税问题的公告》(国家税务总局公告2016年第54号),本公告自2016年8月19日起施行。

(二)应纳税额的计算

1. 应纳税额计算的一般规定

简易计税方法的应纳税额,是指按照销售额和增值税征收率计算的增值税额,不得抵扣进项税额。应纳税额的计算公式:

$$应纳税额=销售额\times 征收率$$

简易计税方法的销售额与增值税一般纳税人采用一般计税方法计算应纳增值税的销售额规定内容一致,是销售货物,提供加工、修理修配劳务,销售服务、无形资产或者不动产向购买方(接受方)收取的全部价款和价外费用,但不包括按征收率收取增值各税额。

纳税人采用销售额和应纳税额合并定价方法的,按照下列公式计算销售额:

$$销售额=含税销售额\div(1+征收率)$$

纳税人适用简易计税方法计税的,因销售折让、中止或者退回而退还给购买方的销售额,应当从当期销售额中扣减。扣减当期销售额后仍有余额造成多缴的税款,可以从以后的应纳税额中扣减。

【例2—3】 某商店被税务机关认定为增值税小规模纳税人,2016年8月该商店销售服装,取得含增值税销售额3 605元,并开具了普通发票;销售办公用品,取得含税销售额8 240元,开具普通发票;销售给一般纳税人某公司两台仪器,取得不含税收入38 500元,增值税款为1 155元,增值税专用发票由税务所代开。计算该商店8月份应缴纳的增值税。

应纳税额=[3 605÷(1+3%)]×3%+[8 240÷(1+3%)]×3%+1 155=1 500(元)

2. 应纳税额计算的特殊规定

(1)纳税人出租不动产适用简易计税方法计税的,除个人出租住房外,按照以下公式计算应预缴税款:

$$应预缴税款=含税销售额\div(1+5\%)\times 5\%$$

个体工商户出租住房,按照以下公式计算应预缴税款:

$$应预缴税款=含税销售额\div(1+5\%)\times 1.5\%$$

其他个人出租不动产,按照以下公式计算应纳税款:

出租住房:

$$应纳税款=含税销售额\div(1+5\%)\times 1.5\%$$

出租非住房:

$$应纳税款=含税销售额\div(1+5\%)\times 5\%$$

(2)纳税人跨县(市、区)提供建筑服务,适用简易计税方法计税的,按照以下公式计算应预缴税款:

$$应预缴税款=(全部价款和价外费用-支付的分包款)\div(1+3\%)\times 3\%$$

纳税人取得的全部价款和价外费用扣除支付的分包款后的余额为负数的,可结转下次预缴税款时继续扣除。

(3)房地产开发企业中的小规模纳税人(以下简称小规模纳税人)采取预收款方式销售自行开发的房地产项目,应在收到预收款时按照3%的预征率预缴增值税。应预缴税款计算公式:

$$应预缴税款=预收款\div(1+5\%)\times 3\%$$

小规模纳税人销售自行开发的房地产项目,应按照规定的纳税义务发生时间,以当期销售额和5%的征收率计算当期应纳税额,抵减已预缴税款后,向主管国税机关申报纳税;未抵减完的预缴税款,可以结转下期继续抵减。

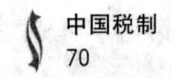

(4)其他个人以外的纳税人转让其取得的不动产,区分以下情形计算应向不动产所在地主管地税机关预缴的税款:

以转让不动产取得的全部价款和价外费用作为预缴税款计算依据的,计算公式为:

$$应预缴税款＝全部价款和价外费用÷(1＋5\%)×5\%$$

以转让不动产取得的全部价款和价外费用扣除不动产购置原价或者取得不动产时的作价后的余额作为预缴税款计算依据的,计算公式为:

$$应预缴税款＝(全部价款和价外费用－不动产购置原价或者取得不动产时的作价)÷(1＋5\%)×5\%$$

三、进口货物应纳税额的计算

(一)进口货物征税的范围及纳税人

1. 进口货物征税的范围

根据税法规定,进入我国境内的货物都必须向我国海关申报进口,并办理有关报关手续。只要是报关进口的应税货物,不论其是国外产制还是我国已出口而转销国内的货物,不论是进口者自行采购还是国外捐赠的货物,不论是进口者自用还是作为贸易或其他用途等,均应按照规定缴纳进口环节增值税。

国家在规定对进口货物征税的同时,对某些进口货物制定了减免税的特殊规定。如属于来料加工、进料加工贸易方式进口国外的原材料、零部件等在国内加工后复出口的,对进口的原材料、零部件按规定给予免税或减税;但这些进口免、减税的原材料、零部件若不能加工复出口,而是销往国内的,就要予以补税。对进口货物是否减免税由国务院统一规定,任何地方、部门都无权规定减免税项目。

2. 进口货物的纳税人

对于国内一切从事进口业务的企事业单位、机关团体和个人,都应作为进口货物增值税的纳税人。包括:

(1)进口货物的收货人;

(2)办理进口报关手续的单位和个人;

(3)对于委托代理进口应征增值税的货物,一律由进口代理者代交进口环节增值税。

(二)进口货物的适用税率

进口货物的增值税税率与国内销售的货物规定相同。

(三)进口货物应纳税额的计算

纳税人进口货物,按照组成计税价格和条例适用的税率计算应纳税额,并不得抵扣任何税额。计算公式如下:

$$组成计税价格＝关税完税价格＋关税＋消费税$$
$$＝(关税完税价格＋关税)÷(1－消费税税率)$$
$$应纳税额＝组成计税价格×税率$$

需要注意的是,进口货物增值税的组成计税价格中包括已纳关税税额,如果进口货物属于消费税应税消费品,其组成计税价格中还要包括已纳消费税税额。

【例2—4】某进出口公司为增值税一般纳税人,2016年8月报关进口小汽车50辆,每辆关税完税价格折合人民币300 000元,假定进口关税税率为20%,消费税税率为9%。计算该公司当月进口环节应纳增值税。

(1)组成计税价格＝(300 000＋300 000×20%)÷(1－9%)×50＝19 780 219.78(元)

(2)应纳税额＝19 780 219.78×17%＝3 362 637.36(元)

四、电力产品应纳税额的计算

(一)电力产品增值税计税销售额

电力产品增值税的计税销售额为纳税人销售电力产品向购买方收取的全部价款和价外费用，但不包括收取的销项税额。价外费用是指纳税人销售电力产品在目录电价或上网电价之外向购买方收取的各种性质的费用。

供电企业收取的电费保证金，凡逾期（超过合同约定时间）未退还的，一律并入价外费用缴纳增值税。

(二)电力产品增值税的征税办法

1. 发电企业（电厂、电站、机组，下同）生产销售电力产品，按照以下规定计算缴纳增值税：

(1)独立核算的发电企业生产销售电力产品，按照现行增值税有关规定向其机构所在地主管税务机关申报纳税；具有一般纳税人资格或具备一般纳税人核算条件的非独立核算的发电企业生产销售电力产品，按照增值税一般纳税人的计算方法计算增值税，并向其机构所在地主管税务机关申报纳税。

(2)不具有一般纳税人资格且不具有一般纳税人核算条件的非独立核算的发电企业生产销售的电力产品，由发电企业按上网电量，依核定的定额税率计算发电环节的预缴增值税，且不得抵扣进项税额，向发电企业所在地主管税务机关申报纳税。计算公式为：

$$预征税额＝上网电量×核定的定额税率$$

2. 供电企业销售电力产品，实行在供电环节预征、由独立核算的供电企业统一结算的办法缴纳增值税，具体办法为：

(1)独立核算的供电企业所属的区县级供电企业，凡能够核算销售额的，依核定的预征率计算供电环节的增值税，不得抵扣进项税额，向其所在地主管税务机关申报纳税；不能核算销售额的，由上一级供电企业预缴供电环节的增值税。计算公式为：

$$预征税额＝销售额×核定的预征率$$

(2)供电企业随同电力产品销售取得的各种价外费用一律在预征环节依照电力产品适用的增值税税率征收增值税，不得抵扣进项税额。

3. 实行预缴方式缴纳增值税的发、供电企业，按照隶属关系由独立核算的发、供电企业结算缴纳增值税，具体办法为：

独立核算的发、供电企业月末依据其全部销售额和进项税额，计算当期增值税应纳税额，并根据发电环节或供电环节预缴的增值税额，计算应补(退)税额，向其所在地主管税务机关申报纳税。计算公式为：

$$应纳税额＝销项税额－进项税额$$
$$应补(退)税额＝应纳税额－发(供)电环节预缴增值税额$$

发、供电企业的增值税预征率和定额税率，应根据发、供电企业上期财务核算和纳税情况，考虑当年变动因素测算核定。

五、出口货物退(免)税规定与计算[①]

出口货物退(免)税是指在国际贸易中货物输出国对输出境外的货物免征其在本国境内消费时应缴纳的税金或退还其按本国税法规定已缴纳的税金(增值税、消费税)。这是国际贸易中通常采用的并为各国所接受的一种税收措施,目的在于鼓励各国出口货物进行公平竞争。我国的出口货物退(免)税制度是参考国际上的通行做法,在多年实践基础上形成的专项税收制度。

(一)出口货物退(免)税基本政策

世界各国为了鼓励本国货物出口,一般都采取优惠的税收政策。有的国家采取对该货物出口前所包含的税金在出口后予以退还的政策(即出口退税),有的国家采取对出口的货物在出口前即予以免税的政策。我国则根据本国的实际情况,采取出口退税与免税相结合的政策。我国的出口货物税收政策主要有以下三种形式:

1. 出口免税并退税

出口免税是指对货物在出口销售环节不征增值税、消费税,这是把货物出口环节与出口前的销售环节都同样视为一个征税环节;出口退税是指对货物在出口前实际承担的税收负担,按规定的退税率计算后予以退还。

2. 出口免税不退税

出口免税是指对货物在出口销售环节不征增值税、消费税;出口不退税是指适用这个政策的出口货物因在前一道生产、销售环节或进口环节是免税的,因此,出口时该货物的价格中本身就不含税,也就无须退税。

3. 出口不免税也不退税

出口不免税是指对国家限制或禁止出口的某些货物的出口环节视同内销环节,照常征税;出口不退税是指对这些货物出口不退还出口前其所负担的税款。适用这个政策的主要是税法列举限制或禁止出口的货物,如天然牛黄、麝香、白银等。

(二)适用增值税退(免)税政策的出口货物劳务

对下列出口货物劳务,除特殊规定的外,实行免征和退还增值税政策。

1. 出口企业出口货物

所称出口企业,是指依法办理工商登记、税务登记、对外贸易经营者备案登记,自营或委托出口货物的单位或个体工商户,以及依法办理工商登记、税务登记但未办理对外贸易经营者备案登记,委托出口货物的生产企业。

所称出口货物,是指向海关报关后实际离境并销售给境外单位或个人的货物,分为自营出口货物和委托出口货物两类。

所称生产企业,是指具有生产能力(包括加工、修理修配能力)的单位或个体工商户。

出口企业出口货物,具体是指:

(1)出口企业对外援助、对外承包、境外投资的出口货物。

(2)出口企业经海关报关进入国家批准的出口加工区、保税物流园区、保税港区、综合保税区、珠澳跨境工业区(珠海园区)、中哈霍尔果斯国际边境合作中心(中方配套区域)、保税物流

[①] 2012年5月25日,财政部、国家税务总局发布《关于出口货物劳务增值税和消费税政策的通知》(财税〔2012〕39号),对近年来陆续制定的一系列出口货物,对外提供加工、修理修配劳务增值税和消费税政策进行了梳理归类,并对在实际操作中反映的个别问题给出了明确的规定。

中心(B型)(以下统称特殊区域)并销售给特殊区域内单位或境外单位、个人的货物。

(3)免税品经营企业销售的货物。但国家规定不允许经营和限制出口的货物、卷烟和超出免税品经营企业《企业法人营业执照》规定经营范围的货物除外。具体是指:①中国免税品(集团)有限责任公司向海关报关运入海关监管仓库,专供其经国家批准设立的统一经营、统一组织进货、统一制定零售价格、统一管理的免税店销售的货物;②国家批准的除中国免税品(集团)有限责任公司外的免税品经营企业,向海关报关运入海关监管仓库,专供其所属的首都机场口岸海关隔离区内的免税店销售的货物;③国家批准的除中国免税品(集团)有限责任公司外的免税品经营企业所属的上海虹桥、浦东机场海关隔离区内的免税店销售的货物。

(4)出口企业或其他单位销售给用于国际金融组织或外国政府贷款国际招标建设项目的中标机电产品(以下简称中标机电产品)。上述中标机电产品,包括外国企业中标再分包给出口企业或其他单位的机电产品。贷款机构和中标机电产品的具体范围按相关规定执行。

(5)生产企业向海上石油天然气开采企业销售的自产的海洋工程结构物。海洋工程结构物和海上石油天然气开采企业的具体范围按相关规定执行。

(6)出口企业或其他单位销售给国际运输企业用于国际运输工具上的货物。上述规定暂仅适用于外轮供应公司、远洋运输供应公司销售给外轮、远洋国轮的货物,以及国内航空供应公司生产销售给国内和国外航空公司国际航班的航空食品。

(7)出口企业或其他单位销售给特殊区域内生产企业生产耗用且不向海关报关而输入特殊区域的水(包括蒸汽)、电力、燃气(以下称输入特殊区域的水电气)。

2. 视同自产出口货物

(1)持续经营以来从未发生骗取出口退税、虚开增值税专用发票或农产品收购发票、接受虚开增值税专用发票(善意取得虚开增值税专用发票除外)行为且同时符合下列条件的生产企业出口的外购货物,可视同自产货物适用增值税退(免)税政策:

①已取得增值税一般纳税人资格;

②已持续经营2年及2年以上;

③纳税信用等级A级;

④上一年度销售额5亿元以上;

⑤外购出口的货物与本企业自产货物同类型或具有相关性。

(2)持续经营以来从未发生骗取出口退税、虚开增值税专用发票或农产品收购发票、接受虚开增值税专用发票(善意取得虚开增值税专用发票除外)行为,但不能同时符合本附件第一条规定的条件的生产企业,出口的外购货物符合下列条件之一的,可视同自产货物申报适用增值税退(免)税政策:

①同时符合下列条件的外购货物:与本企业生产的货物名称、性能相同;使用本企业注册商标或境外单位或个人提供给本企业使用的商标;出口给进口本企业自产货物的境外单位或个人。

②与本企业所生产的货物属于配套出口,且出口给进口本企业自产货物的境外单位或个人的外购货物,符合下列条件之一的:用于维修本企业出口的自产货物的工具、零部件、配件;不经过本企业加工或组装,出口后能直接与本企业自产货物组合成成套设备的货物。

③经集团公司总部所在地的地级以上国家税务局认定的集团公司,其控股(按照《公司法》第二百一十七条规定的口径执行)的生产企业之间收购的自产货物以及集团公司与其控股的生产企业之间收购的自产货物。

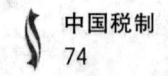

④同时符合下列条件的委托加工货物:与本企业生产的货物名称、性能相同,或者是用本企业生产的货物再委托深加工的货物;出口给进口本企业自产货物的境外单位或个人;委托方与受托方必须签订委托加工协议,且主要原材料必须由委托方提供,受托方不垫付资金,只收取加工费,开具加工费(含代垫的辅助材料)的增值税专用发票。

⑤用于本企业中标项目下的机电产品。

⑥用于对外承包工程项目下的货物。

⑦用于境外投资的货物。

⑧用于对外援助的货物。

⑨生产自产货物的外购设备和原材料(农产品除外)。

3. 出口企业对外提供加工、修理修配劳务

对外提供加工、修理修配劳务,是指对进境复出口货物或从事国际运输的运输工具进行的加工、修理修配。

(三)适用增值税零税率应税服务退(免)税规定

我国境内的增值税一般纳税人提供适用增值税零税率的应税服务,实行增值税退(免)税办法。

增值税零税率应税服务提供者,是指提供适用增值税零税率应税服务,且认定为增值税一般纳税人,实行增值税一般计税方法的境内单位和个人。属于汇总缴纳增值税的,为经财政部和国家税务总局批准的汇总缴纳增值税的总机构。

从我国境内载运旅客或货物至国内海关特殊监管区域及场所、从国内海关特殊监管区域及场所载运旅客或货物至国内其他地区或者国内海关特殊监管区域及场所,以及向国内海关特殊监管区域及场所内单位提供的研发服务、设计服务,不属于增值税零税率应税服务适用范围。

实行免抵退税办法的增值税零税率应税服务提供者如果同时出口货物劳务且未分别核算的,应一并计算免抵退税。税务机关在审批时,应按照增值税零税率应税服务、出口货物劳务免抵退税额的比例划分其退税额和免抵税额。

增值税零税率应税服务适用范围按财政部、国家税务总局的规定执行。

(四)增值税退(免)税办法

适用增值税退(免)税政策的出口货物劳务,按照下列规定实行增值税免抵退税或免退税办法。

1. 免抵退税办法

生产企业出口自产货物和视同自产货物及对外提供加工、修理修配劳务,以及列名生产企业出口非自产货物,免征增值税,相应的进项税额抵减应纳增值税额(不包括适用增值税即征即退、先征后退政策的应纳增值税额),未抵减完的部分予以退还。

2. 免退税办法

不具有生产能力的出口企业(以下称外贸企业)或其他单位出口货物劳务,免征增值税,相应的进项税额予以退还。

(五)增值税出口退税率

1. 除财政部和国家税务总局根据国务院决定而明确的增值税出口退税率(以下称退税率)外,出口货物的退税率为其适用税率。国家税务总局根据上述规定将退税率通过出口货物劳务退税率文库予以发布,供征纳双方执行。退税率有调整的,除另有规定外,其执行时间以

货物(包括被加工、修理修配的货物)出口货物报关单(出口退税专用)上注明的出口日期为准。

2. 增值税零税率应税服务的退税率为对应服务提供给境内单位适用的增值税税率。

3. 退税率的特殊规定：

(1)外贸企业购进按简易办法征税的出口货物、从小规模纳税人购进的出口货物,其退税率分别为简易办法实际执行的征收率、小规模纳税人征收率。上述出口货物取得增值税专用发票的,退税率按照增值税专用发票上的税率和出口货物退税率孰低的原则确定。

(2)出口企业委托加工、修理修配货物,其加工、修理修配费用的退税率,为出口货物的退税率。

(3)中标机电产品、出口企业向海关报关进入特殊区域销售给特殊区域内生产企业生产耗用的列名原材料、输入特殊区域的水电气,其退税率为适用税率。如果国家调整列名原材料的退税率,列名原材料应当自调整之日起按调整后的退税率执行。

(4)海洋工程结构物退税率为15%和17%。

(5)适用不同退税率的货物劳务,应分开报关、核算并申报退(免)税;未分开报关、核算或划分不清的,从低适用退税率。

(六)增值税退(免)税的计税依据

出口货物劳务的增值税退(免)税的计税依据,按出口货物劳务的出口发票(外销发票)、其他普通发票或购进出口货物劳务的增值税专用发票、海关进口增值税专用缴款书确定。

1. 生产企业出口货物劳务(进料加工复出口货物除外)增值税退(免)税的计税依据,为出口货物劳务的实际离岸价(FOB)。实际离岸价应以出口发票上的离岸价为准,但如果出口发票不能反映实际离岸价,主管税务机关有权予以核定。

2. 生产企业进料加工复出口货物增值税退(免)税的计税依据,按出口货物的离岸价(FOB)扣除出口货物所含的海关保税进口料件的金额后确定。

所称海关保税进口料件,是指海关以进料加工贸易方式监管的出口企业从境外和特殊区域等进口的料件。包括出口企业从境外单位或个人购买并从海关保税仓库提取且办理海关进料加工手续的料件,以及保税区外的出口企业从保税区内的企业购进并办理海关进料加工手续的进口料件。

3. 生产企业国内购进无进项税额且不计提进项税额的免税原材料加工后出口的货物的计税依据,按出口货物的离岸价(FOB)扣除出口货物所含的国内购进免税原材料的金额后确定。

4. 外贸企业出口货物(委托加工、修理修配货物除外)增值税退(免)税的计税依据,为购进出口货物的增值税专用发票注明的金额或海关进口增值税专用缴款书注明的完税价格。

5. 外贸企业出口委托加工、修理修配货物增值税退(免)税的计税依据,为加工、修理修配费用增值税专用发票注明的金额。外贸企业应将加工、修理修配使用的原材料(进料加工海关保税进口料件除外)作价销售给受托加工、修理修配的生产企业,受托加工、修理修配的生产企业应将原材料成本并入加工、修理修配费用开具发票。

6. 出口进项税额未计算抵扣的已使用过的设备增值税退(免)税的计税依据,按下列公式确定:

退(免)税计税依据=增值税专用发票上的金额或海关进口增值税专用缴款书注明的完税价格
×已使用过的设备固定资产净值÷已使用过的设备原值

已使用过的设备固定资产净值=已使用过的设备原值-已使用过的设备已提累计折旧

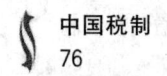

所称已使用过的设备,是指出口企业根据财务会计制度已经计提折旧的固定资产。

7. 免税品经营企业销售的货物增值税退(免)税的计税依据,为购进货物的增值税专用发票注明的金额或海关进口增值税专用缴款书注明的完税价格。

8. 中标机电产品增值税退(免)税的计税依据,生产企业为销售机电产品的普通发票注明的金额,外贸企业为购进货物的增值税专用发票注明的金额或海关进口增值税专用缴款书注明的完税价格。

9. 生产企业向海上石油天然气开采企业销售的自产的海洋工程结构物增值税退(免)税的计税依据,为销售海洋工程结构物的普通发票注明的金额。

10. 输入特殊区域的水电气增值税退(免)税的计税依据,为作为购买方的特殊区域内生产企业购进水(包括蒸汽)、电力、燃气的增值税专用发票注明的金额。

11. 增值税零税率应税服务的退(免)税计税依据。[①]

(1)实行免抵退税办法的退(免)税计税依据。

①以铁路运输方式载运旅客的,为按照铁路合作组织清算规则清算后的实际运输收入。

②以铁路运输方式载运货物的,为按照铁路运输进款清算办法,对"发站"或"到站(局)"名称中包含"境"字的货票上注明的运输费用以及直接相关的国际联运杂费进行清算后的实际运输收入。

③以航空运输方式载运货物或旅客的,如果国际运输或港澳台运输各航段由多个承运人承运的,为中国航空结算有限责任公司清算后的实际收入;如果国际运输或港澳台运输各航段由一个承运人承运的,为提供航空运输服务取得的收入。

④其他实行免抵退税办法的增值税零税率应税服务,为提供增值税零税率应税服务取得的收入。

(2)实行免退税办法的退(免)税计税依据,为购进应税服务的增值税专用发票或解缴税款的中华人民共和国税收缴款凭证上注明的金额。

(七)增值税免抵退税和免退税的计算

1. 生产企业出口货物劳务增值税免抵退税的计算

(1)当期应纳税额的计算。

当期应纳税额=当期销项税额-(当期进项税额-当期不得免征和抵扣税额)

当期不得免征和抵扣税额=当期出口货物离岸价×外汇人民币折合率×(出口货物适用税率-出口货物退税率)-当期不得免征和抵扣税额抵减额

当期不得免征和抵扣税额抵减额=当期免税购进原材料价格×(出口货物适用税率-出口货物退税率)

(2)当期免抵退税额的计算。

当期免抵退税额=当期出口货物离岸价×外汇人民币折合率×出口货物退税率-当期免抵退税额抵减额

当期免抵退税额抵减额=当期免税购进原材料价格×出口货物退税率

当期免税购进原材料价格包括当期国内购进的无进项税额且不计提进项税额的免税原材料的价格和当期进料加工保税进口料件的价格,其中当期进料加工保税进口料件的价格为组成计税价格。

当期进料加工保税进口料件的组成计税价格=当期进口料件到岸价格+海关实征关税+海关实征消费税

①采用"实耗法"的,当期进料加工保税进口料件的组成计税价格为当期进料加工出口货

---

① 国家税务总局:《关于发布〈适用增值税零税率应税服务退(免)税管理办法〉的公告》(国家税务总局公告2014年第11号),本公告自2014年1月1日起施行。

物耗用的进口料件组成计税价格。其计算公式为：

当期进料加工保税进口料件的组成计税价格＝当期进料加工出口货物离岸价
×外汇人民币折合率×计划分配率

计划分配率＝计划进口总值÷计划出口总值×100%

实行纸质手册和电子化手册的生产企业，应根据海关签发的加工贸易手册或加工贸易电子化纸质单证所列的计划进出口总值计算计划分配率。

实行电子账册的生产企业，计划分配率按前一期已核销的实际分配率确定；新启用电子账册的，计划分配率按前一期已核销的纸质手册或电子化手册的实际分配率确定。

②采用"购进法"的，当期进料加工保税进口料件的组成计税价格为当期实际购进的进料加工进口料件的组成计税价格。

若当期实际不得免征和抵扣税额抵减额＞当期出口货物离岸价×外汇人民币折合率×（出口货物适用税率－出口货物退税率）的，则：

当期不得免征和抵扣税额抵减额＝当期出口货物离岸价×外汇人民币折合率
×（出口货物适用税率－出口货物退税率）

(3) 当期应退税额和免抵税额的计算。

①当期期末留抵税额≤当期免抵退税额，则：

当期应退税额＝当期期末留抵税额

当期免抵税额＝当期免抵退税额－当期应退税额

②当期期末留抵税额＞当期免抵退税额，则：

当期应退税额＝当期免抵退税额

当期免抵税额＝0

当期期末留抵税额为当期增值税纳税申报表中的"期末留抵税额"。

【例2－5】 某自营出口生产企业是增值税一般纳税人，出口货物的征税率为17%，退税率为13%。2016年8月有关经济业务如下：购入原材料一批，取得的增值税专用发票上注明的价款为200万元，外购货物准予抵扣的进项税额34万元通过认证，当月进料加工免税进口料件的组成计税价格为100万元，上期末留抵税款为6万元，本月内销货物不含税销售额为100万元，收款117万元。本月出口货物销售额折合人民币200万元。试计算该企业当期的"免、抵、退"税额。

该企业计算"免、抵、退"税额如下：

当期不得免征和抵扣税额抵减额
＝当期免税购进原材料价格×（出口货物适用税率－出口货物退税率）
＝100×（17%－13%）＝4（万元）

当期不得免征和抵扣税额＝当期出口货物离岸价×外汇人民币折合率×（出口货物适用税率－出口货物退税率）－当期不得免征和抵扣税额抵减额
＝200×（17%－13%）－4＝4（万元）

当期应纳税额＝当期销项税额－（当期进项税额－当期不得免征和抵扣税额）
＝100×17%－（34－4）－6＝－19（万元）

当期免抵退税额抵减额＝当期免税购进原材料价格×出口货物退税率
＝100×13%＝13（万元）

当期免抵退税额
＝当期出口货物离岸价×外汇人民币折合率×出口货物退税率－当期免抵退税额抵减额

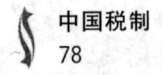

$$=200\times13\%-13=13(万元)$$

当期期末留抵税额>当期免抵退税额,则当期应退税额=当期免抵退税额,该企业应收退税额为13万元,当期免抵税额=0。

8月期末留抵结转下期继续抵扣税额=19-13=6(万元)

【例2-6】 某自营出口生产企业是增值税一般纳税人,出口货物的征税率为17%,退税率为13%。2016年8月有关经济业务如下:购入原材料一批,取得的增值税专用发票上注明的价款为200万元,外购货物准予抵扣的进项税额34万元已通过认证,货已验收入库,上期末留抵税款为3万元,本月内销货物不含税销售额为100万元,收款117万元。本月出口货物销售额折合人民币200万元。试计算该企业当期的"免、抵、退"税额。

当期不得免征和抵扣税额=当期出口货物离岸价×外汇人民币折合率×(出口货物适用税率-出口货物退税率)-当期不得免征和抵扣税额抵减额

$$=200\times(17\%-13\%)=8(万元)$$

当期应纳税额=当期销项税额-(当期进项税额-当期不得免征和抵扣税额)

$$=100\times17\%-(34-8)-3=-12(万元)$$

当期免抵退税额
=当期出口货物离岸价×外汇人民币折合率×出口货物退税率-当期免抵退税额抵减额
$$=200\times13\%=26(万元)$$

当期期末留抵税额≤当期免抵退税额,则当期应退税额=当期期末留抵税额,该企业应收退税额为12万元。

当期免抵税额=当期免抵退税额-当期应退税额=26-12=14(万元)

2. 外贸企业出口货物劳务增值税免退税的计算

(1)外贸企业出口委托加工、修理修配货物以外的货物。

增值税应退税额=增值税退(免)税计税依据×出口货物退税率

(2)外贸企业出口委托加工、修理修配货物。

出口委托加工、修理修配货物的增值税应退税额=委托加工、修理修配的增值税退(免)税计税依据×出口货物退税率

【例2-7】 某进出口公司2016年9月购进牛仔布委托加工成服装出口,取得增值税专用发票一张,注明的增值税金额为10 000元,取得服装加工费计税金额2 000元。已知牛仔布退税率为13%,服装加工退税率为17%,计算该公司的应退税额。

应退税额=10 000×13%+2 000×17%=1 640(元)

3. 其他规定

退税率低于适用税率的,相应计算出的差额部分的税款计入出口货物劳务成本。

出口企业既有适用增值税免抵退项目,也有增值税即征即退、先征后退项目的,增值税即征即退和先征后退项目不参与出口项目免抵退税计算。出口企业应分别核算增值税免抵退项目和增值税即征即退、先征后退项目,并分别申请享受增值税即征即退、先征后退和免抵退税政策。

用于增值税即征即退或者先征后退项目的进项税额无法划分的,按照下列公式计算:

无法划分进项税额中用于增值税即征即退或者先征后退项目的部分=当月无法划分的全部进项税额×当月增值税即征即退或者先征后退项目销售额÷当月全部销售额、营业额合计

(八)适用增值税免税政策的出口货物劳务

1. 适用增值税免税政策的出口货物劳务范围

(1)出口企业或其他单位出口规定的货物。

①增值税小规模纳税人出口的货物。

②避孕药品和用具,以及古旧图书。

③软件产品。其具体范围是指海关税则号前四位为"9803"的货物。

④含黄金、铂金成分的货物,钻石及其饰品。

⑤国家计划内出口的卷烟。

⑥已使用过的设备。其具体范围是指购进时未取得增值税专用发票、海关进口增值税专用缴款书,但其他相关单证齐全的已使用过的设备。

⑦非出口企业委托出口的货物。

⑧非列名生产企业出口的非视同自产货物。

⑨农业生产者自产农产品。农产品的具体范围按照《农业产品征税范围注释》(财税〔1995〕52号)的规定执行。

⑩油画、花生果仁、黑大豆等财政部和国家税务总局规定的出口免税的货物。

⑪外贸企业取得普通发票、废旧物资收购凭证、农产品收购发票、政府非税收入票据的货物。

⑫来料加工复出口的货物。

⑬特殊区域内的企业出口的特殊区域内的货物。

⑭以人民币现金作为结算方式的边境地区出口企业从所在省(自治区)的边境口岸出口到接壤国家的一般贸易和边境小额贸易出口货物。

⑮以旅游购物贸易方式报关出口的货物。

(2)出口企业或其他单位视同出口的下列货物劳务。

①国家批准设立的免税店销售的免税货物。包括进口免税货物和已实现退(免)税的货物。

②特殊区域内的企业为境外的单位或个人提供加工、修理修配劳务。

③同一特殊区域、不同特殊区域内的企业之间销售特殊区域内的货物。

(3)出口企业或其他单位未按规定申报或未补齐增值税退(免)税凭证的出口货物劳务。

①未在国家税务总局规定的期限内申报增值税退(免)税的出口货物劳务。

②未在规定期限内申报开具《代理出口货物证明》的出口货物劳务。

③已申报增值税退(免)税,却未在国家税务总局规定的期限内向税务机关补齐增值税退(免)税凭证的出口货物劳务。

对于适用增值税免税政策的出口货物劳务,出口企业或其他单位可以依照现行增值税有关规定放弃免税,并依照适用增值税征税政策的出口货物劳务的规定缴纳增值税。

2. 进项税额的处理计算

(1)适用增值税免税政策的出口货物劳务,其进项税额不得抵扣和退税,应当转入成本。

(2)出口卷烟,依下列公式计算:

不得抵扣的进项税额=出口卷烟含消费税金额÷(出口卷烟含消费税金额+内销卷烟销售额)×当期全部进项税额

①当生产企业销售的出口卷烟在国内有同类产品销售价格时:

出口卷烟含消费税金额=出口销售数量×销售价格

公式中,"销售价格"为同类产品生产企业的国内实际调拨价格。如实际调拨价格低于税务机关公示的计税价格的,"销售价格"为税务机关公示的计税价格;高于公示的计税价格的,销售

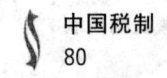

价格为实际调拨价格。

②当生产企业销售的出口卷烟在国内没有同类产品销售价格时：

出口卷烟含税金额＝(出口销售额＋出口销售数量×消费税定额税率)÷(1－消费税比例税率)

公式中，"出口销售额"以出口发票上的离岸价为准。若出口发票不能如实反映离岸价，生产企业应按实际离岸价计算；否则，税务机关有权按照有关规定予以核定调整。

(3)除出口卷烟外，适用增值税免税政策的其他出口货物劳务的计算，按照增值税免税政策的统一规定执行。其中，如果涉及销售额，除来料加工复出口货物为其加工费收入外，其他均为出口离岸价或销售额。

第四节　增值税的征收管理

一、纳税义务发生时间

《增值税暂行条例》明确规定了增值税纳税义务发生时间有以下方面：销售货物或者应税劳务，为收讫销售款或者取得索取销售款凭据的当天；先开具发票的，为开具发票的当天；进口货物，为报关进口的当天。

纳税人销售货物，提供加工、修理修配劳务，销售服务、无形资产或者不动产的纳税义务发生时间，按销售结算方式的不同，具体为：

1. 采取直接收款方式销售货物，已将货物移送对方并暂估销售收入入账，但既未取得销售款或取得索取销售款凭据，也未开具销售发票的，其纳税义务发生时间为取得销售款或取得索取销售款凭据的当天；先开具发票的，为开具发票的当天。①

2. 采取托收承付和委托银行收款方式销售货物，为发出货物并办妥托收手续的当天。

3. 采取赊销和分期收款方式销售货物，为按合同约定的收款日期的当天；无书面合同的或者书面合同没有约定收款日期的，为货物发出的当天。

4. 采取预收货款方式销售货物，为货物发出的当天。但生产销售生产工期超过 12 个月的大型机械设备、船舶、飞机等货物，为收到预收款或者书面合同约定的收款日期的当天。

5. 委托其他纳税人代销货物，为收到代销单位的代销清单或者收到全部或者部分货款的当天。未收到代销清单及货款的，为发出代销货物满 180 天的当天。

6. 销售应税劳务，为提供劳务同时收讫销售额或取得索取销售额的凭据的当天。

7. 纳税人发生视同销售货物行为，为货物移送的当天。

8. 纳税人发生销售服务、无形资产、不动产并收讫销售款项或者取得索取销售款项凭据的当天；先开具发票的，为开具发票的当天。

取得索取销售款项凭据的当天，是指书面合同确定的付款日期；未签订书面合同或者书面合同未确定付款日期的，为服务、无形资产转让完成的当天或者不动产权属变更的当天。

9. 纳税人提供建筑服务、租赁服务采取预收款方式的，其纳税义务发生时间为收到预收款的当天。

10. 纳税人从事金融商品转让的，为金融商品所有权转移的当天。

11. 纳税人发生视同销售服务、无形资产、不动产情形的，其纳税义务发生时间为服务、无

---

① 国家税务总局：《关于增值税纳税义务发生时间有关问题的公告》(国家税务总局公告 2011 年第 40 号)，本公告自 2011 年 8 月 1 日起施行。

形资产转让完成的当天或者不动产权属变更的当天。

二、纳税期限

增值税的纳税期限分别为 1 日、3 日、5 日、10 日、15 日、1 个月或者 1 个季度。纳税人的具体纳税期限,由主管税务机关根据纳税人应纳税额的大小分别核定。以 1 个季度为纳税期限的规定,适用于小规模纳税人、银行、财务公司、信托投资公司、信用社,以及财政部和国家税务总局规定的其他纳税人。不能按照固定期限纳税的,可以按次纳税。

纳税人以 1 个月或者 1 个季度为 1 个纳税期的,自期满之日起 15 日内申报纳税;以 1 日、3 日、5 日、10 日或者 15 日为 1 个纳税期的,自期满之日起 5 日内预缴税款,于次月 1 日起 15 日内申报纳税并结清上月应纳税款。

纳税人进口货物,应当自海关填发海关进口增值税专用缴款书之日起 15 日内缴纳税款。

纳税人转让不动产、出租不动产、跨县(市、区)提供建筑服务,按照规定应向不动产所在地主管地税机关预缴税款。而自应当预缴之月起超过 6 个月没有预缴税款的,由机构所在地主管国税机关按照《中华人民共和国税收征收管理法》及相关规定进行处理。

三、纳税地点

为了保证纳税人按期申报纳税,根据企业跨地区经营和搞活商品流通的特点及不同情况,具体规定了增值税的纳税地点:

1. 固定业户应当向其机构所在地的主管税务机关申报纳税。总机构和分支机构不在同一县(市)的,应当分别向各自所在地的主管税务机关申报纳税;经国务院财政、税务主管部门或者其授权的财政、税务机关批准,可以由总机构汇总向总机构所在地的主管税务机关申报纳税。

固定业户的总、分支机构不在同一县(市),但在同一省(区、市)范围内的,经省(区、市)财政厅(局)、国家税务局审批同意,可以由总机构汇总向总机构所在地的主管税务机关申报缴纳增值税。[①]

2. 固定业户到外县(市)销售货物或者应税劳务,应当向其机构所在地的主管税务机关申请开具外出经营活动税收管理证明,并向其机构所在地的主管税务机关申报纳税;未开具证明的,应当向销售地或者劳务发生地的主管税务机关申报纳税;未向销售地或者劳务发生地的主管税务机关申报纳税的,由其机构所在地的主管税务机关补征税款。

3. 非固定业户销售货物,提供加工、修理修配劳务,销售服务、无形资产或者不动产,应当向销售地、应税劳务发生地和应税行为发生地的主管税务机关申报纳税;未申报纳税的,由其机构所在地或者居住地主管税务机关补征税款。

4. 其他个人提供建筑服务、销售或者租赁不动产、转让自然资源使用权,应向建筑服务发生地、不动产所在地、自然资源所在地主管税务机关申报纳税。

5. 进口货物,应当向报关地海关申报纳税。

6. 扣缴义务人应当向其机构所在地或者居住地的主管税务机关申报缴纳其扣缴的税款。

---

① 财政部、国家税务总局:《关于固定业户总、分支机构增值税汇总纳税有关政策的通知》(财税〔2012〕9 号),本通知自 2012 年 1 月 16 日起开始施行。

专栏 2—3　增值税管理理念应实现五个转变①

增值税管理所追求的目标是：税务机关通过有效的管理，促进纳税人自觉依法纳税，依法、高效组织税收收入，使增值税的实际征收数最大限度地趋近于法定应征收数。要实现这一目标，在新时期，增值税管理观念上应实现以下五个转变：

1. 从不区分税种性质的一般性管理或拘泥于形式上的"以票控税"管理，向着力于强化增值税抵扣机制、有效实现增值税交叉稽核转变。增值税抵扣机制是增值税制度的"灵魂"，它既避免重复征税，又有利于在增值税管理中实现交叉稽核。因此，增值税管理应立足于抵扣机制这一增值税制度的特征，既要避免不考虑增值税的特有性质，在管理上与其他货物劳务税同等对待的做法；又要防止将抵扣机制片面地、简单地理解为形式上的"以票控税"，应特别重视巩固抵扣机制运行的基础、拓展抵扣机制的覆盖面、强化抵扣机制链条上薄弱环节的管理，形成增值税纳税人之间互相制约、环环紧扣的链条，通过有效实现交叉稽核防止税收流失。

2. 从仅注重税务机关单方面强化管理措施，向着力于构建税收征纳双方良性互动机制、不断提高纳税人的税法遵从度转变。增值税管理活动不是税务机关单方面的行为，而是税务机关依法征收管理、纳税人依法纳税的互动过程。增值税管理目标的实现，必须依靠纳税人的有效配合。较好的税收征管制度、依法严格的税收征管、优质的纳税服务都将对纳税人遵从税法产生积极影响。

3. 从不区分纳税人的经营规模、体制机制、行业特征的无差别管理，向着力于突出重点、更有针对性的分类管理转变。无差别的管理，忽视了不同类型纳税人经营活动的内在规律，使增值税管理缺乏应有的针对性。增值税管理应注意研究每一类型纳税人经营活动的内在规律，针对每一类型纳税人的不同特征，实施有差别的分类管理。只有这样，才能突出增值税的管理重点，管理更有针对性、更为精细化，这是提高增值税管理质量和效率的必然选择。

4. 从孤立地进行一般纳税人的增值税管理，向着力于增值税管理与其他有关税种管理联动、增值税一般纳税人管理与小规模纳税人管理联动、增值税的征收管理与出口退税管理联动转变，以发挥税务管理的综合效应。税务管理是一个多税种与多环节管理互相作用、高度关联的系统，只有实现增值税管理与其他税种管理，以及增值税两类纳税人之间、各个管理环节之间税收管理的有机结合与协调联动，才能最大限度地提高包括增值税管理在内的整个税务管理效率。

5. 从较少考虑法治要求、片面追求管理效率，向依法行政、有序管理转变。税收是国家依据税收法律对纳税人的强制性课征，因此，增值税管理应建立在法治基础之上，依法行政是实现增值税有效管理的保障。增值税管理应改变那种为了一味地追求管理效率，不惜采取一切手段，不惜增加管理层级、环节和纳税人的负担，不考虑有效保障纳税人权利的思维方式，应将法治理念和依法行政的要求全面体现到增值税管理的各环节。

---

① 王建平：《增值税管理：理念更新与路径选择》，《税务研究》2011年第6期。

四、出口货物退（免）税管理①

（一）出口货物退（免）税认定管理

1. 出口企业应在办理对外贸易经营者备案登记或签订首份委托出口协议之日起 30 日内，填报《出口退（免）税资格认定申请表》，提供相关规定的资料到主管税务机关办理出口退（免）税资格认定。

2. 其他单位应在发生出口货物劳务业务之前，填报《出口退（免）税资格认定申请表》，提供银行开户许可证及主管税务机关要求的其他资料，到主管税务机关办理出口退（免）税资格认定。

3. 出口企业和其他单位在出口退（免）税资格认定之前发生的出口货物劳务，在办理出口退（免）税资格认定后，可以在规定的退（免）税申报期内按规定申报增值税退（免）税或免税，以及消费税退（免）税或免税。

4. 出口企业和其他单位出口退（免）税资格认定的内容发生变更的，须自变更之日起 30 日内，填报《出口退（免）税资格认定变更申请表》，提供相关资料向主管税务机关申请变更出口退（免）税资格认定。

5. 需要注销税务登记的出口企业和其他单位，应填报《出口退（免）税资格认定注销申请表》，向主管税务机关申请注销出口退（免）税资格，然后再按规定办理税务登记的注销。

出口企业和其他单位在申请注销认定前，应先结清出口退（免）税款。注销认定后，出口企业和其他单位不得再申报办理出口退（免）税。

（二）出口货物退（免）税申报

1. 生产企业出口货物免抵退税的申报

企业当月出口的货物须在次月的增值税纳税申报期内，向主管税务机关办理增值税纳税申报、免抵退税相关申报及消费税免税申报。

企业应在货物报关出口之日次月起至次年 4 月 30 日前的各增值税纳税申报期内，收齐有关凭证，向主管税务机关申报办理出口货物增值税免抵退税及消费税退税。逾期的，企业不得申报免抵退税。

2. 外贸企业出口货物免退税的申报

企业当月出口的货物须在次月的增值税纳税申报期内，向主管税务机关办理增值税纳税申报，将适用退（免）税政策的出口货物销售额填报在增值税纳税申报表的"免税货物销售额"栏。

企业应在货物报关出口之日次月起至次年 4 月 30 日前的各增值税纳税申报期内，收齐有关凭证，向主管税务机关办理出口货物增值税、消费税（免）退税申报。经主管税务机关批准的，企业在增值税纳税申报期以外的其他时间也可办理（免）退税申报。逾期的，企业不得申报（免）退税。

3. 出口企业和其他单位出口的视同出口货物及对外提供加工、修理修配劳务的退（免）税申报

报关进入特殊区域并销售给特殊区域内单位或境外单位、个人的货物，特殊区域外的生产

---

① 国家税务总局：《关于〈出口货物劳务增值税和消费税管理办法〉的公告》（国家税务总局公告 2012 年第 24 号），2012 年 6 月 14 日发布。

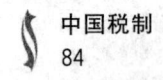

企业或外贸企业的退(免)税申报,分别按生产企业出口货物免抵退税申报和外贸企业出口货物(免)退税申报的规定办理。

其他视同出口货物和对外提供加工、修理修配劳务,属于报关出口的,为报关出口之日起,属于非报关出口销售的,为出口发票或普通发票开具之日起,出口企业或其他单位应在次月至次年4月30日前的各增值税纳税申报期内申报退(免)税。逾期的,出口企业或其他单位不得申报退(免)税。

(三)出口货物劳务退(免)税的其他申报要求

1. 输入特殊区域的水电气,由购买水电气的特殊区域内的生产企业申报退税。企业应在购进货物增值税专用发票的开具之日次月起至次年4月30日前的各增值税纳税申报期内,向主管税务机关申报退税。逾期的,企业不得申报退税。申报退税时,应填报《购进自用货物退税申报表》,提供正式电子申报数据及增值税专用发票(抵扣联)和支付水、电、气费用的银行结算凭证(加盖银行印章的复印件)。

2. 运入保税区的货物,如果属于出口企业销售给境外单位、个人,境外单位、个人将其存放在保税区内的仓储企业,离境时由仓储企业办理报关手续,海关在其全部离境后,签发进入保税区的出口货物报关单的,保税区外的生产企业和外贸企业申报退(免)税时,除分别提供《出口货物劳务增值税和消费税管理办法》的第四、五条规定的资料外,还须提供仓储企业的出境货物备案清单。确定申报退(免)税期限的出口日期,以最后一批出境货物备案清单上的出口日期为准。

3. 出口企业和其他单位出口的在2008年12月31日以前购进的设备、2009年1月1日以后购进但按照有关规定不得抵扣进项税额的设备、非增值税纳税人购进的设备,以及营业税改征增值税试点地区的出口企业和其他单位出口在本企业试点以前购进的设备,如果属于未计算抵扣进项税额的已使用过的设备,均实行增值税免退税办法。

出口企业和其他单位应在货物报关出口之日次月起至次年4月30日前的各增值税纳税申报期内,向主管税务机关单独申报退税。逾期的,出口企业和其他单位不得申报退税。申报退税时应填报《出口已使用过的设备退税申报表》,提供正式申报电子数据及其他规定的资料。

4. 边境地区一般贸易或边境小额贸易项下以人民币结算的从所在省(自治区)的边境口岸出口到接壤毗邻国家,并采取银行转账人民币结算方式的出口货物,生产企业、外贸企业申报退(免)税时,除分别提供《出口货物劳务增值税和消费税管理办法》第四、五条规定的资料外,还应提供人民币结算的银行入账单,银行入账单应与外汇管理部门出具的出口收汇核销单相匹配。确有困难不能提供银行入账单的,可提供签注"人民币核销"的出口收汇核销单。

5. 跨境贸易人民币结算方式出口的货物,出口企业申报退(免)税不必提供出口收汇核销单。

6. 出口企业和其他单位申报下列货物的退(免)税,应在申报报表中的明细表"退(免)税业务类型"栏内填写所列货物对应的标识。

(1)报关进入特殊区域并销售给特殊区域内单位或境外单位、个人的货物(除销售给特殊区域内生产企业生产耗用的列名原材料外)。

(2)销售给特殊区域内生产企业生产耗用的列名原材料。

(3)对外援助出口货物。

(4)用于对外承包工程项目的出口货物。

(5)用于境外投资出口的货物。

(6)免税品经营企业销售的货物。
(7)销售的中标机电产品。
(8)销售给海上石油天然气开采企业的自产的海洋工程结构物。
(9)销售给外轮、远洋国轮的货物。
(10)生产并销售给国内和国外航空公司国际航班的航空食品。
(11)对外提供加工、修理修配劳务。
(12)输入特殊区域的水电气。
(13)研发机构采购国产设备。
(14)出口企业销售给境外单位、个人,经保税区出口的货物。
(15)边境地区一般贸易或边境小额贸易项下以人民币结算的从所在省(自治区)的边境口岸出口到接壤毗邻国家,并采取银行转账人民币结算方式的出口货物。
(16)以跨境贸易人民币结算方式出口的货物。

(四)出口企业和其他单位适用免税政策出口货物劳务的申报

1. 特殊区域内的企业出口的特殊区域内的货物、出口企业或其他单位视同出口的适用免税政策的货物劳务,应在出口或销售次月的增值税纳税申报期内,向主管税务机关办理增值税、消费税免税申报。

2. 其他的适用免税政策的出口货物劳务,出口企业和其他单位应在货物劳务免税业务发生的次月(按季度进行增值税纳税申报的为次季度),填报《免税出口货物劳务明细表》,提供正式申报电子数据,向主管税务机关办理免税申报手续。出口货物报关单(委托出口的为代理出口货物证明)等资料留存企业备查。

非出口企业委托出口的货物,委托方应在货物劳务免税业务发生的次月(按季度进行增值税纳税申报的为次季度)的增值税纳税申报期内,凭受托方主管税务机关签发的代理出口货物证明以及代理出口协议副本等资料,向主管税务机关办理增值税、消费税免税申报。

出口企业和其他单位未在规定期限内申报出口退(免)税或申报开具《代理出口货物证明》,以及已申报增值税退(免)税,却未在规定期限内向税务机关补齐增值税退(免)税凭证的,如果在申报退(免)税截止期限前已确定要实行增值税免税政策的,出口企业和其他单位可在确定免税的次月的增值税纳税申报期内,按前款规定的手续向主管税务机关申报免税。已经申报免税的,不得再申报出口退(免)税或申报开具代理出口货物证明。

3. 出口货物若已办理退(免)税的,在申报免税前,外贸企业及没有生产能力的其他单位须补缴已退税款;生产企业按免抵退税申报数据的调整规定,调整申报数据或全额补缴原免抵退税款。

(五)相关免税证明及免税核销办理

1. 国家计划内出口的卷烟相关证明及免税核销办理

卷烟出口企业向卷烟生产企业购进卷烟时,应先在免税出口卷烟计划内向主管税务机关申请开具《准予免税购进出口卷烟证明》,然后将《准予免税购进出口卷烟证明》转交卷烟生产企业,卷烟生产企业据此向主管税务机关申报办理免税手续。

已准予免税购进的卷烟,卷烟生产企业须以不含消费税、增值税的价格销售给出口企业,并向主管税务机关报送《出口卷烟已免税证明申请表》。卷烟生产企业的主管税务机关核准免税后,出具《出口卷烟已免税证明》,并直接寄送卷烟出口企业主管税务机关。

卷烟出口企业(包括购进免税卷烟出口的企业、直接出口自产卷烟的生产企业、委托出口自产卷烟的生产企业)应在卷烟报关出口之日次月起至次年 4 月 30 日前的各增值税纳税申报期内,向主管税务机关办理出口卷烟的免税核销手续。逾期的,出口企业不得申报核销,应按规定缴纳增值税、消费税。申报核销时,应填报《出口卷烟免税核销申报表》,提供正式申报电子数据及规定的相关资料。

2. 来料加工委托加工出口的货物免税证明及核销办理

(1) 从事来料加工委托加工业务的出口企业,在取得加工企业开具的加工费的普通发票后,应在加工费的普通发票开具之日起至次月的增值税纳税申报期内,填报《来料加工免税证明申请表》,提供正式申报电子数据及下列资料,向主管税务机关办理《来料加工免税证明》:

①进口货物报关单原件及复印件;
②加工企业开具的加工费的普通发票原件及复印件;
③主管税务机关要求提供的其他资料。

出口企业应将《来料加工免税证明》转交加工企业,加工企业持此证明向主管税务机关申报办理加工费的增值税、消费税免税手续。

(2) 出口企业以"来料加工"贸易方式出口货物并办理海关核销手续后,持海关签发的核销结案通知书、《来料加工出口货物免税证明核销申请表》和下列资料及正式申报电子数据,向主管税务机关办理来料加工出口货物免税核销手续:

①出口货物报关单原件及复印件;
②来料加工免税证明;
③加工企业开具的加工费的普通发票原件及复印件;
④主管税务机关要求提供的其他资料。

本章小结

增值税是对单位和个人在商品生产经营过程中,或提供应税劳务,销售服务、无形资产或者不动产时实现的增值额征收的一种税。与多环节、阶梯式商品税相比,增值税具有其自身的特点。

按照计税基础价值构成的差异,可将增值税划分为生产型增值税、收入型增值税和消费型增值税三种类型。

在中国境内销售货物,提供加工、修理修配劳务,销售服务、无形资产或者不动产以及进口货物的单位和个人,为增值税的纳税人,应当缴纳增值税。为加强对纳税人的管理,按照国际上的通行做法,将增值税纳税人划分为一般纳税人和小规模纳税人。目前,我国对一般纳税人采用一般计税方法计算应纳税额;对小规模纳税人和某些特殊的一般纳税人采用简易计税方法计算应纳税额。

增值税采用比例税率。原则上对不同行业不同纳税人实行单一税率,这也称为基本税率。在实践中,为了照顾一些特殊行业或产业,增设一档低税率,并对出口产品实行零税率。此外,对采用简易征收办法的小规模纳税人,单独规定了 3% 的征收率。特殊情况下,有关纳税人适用 2%、5% 的征收率。

出口货物退(免)税是指在国际贸易中,货物输出国对输出境外的货物免征其在本国境内消费时应缴纳的税金或退还其按本国税法规定已缴纳的税金。我国的出口货物税收政策主要有出口免税并退税、出口免税不退税和出口不免税也不退税三种形式。

推荐阅读书目

[1] 陆炜:《中国增值税转型可行性实证研究》,中国税务出版社2002年版。
[2] 杨震:《中国增值税转型经济影响的实证研究》,中国财政经济出版社2005年版。
[3] 靳万军、周华伟:《流转税理论与实践》,经济科学出版社2007年版。
[4] 严才明:《增值税的效率分析》,中国财政经济出版社2008年版。
[5] 苏筱华:《中国流转税制研究》,中国税务出版社2009年版。
[6] 付广军:《中国增值税转型效应分析》,中国市场出版社2010年版。
[7] 朱军:《资本商品课税问题研究》,中国税务出版社2011年版。
[8] 杨默如:《中国增值税扩大征收范围改革研究》,中国税务出版社2011年版。
[9] 胡怡建:《2013中国财政发展报告:促进发展方式转变"营改增"研究》,北京大学出版社2013年版。
[10] 全国税务师职业资格考试教材编写组:《税法(Ⅰ)》,中国税务出版社2016年版。
[11] 胡怡建、田志伟:《"营改增"财政经济效应研究》,中国税务出版社2014年版。

第三章 消费税税制

本章导读

消费税是对特定消费品和消费行为在特定环节征收的一种税。目前世界上有 120 多个国家和地区征收消费税。我国从 1994 年起开始全面征收消费税,经过 2006 年、2014 年、2015 年和 2016 年的政策调整,现行消费税共有 15 个税目。现行消费税的基本规范,是 2008 年 11 月 5 日经国务院第 34 次常务会议修订通过的《中华人民共和国消费税暂行条例》,自 2009 年 1 月 1 日起开始施行。本章主要介绍消费税的特点和作用,消费税纳税人、征税范围、税率等税制要素的基本规定,消费税应纳税额计算,消费税征收管理。通过本章学习,了解消费税概念、特点与现行消费税政策调整;掌握消费税税制要素的基本规定、计税依据的确定和应纳税额的计算,以及消费税征收管理。

第一节 消费税概述

一、消费税的概念

消费税是政府对某些特定消费品或消费行为课征的一种税,是世界各国普遍征收的一个税种。我国现行消费税是对在我国境内从事生产、委托加工和进口应税消费品的单位和个人,以及国务院确定的销售应税消费品的其他单位和个人,就其销售额或销售数量所征收的一种税。

消费税起源于古希腊时期的雅典,在世界范围内是开征较早、较普遍的流转税之一。目前,世界范围内有 120 多个国家和地区征收消费税,如美国的国内产品税、韩国的特种消费税、德国的联邦消费税等。我国对消费品课税最早出现在汉代,汉昭帝时将酒的专卖制度改为对酒征税。以后朝代又有对盐、茶等特定消费品的征税。新中国成立时曾对部分消费品征收消费税。20 世纪 50 年代征收的商品流通税,1958 年 9 月至 1973 年征收的工商统一税,1973～1983 年征收的工商税中相当于货物税的部分,以及 1983～1993 年征收的产品税、增值税,实质上全部或部分相当于消费税。国家也曾对一些消费品(货物)或消费行为采取课征重税的办法,以满足不同历史时期的某些特殊要求,如先后设立的特种消费行为税、文化娱乐税、筵席税、特别消费税等。1993 年 12 月 13 日,国务院颁布《中华人民共和国消费税暂行条例》,自 1994 年 1 月 1 日起施行,我国现代消费税制度正式确立。2008 年 11 月 5 日,国务院第 34 次常务会议修订通过了《中华人民共和国消费税暂行条例》,自 2009 年 1 月 1 日起施行。为促进节能环保,经国务院批准,自 2015 年 2 月 1 日起对电池、涂料征收消费税。为了引导合理消费,经国务院批准,自 2016 年 10 月 1 日起取消对普通美容、修饰类化妆品征收消费税,将"化妆品"税目名称更名为"高档化妆品"。

消费税的种类有很多。依征收范围划分,有一般消费税和特别消费税。一般消费税是指对所有消费品和消费行为的流转额普遍征税的税种;特别消费税,又称特定消费税,是指只对特定消费品和消费行为的流转额征税的税种。依征税环节和计税依据划分,有直接消费税和间接消费税。直接消费税是指在购买环节,以消费支出额为计税依据,直接向消费者征收的税种;间接消费税是指在生产环节,以销售额为计税依据,由生产者缴纳而由消费者负担的税种。依税种的征税品目多少划分,有综合消费税和个别消费税。综合消费税是指将所有应税品目置于一个税种之下的消费税;个别消费税是对每一种应税品目单独设立税种征税的消费税。不同的消费税政策效应、制度设计、征收难度等都不同,各国政府会根据不同国情和需要作出适当选择。

我国现行消费税是在对货物普遍征收增值税的基础上,选择少数消费品进行再征收、再调节的税种。它属于特别消费税、间接消费税。

二、消费税的特点

消费税作为一种流转税,除了具备流转税的一般特点之外,还有其自身的特点。

(一)征税范围的选择性

消费税的征税范围可以包括消费品和消费行为,消费品的种类也很多,从工业产品到农产品,从住房、汽车到日用消费品,范围非常广泛。我国消费税仅就消费品中的极少数项目征收,即纳入消费税征收范围的只是经过特殊选择的少数种类,大部分消费品并不在征收之列。或者说,我国消费税只针对消费品中的一部分征收,而不是对所有的消费品和消费行为征收。目前我国选择烟、酒等 15 类商品征收消费税。

(二)征收环节的单一性

消费税通常实行一次课征制,只在消费品的生产、商业批发、商业零售诸环节中选择一个环节课税。一般多选择生产环节,以利于税款的源泉控制,减少征收费用,保证财政收入。我国现行消费税根据不同应税消费品的特殊情况,除卷烟自 2009 年 5 月 1 日起同时在生产与批发环节征税外,其他均实行一次课征制,一般规定在生产环节或进口环节计征,也有少数规定在零售环节征税。这样做,一是可以减少纳税人的数量,有利于提高税收征收效率;二是可以强化税源控制,有效防止税源的流失。

(三)征收方法的多样性

消费税的计税方法一般比较灵活,针对不同应税消费品的具体情况,规定了多种计税办法,以便于核算、计征,减少税务成本。我国现行的消费税采用灵活多样的征收方法。对于价格差异大、便于按价格核算的应税消费品,根据消费品的价格实行从价定率的征收方法;对于价格差异较小、品种、规格比较单一的应税消费品,根据消费品的数量实行从量定额征收;另外,对部分消费品在实行从价定率征收的同时,又实行从量定额征收的复合计税办法。

(四)税率税额的差别性

消费税属于非中性税收,主要目的是配合国家的社会经济政策,对某些消费品或消费行为发挥特殊调节作用,因而其应税项目的税率(税额)差异通常较大,以鲜明地体现国家鼓励或限制的政策意图。根据消费品的不同种类、档次、销售价格及国家产业政策的需要,对限制消费的消费品规定较高税率或双重税率,对鼓励消费的消费品规定较低税率。例如,我国现行消

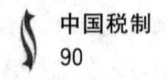

税从价定率计税部分,就设有 14 档税率,最低税率为 1%,最高税率为 56%,差别很大。

(五)税收负担的转嫁性

消费税是对最终消费应税消费品课征的,其税收归宿是消费者。无论是在哪个环节征收,也无论是价内征收还是价外征收,应税消费品所纳的消费税最终会转嫁到消费者身上。但为了简化征收管理,我国消费税直接以应税消费品的生产经营者为纳税人,于生产销售环节、进口环节或零售环节缴纳税款,个别消费品在批发环节缴纳税款,并成为消费品价格的一个组成部分向购买者收取,消费者为税负的最终负担者。

三、消费税的作用

消费税是各国税制体系中的一个重要组成部分,在调节经济和聚集收入方面发挥着重要作用。具体表现为:

(一)促进资源合理配置,正确引导生产消费

消费税是国家促进资源合理配置最重要的宏观调控政策工具之一,其课税对象的选择、税率高低的设计、征税环节的确定等集中体现了国家的产业政策和消费政策。消费税通过税负转嫁传导机制,必将影响消费者的消费支付能力和消费选择决策,从而影响消费结构,促进消费结构合理化。并且通过调节消费需求影响生产结构,进而促进产业结构合理化。

(二)筹集财政资金,增加财政收入

消费税的课税对象,大多是使用广泛、消费量大、具有传统征收高税习惯的商品,如烟、酒、汽油等。这些商品税源集中,征收简便,税务成本低,财政收入效应大。在许多发达国家,消费税收入占各税收入的比例为 20%～30%,而发展中国家则多为 30%～40%,有的甚至高达 40%以上。我国消费税收入地位也在不断提升,2011 年仅国内消费税实现收入为 6 935.93 亿元,占税收总收入的比重为 7.7%,2013 年国内消费税收入为 8 230 亿元,2015 年达 10 542 亿元,消费税正在成为我国财政收入的重要支柱。

(三)调节社会成员收入,促进公平分配

由于消费税实行对人们日常消费的基本生活用品和企业正常的生产消费物品不征税,而对高收入者更多消费的奢侈品和高档消费品或高消费行为征高税的原则,使得消费税具有独特的收入再分配功能,可以在一定程度上削弱和缓解各国普遍存在的贫富悬殊和分配不公问题。消费税的收入再分配功能在具有累退性的间接税中独树一帜。

第二节 消费税的法律规定

一、消费税的征税范围

消费品的征税范围包括生产应税消费品、委托加工应税消费品、进口应税消费品,以及属于特殊情形的批发应税消费品和零售应税消费品。对工业企业以外的单位和个人的下列行为视为应税消费品的生产行为,按以下规定征收消费税:将外购的消费税非应税产品以消费税应税产品对外销售的;将外购的消费税低税率应税产品以高税率应税产品对外销售的。[①]

[①] 国家税务总局:《关于消费税有关政策问题的公告》(国家税务总局公告 2012 年第 47 号),本公告自 2013 年 1 月 1 日起施行。

我国现行消费税具体征税范围以税目的形式采用正列举办法加以规定,现行消费税应税消费品包括烟、酒[①]、成品油、电池、涂料[②]等15类消费品。

(一)烟

凡是以烟叶为原料加工生产的产品,不论使用何种辅料,均属于烟的征税范围,包括卷烟、雪茄烟和烟丝。

1. 卷烟

卷烟是指各种烟叶切成烟丝,按照配方要求均匀混合,加入糖、酒、香料等辅料,用白色盘纸、棕色盘纸、涂布纸或烟草薄片经机器或手工卷制的普通卷烟和雪茄型卷烟。卷烟分甲类卷烟和乙类卷烟。甲类卷烟是指每标准条(200支)销售价格在70元(含70元)以上的卷烟;乙类卷烟是指每标准条(200支)销售价格在70元以下的卷烟。不同的包装规格的卷烟的销售价格均按每标准条(200支)折算。

2. 雪茄烟

雪茄烟是指以晾晒烟为原料或者以晾晒烟和烤烟为原料,用烟叶或卷烟纸、烟草薄片作为烟支内包皮,再用烟叶作为烟支外包皮,经机器或手工卷制而成的烟草制品。征收范围包括各种规格、型号的雪茄烟。

3. 烟丝

烟丝是指将烟叶切成丝状、粒状、片状、末状或其他形状,再加入辅料,经过发酵、储存,不经卷制即可供销售吸用的烟草制品。烟丝的征收范围包括以烟叶为原料加工生产的不经卷制的散装烟,如斗烟、莫合烟、烟末、水烟、黄红烟丝等。

(二)酒

1. 白酒

白酒是指以高粱、玉米、大米、糯米、大麦、小麦、小米、青稞、白薯(红薯、地瓜)、木薯、马铃薯、芋头、山药等各种粮食、干鲜薯类、甜菜等为原料,经过糖化、发酵后,采用蒸馏方法酿制和勾兑酿制而成的各类白酒。

2. 黄酒

黄酒是指以糯米、粳米、籼米、大米、黄米、玉米、小麦、薯类等为原料,经加温、糖化、发酵、压制酿制的酒。征收范围包括各种原料酿制的黄酒和酒精度超过12度(含12度)的土甜酒。

3. 啤酒

啤酒是指以大麦或其他粮食为原料,加入啤酒花,经糖化、发酵、过滤酿制的含有二氧化碳的酒。征收范围包括各种包装和散装的啤酒。无醇啤酒比照啤酒征税。

4. 其他酒

其他酒是指除白酒、黄酒、啤酒以外,酒精度在1度以上的各种酒。其征收范围包括土甜酒、复制酒、果木酒、汽酒、药酒等。

5. 配制酒

配制酒又称露酒,是指以发酵酒、蒸馏酒或食用酒精为酒基,加入可食用或药食两用的辅

[①] 财政部、国家税务总局:《关于调整消费税政策的通知》(财税〔2014〕93号),取消气缸容量250毫升(不含)以下的小排量摩托车消费税,气缸容量250毫升和250毫升(不含)以上的摩托车继续分别按3%和10%的税率征收消费税;取消汽车轮胎税目;取消车用含铅汽油消费税,汽油税目不再划分二级子目,统一按照无铅汽油税率征收消费税;取消酒精消费税,取消酒精消费税后,"酒及酒精"品目相应改为"酒",并继续按现行消费税政策执行。本通知自2014年12月1日起施行。

[②] 财政部、国家税务总局:《关于对电池 涂料征收消费税的通知》(财税〔2015〕16号),本通知自2015年2月1日起施行。

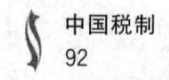

料或食品添加剂,进行调配、混合或再加工制成的,并改变了其原酒基风格的饮料酒。[1]

(三)高档化妆品[2]

化妆品是日常生活中用于修饰美化人体表面的用品。高档化妆品征收范围包括高档美容、修饰类化妆品和高档护肤类化妆品以及成套化妆品。

高档美容、修饰类化妆品和高档护肤类化妆品是指生产(进口)环节销售(完税)价格(不含增值税)在10元/毫升(克)或15元/片(张)及以上的美容、修饰类化妆品和护肤类化妆品。

(四)贵重首饰及珠宝玉石

包括以金、银、白金、宝石、珍珠、钻石、翡翠、玛瑙等高贵稀有物质以及其他金属、人造宝石等制作的各种纯金银首饰及镶嵌首饰和经采掘、打磨、加工的各种珠宝玉石。

1. 金银首饰、铂金首饰和钻石及钻石饰品

金银首饰是指金、银和金基、银基合金首饰,以及金、银和金基、银基合金的镶嵌首饰,不包括镀金(银)、包金(银)首饰,以及镀金(银)、包金(银)的镶嵌首饰。铂金首饰,俗称白金首饰,是以铂金属为原料制作的铂金和铂金基的镶嵌首饰。钻石及钻石饰品为未镶嵌成品钻石和镶嵌钻石的其他贵金属制首饰及其零件、镶嵌钻石的以贱金属为底的包贵金属制首饰、钻石制品。

2. 其他贵重首饰及珠宝玉石

是指除金银首饰、铂金首饰和钻石及钻石饰品外的其他贵重首饰及珠宝玉石。

(五)鞭炮、焰火

鞭炮,又称爆竹,是用多层纸密裹火药,接以药引线而制成的一种爆炸品。焰火,指烟火剂,一般系包扎品,内装药剂,点燃后烟火喷射,呈各种颜色,有的还变幻成各种景象,分平地小焰火和空中大焰火两类。征收范围包括各种鞭炮、烟火。体育上用的发令纸、鞭炮药引线,不属于本税目征税范围。

(六)成品油

包括汽油、柴油、石脑油、溶剂油、航空煤油、润滑油、燃料油。

1. 汽油

汽油是指用原油或其他原料加工生产的辛烷值不小于66的可用作汽油发动机燃料的各种轻质油。汽油分为车用汽油和航空汽油。

以汽油、汽油组分调和生产的甲醇汽油、乙醇汽油也属于本税目征收范围。

2. 柴油

柴油是指用原油或其他原料加工生产的凝点或倾点在-50号至30号的可用作柴油发动机燃料的各种轻质油,以及以柴油组分为主、经调和精制可用作柴油发动机燃料的非标油。

以柴油、柴油组分调和生产的生物柴油也属于本税目征收范围。

3. 石脑油

石脑油又叫化工轻油,是以原油或其他原料加工生产的用于化工原料的轻质油。

石脑油的征收范围包括除汽油、柴油、航空煤油、溶剂油以外的各种轻质油。非标汽油、重整生成油、拔头油、戊烷原料油、轻裂解料(减压柴油VGO和常压柴油AGO)、重裂解料、加氢

---

[1] 国家税务总局:《关于配制酒消费税适用税率问题的公告》(国家税务总局公告2011年第53号),本公告自2011年10月1日起施行。

[2] 财政部、国家税务总局:《关于调整化妆品消费税政策的通知》(财税〔2016〕103号),本通知自2016年10月1日起施行。

裂化尾油、芳烃抽余油均属轻质油,属于石脑油征收范围。

4. 溶剂油

溶剂油是用原油或其他原料加工生产的用于涂料、油漆、食用油、印刷油墨、皮革、农药、橡胶、化妆品生产和机械清洗、胶粘行业的轻质油。

橡胶填充油、溶剂油原料属于溶剂油征收范围。

5. 航空煤油

航空煤油也叫喷气燃料,是用原油或其他原料加工生产的用作喷气发动机和喷气推进系统燃料的各种轻质油。

6. 润滑油

润滑油是用原油或其他原料加工生产的用于内燃机、机械加工过程的润滑产品。润滑油分为矿物性润滑油、植物性润滑油、动物性润滑油和化工原料合成润滑油。

润滑油的征收范围包括矿物性润滑油、矿物性润滑油基础油、植物性润滑油、动物性润滑油和化工原料合成润滑油。以植物性、动物性和矿物性基础油(或矿物性润滑油)混合掺配而成的"混合性"润滑油,不论矿物性基础油(或矿物性润滑油)所占比例高低,均属润滑油的征收范围。

7. 燃料油

燃料油也称重油、渣油,是用原油或其他原料加工生产,主要用作电厂发电、锅炉用燃料、加热炉燃料、冶金和其他工业炉燃料。腊油、船用重油、常压重油、减压重油、180CTS燃料油、7号燃料油、糠醛油、工业燃料、4~6号燃料油等油品的主要用途是作为燃料燃烧,属于燃料油征收范围。催化料、焦化料属于燃料油的征收范围,应当征收消费税。[1]

纳税人以原油或其他原料生产加工的在常温常压条件下(25℃/一个标准大气压)呈液态状(沥青除外)的产品,按以下原则划分是否征收消费税[2]:

(1)产品符合汽油、柴油、石脑油、溶剂油、航空煤油、润滑油和燃料油征收规定的,按相应的汽油、柴油、石脑油、溶剂油、航空煤油、润滑油和燃料油的规定征收消费税。

(2)第(1)项规定以外的产品,符合该产品的国家标准或石油化工行业标准的相应规定(包括产品的名称、质量标准与相应的标准一致),且纳税人事先将省级以上(含)质量技术监督部门出具的相关产品质量检验证明报主管税务机关进行备案的,不征收消费税;否则,视同石脑油征收消费税。

纳税人以原油或其他原料生产加工的产品,如以沥青产品对外销售时,该产品符合沥青产品的国家标准或石油化工行业标准的相应规定(包括名称、型号和质量标准等与相应标准一致),且纳税人事先将省级以上(含)质量技术监督部门出具的相关产品质量检验证明报主管税务机关进行备案的,不征收消费税;否则,视同燃料油征收消费税。

---

[1] 国家税务总局:《关于催化料、焦化料征收消费税的公告》(国家税务总局公告2012年第46号),本公告自2012年11月1日起施行。
[2] 国家税务总局:《关于消费税有关政策问题的公告》(国家税务总局公告2012年第47号),本公告自2013年1月1日起施行。

> **专栏 3—1　我国消费税改革历程与问题分析**①
>
> 　　我国从 1994 年正式开征消费税,在对原产品税、增值税、特别消费税等税种进行改革和普遍征收增值税的基础上,选择了部分消费品征收消费税。此后,我国在 2006 年、2009 年先后调整了消费税的征税范围和税率结构。
>
> 　　综合我国消费税的两次重大改革可以发现,消费税改革体现了两大导向:一是引导理性消费,即将部分高档消费品纳入消费税征税范围,并将已成为大众消费品的商品剔出消费税征税范围。例如,2006 年新增游艇、高尔夫球及球具、高档手表等高档消费品税目;2009 年调整了烟产品的计税价格,提高了消费税税率,还在卷烟批发环节加征了一道从价税。二是促进节能减排,即将高耗能、高污染消费品纳入消费税征税范围,并提高此类消费品的税率。例如,2006 年调高了大排量小汽车的税率,2009 年提高了成品油消耗税的单位税额。
>
> 　　但总体来看,现行消费税制度与其本身特殊调节功能的实现之间还存在一定差距,突出表现在以下四个方面:一是在征税范围上缺位与越位并存。部分高消费、高能耗、高污染产品并未征收消费税,例如,农药、化肥、塑料袋、一次性餐盒、铅蓄电池等污染大、治理成本高的产品未纳入征收范围;与此同时,部分已成为生活必需品的消费品仍然在征收消费税,如普通化妆品、中低端白酒等。二是从税率上看存在结构性问题。部分高消费、高能耗、高污染产品税率较低,而一些必需品税率较高。例如,游艇、高尔夫球等高端消费品的税率为 10%,高档手表的税率为 20%,化妆品却征收 30% 的消费税,这种税率结构削弱了消费税在引导理性消费方面的功能作用。三是在征收方式上存在违背税收公平的现象。例如,对白酒在按 20% 比率税率征税的同时从量征收 0.5/斤的定额税,这种复合征税方式导致主要面向工薪阶层的中低端白酒生产企业税负过重;再如,对啤酒、成品油等消费品采用从量计征的方式,其单位定额税缺乏弹性,此类消费税不能根据产品物价的变化及时调整,难以发挥调节作用。四是消费税在生产环节征收和价内税的计征方式影响了其特殊调节作用的发挥。消费税的纳税行为(除金银首饰及钻石和钻石饰品外)都发生在生产领域(包括生产、委托加工和进口),而非流通领域或终极消费环节,这使得消费者在消费时无法体会到征税对自身的影响,不利于发挥消费税调节消费的作用。同时,我国消费税采用价内税的计征方式,税额包含在应税对象价格之内,消费税税金并未在商品标价或购买发票上予以标明,导致消费者在不知情的情况下被动负税,无从领会政府的调控意图。

(七)摩托车

征收范围包括轻便摩托车和摩托车。

1. 轻便摩托车

轻便摩托车是指最大设计车速不超过 50 千米/小时、发动机气缸总工作容积不超过 50 毫升的两轮机动车。

2. 摩托车

摩托车是指最大设计车速不超过 50 千米/小时、发动机气缸总工作容积不超过 50 毫升、空车重量不超过 400 千克(带驾驶室的正三轮车及特种车的空车重量不受此限制)的两轮和三轮机动车。

---

① 杨芷晴:《试析"营改增"背景下的消费税改革》,《税务研究》2013 年第 7 期。

(八)小汽车

小汽车是指由动力驱动、具有4个或4个以上车轮的非轨道承载的车辆。

1. 乘用车

乘用车是指含驾驶员座位在内最多不超过9个座位(含)的、在设计和技术特性上用于载运乘客和货物的各类乘用车。

2. 中轻型商用客车

中轻型商用客车是指含驾驶员座位在内的座位数在10～23座(含23座)的、在设计和技术特性上用于载运乘客和货物的各类中轻型商用客车。

用排气量小于1.5升(含)的乘用车底盘(车架)改装、改制的车辆属于乘用车征收范围。用排气量大于1.5升的乘用车底盘(车架)或用中轻型商用客车底盘(车架)改装、改制的车辆属于中轻型商用客车征收范围。驾驶员人数(额定载客)为区间值(如8～10人、17～26人)的小汽车,按其区间值下限人数确定征收范围。电动汽车、企业购进货车或厢式货车改装生产的商务车、卫星通信车等专用汽车不属于征税范围。

3. 超豪华小汽车[1]

征收范围为每辆零售价格130万元(不含增值税)及以上的乘用车和中轻型商用客车,即乘用车和中轻型商用客车子税目中的超豪华小汽车。对超豪华小汽车,在生产(进口)环节按现行税率征收消费税的基础上,在零售环节加征消费税,税率为10%。

(九)高尔夫球及球具

高尔夫球及球具是指从事高尔夫球运动所需的各种专用装备,包括高尔夫球、高尔夫球杆及高尔夫球包(袋)等。

高尔夫球是指重量不超过45.93克、直径不超过42.67毫米的高尔夫球运动比赛、练习用球;高尔夫球杆是指被设计用来打高尔夫球的工具,由杆头、杆身和握把三部分组成;高尔夫球包(袋)是指专用于盛装高尔夫球及球杆的包(袋)。

本税目征收范围包括高尔夫球、高尔夫球杆、高尔夫球包(袋)。高尔夫球杆的杆头、杆身和握把属于本税目的征收范围。

(十)高档手表

高档手表是指销售价格(不含增值税)每只在10 000元(含)以上的各类手表。征收范围包括符合以上标准的各类手表。

(十一)游艇

游艇是指长度大于8米、小于90米,船体由玻璃钢、钢、铝合金、塑料等多种材料制作,可以在水上移动的水上浮载体。按照动力划分,游艇分为无动力艇、帆艇和机动艇。

征收范围包括艇身长度大于8米(含)、小于90米(含),内置发动机,可以在水上移动,一般为私人或团体购置,主要用于水上运动和休闲娱乐等非营利活动的各类机动艇。

(十二)木制一次性筷子

木制一次性筷子,又称卫生筷子,是指以木材为原料经过锯段、浸泡、旋切、刨切、烘干、筛选、打磨、倒角、包装等环节加工而成的各类一次性使用的筷子。

征收范围包括各种规格的木制一次性筷子。未经打磨、倒角的木制一次性筷子属于本税

---

[1] 财政部、国家税务总局:《关于对超豪华小汽车加征消费税有关事项的通知》(财税〔2016〕129号),本通知自2016年12月1日起施行。

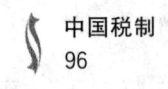

目征税范围。

(十三)实木地板

实木地板是指以木材为原料,经锯割、干燥、刨光、截断、开榫、涂漆等工序加工而成的块状或条状的地面装饰材料。实木地板按生产工艺不同,可分为独板(块)实木地板、实木指接地板、实木复合地板三类;按表面处理状态不同,可分为未涂饰地板(白坯板、素板)和漆饰地板两类。

征收范围包括各类规格的实木地板、实木指接地板、实木复合地板及用于装饰墙壁、天棚的侧端面为榫、槽的实木装饰板。未经涂饰的素板也属于本税目征税范围。

(十四)电池①

电池是一种将化学能、光能等直接转换为电能的装置,一般由电极、电解质、容器、极端,通常还有隔离层组成的基本功能单元,以及用一个或多个基本功能单元装配成的电池组。征收范围包括原电池、蓄电池、燃料电池、太阳能电池和其他电池。

1. 原电池

原电池又称一次电池,是按不可以充电设计的电池。按照电极所含的活性物质分类,原电池包括锌原电池、锂原电池和其他原电池。

(1)锌原电池。以锌做负极的原电池,包括锌二氧化锰原电池、碱性锌二氧化锰原电池、锌氧原电池(又称"锌空气原电池")、锌氧化银原电池(又称"锌银原电池")、锌氧化汞原电池(又称"汞电池"、"氧化汞原电池")等。

(2)锂原电池。以锂做负极的原电池,包括锂二氧化锰原电池、锂亚硫酰氯原电池、锂二硫化铁原电池、锂二氧化硫原电池、锂氧原电池(又称"锂空气原电池")、锂氟化碳原电池等。

(3)其他原电池。指锌原电池、锂原电池以外的原电池。

原电池又可分为无汞原电池和含汞原电池。汞含量低于电池重量的 0.000 1%(扣式电池按 0.000 5%)的原电池为无汞原电池;其他原电池为含汞原电池。

2. 蓄电池

蓄电池又称二次电池,是按可充电、重复使用设计的电池,包括酸性蓄电池、碱性或其他非酸性蓄电池、氧化还原液流蓄电池和其他蓄电池。

(1)酸性蓄电池。一种含酸性电解质的蓄电池,包括铅蓄电池(又称"铅酸蓄电池")等。

铅蓄电池,指含以稀硫酸为主电解质、二氧化铅正极和铅负极的蓄电池。

(2)碱性或其他非酸性蓄电池。一种含碱性或其他非酸性电解质的蓄电池,包括金属锂蓄电池、锂离子蓄电池、金属氢化物镍蓄电池(又称"氢镍蓄电池"或"镍氢蓄电池")、镉镍蓄电池、铁镍蓄电池、锌氧化银蓄电池(又称"锌银蓄电池")、碱性锌二氧化锰蓄电池(又称"可充碱性锌二氧化锰电池")、锌氧蓄电池(又称"锌空气蓄电池")、锂氧蓄电池(又称"锂空气蓄电池")等。

(3)氧化还原液流电池。一种通过正、负极电解液中不同价态离子的电化学反应来实现电能和化学能互相转化的储能装置,目前主要包括全钒液流电池。全钒液流电池是通过正负极电解液中不同价态钒离子的电化学反应来实现电能和化学能互相转化的储能装置。

(4)其他蓄电池。除上述(1)、(2)、(3)外的蓄电池。

3. 燃料电池

燃料电池是指通过一个电化学过程,将连续供应的反应物和氧化剂的化学能直接转换为

---

① 注:对无汞原电池、金属氢化物镍蓄电池(又称"氢镍蓄电池"或"镍氢蓄电池")、锂原电池、锂离子蓄电池、太阳能电池、燃料电池和全钒液流电池免征消费税。

电能的电化学发电装置。

4. 太阳能电池

太阳能电池是指将太阳光能转换成电能的装置,包括晶体硅太阳能电池、薄膜太阳能电池、化合物半导体太阳能电池等,但不包括用于太阳能发电储能用的蓄电池。

5. 其他电池

除原电池、蓄电池、燃料电池、太阳能电池以外的电池。

(十五)涂料

涂料是指涂于物体表面能形成具有保护、装饰或特殊性能的固态涂膜的一类液体或固体材料之总称。涂料由主要成膜物质、次要成膜物质等构成。按主要成膜物质的不同,涂料可分为油脂类、天然树脂类、酚醛树脂类、沥青类、醇酸树脂类、氨基树脂类、硝基类、过滤乙烯树脂类、烯类树脂类、丙烯酸酯类树脂类、聚酯树脂类、环氧树脂类、聚氨酯树脂类、元素有机类、橡胶类、纤维素类、其他成膜物类等。

二、消费税的纳税人

在中华人民共和国境内生产、委托加工和进口应税消费品的单位和个人,以及国务院确定的销售规定应税消费品的其他单位和个人,为消费税的纳税人。这里所称"单位",是指企业、行政单位、事业单位、军事单位、社会团体及其他单位;所称"个人",是指个体工商户及其他个人。具体来说,纳税人可分为以下几种情况:

(1)生产销售应税消费品(金银首饰、钻石及钻石饰品、铂金首饰除外)的单位和个人;

(2)从事卷烟批发业务的单位和个人;

(3)委托加工应税消费品的单位和个人;

(4)进口应税消费品的单位和个人;

(5)零售金银首饰、钻石及钻石饰品、铂金首饰的单位和个人;

(6)将超豪华小汽车销售给消费者的单位和个人;

(7)国务院确定的销售规定应税消费品的其他单位和个人。

对受托加工的应税消费品,除受托方为个人的由委托方收回后缴纳消费税外,均由受托方在向委托方交货时代收代缴消费税。

三、消费税的税率

消费税税率是根据具体课税对象情况确定的,每种应税消费品的消费税税率各不相同。对一些供求平衡、价格差异不大、计量单位规范的消费品实行定额税率,采用从量定额方法征收;对一些供求矛盾突出、价格差异较大、计量单位不是十分规范的消费品则实行比例税率,采用从价定率的方法征收,适用从1%到56%不同的税率;也有的应税消费品采用从价定率和从量定额复合计税的办法计算应纳税额。消费税税目、税率如表3-1所示。

表3-1　　　　　　　　　消费税税目、税率表

税　目	税　率
一、烟	
1. 卷烟	
工业	
(1)甲类卷烟	56%加0.003元/支

续表

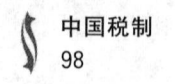

税　目	税　率
（2）乙类卷烟	36%加0.003元/支
商业批发	11%，0.005元/支①
2.雪茄烟	36%
3.烟丝	30%
二、酒	
1.白酒	20%加0.5元/500克（或者500毫升）
2.黄酒	240元/吨
3.啤酒	
（1）甲类啤酒	250元/吨
（2）乙类啤酒	220元/吨
4.其他酒	10%
三、高档化妆品	15%
四、贵重首饰及珠宝玉石	
1.金银首饰、铂金首饰和钻石及钻石饰品	5%
2.其他贵重首饰和珠宝玉石	10%
五、鞭炮、焰火	15%
六、成品油②③④	
1.汽油	1.52元/升
2.柴油	1.2元/升
3.航空煤油	1.2元/升
4.石脑油	1.52元/升
5.溶剂油	1.52元/升
6.润滑油	1.52元/升
7.燃料油	1.2元/升
七、摩托车	
1.气缸容量（排气量，下同）250毫升的	3%
2.气缸容量250毫升（不含250毫升）以上的	10%
八、小汽车	
1.乘用车	
（1）气缸容量（排气量，下同）在1.0升（含1.0升）以下的	1%
（2）气缸容量在1.0升以上至1.5升（含1.5升）的	3%
（3）气缸容量在1.5升以上至2.0升（含2.0升）的	5%
（4）气缸容量在2.0升以上至2.5升（含2.5升）的	9%
（5）气缸容量在2.5升以上至3.0升（含3.0升）的	12%
（6）气缸容量在3.0升以上至4.0升（含4.0升）的	25%
（7）气缸容量在4.0升以上的	40%

---

　① 财政部、国家税务总局：《关于调整卷烟消费税的通知》（财税〔2015〕60号），本通知自2015年5月10日起施行。
　② 财政部、国家税务总局：《关于提高成品油消费税的通知》（财税〔2014〕94号）规定，将汽油、石脑油、溶剂油和润滑油的消费税单位税额在现行单位税额基础上提高0.12元/升；将柴油、航空煤油和燃料油的消费税单位税额在现行单位税额基础上提高0.14元/升；航空煤油继续暂缓征收。本通知自2014年11月29日起施行。
　③ 财政部、国家税务总局：《关于进一步提高成品油消费税的通知》（财税〔2014〕106号），本通知自2014年12月13日起施行。
　④ 财政部、国家税务总局：《关于继续提高成品油消费税的通知》（财税〔2015〕11号），本通知自2015年1月13日起施行。

续表

税 目	税 率
2. 中轻型商用客车	5%
3. 超豪华小汽车	生产(进口)环节按子税目1和子税目2的规定征收,零售环节按10%征收
九、高尔夫球及球具	10%
十、高档手表	20%
十一、游艇	10%
十二、木制一次性筷子	5%
十三、实木地板	5%
十四、电池	4%
十五、涂料	4%

说明:

(1)甲类卷烟,即每标准条(200支)调拨价格在70元(含70元,不含增值税)以上的卷烟。

(2)乙类卷烟,即每标准条(200支)调拨价格在70元(不含增值税)以下的卷烟。

(3)甲类啤酒,是指每吨出厂价格(含包装物及包装物押金)在3 000元(含3 000元,不含增值税)以上的啤酒。

(4)乙类啤酒,是指每吨出厂价格在3 000元以下的啤酒。

(5)配制酒消费税适用税率[①]:

①以蒸馏酒或食用酒精为酒基,同时符合以下条件的配制酒,按消费税税目、税率表"其他酒"10%适用税率征收消费税。

一是具有国家相关部门批准的国食健字或卫食健字文号;

二是酒精度低于38度(含)。

②以发酵酒为酒基、酒精度低于20度(含)的配制酒,按消费税税目、税率表"其他酒"10%适用税率征收消费税。

③其他配制酒,按消费税税目、税率表"白酒"适用税率征收消费税。

上述以蒸馏酒或食用酒精为酒基,是指酒基中蒸馏酒或食用酒精的比重超过80%(含);以发酵酒为酒基,是指酒基中发酵酒的比重超过80%(含)。

(6)航空煤油继续暂缓征收消费税。

四、消费税的税收优惠

消费税的主要作用是配合国家产业政策和消费政策,实施宏观调控,因而一般不给予减免税优惠。但随着我国宏观经济形势的变化和产业政策、消费政策的调整,消费税的课税对象与税负也需要作适当的调整。我国现行消费税减免规定主要有:

1. 经海关批准暂时进境的下列货物,在进境时如果纳税义务人向海关缴纳相当于应纳税款的保证金或者提供其他担保的,可以暂不缴纳进口环节消费税,但应当自进境之日起6个月内复运出境;如需延长复运出境的期限,须经纳税人申请,海关审核批准:

(1)在展览会、交易会、会议及类似活动中展示或者使用的货物;

(2)文化、体育交流活动中使用的表演、比赛用品;

(3)进行新闻报道或者摄制电影、电视节目使用的仪器、设备及用品;

(4)开展科研、教学、医疗活动使用的仪器、设备及用品;

---

① 国家税务总局:《关于配制酒消费税适用税率问题的公告》(国家税务总局公告2011年第53号),本公告自2011年10月1日起施行。

(5) 在第(1)项至第(4)项所列活动中使用的交通工具及特种车辆；

(6) 货样；

(7) 供安装、调试、检测设备时使用的仪器、工具；

(8) 盛装货物的容器；

(9) 其他用于非商业目的的货物。

2. 由于残损、短少、品质不良或者规格不符等原因，由进口货物的发货人、承运人或者保险公司免费补偿或者更换的相同货物，进口时不征收进口环节消费税；被免费更换的原进口货物不退运出境的，海关应当对原进口货物按照规定重新征收进口环节消费税。

3. 无商业价值的广告品和货样，外国政府、国际组织无偿赠送的物资，进境运输工具装载的途中必需的燃料、物料和饮食用品免征进口环节消费税。

4. 在海关放行前损失的进口货物，免征进口环节消费税；在海关放行前遭受损坏的货物，可以按海关认定的进口货物受损后的实际价值确定进口环节消费税，组成计税价格公式中的关税完税价格和关税，并依法计征进口环节消费税。

5. 对用外购或委托加工收回的已税汽油生产的乙醇汽油免税。用自产汽油生产的乙醇汽油，按照生产乙醇汽油所耗用的汽油数量申报纳税。

6. 进口环节消费税税额在人民币50元以下的一票货物，免征进口环节消费税。

专栏3—2　成品油消费税从量定额征收符合国际惯例[①]

汽油、柴油等成品油消费税采取从量定额征收方式。这种方式具有以下几方面优越性：

第一，成品油消费税采取从量定额方式征收，有利于提高资源利用效率，促进节能减排。成品油消费税采取从量定额征收方式，消耗资源多的人多纳税，消耗资源少的人少纳税。有利于培养纳税人节约能源、珍惜资源的意识，减少损失浪费，提高资源利用效率。特别对使用汽车的纳税人，成品油消费税采取从量定额征收方式，还能发挥减少汽车行驶、缓解汽车道路压力、降低污染排放的作用，有利于节能减排。

第二，成品油消费税采取从量定额征收方式，符合成品油自身特点。消费税征收方式具有灵活性，既可以从价征收，也可以从量征收，可以依据征税对象的不同特点，选择不同的征收方式。既可以采取对消费品制定单位税额，依据消费品的销售数量实行从量定额的征收方式；也可以采取指定比例税率，依消费品价格实行从价定率的征收方式。一般来讲，对于供求状况不稳定、同质产品价格差异较大、计量单位不规范的消费品，按从价定率方式征收；对于供求基本平衡、同质产品价格差异不大、计量单位规范的消费品，按从量定额方式征收。成品油具有同质产品价格差异不大、计量单位规范的特点。

第三，成品油消费税采取从量定额征收方式，易于征收管理。消费税的特点之一是在生产(进口)环节一次性征收，这一环节如果漏征税款，难以在以后环节弥补。因此，管理重点是税基的管理。税基包括两个方面：一方面是消费品数量，另一方面是消费品销售收入。相对来讲，对数量的监控比较直观、简单、容易实现，而对销售收入的监控则比较间接、复杂、较难监管。个别偷逃税款的纳税人易于采取压低出厂价格等方式缩小税基，从而减轻成品油消费税负担。采取从量定额征收方式，监控对象是成品油数量，易于征收管理。

[①] 国家税务总局网站，http://www.chinatax.gov.cn。

第四,成品油消费税采取从量定额征收方式,符合国际惯例。对成品油消费税(或燃油税、矿物油税等类似税种)采取从量定额的征收方式,是国际上的通行做法。如欧盟国家矿物油税、美国燃油税、日本汽油税、韩国交通税和特别消费税等,均采用从量定额征收方式。

第五,成品油消费税采取从量定额征收方式,税收收入稳定,不受市场价格波动的影响。由于成品油消费税采取从量定额征收方式,计税依据是成品油的销售数量,因此,成品油消费税税源稳定,不受成品油市场价格波动的影响。

成品油消费税采取从量定额征收方式,也自然拥有了定额税率的一般性缺点。当国际能源价格上升时,成品油价格上涨,成品油消费税并不会"水涨船高",伴随成品油价格上涨而提高税收收入。

经过以上对成品油消费税采取从量定额征收方式的比较分析,我们不难得出一个共同的结论,即成品油消费税采取从量定额征收方式利大于弊,比较符合成品油消费税征收的实际情况。

第三节　消费税应纳税额的计算

一、自产自销应税消费品应纳税额的计算

(一)计税依据的一般规定

纳税人直接对外销售应税消费品实行从价定率征税的,计税依据为应税消费品的销售额,这里的销售额是指纳税人销售应税消费品向购买方收取的全部价款和价外费用。所称价外费用,是指价外向购买方收取的手续费、补贴、基金、集资费、返还利润、奖励费、违约金、滞纳金、延期付款利息、赔偿金、代收款项、代垫款项、包装费、包装物租金、储备费、优质费、运输装卸费以及其他各种性质的价外收费。但下列项目不包括在内:

1. 同时符合以下条件的代垫运输费用:
(1)承运部门的运输费用发票开具给购买方的;
(2)纳税人将该项发票转交给购买方的。
2. 同时符合以下条件的代为收取的政府性基金或者行政事业性收费:
(1)由国务院或者财政部批准设立的政府性基金,由国务院或者省级人民政府及其财政、价格主管部门批准设立的行政事业性收费;
(2)收费时开具省级以上财政部门印制的财政票据;
(3)所收款项全额上缴财政。

其他价外费用,无论是否属于纳税人的收入,均应并入销售额计算征税。

实行从价定率办法计算应纳税额的应税消费品连同包装销售的,无论包装是否单独计价,也不论在会计上如何核算,均应并入应税消费品的销售额中征收消费税。如果包装物不作价随同产品销售,而是收取押金,此项押金则不应并入应税消费品的销售额中征税。但对因逾期未收回的包装物不再退还的或者已收取的时间超过12个月的押金,应并入应税消费品的销售额,按照应税消费品的适用税率缴纳消费税。

对既作价随同应税消费品销售,又另外收取押金的包装物的押金,凡纳税人在规定的期限内没有退还的,均应并入应税消费品的销售额,按照应税消费品的适用税率缴纳消费税。

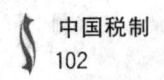

对酒类产品生产企业销售酒类产品(黄酒、啤酒除外)而收取的包装物押金,无论押金是否返还或会计上如何核算,均需并入酒类产品销售额,依酒类产品的适用税率征收消费税。

另外,白酒生产企业向商业销售单位收取的"品牌使用费"是随着应税白酒的销售而向购买方收取的,属于应税白酒销售款的组成部分。因此,不论企业采取何种方式、以何种名义收取价款,均应并入白酒的销售额中缴纳消费税。

对啤酒生产企业销售的啤酒,不得以向其关联企业销售的啤酒销售公司的价格作为确定消费税税额的标准,而应当以其关联企业的啤酒销售公司对外的销售价格(含包装物及包装物押金)作为确定消费税税额的标准,并依此确定该啤酒消费税单位税额。

如果纳税人应税消费品的销售额中未扣除增值税税款或者因不得开具增值税专用发票而发生价款和增值税税款合并收取的,在计算消费税时,应将含增值税的销售额换算为不含增值税税款的销售额。其换算公式为:

应税消费品的销售额＝含增值税的销售额÷(1＋增值税税率或征收率)

在使用换算公式时,应根据纳税人的具体情况分别使用增值税税率或征收率。消费税的纳税人同时又是增值税一般纳税人的,应适用17%的增值税税率;消费税的纳税人是增值税小规模纳税人的,应适用3%的征收率。

纳税人销售的应税消费品,以外汇结算销售额的,其销售额的人民币折合率可以选择结算当天或者当月1日的国家外汇牌价(原则上为中间价)。纳税人应在事先确定采取何种折合率,确定后1年内不得变更。

纳税人自产自销应税消费品实行从量定额征税的,计税依据为应税消费品的实际销售量。我国现行消费税对烟、酒、成品油3个税目中的卷烟、白酒、黄酒、啤酒、汽油、柴油、石脑油、溶剂油、润滑油、燃料油、航空煤油11个子目实行从量定额计征,规定了相应的标准计税单位,卷烟为支,白酒为500克(或者500毫升),黄酒、啤酒为吨,所有的成品油为升。由于在实际销售过程中,酒类产品和油类产品体积与重量单位常被混用,为了规范不同产品的计量单位,《消费税暂行条例实施细则》具体规定了吨与升两个计量单位的换算标准,具体见表3—2。

表3—2　　　　　　　　吨、升换算标准表

序号	名称	计量单位换算标准
1	黄酒	1吨＝962升
2	啤酒	1吨＝988升
3	汽油	1吨＝1 388升
4	柴油	1吨＝1 176升
5	航空煤油	1吨＝1 246升
6	石脑油	1吨＝1 385升
7	溶剂油	1吨＝1 282升
8	润滑油	1吨＝1 126升
9	燃料油	1吨＝1 015升

(二)计税依据的特殊规定

1. 卷烟消费税计税价格核定。[①]

计税价格由国家税务总局按照卷烟批发环节销售价格扣除卷烟批发环节批发毛利核定并

---

① 国家税务总局:《卷烟消费税计税价格信息采集和核定管理办法》(国家税务总局令第26号),本办法自2012年1月1日起施行。

发布。计税价格的核定公式为：

$$某牌号、规格卷烟计税价格＝批发环节销售价格×(1－适用批发毛利率)$$

卷烟批发环节销售价格，按照税务机关采集的所有卷烟批发企业在价格采集期内销售的该牌号、规格卷烟的数量、销售额进行加权平均计算。计算公式为：

$$批发环节销售价格＝\frac{\sum 该牌号、规格卷烟各采集点的销售额}{\sum 该牌号、规格卷烟各采集点的销售数量}$$

卷烟批发毛利率具体标准为：调拨价格满146.15元的一类烟34%，其他一类烟29%，二类烟25%，三类烟25%，四类烟20%，五类烟15%。[①]

已经国家税务总局核定计税价格的卷烟，生产企业实际销售价格高于计税价格的，按实际销售价格确定适用税率，计算应纳税款并申报纳税；实际销售价格低于计税价格的，按计税价格确定适用税率，计算应纳税款并申报纳税。

未经国家税务总局核定计税价格的新牌号、新规格卷烟，生产企业应按卷烟调拨价格申报纳税。[②]

已经核定计税价格的卷烟，发生下列情况，国家税务总局将重新核定计税价格：

(1)卷烟价格调整的；

(2)卷烟批发毛利率调整的；

(3)通过《卷烟批发企业月份销售明细清单》(以下简称《清单》)采集的卷烟批发环节销售价格扣除卷烟批发毛利后，卷烟平均销售价格连续6个月高于国家税务总局已核定计税价格10%，且无正当理由的。

计税价格核定时限分别为：

(1)新牌号、新规格的卷烟，国家税务总局于收到国家烟草专卖局相关信息满8个月或信息采集期满6个月后的次月核定并发布。

(2)已经核定计税价格的卷烟：

①全行业卷烟价格或毛利率调整的，由国家烟草专卖局向国家税务总局提请重新调整计税价格。国家税务总局于收到申请调整计税价格文件后1个月内核定并发布。

②个别牌号、规格卷烟价格调整的，由卷烟生产企业向主管税务机关提出重新核定计税价格的申请，主管税务机关逐级上报至国家税务总局。国家税务总局于收到申请调整计税价格文件后1个月内核定并发布。

③连续6个月高于计税价格的，经相关省国家税务局核实后，且无正当理由的，国家税务总局于收到省国家税务局核实文件后1个月内核定并发布。

对于在6个月内未按规定向国家税务总局报送信息资料的新牌号、新规格卷烟，国家税务总局将按照《清单》采集的实际销售价格适用最低档批发毛利率核定计税价格。

卷烟批发企业编制虚假批发环节实际销售价格信息的，由主管税务机关按照《中华人民共和国税收征收管理法》有关规定处理。

卷烟生产企业套用其他牌号、规格卷烟已核定计税价格，造成企业少缴消费税税款的，由

---

① 一类卷烟是指每标准条(200支，下同)调拨价格满100元的卷烟；二类卷烟是指每标准条调拨价格满70元、不满100元的卷烟；三类卷烟是指每标准条调拨价格满30元、不满70元的卷烟；四类卷烟是指每标准条调拨价格满16.5元、不满30元的卷烟；五类卷烟是指每标准条调拨价格不满16.5元的卷烟。

② "新牌号卷烟"，是指在国家工商行政管理总局商标局新注册商标牌号，且未经国家税务总局核定计税价格的卷烟。"新规格卷烟"，是指自2009年5月1日卷烟消费税政策调整后，卷烟名称、产品类型、条与盒包装形式、包装支数等主要信息发生变更时，必须作为新产品重新申请卷烟商品条码的卷烟。"卷烟调拨价格"，是指卷烟生产企业向商业企业销售卷烟的价格，不含增值税。

主管税务机关自新牌号、新规格卷烟投放市场之日起调整卷烟生产企业应纳税收入，追缴少缴消费税税款，并按照《中华人民共和国税收征收管理法》有关规定处理。

2. 白酒消费税最低计税价格核定。

根据国家税务总局《关于加强白酒消费税征收管理的通知》（国税函〔2009〕380号）规定，自2009年8月1日起，为保全税基，对设立销售公司的白酒生产企业，依据《白酒消费税最低计税价格核定管理办法（试行）》，对白酒消费税实行最低计税价格核定管理办法。

(1) 白酒消费税最低计税价格核定范围。

白酒生产企业销售给销售单位的白酒，生产企业消费税计税价格低于销售单位对外销售价格（不含增值税，下同）70%以下的，税务机关应核定消费税最低计税价格。这里的销售单位是指销售公司、购销公司以及委托境内其他单位或个人包销本企业生产白酒的商业机构。销售公司、购销公司是指专门购进并销售白酒生产企业生产的白酒，并与该白酒生产企业存在关联性质的公司。包销是指销售单位依据协定价格从白酒生产企业购进白酒，同时承担大部分包装材料等成本费用，并负责销售白酒。

白酒生产企业应将各种白酒的消费税计税价格和销售单位销售价格，按照规定的式样及要求，在主管税务机关规定的时限内填报。白酒消费税最低计税价格由白酒生产企业自行申报，税务机关核定。

主管税务机关应将白酒生产企业申报的销售给销售单位的消费税计税价格低于销售单位对外销售价格70%以下、年销售额1 000万元以上的各种白酒，按照规定的式样及要求，在规定的时限内逐级上报至国家税务总局。国家税务总局选择其中部分白酒核定消费税最低计税价格。除国家税务总局已核定消费税最低计税价格的白酒外，其他符合本办法第二条需要核定消费税最低计税价格的白酒，消费税最低计税价格由各省、自治区、直辖市和计划单列市国家税务局核定。

(2) 白酒消费税最低计税价格核定标准。

白酒生产企业销售给销售单位的白酒，生产企业消费税计税价格高于销售单位对外销售价格70%（含70%）以上的，税务机关暂不核定消费税最低计税价格。

白酒生产企业销售给销售单位的白酒，生产企业消费税计税价格低于销售单位对外销售价格70%以下的，消费税最低计税价格由税务机关根据生产规模、白酒品牌、利润水平等情况，在销售单位对外销售价格50%～70%的范围内自行核定。其中生产规模较大、利润水平较高的企业生产的需要核定消费税最低计税价格的白酒，税务机关核价幅度原则上应选择在销售单位对外销售价格60%～70%的范围内。

根据国家税务总局《关于部分白酒消费税计税价格核定及相关管理事项的通知》（国税函〔2009〕416号）规定，国家税务总局选择核定消费税计税价格的白酒，核定比例统一确定为60%。纳税人应按下列公式计算确定白酒消费税计税价格：

当月该品牌、规格白酒消费税计税价格＝该品牌、规格白酒销售单位上月平均销售价格×核定比例

已核定最低计税价格的白酒，生产企业实际销售价格高于消费税最低计税价格的，按实际销售价格申报纳税；实际销售价格低于消费税最低计税价格的，按最低计税价格申报纳税。已核定最低计税价格的白酒，销售单位对外销售价格持续上涨或下降时间达到3个月以上、累计上涨或下降幅度在20%（含）以上的白酒，税务机关重新核定最低计税价格。

白酒生产企业未按规定上报销售单位销售价格的，主管该事项的国家税务局应按照销售单位销售价格征收消费税。

3. 纳税人通过自设非独立核算门市部销售的自产应税消费品,应当按照门市部对外销售数量或者销售额计算征收消费税。

4. 纳税人用于换取生产资料和消费资料、投资入股和抵偿债务等方面的应税消费品,应当以纳税人同类应税消费品的最高销售价格作为计税依据计算征收消费税。

5. 纳税人兼营不同税率的应税消费品,应当分别核算不同税率应税消费品的销售额、销售数量;未分别核算销售额、销售数量,或者将不同税率的应税消费品组成成套消费品销售的,从高适用税率。

6. 纳税人兼营卷烟批发和零售业务的,应当分别核算批发和零售环节的销售额、销售数量;未分别核算批发和零售环节销售额、销售数量的,按照全部销售额、销售数量计征批发环节消费税。[①]

(三)应纳税额的计算

实行从价定率计税办法的消费品,其应纳消费税税额的计算公式为:

$$应纳税额 = 销售额 \times 比例税率$$

实行从量定额计税办法的消费品,其应纳消费税税额的计算公式为:

$$应纳税额 = 销售数量 \times 定额税率$$

实行复合计税办法的消费品,其应纳消费税税额的计算公式为:

$$应纳税额 = 销售额 \times 比例税率 + 销售数量 \times 定额税率$$

国内汽车生产企业直接销售给消费者的超豪华小汽车,消税费应纳税额的计算公式为:

$$应纳税额 = 销售额 \times (生产环节税率 + 零售环节税率)$$

【例 3—1】 某化妆品生产企业为增值税一般纳税人,某月向某大型商场销售一批眼用化妆品,开具增值税专用发票,取得不含税销售额 30 万元;向某单位销售唇用化妆品,开具普通发票,取得含税销售额 4.68 万元,消费税适用税率为 15%。计算该化妆品厂本月应纳消费税税额。

化妆品应税销售额 = 30 + 4.68 ÷ (1 + 17%) = 34(万元)

应纳税额 = 34 × 15% = 5.1(万元)

【例 3—2】 某酒厂某月份销售白酒 60 吨,取得不含税销售额 1 200 000 元,另开收据收取包装物押金 15 000 元,约定包装物 2 个月退回。

根据消费税的规定,白酒的消费税实行复合计征的办法,同时白酒的包装物押金无论是否逾期均应计征消费税。则该酒厂应纳消费税税额计算如下:

应纳税额 = [1 200 000 + 15 000/(1 + 17%)] × 20% + 60 × 2 000 × 0.5
      = 302 564.1(元)

(四)外购应税消费品已纳税款扣除的计算

为避免消费税重复征收,税法规定对某些以外购已缴消费税的消费品为原料连续生产的应税消费品计征消费税时,可以扣除其原材料已缴纳的消费税税额。具体项目如下:

1. 用外购已税烟丝为原料生产的卷烟。
2. 用外购已税高档化妆品为原料生产的高档化妆品。[②]
3. 用外购已税珠宝玉石为原料生产的贵重首饰及珠宝玉石。

---

① 财政部、国家税务总局:《关于调整卷烟消费税的通知》(财税〔2015〕60号),本通知自 2015 年 5 月 10 日起施行。
② 国家税务总局:《关于高档化妆品消费税征收管理事项的公告》(国家税务总局公告 2016 年第 66 号),本公告自 2016 年 10 月 19 日起施行。

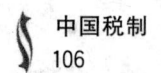

4. 用外购已税鞭炮、焰火为原料生产的鞭炮、焰火。
5. 用外购已税摩托车为原料生产的摩托车。
6. 用外购已税杆头、杆身和握把为原料生产的高尔夫球杆。
7. 用外购已税木制一次性筷子为原料生产的木制一次性筷子。
8. 用外购已税实木地板为原料生产的实木地板。
9. 用外购汽油、柴油、石脑油、燃料油、润滑油连续生产的应税成品油。①

当期准予扣除的外购应税消费品已纳消费税税额的计算公式为：

当期准予扣除的外购应税消费品已纳税额
＝当期准予扣除的外购应税消费品买价×外购应税消费品适用税率

当期准予扣除的外购应税消费品买价＝期初库存的外购应税消费品买价＋当期购进的应税消费品的买价
                                  －期末库存的外购应税消费品的买价

当期准予扣除的外购应税消费品已纳税款
＝当期准予扣除外购应税消费品数量×外购应税消费品单位税额

当期准予扣除外购应税消费品数量＝期初库存外购应税消费品数量＋当期购进外购应税消费品数量
                                －期末库存外购应税消费品数量

需要说明的是，纳税人用外购已税珠宝玉石原料生产的改在零售环节征收消费税的金银首饰（镶嵌首饰），在计税时一律不得扣除外购珠宝玉石的已纳税款。

对于自己不生产应税消费品，而只是购进后再销售应税消费品的工业企业，其销售的高档化妆品、鞭炮、焰火和珠宝玉石，凡不能构成最终消费品直接进入消费品市场，而需进一步生产加工的，应当征收消费税，同时允许扣除上述外购应税消费品的已纳税款。

允许扣除已纳税款的应税消费品只限于从工业企业购进的应税消费品和进口环节已缴纳消费税的应税消费品，对从境内商业企业购进应税消费品的已纳税款一律不得扣除。

【例3—3】 某卷烟厂2016年10月外购烟丝价款200 000元，月初库存外购已税烟丝50 000元，月末库存外购已税烟丝66 000元。本月用外购烟丝生产的卷烟20标准箱（每标准箱5万支）对外销售，取得不含税销售额为280 000元，款项已收。烟丝适用税率为30%，卷烟适用的比例税率为56%、定额税率为0.003元/支。计算该卷烟厂10月份应纳消费税税额。

当月准予扣除的外购烟丝买价＝50 000＋200 000－66 000＝184 000（元）

当月准予扣除的外购烟丝已纳税额＝184 000×30%＝55 200（元）

销售卷烟应纳消费税税额＝280 000×56%＋20×50 000×0.003＝159 800（元）

当月实际应缴消费税税额＝159 800－55 200＝104 600（元）

二、自产自用应税消费品应纳税额的计算

（一）自产自用应税消费品的界定

自产自用是指纳税人生产应税消费品后，不是用于直接对外销售，而是用于连续生产应税消费品或用于其他方面。

所谓"用于连续生产应税消费品"，是指作为生产最终应税消费品的直接材料，并构成最终产品实体的应税消费品。如卷烟厂生产的烟丝，烟丝已是应税消费品，如果直接对外销售，应缴纳消费税；但如果烟丝用于本厂连续生产卷烟，则用于连续生产卷烟的烟丝不征收消费税，

---

① 国家税务总局：《关于成品油消费税有关问题的公告》（国家税务总局公告2014年第65号）规定，纳税人按照现行政策规定，以外购、进口和委托加工收回汽油、柴油、石脑油、燃料油、润滑油（以下简称应税油品）用于连续生产应税成品油，准予从成品油消费税应纳税额中扣除应税油品已纳消费税税款。

只对生产的卷烟征收消费税。

所谓"用于其他方面",是指用于生产非应税消费品、在建工程、管理部门、非生产机构、提供劳务以及用于馈赠、赞助、投资、广告、样品、职工福利、奖励等方面。

纳税人自产自用的应税消费品,用于连续生产应税消费品的,不纳税;用于其他方面的,于移送使用时纳税。

(二)计税依据及应纳税额的计算

在从价定率计征办法下,纳税人自产自用的应税消费品,凡用于其他方面的,均应按照纳税人生产的同类消费品的销售价格计算纳税;没有同类消费品销售价格的,按照组成计税价格计算纳税。

1. 按同类消费品的销售价格计税

同类消费品的销售价格,是指纳税人当月销售的同类消费品的销售价格。如果当月同类消费品各期销售价格高低不同,应按销售数量加权平均计算。但纳税人销售的应税消费品有下列情况之一的,不得列入加权平均计算:

(1)销售价格明显偏低又无正当理由的;
(2)无销售价格的。

如果当月无销售或者当月未完结,应按照同类消费品上月或最近月份的销售价格计算纳税。

2. 按照组成计税价格计税

没有同类消费品的销售价格的,按照组成计税价格计算纳税。

(1)实行从价定率办法计算纳税的组成计税价格计算公式为:

组成计税价格=(成本+利润)÷(1-消费税税率)

=成本×(1+成本利润率)÷(1-消费税税率)

应纳税额=组成计税价格×消费税税率

(2)实行复合计税办法计算纳税的组成计税价格计算公式为:

组成计税价格=(成本+利润+自产自用数量×定额税率)÷(1-比例税率)

应纳税额=组成计税价格×比例税率+自产自用数量×定额税率

上述公式中的成本,是指应税消费品的生产成本;公式中的利润,是指根据应税消费品的全国平均成本利润率计算的利润。应税消费品全国平均成本利润率由国家税务总局统一规定,具体见表3-3。

表3-3　　　　　　　　　　应税消费品全国平均成本利润率表

全国平均成本利润率	应税消费品
20%	高档手表
10%	甲类卷烟、粮食白酒、高尔夫球及球具、游艇
8%	乘用车
7%	电池
6%	摩托车、贵重首饰及珠宝玉石
5%	乙类卷烟、雪茄烟、烟丝、薯类白酒、其他酒、高档化妆品、鞭炮及焰火、汽车轮胎、木制一次性筷子、实木地板、中轻型商用客车
4%	涂料

3. 按实际移送使用数量计税

自产自用应税消费品实行从量定额计税的,以应税消费品实际移送使用的数量为计税依据。

$$应纳税额＝实际移送使用数量×定额税率$$

【例3—4】 某化妆品公司2016年10月将一批自产的高档化妆品作为福利发给职工,经查该批高档化妆品无同类产品销售价格,其生产成本为250 000元。成本利润率为5％,高档化妆品适用税率为15％。计算该化妆品公司应纳消费税税额。

根据规定,自产自用化妆品无同类产品销售价格,应按组成计税价格计税。

组成计税价格＝250 000×(1＋5％)/(1－15％)＝308 823.53(元)

应纳消费税税额＝308 823.53×15％＝46 323.53(元)

三、委托加工应税消费品应纳税额的计算

(一)委托加工应税消费品的界定

委托加工应税消费品是指由委托方提供原料或主要材料,受托方只收取加工费和代垫部分辅助材料加工的应税消费品。

对于由受托方提供原材料生产的应税消费品,或者受托方先将原材料卖给委托方,然后再接受加工的应税消费品,以及由受托方以委托方名义购进原材料生产的应税消费品,不论纳税人在财务上是否作销售处理,都不得作为委托加工应税消费品,而应当按照受托方销售自制应税消费品缴纳消费税。

(二)计税依据及应纳税额的计算

1. 计税依据的确定

根据规定,委托加工应税消费品,以受托方的同类消费品的销售价格为计税依据。同类消费品的销售价格是指受托方(即代收代缴义务人)当月销售的同类消费品的销售价格,如果当月同类消费品各期销售价格不同,应按销售数量加权平均计算。但销售应税消费品有下列情况之一的,不得列入加权平均计算:

(1)销售价格明显偏低又无正当理由的;

(2)无销售价格的。

如果当月无销售或当月未完结,应按照同类消费品上月或最近月份的销售价格计算纳税。没有同类产品销售价格的,按组成计税价格计算纳税。

(1)实行从价定率办法计算应纳税额的组成计税价格计算公式为:

$$组成计税价格＝(材料成本＋加工费)÷(1－消费税税率)$$

(2)实行复合计税办法计算应纳税额的组成计税价格计算公式为:

$$组成计税价格＝(材料成本＋加工费＋委托加工数量×定额税率)÷(1－比例税率)$$

公式中的材料成本是指委托方所提供加工材料的实际成本。委托加工应税消费品的纳税人,必须在委托加工合同上如实注明(或以其他方式提供)材料成本,凡未提供材料成本的,受托方所在地主管税务机关有权核定其材料成本。公式中的加工费是指受托方加工应税消费品向委托方收取的全部费用,包括代垫辅助材料的实际成本,但不包括增值税税额。

从量定额征税的委托加工应税消费品,以收回的委托加工应税消费品的数量为计税依据。

2. 应纳税额的计算

(1)从价定率征税办法应纳税额的计算。

①受托方有同类消费品销售价格的计算公式:

$$应纳税额＝同类消费品销售价格×比例税率$$

②受托方没有同类消费品销售价格的计算公式：

$$应纳税额＝组成计税价格×比例税率$$

(2)从量定额征税办法应纳税额的计算。

从量定额征税的委托加工应税消费品应纳税额的计算公式如下：

$$应纳税额＝委托加工应税消费品收回的数量×定额税率$$

(3)复合计税办法应纳税额的计算。

$$应纳税额＝组成计税价格×消费税税率＋委托加工应税消费品收回的数量×定额税率$$

【例3-5】 甲企业委托乙企业加工一批应税消费品,受托加工合同上注明甲企业提供原材料的实际成本为880 000元；支付乙企业加工费20 000元,其中包括乙企业代垫的辅助材料1 000元。该批消费品的消费税税率为10%。计算乙企业代收代缴消费税税额。

组成计税价格＝(880 000＋20 000)÷(1－10%)＝1 000 000(元)

代收代缴消费税税额＝1 000 000×10%＝100 000(元)

(三)委托加工收回应税消费品已纳税款扣除的计算

为避免消费税的重复征收,对受托方在交货时已代收代缴消费税的委托加工应税消费品,委托方收回后直接出售的,不再征收消费税①；用于连续生产应税消费品的,其已纳消费税税额准予按当期生产领用的数量,从连续生产的应税消费品应纳消费税税额中抵扣。具体项目如下：

1. 以委托加工收回的已税烟丝为原料生产的卷烟。
2. 以委托加工收回的已税高档化妆品为原料生产的高档化妆品。
3. 以委托加工收回的已税珠宝玉石为原料生产的贵重首饰及珠宝玉石。
4. 以委托加工收回的已税鞭炮、焰火为原料生产的鞭炮、焰火。
5. 以委托加工收回的已税摩托车为原料生产的摩托车。
6. 以委托加工收回的已税杆头、杆身和握把为原料生产的高尔夫球杆。
7. 以委托加工收回的已税木制一次性筷子为原料生产的木制一次性筷子。
8. 以委托加工收回的已税实木地板为原料生产的实木地板。
9. 以委托加工收回的汽油、柴油、石脑油、燃料油、润滑油连续生产的应税成品油。

当期准予扣除委托加工收回的应税消费品已纳消费税税额的计算公式为：

$$当期准予扣除的委托加工应税消费品已纳税额＝期初库存的委托加工应税消费品已纳税额\\＋当期收回的委托加工应税消费品已纳税额\\－期末库存的委托加工应税消费品已纳税额$$

需要说明的是,纳税人用委托加工收回的已税珠宝玉石生产的改在零售环节征收消费税的金银首饰,在计税时一律不得扣除委托加工收回的珠宝玉石已纳消费税税额。

【例3-6】 某化妆品公司委托某化妆品厂加工某种高档化妆品,收回后用于连续生产高档化妆品。化妆品厂按该厂同类化妆品每千克2 000元不含税销售价格代收代缴消费税。2016年10月公司收回加工的高档化妆品8 000千克,当月销售连续生产的高档化妆品2 000

---

① 财政部、国家税务总局：《关于〈中华人民共和国消费税暂行条例实施细则〉有关条款解释的通知》(财法〔2012〕8号),对《中华人民共和国消费税暂行条例实施细则》(财政部令第51号)第七条第二款规定"委托加工的应税消费品直接出售的,不再缴纳消费税"的含义解释为：委托方将收回的应税消费品,以不高于受托方的计税价格出售的,为直接出售,不再缴纳消费税；委托方以高于受托方的计税价格出售的,不属于直接出售,需按照规定申报缴纳消费税,在计税时准予扣除受托方已代收代缴的消费税。本规定自2012年9月1日起施行。

箱,每箱不含增值税销售价格15 000元。月末结算账面反映月初库存委托加工高档化妆品4 000千克,月末库存委托加工高档化妆品2 000千克。计算该化妆品公司当月应缴纳的消费税税额。高档化妆品消费税税率为15%。

当月准予扣除的委托加工化妆品已纳消费税税额=(4 000+8 000-2 000)×2 000×15%
=3 000 000(元)

当月应纳消费税税额=2 000×15 000×15%-3 000 000=1 500 000(元)

四、进口应税消费品应纳税额的计算

进口应税消费品,应于报关进口时缴纳消费税;进口的应税消费品的消费税由海关代征;进口的应税消费品,由进口人或者其代理人向报关地海关申报纳税;纳税人进口应税消费品,按照关税征收管理的相关规定,应当自海关填发海关进口消费税专用缴款书之日起15日内缴纳消费税款。

(一)进口一般货物应纳消费税的计算

1. 实行从价定率计征应纳税额的计算

纳税人进口应税消费品的,按照组成计税价格为计税依据计算进口环节应纳的消费税。其计算公式为:

组成计税价格=(关税完税价格+关税)÷(1-消费税税率)

应纳税额=组成计税价格×比例税率

公式中的关税完税价格,是指海关核定的关税计税价格,一般为进口货物的到岸价格。

【例3-7】 某公司2016年10月从国外进口一批眼用高档化妆品,海关核定的关税完税价格为350万元。该批化妆品的进口关税税率为15%,适用的消费税税率为15%。计算该批化妆品应纳的消费税。

该批化妆品的组成计税价格=(350+350×15%)÷(1-15%)=473.53(万元)

该批化妆品应纳的消费税=473.53×15%=71.03(万元)

2. 实行从量定额计征应纳税额的计算

应纳税额=海关审定的应税消费品进口数量×定额税率

3. 实行从价定率和从量定额复合计征应纳税额的计算

组成计税价格=(关税完税价格+关税+进口数量×定额税率)÷(1-比例税率)

应纳税额=组成计税价格×比例税率+进口数量×定额税率

(二)进口卷烟应纳税额的计算

为统一进口卷烟与国产卷烟的消费税政策,对进口卷烟消费税应纳税额,统一按以下办法计算确定。

1. 计算进口卷烟适用消费税比例税率的价格,确定进口卷烟适用消费税比例税率

每标准条进口卷烟(200支)确定消费税适用比例税率的价格
=(关税完税价格+关税+消费税定额税率)÷(1-消费税税率)

其中,关税完税价格和关税为每标准条的关税完税价格及关税税额;消费税定额税率为每标准条(200支)0.6元;消费税税率固定为36%。

每标准条进口卷烟(200支)确定消费税适用比例税率的价格≥70元人民币的,适用比例税率为56%;每标准条进口卷烟(200支)确定消费税适用比例税率的价格<70元人民币的,

适用比例税率为36%。①

2. 依据上述确定的消费税适用比例税率,计算进口卷烟消费税组成计税价格和应纳消费税税额

进口卷烟消费税组成计税价格
＝(关税完税价格＋关税＋消费税定额税)÷(1－进口卷烟消费税适用比例税率)

应纳消费税税额＝进口卷烟消费税组成计税价格×进口卷烟消费税适用比例税率＋消费税定额税

其中,消费税定额税＝海关核定的进口卷烟数量×消费税定额税率。消费税定额税率为每标准箱150元(5万支,0.003元/支)。

【例3—8】 有进出口经营权的某外贸公司,2016年10月从国外进口卷烟350箱(每箱250条,每标准条200支),支付买价9 600 000元,支付到达我国海关的运输费用150 000元、保险费用50 000元。已知进口卷烟的关税税率为20%。计算卷烟在进口环节应缴纳的消费税。

(1)每标准条进口卷烟消费税适用比例税率的价格
＝[(9 600 000＋150 000＋50 000)÷(350×250)×(1＋20%)＋0.6]÷(1－36%)
＝210.94(元)

每标准条卷烟价格>70元,适用消费税税率为56%。

(2)进口卷烟应纳消费税
＝[(9 600 000＋150 000＋50 000)×(1＋20%)＋350×150]
÷(1－56%)×56%＋350×150
＝15 034 090.91＋52 500＝15 086 590.91(元)

(三)进口超豪华小汽车应纳税额的计算②

对我国驻外使领馆工作人员、外国驻华机构及人员、非居民常住人员、政府间协议规定等应税(消费税)、进口自用,且完税价格130万元及以上的超豪华小汽车消费税,按照生产(进口)环节税率和零售环节税率(10%)加总计算,由海关代征。

五、金银首饰应税消费品应纳税额的计算

(一)计税依据的确定

金银首饰消费品的计税依据为纳税人销售金银首饰时向购买方收取的不含增值税的全部价款和价外费用。具体规定如下:

1. 纳税人销售金银首饰,其计税依据为不含增值税的销售额。如果纳税人销售金银首饰的销售额中未扣除增值税税款,在计算消费税时,应按以下公式换算为不含增值税税款的销售额。

金银首饰的销售额＝含增值税的销售额÷(1＋增值税税率或征收率)

2. 金银首饰连同包装物销售的,无论包装是否单独计价,也无论会计上如何核算,均应并入金银首饰的销售额,计征消费税。

3. 带料加工的金银首饰,应按受托方销售同类金银首饰的销售价格确定计税依据征收消费税。没有同类金银首饰销售价格的,按照组成计税价格计算纳税。组成计税价格的计算公式为:

---

① 财政部、国家税务总局:《关于调整进口卷烟消费税税率的通知》(财税〔2004〕22号),本通知自2004年3月1日起施行。海关总署:《关于调整雪茄、卷烟等部分烟制品的进口环节消费税》(海关总署2009年第27号公告)规定,自2009年6月1日起,对雪茄、卷烟等部分烟制品的进口环节消费税税率作上述调整。

② 财政部、国家税务总局:《关于调整小汽车进口环节消费税的通知》(财关税〔2016〕63号),本通知自2016年12月1日起施行。

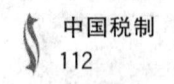

$$组成计税价格=(材料成本+加工费)\div(1-金银首饰消费税税率)$$

公式中的材料成本,是指委托方所提供加工材料的实际成本。委托方必须在委托加工合同上如实注明(或以其他方式提供)材料成本,凡未提供材料成本的,受托方所在地主管税务机关有权核定其材料成本。公式中的加工费,是指受托方加工金银首饰向委托方所收取的全部费用,包括代垫辅助材料的实际成本,但不包括收取的增值税。

4. 纳税人采用以旧换新、翻新改制方式销售的金银首饰,计税依据为实际收取的不含增值税的全部价款,包括增加或添加的材料价格以及收取的加工费。

5. 用于馈赠、赞助、集资、广告、样品、职工福利、奖励等方面的金银首饰,计税依据为纳税人销售同类金银首饰的销售价格;没有同类金银首饰销售价格的,计税依据为组成计税价格。组成计税价格的计算公式为:

$$组成计税价格=购进原价\times(1+利润率)\div(1-金银首饰消费税税率)$$

纳税人为生产企业时,公式中的"购进原价"为生产成本。公式中的"利润率"一律确定为6%。

6. 纳税人用已税珠宝玉石生产的金、银和金基、银基合金的镶嵌首饰,一律不得扣除购买或已纳的消费税税款。经营单位兼营生产、加工、批发、零售金银首饰业务的,应分别核算销售额;未分别核算或划分不清的,一律视同零售金银首饰征收消费税。

(二)应纳税额的计算

在零售环节计征消费税的金银首饰以销售额(或组成计税价格)为计税依据,其应纳消费税税额的计算公式为:

$$应纳税额=应税销售额\times适用税率$$
$$=组成计税价格\times适用税率$$

【例3—9】 某家经过认定的金银首饰商店(增值税一般纳税人),2016年10月零售金银首饰855 000元,并销售单独计价的包装盒45 000元;接受消费者委托加工金项链28条,收到黄金价值90 000元,同时收到加工费5 000元,当月加工完成后交还委托人;将金手镯3 200克用于对外馈赠,进价每克300元。计算该商店当月应缴纳的消费税。

零售金银首饰应纳消费税额$=(855\ 000+45\ 000)\div(1+17\%)\times5\%=38\ 461.54(元)$

受托加工金银首饰应纳消费税额$=(90\ 000+5\ 000)\div(1-5\%)\times5\%=5\ 000(元)$

用于馈赠的首饰应纳消费税额$=3\ 200\times300\times(1+6\%)\div(1-5\%)\times5\%$
$$=53\ 557.89(元)$$

该店当月应纳消费税总额$=38\ 461.54+5\ 000+53\ 557.89=97\ 019.43(元)$

六、出口退(免)税的计算[①]

国家为了鼓励出口,提高本国产品在国际市场上的竞争能力,参照国际惯例,我国对纳税人出口的应税消费品(国家限制出口的应税消费品除外),也实行退(免)消费税办法。

(一)出口应税消费品退(免)税政策

1. 出口免税并退税

出口企业出口或视同出口适用增值税退(免)税的货物,免征消费税,如果属于购进出口的货物,退还前一环节对其已征的消费税。

2. 出口免税不退税

[①] 财政部、国家税务总局:《关于出口货物劳务增值税和消费税政策的通知》(财税〔2012〕39号),2012年5月25日发布。

出口企业出口或视同出口适用增值税免税政策的货物,免征消费税,但不退还其以前环节已征的消费税,且不允许在内销应税消费品应纳消费税款中抵扣。

3. 出口不免税也不退税

出口企业出口或视同出口适用增值税征税政策的货物,应按规定缴纳消费税,不退还其以前环节已征的消费税,且不允许在内销应税消费品应纳消费税款中抵扣。

(二)出口退税率的规定

计算出口应税消费品应退消费税的税率或单位税额,依据《消费税暂行条例》所附《消费税税目、税率(税额)表》执行。这是我国现行消费税与增值税在出口退(免)税规定上的一个最重要的区别。当出口的货物是应税消费品时,其退还增值税要按规定的退税率计算;其退还消费税则按该应税消费品所适用的消费税税率计算。企业应将不同消费税税率的出口应税消费品分开核算和申报,凡划分不清适用税率的,一律从低适用税率计算应退消费税税额。

(三)消费税退税的计税依据

出口货物的消费税应退税额的计税依据,按购进出口货物的消费税专用缴款书和海关进口消费税专用缴款书确定。

属于从价定率计征消费税的,为已征且未在内销应税消费品应纳税额中抵扣的购进出口货物金额;属于从量定额计征消费税的,为已征且未在内销应税消费品应纳税额中抵扣的购进出口货物数量;属于复合计征消费税的,按从价定率和从量定额的计税依据分别确定。

(四)消费税退税的计算

消费税退税的计算公式为:

$$消费税应退税额＝从价定率计征消费税的退税计税依据×比例税率\\+从量定额计征消费税的退税计税依据×定额税率$$

第四节 消费税的征收管理

一、纳税义务发生时间

消费税纳税义务发生时间分为以下几种情况:

1. 纳税人销售应税消费品的,按不同的销售结算方式分别为:

(1)采取赊销和分期收款结算方式的,为书面合同约定的收款日期的当天,书面合同没有约定收款日期或者无书面合同的,为发出应税消费品的当天;

(2)采取预收货款结算方式的,为发出应税消费品的当天;

(3)采取托收承付和委托银行收款方式的,为发出应税消费品并办妥托收手续的当天;

(4)采取其他结算方式的,为收讫销售款或者取得索取销售款凭据的当天。

2. 纳税人自产自用应税消费品的,为移送使用的当天。

3. 纳税人委托加工应税消费品的,为纳税人提货的当天。

4. 纳税人进口应税消费品的,为报关进口的当天。

二、纳税期限

消费税的纳税期限分别为1日、3日、5日、10日、15日、1个月或者一个季度。纳税人的具体纳税期限,由主管税务机关根据纳税人应纳税额的大小分别核定。不能按照固定期限纳

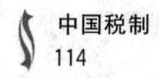

税的,可以按次纳税。

纳税人以1个月或者1个季度为1个纳税期的,自期满之日起15日内申报纳税;以1日、3日、5日、10日、15日为1个纳税期的,自期满之日起5日内预缴税款,于次月1日起15日内申报纳税并结清上月应纳税款。

纳税人进口应税消费品,应当自海关填发进口消费税专用缴款书之日起15日内缴纳税款。

三、纳税环节

我国现行消费税的纳税环节有六种:生产环节、自产自用环节、委托加工环节、进口环节、批发环节和零售环节。

(一)生产环节

纳税人生产的应税消费品对外销售,由生产者于销售时纳税。

(二)自产自用环节

生产者自产自用的应税消费品,用于本企业连续生产应税消费品的不征税,用于其他方面的,于移送使用时纳税。

(三)委托加工环节

委托加工应税消费品,由受托方在向委托方交货时代扣代缴。但纳税人若委托个体经营者加工应税消费品,一律在委托方收回后于委托方所在地缴纳消费税。

(四)进口环节

进口的应税消费品,由进口报关者于报关进口时纳税。

(五)批发环节

我国自2009年5月1日起对批发销售所有牌号、规格卷烟的行为征收批发环节的消费税。

(六)零售环节

金银首饰、钻石及钻石饰品、铂金首饰消费税,分别从1995年1月1日、2002年1月1日和2003年5月1日起,从生产环节、进口环节改由零售环节纳税。

四、纳税地点

按我国现行分税制财政管理体制,消费税属于中央税,由国家税务机关负责征收和管理。消费税的纳税地点具体分以下几种情况:

1. 纳税人销售的应税消费品及自产自用的应税消费品,除国务院财政、税务主管部门另有规定外,应当向纳税人机构所在地或者居住地的主管税务机关申报纳税。纳税人总、分支机构不在同一县(市)的,应在生产应税消费品的分支机构所在地申报纳税。但经国家税务总局及所属分局批准,纳税人分支机构应纳消费税,也可由总机构汇总向总机构所在地主管税务机关申报纳税。

2. 纳税人到外县(市)销售或委托外县(市)代销自产应税消费品的,应事先向其所在地主管国家税务机关提出申请,并在应税消费品销售后,回纳税人核算地缴纳税款。

3. 委托加工的应税消费品,除受托方为个人外,由受托方向所在地或者居住地的主管国家税务机关解缴消费税税款。委托个人加工的应税消费品,由委托方向其机构所在地或者居住地的主管国家税务机关申报纳税。

4. 进口的应税消费品,由进口人或由其代理人向报送地海关申报纳税。此外,个人携带或者邮寄进境的应税消费品,连同关税由海关一并计征。

5. 卷烟批发,由卷烟批发企业向机构所在地的主管国家税务机关申报纳税,总机构与分支机构不在同一地区的,由总机构申报纳税。

本章小结

我国现行消费税是对在我国境内从事生产、委托加工和进口应税消费品的单位和个人,以及国务院确定的销售应税消费品的其他单位和个人,就其销售额或销售数量在特定环节征收的一种税。目前,我国在对货物普遍征收增值税的基础上,选择特定的消费品再征收一道消费税。

消费税具有征税范围的选择性、征收环节的单一性、征收方法的多样性、税率税额的差别性、税收负担的转嫁性五个方面的特点。

我国现行消费税的征税范围包括在中国境内生产、委托加工和进口应税消费品以及国务院确定的销售规定的消费品,包括烟、酒、成品油等15个税目。

在中国境内生产、委托加工和进口应税消费品的单位和个人以及从事卷烟批发业务的单位和个人,从事金银首饰、钻石及钻石饰品、铂金首饰零售业务的单位和个人,为消费税的纳税人。

消费税实行从价定率、从量定额或者从价定率和从量定额复合计税的计税方法。与计税方法相对应,我国现行消费税的税率有比例税率、定额税率和复合税率三种形式。

推荐阅读书目

[1] 靳万军、周华伟:《流转税理论与实践》,经济科学出版社2007年版。
[2] 刘虹、舒元、王珺:《控制烟草消费的税收政策研究》,中山大学出版社2009年版。
[3] 苏筱华:《中国流转税制研究》,中国税务出版社2009年版。
[4] 胡德伟:《中国烟草税收:历史沿革、现状及改革》,中国税务出版社2009年版。
[5] 全国税务师职业资格考试教材编写组:《税法(Ⅰ)》,中国税务出版社2016年版。

第四章　关税税制

本章导读

关税作为我国流转税中的重要税种,不仅是取得财政收入的一种形式,而且是国际经济交往中维护国家权益的重要手段。现行关税的基本规范是2000年7月第九届全国人民代表大会修订颁布的《中华人民共和国海关法》、国务院2003年11月23日发布的《中华人民共和国进出口关税条例》,以及国务院关税税则委员会审定的《中华人民共和国海关进出口税则》和《中华人民共和国海关入境旅客行李物品和个人邮递物品征收进口税办法》。通过本章学习,应该理解关税的概念、特点、分类和作用;掌握关税的征税范围、纳税人、税率以及关税完税价格的确定方法;能够进行关税应纳税额的正确计算。

第一节　关税概述

一、关税的概念

关税是指海关根据国家制定的有关法律,以进出关境的货物和物品为征税对象,就其进出口流转额征收的一种税。

所谓"关境",是指一个主权国家海关法令全面实施的境域,一般包括该国的领陆、领海、领空在内的全部国家领土。因此,通常情况下一个国家的关境与国境是一致的,但关税同盟、自由港、自由贸易区、出口加工区的出现,使两者发生了分离。当几个国家结成关税同盟,组成一个共同的关境,实施统一的关税法令和进出口税则时,这些国家彼此之间货物进出国境不征收关税,只对来自或运往非同盟成员国的货物进出共同关境时征收关税,此时关境就大于成员国的国境;当一国在国境内设立自由港、自由贸易区、出口加工区时,对进出自由港、自由贸易区、出口加工区的货物不征收关税,此时关境就小于该国的国境。根据《中华人民共和国香港特别行政区基本法》和《中华人民共和国澳门特别行政区基本法》,香港和澳门地区回归后仍保持自由港地位,为我国单独的关税地区,即单独关境区,因此,我国的关境小于国境。

我国关税除了具有一般税收的特性外,还具有以下特点:

1. 征税对象的特定性。关税的征税对象是进出国境或关境的货物和物品。关税不同于因商品交换或提供劳务取得收入而课征的流转税,也不同于因取得所得或拥有财产而课征的所得税或财产税,而是对特定货物和物品途经海关通道进出口征税。

2. 税率设置的复式性。同一进口货物设置优惠税率和普通税率的复式税则制。优惠税率是一般的、正常的税率,适用于同我国订有贸易互利条约或协定的国家;普通税率适用于同我国没有签订贸易条约或协定的国家。这种复式税则充分反映了关税具有维护国家主权、平等互利地发展国际贸易往来和经济技术合作的特点。税率的复式性通过关税的复式税则来体现。

3. 纳税环节的一次性。关税是主权国家对进出关境的货物和物品征收的一种税。按照全国统一的进出口关税条例和税则征收关税，在征收一次性关税后，货物和物品就可以在整个关境内流通，不再重复征收进口关税。

4. 征收管理的权威性。关税的征收管理是通过专门负责进出口事务管理的海关执行的。海关是设在关境上的国家行政管理机构，是贯彻执行国家有关进出口政策、法令和规章的重要工具。《中华人民共和国海关法》规定：海关是国家的进出关境监督管理机关，海关依照本法和其他有关法律、法规，监督进出境的运输工具、货物、行李物品，征收关税和其他税费，查缉走私，并编制海关统计和其他海关业务。

5. 税收政策的涉外性。关税是一个国家的重要税种。国家征收关税不单纯是为了满足政府财政上的需要，更重要的是利用关税来贯彻执行统一的对外经济政策，实现国家的政治经济目的。关税的这种涉外性是通过制定高低不同的税率、关税的减免以及征收反倾销税、反补贴税等特种关税来实现的，关税的涉外性已使其成为国际贸易谈判和协定的一项重要内容。

二、关税的发展

关税的起源很早。随着社会生产力的发展，出现了商品的生产和交换。关税正是随着商品交换和商品流通领域的不断扩大以及国际贸易的不断发展而产生和逐步发展的。

在古代，统治者在其领地内对流通中的商品征税，是取得财政收入的一种最方便的手段和财源。近代国家出现后，关税成为国家税收中的一个单独税种，形成了近代关税。其后，又发展成为现代各国所通行的现代关税。

在我国，西周时期（约公元前11世纪至公元前771年）就在边境设立关卡（最初主要是为了防卫）。《周礼·地官》中有关于"关市之征"的记载，春秋时期以后，诸侯割据，纷纷在各自领地边界设立关卡，"关市之征"的记载也随之多起来。关税从其本来意义上是对进出关卡的物品征税；市税是在领地内商品聚散集市上对进出集市的商品征税。征税的目的是"关市之赋以待王之膳服"。据《周礼·天官》记载，周朝中央征收九种赋税，关市税是其中一种，直接归王室使用，关和市是相提并论的。边界关卡之处也可能是商品的交换集市。关税和市税都是对商品在流通环节中征税。《管子·问篇》曾提到"征于关者勿征于市，征于市者勿征于关"，对同一商品不主张重复征税，以减轻商人负担。关市之征是我国关税雏形，我国的"关税"名称也是由此演进而来的。

秦统一天下以后，汉唐各代疆界不断扩大。在陆地边境关口和沿海港口征税，具有了边境关税的性质。但我国古代对外贸易方面，虽有陆上和海上"丝绸之路"的贸易往来，但较之欧洲各国，发展不快，数量不大。边境关卡征税不是其主要任务。而在国内关、津各卡征税以"供御府声色之费"，一直是官府收入的财源之一。例如，唐朝的"关市税"和明朝的"钞关税"主要是指在内地关卡征税。在沿海港口对进出港的货物征税，各朝代有不同的名称。例如，唐朝的"下碇税"、宋朝的"抽解"以及明朝的"引税"、"船钞"等由称为市舶司（使）的机关负责征税。到清朝康熙年间才在沿海设立粤、闽、浙、江四个"海关"，对进出口的货物征收船钞和货税。这时的关税概念仍包括内地关税和边境关税。直到鸦片战争后，受到西方国家的入侵，门户被迫开放，海关大权落入外人之手，尤其是英国人一直统治着我国海关，引进了近代关税概念和关税

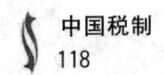

制度,国境关税和内地关税才逐渐有所区别。到 1931 年取消了常关税、子口税、厘金税等国内税(转口税不久也取消),此后,我国的关税就只指进口税和出口税。对进出国境的货物只在进出境时征收关税。

新中国成立后,国家组建了海关总署,统一管理全国海关业务。1950 年 1 月政务院颁布《关于关税政策和海关工作的决定》,同年 5 月颁布《中华人民共和国暂行海关法》、《中华人民共和国进出口税则》和《中华人民共和国进出口税则暂行实施条例》,统一了新中国的关税政策,建立了完全独立自主的保护关税制度。

在国外,关税也是一种古老的税种,最早发生在欧洲。据《大英百科全书》对"Customs"一词的来源解释,古时在商人进入市场交易时要向当地领主交纳一种例行的、常规的入市税(Customary Tolls),后来就把"Customs"和"Customs Duty"作为海关和关税的英文名称。

三、关税的分类

(一)按征税货物流向划分,关税分为进口关税、出口关税和过境关税

1. 进口关税。是指海关在外国货物和物品进口时所课征的关税。现今世界各国的关税,主要是征收进口税。征收进口税的目的在于保护本国市场和增加财政收入。

专栏 4—1 早期关税的含义[①]

有关早期关税的界定,英语中有两个专用名词,即"Customs"和"Tariff"。"Customs"一词原意为习惯、惯例、例行。据《大英百科全书》解释,古时欧洲商人进入市场交易时要向当地领主交纳一种例行的、常规的入市税(Customary Tolls),其后"Customs"就成了关税的专用名词。这个词有通行费或通行税的含义。

"Tariff"一词为地名,据说在古代地中海西口,距直布罗陀 21 英里处,有一个海盗盘踞的港口叫塔利法(Tariff)。那些因往返贸易而进出地中海的商船为了避免被抢劫,不得不向塔利法港口的海盗们缴纳一笔价值可观的买路费。此后,"Tariff"就成为关税的另一通用名称。这里也有通行费的含义。

英国 17 世纪的古典政治经济学家威廉·配第在其代表作《赋税论》中也指出,"关税是对输入或输出君主领土的货物所课征的一种捐税","关税最初是为了保护进出口的货物免遭海盗劫掠而送给君主的报酬"。

由此可见,西方国家的关税起源,其最直接的动因就是增加君主的收入,并随着国家形态的成熟和扩大,财政需求日趋迫切,其保护费、买路钱、通行费、使用费等便应运而生,但本质上仍然是一种通过税,这就是西方关税起源的基本轨迹。

我国关税的起源要比西方国家早五六百年,而且形式也比较独特,其基本特征就是与早期关卡有关。

我国早期关卡属于"国家"之间的防御体系,政治、军事功能第一。设关目的只是稽查过往货物有无违禁品,过境而不征税。其后,随着社会经济的发展,关卡开始延伸出财政功能。因此,我国早期的关税实际上也是一种通过税,关卡是公共权力的施政部门,同时也是国家课征关税的权力机关。

---

2. 出口关税。是指海关在本国货物和物品出口时所课征的关税。为了降低出口货物的

[①] 黄天华:《试论中国关税制度的起源》,《社会科学》2008 年第 8 期。

成本,提高本国货物在国际市场上的竞争能力,世界各国一般少征或不征出口税。但为了限制本国某些产品或自然资源的输出,或为了保护本国生产、本国市场供应和增加财政收入以及某些特定的需要,有些国家也征收出口税。

3. 过境关税。又称转口税,是指对运经本国国境销往第三国的货物和物品征收的关税。过境税最早产生并流行于欧洲各国,主要是为了增加国家财政收入而征收的。后由于各国的交通事业发展并且竞争激烈,如果再征收过境税,不仅妨碍国际商品流通,而且还会减少港口、运输、商业、银行、保险、仓储等方面的收入。

(二)按征税目的划分,关税分为财政关税和保护关税

1. 财政关税。又称收入关税,它是以增加国家财政收入为主要目的而课征的关税。财政关税的税率比保护关税低,因为过高的关税会阻碍进出口贸易的发展,达不到增加财政收入的目的。随着世界经济的发展,财政关税的意义逐渐减低,而被保护关税所代替。

2. 保护关税。是指以保护本国经济发展为主要目的而征收的关税。保护关税主要是进口税,税率较高,有的高达百分之几百。通过征收高额进口税,使进口商品成本增高,从而削弱它在进口国市场的竞争能力,甚至阻碍其进口,以达到保护本国经济发展的目的。保护关税是实现一个国家对外贸易政策的重要措施之一。

(三)按计征方法划分,关税分为从价关税、从量关税、复合关税、选择关税、滑准关税

1. 从价关税。是指以货物的价格为计征标准而计算征收的税。从价关税的优点是税负较为合理,关税收入随货物价格的升降而增减;其不足之处是完税价格必须严格审定,手续比较复杂。从价关税是关税的主要征收形式。

2. 从量关税。即以货物的数量、重量、体积、容量等计量单位为计税标准,以每计量单位货物的应征税额为税率。从量税的特点是,每一种货物的单位应税额固定,不受该货物价格的影响。计税时以货物的计量单位乘以每单位应纳税金额即可得出该货物的关税税额。从量税的优点是计算简便,通关手续快捷,并能起到抑制低廉商品或故意低瞒价格货物进口的作用。但是,由于应税额固定,物价涨落时,税额不能相应变化,因此,在物价上涨时,关税的调控作用相对减弱。

3. 复合关税。是指对同一种进口货物采用从价和从量两种标准课征的一种关税,即征收时两种税率合并计征。复合关税计征手续较为繁琐,但它既可发挥从量税抑制低价进口货物的特点,又可发挥从价税税负合理、稳定的特点,在物价波动时,可以减少对财政收入的影响。

4. 选择关税。是指在税则中对同一货物或物品规定从价和从量两种税率,在征税时可由海关选择其中一种计征。一般是选择税额较高的一种。选择的基本原则是,在物价上涨时,使用从价税;在物价下跌时,使用从量税。

5. 滑准关税。是指根据货物的不同价格适用不同税率的一类特殊的从价关税。它是一种关税税率随进口货物价格由高至低而由低至高设置计征关税的方法。通俗地讲,就是进口货物的价格越高,其进口关税税率越低;进口货物的价格越低,其进口关税税率越高。滑准税的特点是,可保持实行滑准税商品的国内市场价格的相对稳定,而不受国际市场价格波动的影响。

(四)按税率制定划分,关税可以分为自主关税和协定关税

1. 自主关税。又称国定关税,是指一个国家基于其主权,独立自主地制定并有权修订的关税,包括关税税率及各种法规、条例。国定税率一般高于协定税率,适用于没有签订关税贸易协定的国家。

2. 协定关税。是指两个或两个以上的国家,通过缔结关税贸易协定而制定的关税税率。协定关税有双边协定税率、多边协定税率和片面协定税率。双边协定税率是两个国家达成协议而相互减让的关税税率。多边协定税率是两个以上的国家之间达成协议而相互减让的关税税率,如《关税及贸易总协定》中的相互减让税率的协议。片面协定税率是一国对他国输入的货物降低税率,为其输入提供方便,而他国并不以降低税率回报的税率制度。

(五)按税收政策的国别差异划分,关税可以分为优惠关税和加重关税

1. 优惠关税。是指一国对特定的受惠国给予优惠待遇,使用比普通税率较低的优惠税率。具体形式有互惠关税、特惠关税、普惠关税、最惠国待遇关税。

(1)互惠关税。是指两国间相互给予对方比其他国家优惠的税率的一种协定关税。其目的在于发展双方之间的贸易关系,促进双方国家工农业生产的发展。

(2)特惠关税。是指对从特定国家与地区输入的进口商品,全部或部分给予低关税或免征关税待遇的一种优惠关税。特惠关税的优惠程度高于互惠关税。

(3)普惠关税。是指经济发达国家对发展中国家出口货物普遍给予的一种关税优惠制度。普惠关税包含普通、非歧视和非互惠三项原则。普惠关税是广大发展中国家长期斗争的结果,它对打破发达国家的关税壁垒、扩大发展中国家货物进入发达国家市场、推动本国经济的发展有积极意义。但在实施中,普惠关税遇到发达国家为了自身的经济利益设置的种种障碍和限制。

(4)最惠国待遇关税。是指缔约国一方现在和将来给予任何第三国的一切特权、优惠和豁免,也同样给予对方的一种优惠待遇。它通常是国际贸易协定中的一项重要内容。

2. 加重关税。也称歧视关税,是指对某些输出国、生产国的进口货物,因某种原因(如歧视、报复、保护和经济方面的需要等),使用比正常税率较高的税率所征收的关税。在歧视关税中,使用较多的是反倾销税、反补贴税和报复关税这三种形式。

(1)反倾销税。是指对外国以低价向本国倾销的进口货物按较高的税率而征收的一种进口附加税。加征反倾销税,必须基于进口国的有关反倾销法律和法规,并经国内、国际有关部门认定其进口产品倾销行为属实而且对本国经济已构成损害,方可采用。

(2)反补贴税。是指进口国对于直接或间接接受外国政府奖金、补贴或津贴的外国货物和物品在进口到本国时所征收的一种进口附加税。反补贴税征收的目的是抵消进口商品因出口国政府的补贴在降低成本方面获得的好处,使其无法在进口国市场上低价竞销,以保护国内同类产品的生产。

(3)报复关税。是指进口国在他国对本国输出的货物给予不公正、不平等待遇或进行歧视时,而对来自该国的输入货物加重征收的一种临时附加税。报复关税是各国间开展"贸易战"所采用的最主要手段。

四、关税的作用

关税是贯彻对外经济贸易政策的重要手段。它在调节经济、促进改革开放方面,在正确保护民族企业生产、防止国外的经济侵袭、争取关税互惠、促进对外贸易发展、增加国家财政收入方面,都具有重要作用。

(一)维护国家主权和经济利益

对进出口货物征收关税,表面上看似乎只是一个与对外贸易相联系的税收问题,其实一国采取什么样的关税政策,直接关系到国与国之间的主权和经济利益。历史发展到今天,关税已成为各国政府维护本国政治、经济权益,乃至进行国际经济斗争的一个重要武器。我国根据平等互利和对等原则,通过关税复式税则的运用等方式,争取国际的关税互惠并反对他国对我国进行关税歧视,促进对外经济技术交往,扩大对外经济合作。

(二)保护和促进本国产业发展

一个国家采取什么样的关税政策,是实行自由贸易,还是采用保护关税政策,是由该国的经济发展水平、产业结构状况、国际贸易收支状况以及参与国际经济竞争的能力等多种因素决定的。国际上许多发展经济学家认为,自由贸易政策不适合发展中国家的情况。相反,这些国家为了顺利地发展民族经济,实现工业化,必须实行保护关税政策。我国作为发展中国家,一直十分重视利用关税保护本国的"幼稚工业",促进进口替代工业发展,关税在保护和促进本国工农业生产的发展方面发挥了重要作用。

(三)调节国民经济和对外贸易

关税是国家的重要经济杠杆,通过税率的高低和关税的减免,影响进出口商品的规模,调节国民经济活动。政府可以根据国内生产和人们生活的需要,通过关税调节进出口商品数量和结构,有意识地引导各类产品的生产,以促进国内市场商品和生产所需的物质资料的供需平衡,保护国内市场的物价稳定。

(四)筹集国家财政收入

从世界大多数国家的情况来看,关税收入在整个财政收入中的比重不大,并呈下降趋势。但在一些发展中国家,尤其是那些国内工业不发达、工商税源有限、国民经济主要依赖于某种或某几种初级资源产品出口,以及国内许多消费品主要依赖进口的国家,征收进出口关税仍然是它们取得财政收入的重要渠道之一。我国的关税收入一直是国家财政收入的重要组成部分,新中国成立以后,关税为经济建设提供了可观的财政资金。随着我国对外贸易的不断扩大,关税收入的绝对额呈现迅速增长的趋势,已从1950年的3.56亿元增加到2016年的2 603亿元,56年间增长了近731倍。

第二节 关税的法律规定

一、关税的征税范围

关税的征税对象是准许进出境的货物和物品。货物是指贸易性商品;物品是指入境旅客随身携带的行李物品、个人邮递物品、各种运输工具上的服务人员携带进口的自用物品、馈赠物品,以及通过其他方式进入我国境内的其他物品。关税的具体征税范围按关税税则、税目规定执行。

(一)进口货物的征税范围

我国《海关进出口税则》将进口商品分设21类,具体包括:

第一类:活动物;动物产品。
第二类:植物产品。
第三类:动、植物油、脂及其分解产品;精制的食用油脂;动、植物蜡。
第四类:食品;饮料、酒及醋;烟草及烟草代用品的制品。
第五类:矿产品。
第六类:化学工业及其相关工业的产品。
第七类:塑料及其制品;橡胶及其制品。

第八类：生皮、皮革、毛皮及其制品；鞍具及挽具；旅行用品、手提包及类似容器；动物肠线（蚕胶丝除外）制品。

第九类：木及木制品；木炭；软木及软木制品；稻草、秸秆、针茅或其他编结材料制品；篮筐及柳条编结品。

第十类：木浆及其他纤维状纤维素浆；回收（废碎）纸或纸板；纸、纸板及其制品。

第十一类：纺织原料及其纺织制品。

第十二类：鞋、帽、伞、杖、鞭及其零件；已加工的羽毛及其制品；人造花；人发制品。

第十三类：石料、石膏、水泥、石棉、云母及类似材料的制品；陶瓷产品；玻璃及其制品。

第十四类：天然或养殖珍珠、宝石或半宝石、贵金属、包贵金属及其制品；仿首饰；硬币。

第十五类：贱金属及其制品。

第十六类：机器、机械器具、电气设备及其零件；录音机及放声机，电视图像、声音的录制和重放设备及其零件、附件。

第十七类：车辆、航空器、船舶及有关运输设备。

第十八类：光学、照相、电影、计量、检验、医疗或外科用仪器及设备、精密仪器及设备；钟表；乐器；上述物品的零件、附件。

第十九类：武器、弹药及零件、附件。

第二十类：杂项制品。

第二十一类：艺术品、收藏品及古物。

(二)出口货物的征税范围

为鼓励商品出口，发展对外贸易，我国对出口商品一般不征税，国家仅对少数资源性产品及易于竞相杀价、盲目进口、需要规范出口秩序的半制成品征收出口关税。1992年对47种商品计征出口关税，税率为20%～40%。2002年版《海关进出口税则》对36种商品计征出口关税，主要是鳗鱼苗、部分有色金属矿砂及其精矿、生锑、磷、氟钽酸钾、苯、山羊板皮、部分铁合金、钢铁废碎料、铜和铝原料及其制品、镍锭、锌锭、锑锭等。

(三)进境物品进口税的征税范围

进境物品进口税的征税范围由《中华人民共和国进境物品归类表》及《中华人民共和国进境物品完税价格表》作出具体规定。[①] 我国从2011年1月27日起，列举征税的应税进境物品有：烟、酒、化妆品；高尔夫球及球具、高档手表；纺织品及其制成品、电视摄像机及其他电器用具、自行车、手表、钟表（含配件、附件）；书报、刊物、教育专用电影片、幻灯片、原版录音带、录像带、金和银及其制品、计算机、视频摄录一体机、数字照相机等信息技术产品、照相机、食品、饮料和其他商品。

二、关税的纳税人

关税的纳税人分以下两种情况：

(一)贸易性进出口货物的纳税人

贸易性进出口货物的纳税人是进口货物的收货人、出口货物的发货人。进出口货物的收货人、发货人是依法取得对外贸易经营权，并进口或者出口货物的法人或者其他社会团体。

---

① 海关总署：《关于修订〈中华人民共和国进境物品归类表〉和〈中华人民共和国进境物品完税价格表〉的公告》（海关总署公告2012年第15号），本公告自2012年4月15日起施行。海关总署2007年6月修订的《入境旅客行李物品和个人邮递物品进口税税则归类表》及《入境旅客行李物品和个人邮递物品完税价格表》（海关总署公告2007年第25号）同时废止。

(二)非贸易性进出口货物的纳税人

非贸易性进出口货物的纳税人是进出境物品的所有人,包括该物品的所有人和推定为所有人的人。一般情况下,对于携带进境的物品,推定其携带人为所有人;对分离运输的行李,推定相应的进出境旅客为所有人;对以邮递方式进境的物品,推定其收件人为所有人;对以邮递或其他运输方式出境的物品,推定其寄件人或托运人为所有人。

三、关税的税率

关税税率是通过《进出口税则》加以规定的。《关税条例》规定,国务院制定《中华人民共和国进出口税则》、《中华人民共和国进境物品进口税税率表》,规定关税的税目、税则号列和税率,作为《关税条例》的组成部分。海关是根据进出口税则中规定的税率征税。

(一)进口关税税率

进口关税设有最惠国税率、协定税率、特惠税率、普通税率、关税配额税率、滑准税率等税率。对进口货物在一定期限内可以实行暂定税率。[1]

1. 最惠国税率。最惠国税率是指某国的来自其最惠国的进口产品享受的关税税率,根据最惠国待遇原则,最惠国税率一般不得高于现在或将来来自第三国的同类产品所享受的关税税率。最惠国税率适用原产于与我国共同适用最惠国待遇条款的WTO成员国或地区的进口货物,或原产于与我国签订有相互给予最惠国待遇条款的双边贸易协定的国家或地区进口的货物,以及原产于我国境内的进口货物。

2. 协定税率。协定税率是指一国根据其与别国签订的贸易条约或协定而制定的关税税率。协定税率适用原产于我国参加的含有关税优惠条款的区域性贸易协定的有关缔约方的进口货物。为扩大双边、多边经贸合作,2011年我国依据与有关国家或地区签署的自由贸易协定或关税优惠协定,对原产于东盟地区及智利、巴基斯坦、新西兰、秘鲁、韩国、印度、斯里兰卡、孟加拉等国的部分进口产品实行低于最惠国税率的协定税率。根据《海峡两岸经济合作框架协议》货物贸易早期收获计划,自2011年起对原产于中国台湾地区的500余项早期收获商品实施协定税率。

专栏4—2　碳关税的提出[2]

美国于2009年6月26日在众议院以219票对212票的微弱优势表决通过了《清洁能源与安全法案》(以下简称《法案》)。其中包含一个重要条款,即要求美国总统从2020年起,对来自没有采取相匹配的减排行动国家的某些进口产品征收碳关税。法国国民议会和参议院也先后投票,通过了从2010年起在法国国内征收碳关税的议案。同时,法国政府还希望将其发展成为针对欧盟以外国家的碳关税。

碳关税,简单来说就是对进口高耗能产品征收特别的二氧化碳排放关税。这个概念最早由法国前总统希拉克提出,用意是希望欧盟国家应针对未遵守《京都议定书》的国家课征商品进口税,否则在欧盟碳排放交易机制运行后,欧盟国家所生产的商品特别是境内的钢铁业及高耗能产业将遭受不公平竞争。

---

[1] 经国务院批准,自2011年7月1日起,对汽油等33个税号商品的进口关税税率进行调整(海关总署公告2011年第43号)。
[2] 宗泊:《碳关税分析》,《河北法学》2012年第1期。

西方发达国家类似碳关税建议的呼声由来已久,这是在全球应对气候变化的谈判中衍生出来的一个问题,其根源于《联合国气候变化框架公约》及《京都议定书》中的"共同但有区别责任"原则。根据该原则,在第一承诺期只要求附件I缔约方承担具有法律约束力的定量减排义务。2002年美国退出《京都议定书》,其理由包括:一是认为议定书规定的要求太高,会损害美国的经济;二是其对区别对待表示不满。时任总统布什认为"世界第二的温室气体排放国是中国,但是中国却被排除在《京都议定书》的限制之外",这是美国不能接受的。

美国的退出,使得欧盟、加拿大和日本等发达经济体缔约方可能因此而遭受竞争力损害。正如美国著名经济学家约瑟夫·E.斯蒂格利茨教授所指出的,"不承担对环境损害的成本,就相当于对企业进行补贴。所以,在当今世界大多数发达国家的企业都在为全球环境支付污染成本的时候,美国企业就相当于接受了大量的补贴,获得了低价能源和竞争优势。从这个角度来看,排放最多的美国、排放占一半的发展中国家都不承担减排义务,这使得全球变暖问题不能解决。所以,为了至少不损害减排国家的努力,应该加强实施机制补偿这种不公平的贸易"。按照斯蒂格利茨教授的逻辑,其中非常重要的政策选择就是采取类似碳关税的措施。美国重新返回国际气候谈判框架之后,西方发达国家再提碳关税建议,矛头就主要转向中国和印度等主要发展中国家。

《法案》包含清洁能源、能源效率、减少温室气体排放、向清洁能源经济转型、农业和林业相关减排抵消五个部分。其中对碳关税实施对象范围进行了界定,并对以下国家豁免征收碳关税:在国际协议中作出与美国相当的减排承诺的国家;与美国同为特定国际行业协议成员国;具有行业能源或温室气体强度目标,且这一目标低于美国以及最不发达国家;温室气体排放占全球份额低于0.5%的国家;占美国该行业进口份额不足5%的国家。为保护美国相关产业在《法案》实施后所谓的国际竞争力,美国必将致力于促成所有温室气体主要排放国达成约束性温室气体减排协议。如果到2018年1月,相关协议尚未达成,总统将可以签署建立"国际配额储备计划",该计划旨在对限额排放体系所涉及产业部门的国际竞争力实施保护,对来自尚未承诺具体减排目标国家(尤指发展中大国)的相应产品征收边境调节税。

3. 特惠税率。特惠税率又称优惠税率,是指对某个国家或地区进口的全部商品或部分商品,给予特别优惠的低税率或免税待遇。特惠税率适用原产于与我国签订有特殊优惠关税协定的国家或地区的进口货物。2011年我国继续对老挝等东南亚4国、苏丹等非洲30国、也门等7国,共41个联合国认定的最不发达国家实施特惠税率。

4. 普通税率。普通税率适用原产于上述国家或地区以外的其他国家或地区的进口货物,以及原产地不明的进口货物。按照普通税率征税的进口货物,经国务院关税税则委员会特别批准,可以适用最惠国税率。适用最惠国税率的进口货物有暂定税率的,应当适用暂定税率;适用协定税率、特惠税率的进口货物有暂定税率的,应当从低适用税率;适用普通税率的进口货物,不适用暂定税率。

5. 关税配额税率。关税配额税率是一种进口国限制进口货物数量的税率,对于在某一限额内进口的货物可以适用较低的税率或免税,但对于超过限额后所进口的货物则适用较高或一般的税率。关税配额税率适用按照国家规定实行关税配额管理的关税配额内的进口货物;关税配额外的,按上述其他适用税率的规定执行。2011年中国关税有8类商品45个税目适用关税配额税率。例如,进口税则号列为 10 011 000 的小麦,普通税率是 180%,最惠国税率是 65%,关税配额税率是 1%。

6. 暂定税率。暂定税率是指调整后在一定期限内暂时执行的关税税率。2011 年我国进口关税的暂定税率税目有 637 个,出口关税的暂定税率税目有 334 个。例如,进口"照相机用带屈光度调节装置的目镜"的最惠国税率为 15%,暂定税率为 10%。

7. 滑准税率。滑准税率是随进(出)口货物完税价格变化而变化的税率。例如,中国对配额内进口的棉花实行 1% 的暂定税率,对配额外进口的一定数量棉花适用滑准税率,税率滑动范围为 6%~40%。

按照有关法律、行政法规的规定,对进口货物采取反倾销、反补贴、保障措施的,其税率的适用按照《中华人民共和国反倾销条例》、《中华人民共和国反补贴条例》和《中华人民共和国保障措施条例》的有关规定执行。

(二)出口关税税率

我国出口税则为一栏税率,即出口税率。国家一般鼓励商品出口,对大多数出口商品实行出口退税,因此,仅对少数资源性产品及易于竞相杀价、需要规范出口秩序的半成品等征收出口关税。2011 年,我国对 340 个税则税目出口商品征收出口关税。其中,出口税率为 20%~50%;暂定税率为 0~35%,3 个暂定税率税则税目出口商品实行淡季滑准税率;另外对 6 种暂定税率出口商品规定了税率为 75% 的旺季特别出口税率。

在国家规定的淡季出口尿素、磷酸氢二铵、磷酸二氢铵及磷酸二氢铵与磷酸氢二铵的混合物,如果出口价格高于基准价格,则实行滑准暂定税率。滑准暂定税率的计算公式如下:

$$暂定税率=(1.07-基准价格/出口价格)\times100\%$$

(三)进境物品进口税税率

准许应税进口的旅客行李物品、个人邮递物品以及个人自用物品,除另有规定的以外,均由海关按照《中华人民共和国进境物品进口税税率表》征收进口税。根据 2016 年 3 月 16 日国务院关税税则委员会审定①公布实施的《中华人民共和国进境物品进口税税率表》的规定,我国现行进境物品进口税税率分别为 15%、30%、60% 三个档次。

表 4-1　　　　　　　　中华人民共和国进境物品进口税税率表

税号	物品名称	税率(%)
1	书报、刊物、教育用影视资料;计算机、视频摄录一体机、数字照相机等信息技术产品;食品、饮料;金、银;家具;玩具、游戏品、节日或其他娱乐用品	15
2	运动用品(不含高尔夫球及球具)、钓鱼用品;纺织品及其制成品;电视摄像机及其他电器用具;自行车;税目 1、3 中未包含的其他商品	30
3	烟、酒;贵重首饰及珠宝玉石;高尔夫球及球具;高档手表;高档化妆品②	60

(四)税率的运用

我国《进出口关税条例》规定,进出口货物,应当依照税则规定的归类原则归入合适的税号,并按照适用的税率征税。其中:

1. 进出口货物,应当按照纳税义务人申报进口或者出口之日实施的税率征税。

---

① 国务院关税税则委员会:《关于调整进境物品进口税有关问题的通知》(税委会〔2016〕2 号),调整后的《中华人民共和国进境物品进口税税率表》自 2016 年 4 月 8 日起施行。
② 国务院关税税则委员会:《关于调整进境物品进口税部分商品范围的通知》(税委会〔2016〕26 号),本通知自 2016 年 10 月 1 日起施行。

2. 进口货物到达前,经海关核准先行申报的,应当按照装载此货物的运输工具申报进境之日实施的税率征税。

3. 进出口货物的补税和退税,适用该进出口货物原申报进口或者出口之日所实施的税率,但下列情况除外:

(1)按照特定减免税办法批准予以减免税的进口货物,后因情况改变经海关批准转让或出售或移作他用需予补税的,适用海关接受纳税人再次填写报关单申报办理纳税及有关手续之日实施的税率征税。

(2)加工贸易进口料、件等属于保税性质的进口货物,如经批准转为内销,应按向海关申报转为内销之日实施的税率征税;如未经批准擅自转为内销的,则按海关查获日期所施行的税率征税。

(3)暂时进口货物转为正式进口需予补税时,应按其申报正式进口之日实施的税率征税。

(4)分期支付租金的租赁进口货物,分期付税时,适用海关接受纳税人再次填写报关单申报办理纳税及有关手续之日实施的税率征税。

(5)溢卸、误卸货物事后确定需征税时,应按其原运输工具申报进口日期所实施的税率征税。如原进口日期无法查明的,可按确定补税当天实施的税率征税。

(6)对由于税则归类的改变、完税价格的审定或其他工作差错而需补税的,应按原征税日期实施的税率征税。

(7)对经批准缓税进口的货物以后交税时,不论是分期或一次交清税款,都应按货物原进口之日实施的税率征税。

(8)查获的走私进口货物需补税时,应按查获日期实施的税率征税。

四、关税的税收优惠

关税减免是贯彻国家关税政策的一项重要措施。关税减免分为法定减免税、特定减免税和临时减免税。

(一)法定减免税

法定减免税是指根据《海关法》、《关税条例》和《进出口税则》规定的减免,包括:

1. 关税税额在人民币 50 元以下的一票货物,可免征关税。

2. 无商业价值的广告品和货样,可免征关税。

3. 外国政府、国际组织无偿赠送的物资,可免征关税。

4. 进出境运输工具装载的途中必需的燃料、物料和饮食用品,可予免税。

5. 经海关核准暂时进境或者暂时出境,并在 6 个月内复运出境或者复运进境的货样、展览品、施工机械、工程车辆、工程船舶、供安装设备时使用的仪器和工具、电视或者电影摄制器械、盛装货物的容器以及剧团服装道具,在货物收发货人向海关缴纳相当于税款的保证金或者提供担保后,可予暂时免税。

6. 为境外厂商加工、装配成品和为制造外销产品而进口的原材料、辅料、零件、部件、配套件和包装物料,海关按照实际加工出口的成品数量免征进口关税;或者对进口料、件先征进口关税,再按照实际加工出口的成品数量予以退税。

7. 因故退还的中国出口货物,经海关审查属实,可予免征进口关税,但已征收的出口关税不予退还。

8. 因故退还的境外进口货物,经海关审查属实,可予免征出口关税,但已征收的进口关税不予退还。

9. 进口货物如有以下情形,经海关查明属实,可酌情减免进口关税:
(1)在境外运输途中或者在起卸时,遭受损坏或者损失的;
(2)起卸后海关放行前,因不可抗力遭受损坏或者损失的;
(3)海关查验时已经破漏、损坏或者腐烂,经证明不是由于保管不慎造成的。

10. 补偿或更换的无代价抵偿货物进口可以免税。但有残损或质量问题的原进口货物如未退运国外,其进口的无代价抵偿货物应照章征税。

11. 我国缔结或者参加的国际条约规定减征、免征关税的货物、物品,按照规定予以减免关税。

12. 法律规定减征、免征的其他货物。

(二)特定减免税

特定减免税是指在法定减免税之外,为了适应经济发展的需要,由海关总署、财政部根据国务院的政策所规定的减免税,以及对某些情况经过特别批准实施的减免税,包括科教用品、残疾人专用品、扶贫慈善性捐赠物资、加工贸易产品、边境贸易进口物资、保税区进出口货物、出口加工区进出口货物、进口设备、特定行业或用途的减免税政策和特定地区的减免税政策。

(三)临时减免税

临时减免税是指以上法定和特定减免税以外的其他减免税,是由国务院根据《海关法》的规定,对某个单位、某类商品、某个项目或某批进出口货物的特殊情况给予特别照顾,一案一批,专文下达的减免税。

五、进口货物原产地的确定

确定进境货物原产国的主要原因之一,是便于正确运用进口税则的各栏税率,对产自不同国家或地区的进口货物适用不同的关税税率。我国原产地规定基本上采用了"全部产地生产标准"、"实质性加工标准"两种国际上通用的原产地标准。

(一)全部产地生产标准

全部产地生产标准是指进口货物"完全在一个国家内生产或制造",生产或制造国即为该货物的原产国。完全在一个国家内生产或制造的进口货物包括:

1. 在该国领土或领海内开采的矿产品;
2. 在该国领土上收获或采集的植物产品;
3. 在该国领土上出生或由该国饲养的活动物及从其所得的产品;
4. 在该国领土上狩猎或捕捞所得的产品;
5. 在该国的船只上卸下的海洋捕捞物,以及由该国船只在海上取得的其他产品;
6. 在该国加工船上加工上述第 5 项所列物品所得的产品;
7. 在该国收集的只适用于作再加工制造的废碎料和废旧物品;
8. 在该国完全使用上述 1~7 项所列产品加工成的制成品。

(二)实质性加工标准

实质性加工标准是适用于确定有两个或两个以上国家参与生产的产品的原产国的标准,其基本含义是:经过几个国家加工、制造的进口货物,以最后一个对货物进行经济上可以视为实质性加工的国家作为有关货物的原产国。实质性加工是指产品加工后,在进出口税则中四位数税号一级的税则归类已经有了改变,或者加工增值部分所占新产品总值的比例已超过

30%及以上的。

(三)其他

对机器、仪器、器材或车辆所用零件、部件、配件、备件及工具,如与主件同时进口且数量合理的,其原产地按主件的原产地确定,分别进口的则按各自的原产地确定。

第三节 关税应纳税额的计算

一、关税完税价格的确定①

关税完税价格是海关计征关税的价格,由海关以该货物的成交价格为基础审查确定,并且应当包括货物运抵中华人民共和国境内输入地点起卸前的运输及其相关费用、保险费。成交价格不能确定时,完税价格由海关依法估定。我国纳税人进出口货物的完税价格由海关依据2014年2月1日起实施的《中华人民共和国海关审定进出口货物完税价格办法》(以下简称《完税价格办法》)审定。

(一)进口货物的成交价格

进口货物的成交价格,是指卖方向中华人民共和国境内销售该货物时买方为进口该货物向卖方实付、应付的,并且按照本章第三节的规定调整后的价款总额,包括直接支付的价款和间接支付的价款。

进口货物的成交价格应当符合下列条件:

1. 对买方处置或者使用进口货物不予限制,但是法律、行政法规规定实施的限制、对货物销售地域的限制和对货物价格无实质性影响的限制除外;有下列情形之一的,应当视为对买方处置或者使用进口货物进行了限制:

(1)进口货物只能用于展示或者免费赠送的;

(2)进口货物只能销售给指定第三方的;

(3)进口货物加工为成品后只能销售给卖方或者指定第三方的;

(4)其他经海关审查,认定买方对进口货物的处置或者使用受到限制的。

2. 进口货物的价格不得受到使该货物成交价格无法确定的条件或者因素的影响。有下列情形之一的,应当视为进口货物的价格受到了使该货物成交价格无法确定的条件或者因素的影响:

(1)进口货物的价格是以买方向卖方购买一定数量的其他货物为条件而确定的;

(2)进口货物的价格是以买方向卖方销售其他货物为条件而确定的;

(3)其他经海关审查,认定货物的价格受到使该货物成交价格无法确定的条件或者因素影响的。

3. 卖方不得直接或者间接获得因买方销售、处置或者使用进口货物而产生的任何收益;或者虽然有收益,但是能够按照本办法第十一条第一款第四项的规定做出调整。

4. 买卖双方之间没有特殊关系;或者虽然有特殊关系,但未对成交价格产生影响。有下列情形之一的,应当认为买卖双方存在特殊关系:

---

① 海关总署:《中华人民共和国海关审定进出口货物完税价格办法》(总署令〔2013〕213号),自2014年2月1日起施行。

(1)买卖双方为同一家族成员的;
(2)买卖双方互为商业上的高级职员或者董事的;
(3)一方直接或者间接地受另一方控制的;
(4)买卖双方都直接或者间接地受第三方控制的;
(5)买卖双方共同直接或者间接地控制第三方的;
(6)一方直接或者间接地拥有、控制或者持有对方5%以上(含5%)公开发行的有表决权的股票或者股份的;
(7)一方是另一方的雇员、高级职员或者董事的;
(8)买卖双方是同一合伙的成员的。

买卖双方在经营上相互有联系,一方是另一方的独家代理、独家经销或者独家受让人,如果符合前款的规定,也应当视为存在特殊关系。

买卖双方之间存在特殊关系,但是纳税义务人能证明其成交价格与同时或者大约同时发生的下列任何一款价格相近的,应当视为特殊关系未对进口货物的成交价格产生影响:
(1)向境内无特殊关系的买方出售的相同或者类似进口货物的成交价格;
(2)按照倒扣价格估价方法确定相同或者类似进口货物的完税价格;
(3)按照计算价格估价方法确定相同或者类似进口货物的完税价格。

(二)进口货物完税价格确定的其他方法

对于进口货物的成交价格不符合规定条件,或者成交价格不能确定,在客观上无法采用货物实际成交价格的,海关经了解有关情况,并与纳税义务人进行价格磋商后,依次以下列方法审查确定该货物的完税价格:

1. 相同货物成交价格估价方法

相同货物成交价格估价方法,是指海关以与进口货物同时或者大约同时向中华人民共和国境内销售的相同货物的成交价格为基础,审查确定进口货物的完税价格的估价方法。

按照相同货物成交价格估价方法的规定审查确定进口货物的完税价格时,应当使用与该货物具有相同商业水平且进口数量基本一致的相同货物的成交价格。使用上述价格时,应当以客观量化的数据资料,对该货物与相同货物之间由于运输距离和运输方式不同而在成本和其他费用方面产生的差异进行调整。

在没有上述相同货物的成交价格的情况下,可以使用不同商业水平或者不同进口数量的相同货物的成交价格。使用上述价格时,应当以客观量化的数据资料,对因商业水平、进口数量、运输距离和运输方式不同而在价格、成本和其他费用方面产生的差异做出调整。

按照相同货物成交价格估价方法审查确定进口货物的完税价格时,应当首先使用同一生产商生产的相同货物的成交价格。没有同一生产商生产的相同货物的成交价格的,可以使用同一生产国或者地区其他生产商生产的相同货物的成交价格。如果有多个相同货物的成交价格,应当以最低的成交价格为基础审查确定进口货物的完税价格。

2. 类似货物成交价格估价方法

类似货物成交价格估价方法,是指海关以与进口货物同时或者大约同时向中华人民共和国境内销售的类似货物的成交价格为基础,审查确定进口货物的完税价格的估价方法。

按照类似货物成交价格估价方法的规定审查确定进口货物的完税价格时,应当使用与该货物具有相同商业水平且进口数量基本一致的类似货物的成交价格。使用上述价格时,应当以客观量化的数据资料,对该货物与类似货物之间由于运输距离和运输方式不同而在成本和

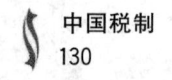

其他费用方面产生的差异进行调整。

在没有上述类似货物的成交价格的情况下,可以使用不同商业水平或者不同进口数量的类似货物的成交价格。使用上述价格时,应当以客观量化的数据资料,对因商业水平、进口数量、运输距离和运输方式不同而在价格、成本和其他费用方面产生的差异做出调整。

按照类似货物成交价格估价方法审查确定进口货物的完税价格时,应当首先使用同一生产商生产的类似货物的成交价格。没有同一生产商生产的类似货物的成交价格的,可以使用同一生产国或者地区其他生产商生产的类似货物的成交价格。如果有多个类似货物的成交价格,应当以最低的成交价格为基础审查确定进口货物的完税价格。

3. 倒扣价格估价方法

倒扣价格估价方法,是指海关以进口货物、相同或者类似进口货物在境内的销售价格为基础,扣除境内发生的有关费用后,审查确定进口货物完税价格的估价方法。销售价格应当同时符合下列条件:

(1)是在该货物进口的同时或者大约同时,将该货物、相同或者类似进口货物在境内销售的价格;

(2)是按照货物进口时的状态销售的价格;

(3)是在境内第一销售环节销售的价格;

(4)是向境内无特殊关系方销售的价格;

(5)按照该价格销售的货物合计销售总量最大。

按照倒扣价格估价方法审查确定进口货物完税价格的,下列各项应当扣除:

(1)同等级或者同种类货物在境内第一销售环节销售时,通常的利润和一般费用(包括直接费用和间接费用)以及通常支付的佣金;

(2)货物运抵境内输入地点起卸后的运输及其相关费用、保险费;

(3)进口关税、进口环节海关代征税及其他国内税。

如果该货物、相同或者类似货物没有按照进口时的状态在境内销售,应纳税义务人要求,可以在符合规定的其他条件的情形下,使用经进一步加工后的货物的销售价格审查确定完税价格,但是应当同时扣除加工增值额。加工增值额应当依据与加工成本有关的客观量化数据资料、该行业公认的标准、计算方法及其他的行业惯例计算。

4. 计算价格估价方法

计算价格估价方法,是指海关以下列各项的总和为基础,审查确定进口货物完税价格的估价方法:

(1)生产该货物所使用的料件成本和加工费用;

(2)向境内销售同等级或者同种类货物通常的利润和一般费用(包括直接费用和间接费用);

(3)该货物运抵境内输入地点起卸前的运输及相关费用、保险费。

确定有关价值或者费用时,应当使用与生产国或者地区公认的会计原则相一致的原则和方法。

5. 合理方法

合理方法,是指当海关不能根据成交价格估价方法、相同货物成交价格估价方法、类似货物成交价格估价方法、倒扣价格估价方法和计算价格估价方法确定完税价格时,海关应遵循客观、公平、统一的原则,以客观量化的数据资料为基础审查确定进口货物完税价格的估价方法。

海关在采用合理方法确定进口货物的完税价格时,不得使用以下价格:
(1)境内生产的货物在境内的销售价格;
(2)可供选择的价格中较高的价格;
(3)货物在出口地市场的销售价格;
(4)以计算价格估价方法之外的价值或者费用计算的相同或者类似货物的价格;
(5)出口到第三国或者地区的货物的销售价格;
(6)最低限价或者武断、虚构的价格。

(三)成交价格的调整项目

1. 未包括在进口货物的实付、应付价格中的费用或者价值,应当计入完税价格

以成交价格为基础审查确定进口货物的完税价格时,未包括在该货物实付、应付价格中的下列费用或者价值应当计入完税价格:
(1)由买方负担的下列费用:
①除购货佣金以外的佣金和经纪费;
②与该货物视为一体的容器费用;
③包装材料费用和包装劳务费用。
(2)与进口货物的生产和向中华人民共和国境内销售有关的,由买方以免费或者低于成本的方式提供,并且可以按适当比例分摊的下列货物或者服务的价值:
①进口货物包含的材料、部件、零件和类似货物;
②在生产进口货物过程中使用的工具、模具和类似货物;
③在生产进口货物过程中消耗的材料;
④在境外进行的为生产进口货物所需的工程设计、技术研发、工艺及制图等相关服务。
(3)买方需向卖方或者有关方直接或者间接支付的特许权使用费,但是符合下列情形之一的除外:
①特许权使用费与该货物无关;
②特许权使用费的支付不构成该货物向中华人民共和国境内销售的条件。
(4)卖方直接或者间接从买方对该货物进口后销售、处置或者使用所得中获得的收益。
(5)与进口货物有关的特许权使用费的确定,符合下列条件之一的应当视为与进口货物有关:
①特许权使用费是用于支付专利权或者专有技术使用权,且进口货物属于下列情形之一的:含有专利或者专有技术的;用专利方法或者专有技术生产的;为实施专利或者专有技术而专门设计或者制造的。
②特许权使用费是用于支付商标权,且进口货物属于下列情形之一的:附有商标的;进口后附上商标直接可以销售的;进口时已含有商标权,经过轻度加工后附上商标即可销售的。
③特许权使用费是用于支付著作权,且进口货物属于下列情形之一的:含有软件、文字、乐曲、图片、图像或者其他类似内容的进口货物,包括磁带、磁盘、光盘或者其他类似载体的形式;含有其他享有著作权内容的进口货物。
④特许权使用费是用于支付分销权、销售权或者其他类似权利,且进口货物属于下列情形之一的:进口后可以直接销售的;经过轻度加工即可销售的。

买方不支付特许权使用费则不能购得进口货物,或者买方不支付特许权使用费则该货物不能以合同议定的条件成交的,应当视为特许权使用费的支付构成进口货物向中华人民共和

国境内销售的条件。

2. 进口货物的价款中单独列明的税收、费用，不计入该货物的完税价格

(1)厂房、机械或者设备等货物进口后发生的建设、安装、装配、维修或者技术援助费用，但是保修费用除外；

(2)进口货物运抵中华人民共和国境内输入地点起卸后发生的运输及其相关费用、保险费；

(3)进口关税、进口环节海关代征税及其他国内税；

(4)为在境内复制进口货物而支付的费用；

(5)境内外技术培训及境外考察费用。

同时符合下列条件的利息费用不计入完税价格：利息费用是买方为购买进口货物而融资所产生的；有书面的融资协议的；利息费用单独列明的；纳税义务人可以证明有关利率不高于在融资当时当地此类交易通常应当具有的利率水平，且没有融资安排的相同或者类似进口货物的价格与进口货物的实付、应付价格非常接近的。

3. 货物价值计入进口货物完税价格的方法

确定应当计入进口货物完税价格的货物价值时，应当按照下列方法计算有关费用：

(1)由买方从与其无特殊关系的第三方购买的，应当计入的价值为购入价格；

(2)由买方自行生产或者从有特殊关系的第三方获得的，应当计入的价值为生产成本；

(3)由买方租赁获得的，应当计入的价值为买方承担的租赁成本；

(4)生产进口货物过程中使用的工具、模具和类似货物的价值，应当包括其工程设计、技术研发、工艺及制图等费用。

如果货物在被提供给卖方前已经被买方使用过，应当计入的价值为根据国内公认的会计原则对其进行折旧后的价值。

(四)特殊进口货物的完税价格

1. 运往境外修理的货物

运往境外修理的机械器具、运输工具或者其他货物，出境时已向海关报明，并且在海关规定的期限内复运进境的，应当以境外修理费和料件费为基础审查确定完税价格。

出境修理货物复运进境超过海关规定期限的，由海关按照规定审查确定完税价格。

2. 运往境外加工的货物

运往境外加工的货物，出境时已向海关报明，并且在海关规定期限内复运进境的，应当以境外加工费和料件费以及该货物复运进境的运输及其相关费用、保险费为基础审查确定完税价格。

出境加工货物复运进境超过海关规定期限的，由海关按照规定审查确定完税价格。

3. 暂时进境货物

经海关批准的暂时进境货物，应当缴纳税款的，由海关按照本办法第二章的规定审查确定完税价格。经海关批准留购的暂时进境货物，以海关审查确定的留购价格作为完税价格。

4. 租赁方式进口的货物

租赁方式进口的货物，按照下列方法审查确定完税价格：

(1)以租金方式对外支付的租赁货物，在租赁期间以海关审查确定的租金作为完税价格，利息应当予以计入；

(2)留购的租赁货物以海关审查确定的留购价格作为完税价格；

(3)纳税义务人申请一次性缴纳税款的,可以选择申请按照一般进口货物估价方法确定完税价格,或者按照海关审查确定的租金总额作为完税价格。

5. 留购的进口货样等

对于境内留购的进口货样、展览品和广告陈列品,以海关审定的留购价格作为完税价格。

6. 易货贸易、寄售、捐赠、赠送等进口货物

易货贸易、寄售、捐赠、赠送等不存在成交价格的进口货物,海关与纳税义务人进行价格磋商后,按照一般进口货物估价方法审查确定完税价格。

7. 进口载有专供数据处理设备用软件的介质

进口载有专供数据处理设备用软件的介质,具有下列情形之一的,应当以介质本身的价值或者成本为基础审查确定完税价格:

(1)介质本身的价值或者成本与所载软件的价值分列;

(2)介质本身的价值或者成本与所载软件的价值虽未分列,但是纳税义务人能够提供介质本身的价值或者成本的证明文件,或者能提供所载软件价值的证明文件。

含有美术、摄影、声音、图像、影视、游戏、电子出版物的介质不适用前款规定。

8. 应予补税的减免税货物

减税或者免税进口的货物应当补税时,应当以海关审查确定的该货物原进口时的价格,扣除折旧部分价值作为完税价格,其计算公式如下:

完税价格=海关审查确定的该货物原进口时的价格×[1-补税时实际已进口的时间(月)]÷监管年限×12

公式中"补税时实际已进口的时间"按月计算。不足1个月但是超过15日的,按照1个月计算;不超过15日的,不予计算。

(五)进口货物相关费用的核定

1. 进口货物的运费

进口货物的运输及其相关费用,应当按照由买方实际支付或者应当支付的费用计算。如果进口货物的运输及其相关费用无法确定的,海关应当按照该货物进口同期的正常运输成本审查确定。

运输工具作为进口货物,利用自身动力进境的,海关在审查确定完税价格时,不再另行计入运输及其相关费用。

2. 进口货物的保险费

进口货物的保险费,应当按照实际支付的费用计算。如果进口货物的保险费无法确定或者未实际发生,海关应当按照"货价加运费"两者总额的3‰计算保险费,其计算公式如下:

$$保险费=(货价+运费)×3‰$$

邮运进口的货物,应当以邮费作为运输及其相关费用、保险费。

3. 其他相关费用

以境外边境口岸价格条件成交的铁路或者公路运输进口货物,海关应当按照境外边境口岸价格的1%计算运输及其相关费用、保险费。

(六)出口货物的完税价格

出口货物的完税价格由海关以该货物的成交价格为基础审查确定,并且应当包括货物运至中华人民共和国境内输出地点装载前的运输及其相关费用、保险费。

1. 以成交价格为基础的完税价格

出口货物的成交价格是指该货物出口销售时,卖方为出口该货物应当向买方直接收取和

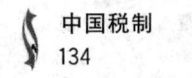

间接收取的价款总额。

下列税收、费用不计入出口货物的完税价格：

(1) 出口关税；

(2) 在货物价款中单独列明的货物运至中华人民共和国境内输出地点装载后的运输及其相关费用、保险费。

2. 出口货物海关估价

出口货物的成交价格不能确定的，海关经了解有关情况，并且与纳税义务人进行价格磋商后，依次以下列价格审查确定该货物的完税价格：

(1) 同时或者大约同时向同一国家或者地区出口的相同货物的成交价格；

(2) 同时或者大约同时向同一国家或者地区出口的类似货物的成交价格；

(3) 根据境内生产相同或者类似货物的成本、利润和一般费用（包括直接费用和间接费用）、境内发生的运输及其相关费用、保险费计算所得的价格；

(4) 按照合理方法估定的价格。

(七) 内销保税货物完税价格[①]

1. 内销保税货物的范围

内销保税货物包括因故转为内销需要征税的加工贸易货物、海关特殊监管区域内货物、保税监管场所内货物和因其他原因需要按照内销征税办理的保税货物，但不包括以下项目：

(1) 海关特殊监管区域、保税监管场所内生产性的基础设施建设项目所需的机器、设备和建设所需的基建物资；

(2) 海关特殊监管区域、保税监管场所内企业开展生产或综合物流服务所需的机器、设备、模具及其维修用零配件；

(3) 海关特殊监管区域、保税监管场所内企业和行政管理机构自用的办公用品、生活消费用品和交通运输工具。

2. 内销保税货物完税价格的确定

内销保税货物的完税价格，由海关以该货物的成交价格为基础审查确定。

(1) 进料加工进口料件或者其制成品（包括残次品）内销时，海关以料件原进口成交价格为基础审查确定完税价格。属于料件分批进口，并且内销时不能确定料件原进口一一对应批次的，海关可按照同项号、同品名和同税号的原则，以其合同有效期内或电子账册核销周期内已进口料件的成交价格计算所得的加权平均价为基础审查确定完税价格。

合同有效期内或电子账册核销周期内已进口料件的成交价格加权平均价难以计算或者难以确定的，海关以客观可量化的当期进口料件成交价格的加权平均价为基础审查确定完税价格。

(2) 来料加工进口料件或者其制成品（包括残次品）内销时，海关以接受内销申报的同时或者大约同时进口的与料件相同或者类似的保税货物的进口成交价格为基础审查确定完税价格。

(3) 加工企业内销的加工过程中产生的边角料或者副产品，以其内销价格为基础审查确定完税价格。

[①] 海关总署：《中华人民共和国海关审定内销保税货物完税价格办法》（总署令〔2013〕211号），本办法自2014年2月1日起施行。

副产品并非全部使用保税料件生产所得的,海关以保税料件在投入成本核算中所占比重计算结果为基础审查确定完税价格。

按照规定需要以残留价值征税的受灾保税货物,海关以其内销价格[①]为基础审查确定完税价格。按照规定应折算成料件征税的,海关以各项保税料件占构成制成品(包括残次品)全部料件的价值比重计算结果为基础审查确定完税价格。

边角料、副产品和按照规定需要以残留价值征税的受灾保税货物,经海关允许采用拍卖方式内销时,海关以其拍卖价格[②]为基础审查确定完税价格。

(4)深加工结转货物内销时,海关以该结转货物的结转价格[③]为基础审查确定完税价格。

(5)保税区内企业内销的保税加工进口料件或者其制成品,海关以其内销价格为基础审查确定完税价格。

保税区内企业内销的保税加工制成品中,如果含有从境内采购的料件,海关以制成品所含从境外购入料件的原进口成交价格为基础审查确定完税价格。

(6)保税区内企业内销的保税加工进口料件或者其制成品的完税价格依据第(5)点规定不能确定的,海关以接受内销申报的同时或者大约同时内销的相同或者类似的保税货物的内销价格为基础审查确定完税价格。

(7)保税区以外的海关特殊监管区域内企业内销的保税加工料件或者其制成品,以其内销价格为基础审查确定完税价格。

保税区以外的海关特殊监管区域内企业内销的保税加工料件或者其制成品的内销价格不能确定的,海关以接受内销申报的同时或者大约同时内销的相同或者类似的保税货物的内销价格为基础审查确定完税价格。

保税区以外的海关特殊监管区域内企业内销的保税加工制成品、相同或者类似的保税货物的内销价格不能确定的,海关以生产该货物的成本、利润和一般费用计算所得的价格为基础审查确定完税价格。

(8)海关特殊监管区域内企业内销的保税加工过程中产生的边角料、废品、残次品和副产品,以其内销价格为基础审查确定完税价格。

海关特殊监管区域内企业经海关允许采用拍卖方式内销的边角料、废品、残次品和副产品,海关以其拍卖价格为基础审查确定完税价格。

(9)海关特殊监管区域、保税监管场所内企业内销的保税物流货物,海关以该货物运出海关特殊监管区域、保税监管场所时的内销价格为基础审查确定完税价格;该内销价格包含的能够单独列明的海关特殊监管区域、保税监管场所内发生的保险费、仓储费和运输及其相关费用,不计入完税价格。

(10)海关特殊监管区域内企业内销的研发货物,海关依据(5)、(6)、(7)、(8)的规定审查确定完税价格。海关特殊监管区域内企业内销的检测、展示货物,海关依据(9)的规定审查确定完税价格。

(11)内销保税货物的完税价格不能依据上述规定确定的,海关依次以下列价格估定该货

---

① 内销价格,是指向国内企业销售保税货物时买卖双方订立的价格,是国内企业为购买保税货物而向卖方(保税企业)实际支付或者应当支付的全部价款,但不包括关税和进口环节海关代征税。
② 拍卖价格,是指国家注册的拍卖机构对海关核准参与交易的保税货物履行合法有效的拍卖程序,竞买人依拍卖规定获得拍卖标的物的价格。
③ 结转价格,是指深加工结转企业间买卖加工贸易货物时双方订立的价格,是深加工结转转入企业为购买加工贸易货物而向深加工结转转出企业实际支付或者应当支付的全部价款。

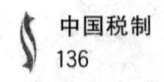

物的完税价格：

①与该货物同时或者大约同时向中华人民共和国境内销售的相同货物的成交价格。

②与该货物同时或者大约同时向中华人民共和国境内销售的类似货物的成交价格。

③与该货物进口的同时或者大约同时，将该进口货物、相同或者类似进口货物在第一级销售环节销售给无特殊关系买方最大销售总量的单位价格，但应当扣除以下项目：同等级或者同种类货物在中华人民共和国境内第一级销售环节销售时通常的利润和一般费用以及通常支付的佣金；进口货物运抵境内输入地点起卸后的运输及其相关费用、保险费；进口关税及国内税收。

④按照下列各项总和计算的价格：生产该货物所使用的料件成本和加工费用，向中华人民共和国境内销售同等级或者同种类货物通常的利润和一般费用，该货物运抵境内输入地点起卸前的运输及其相关费用、保险费。

⑤以合理方法估定的价格。

纳税义务人向海关提供有关资料后，可以提出申请，颠倒③和④的适用次序。

(八)进境物品的完税价格

1. 一般进境物品的完税价格

对一般物品采用境外零售价格的平均价格作为完税价格。《关税条例》规定，海关应当按照《进境物品进口税税率表》及海关总署制定的《中华人民共和国进境物品归类表》和《中华人民共和国进境物品完税价格表》，对进境物品进行归类、确定完税价格和确定适用税率。现行一般进境物品的完税价格，按照海关总署重新修订、2012年4月15日开始实施的《中华人民共和国进境物品完税价格表》执行。

2. 海关估定的完税价格

(1)《中华人民共和国进境物品完税价格表》中未列名或明确另行确定完税价格的商品。

对《中华人民共和国进境物品完税价格表》中未列名或明确另行确定完税价格的商品（金、银及其制品和中国邮票除外），实行估价制度。估价主要参考：

①香港市场同类物品零售价格；

②无香港市场同类物品零售价格的，参考国内市场同类物品零售价格，并减除30%。

(2)实际价格与海关审定价格悬殊过大的应税物品。

海关可参考有关物品发票价格估价，如有关发票价格明显偏低，即应税物品实际价格与海关审定价格悬殊过大的，海关可按上述参考价格另行估定完税价格，并向纳税人或其代理人说明估价的依据。

所谓"悬殊过大"，是指应税物品实际价格与《进境物品完税价格表》中所列完税价格相差悬殊达到5倍（或1/5）及以上程度的。

3. 特殊进境物品的完税价格

(1)出境修理复进境物品。

个人进口的物品，因国内无法修理而携运往境外修理，携运出境前要向出境地海关提出申请，经海关核准准予携运出境。

复运进境的已修理的物品，以海关审查确定的正常修理费和工料费作为完税价格。

(2)进境的旧物品。

对于进境的旧物品，海关根据有关规定按新旧程度折算，确定完税价格。

(3)金、银及制品。

对金、银及制品,考虑其价格经常变动的特点,应按发票价格或当天中国人民银行公布的金、银牌价加10%手续费计算完税价格。

(4)进境的中国邮票。

对进境的中国邮票(含小型张、纪念封等),应参考中国邮票总公司出版的《中华人民共和国邮票价目表》估定完税价格。

(5)携带进境的国产品。

对旅客携运进境的国产品(港、澳、台地区产品除外),其完税价格按同类进口商品的完税价格核定。

二、关税应纳税额的计算

(一)进口货物应纳税额的计算

1. 从价应纳税额的计算

$$应纳关税税额 = 完税价格 \times 税率$$

2. 从量税应纳税额的计算

$$应纳关税税额 = 应税进口货物数量 \times 单位货物税额$$

3. 复合税应纳税额的计算

$$应纳关税税额 = 应税进口货物数量 \times 单位货物税额 + 应税进(出)口货物数量 \times 单位完税价格 \times 税率$$

4. 滑准税应纳税额的计算

$$应纳关税税额 = 应税进口货物数量 \times 单位完税价格 \times 滑准税税率$$

【例4-1】 某公司2016年10月15日报关进口货物一批,离岸价格为500 000美元,支付国外运费35 000美元,保险费15 000美元,已知该货物适用的进口关税税率为20%,增值税税率为17%。征税日人民币市场汇率为1美元=6.854元人民币,计算该公司10月份进口该批货物报关时应缴纳关税的税额。

进口关税完税价格=(500 000+35 000+15 000)×6.854=3 769 700(元)

应纳关税税额=3 769 700×20%=753 940(元)

【例4-2】 某公司进口2台日本产电视摄像机,价格为到岸价格15 000美元。计算应纳关税。(征税日人民币与美元的外汇折算率为1:6.915,适用优惠税率为:每台完税价格高于5 000美元的,从量税为每台13 280元,再征从价税3%。)

应纳关税税额=2×13 280+15 000×6.915×3%=29 671.75(元)

(二)出口货物应纳税额的计算

1. 从价出口关税的计算

$$应纳关税税额 = 出口应税货物完税价格(FOB价格) \times 适用税率$$
$$出口应税货物完税价格 = 出口商品离岸价格(原币)/[(1+出口关税税率) \times 汇率]$$

2. 从量出口关税的计算

$$应纳关税税额 = 出口应税货物数量 \times 单位税额$$

【例4-3】 某进出口公司出口磷5 000吨到韩国,每吨离岸价格大连为560美元,其中支付给国外的佣金为离岸价格(不含佣金)的2%,理舱费10 000美元,磷的出口关税税率为10%,出口当日人民币市场汇率为1美元=6.866元人民币。计算进出口公司应纳出口关税。

(1)计算出口货物完税价格。

①计算不含佣金的离岸价格。

$$\text{FOB 价格(不含佣金)} = \text{FOB 价格}/(1+佣金比率)$$
$$= 5\,000 \times 560/(1+2\%)$$
$$= 2\,745\,098.04(美元)$$

②计算减去理舱费后的离岸价格。

$$\text{FOB 价格(不含佣金和理舱费)} = \text{FOB 价格(不含佣金)} - \text{理舱费}$$
$$= 2\,745\,098.04 - 10\,000$$
$$= 2\,735\,098.04(美元)$$

③计算出口该批磷的完税价格。

$$\text{完税价格} = \text{FOB 价格(不含佣金和理舱费)}/(1+出口关税税率)$$
$$= 2\,735\,098.04/(1+10\%)$$
$$= 2\,486\,452.76(美元)$$

④计算折合成人民币的完税价格。

$$\text{计税的完税价格} = 2\,486\,452.76 \times 6.866 = 17\,071\,984.65(元)$$

(2)计算应纳出口关税税额。

$$\text{应纳出口关税税额} = 17\,071\,984.65 \times 10\% = 1\,707\,198.47(元)$$

(三)进境物品进口税应纳税额的计算[①]

$$\text{进口税应纳税额} = \text{进境物品的完税价格} \times \text{进口税税率}$$

【例 4—4】 中国公民李先生出国,在国外购物作为礼物馈赠亲朋,其价格分别为视频摄录一体机 800 美元、手表 500 美元、葡萄酒 600 美元。《进境物品进口税税率表》确定,视频摄录一体机关税税率 15%、手表关税税率 60%、葡萄酒关税税率 60%,计算李先生应缴纳的进境物品进口税。假定报关进口当日人民币市场汇率为 1 美元 = 6.892 元人民币。

$$\text{应纳进口关税} = (800 \times 15\% + 500 \times 60\% + 600 \times 60\%) \times 6.892 = 5\,375.76(元)$$

第四节 关税的征收管理

《中华人民共和国海关进出口货物征税管理办法》和《中华人民共和国海关税收保全和强制措施暂行办法》中,规定了关税缴纳、关税的强制执行、关税退还、关税补征和追征、关税纳税争议等具体征收管理内容。

一、关税缴纳

进口货物自运输工具申报进境之日起 14 日内,出口货物在货物运抵海关监管区后装货的 24 小时以前,应由进出口货物的纳税义务人向货物进(出)境地海关申报,海关根据税则归类和完税价格计算应缴纳的关税和进口环节代征税,并填发税款缴款书。纳税义务人应当自海关填发税款缴款书之日起 15 日内,向指定银行缴纳税款。如关税缴纳期限的最后 1 日是周末或法定节假日,则关税缴纳期限顺延至周末或法定节假日过后的第 1 个工作日。为方便纳税义务人,经申请且海关同意,进(出)口货物的纳税义务人可以在设有海关的指运地(启运地)办

[①] 海关总署公告 2010 年第 43 号:《关于调整进出境个人邮递物品管理措施有关事宜》规定,自 2010 年 9 月 1 日起,个人邮寄进境物品,海关依法征收进口税,但应征进口税税额在人民币 50 元(含 50 元)以下的,海关予以免征。个人寄自或寄往港、澳、台地区的物品,每次限值为 800 元人民币;寄自或寄往其他国家和地区的物品,每次限值为 1 000 元人民币。超出规定限值的,应办理退运手续或者按照货物规定办理通关手续。但邮包内仅有一件物品且不可分割,虽超出规定限值,经海关审核确属个人自用的,可以按照个人物品规定办理通关手续。

理海关申报、纳税手续。

纳税人因不可抗力或者在国家税收政策调整的情形下,不能按期缴纳税款的,经海关总署批准,可以延期缴纳税款,但最长不得超过6个月。

二、关税的强制执行[①]

进出口货物的纳税人在规定的纳税期限内有明显的转移、藏匿其应税货物以及其他财产迹象的,纳税人应在海关规定的期限内提供海关认可的担保;纳税人不能提供担保的,海关可以采取下列税收保全措施:

第一,书面通知纳税人开户银行或者其他金融机构暂停支付纳税人相当于应纳税款的存款;

第二,扣留纳税人价值相当于应纳税款的货物或者其他财产。

纳税人在规定的纳税期限内缴纳税款的,海关必须解除税收保全措施;纳税人自海关填发税款缴款书之日起15日内未缴纳税款的,经直属海关关长或者其授权的隶属海关关长批准,海关可以书面通知纳税人开户银行或者其他金融机构从其暂停支付的款项中扣缴相应税款,或者依法变卖所扣留的货物或者其他财产,以变卖所得抵缴税款。

纳税人、担保人自规定的纳税期限届满之日起超过3个月未缴纳税款的,经直属海关关长或者其授权的隶属海关关长批准,海关可以采取下列强制措施:

第一,书面通知开户银行或者其他金融机构从其存款中扣缴税款;

第二,将应税货物依法变卖,以变卖所得抵缴税款;

第三,扣留并依法变卖其价值相当于应纳税款的货物或者其他财产,以变卖所得抵缴税款。

海关采取强制措施时,对纳税人、担保人未缴纳的滞纳金同时强制执行。

纳税人在规定的纳税期限内已缴纳税款,海关未解除税收保全措施,或者采取税收保全措施、强制措施不当,致使纳税人、担保人的合法权益受到损失的,海关应当依法承担赔偿责任。

海关无法采取税收保全措施、强制措施,或者依照规定采取税收保全措施、强制措施仍无法足额征收税款的,海关依法可向人民法院申请强制执行。

纳税人、担保人抗拒、阻碍海关依法采取税收保全措施、强制措施的,移交地方公安机关依法处理。构成犯罪的,依法追究刑事责任。

三、关税退还

关税退还是指关税纳税义务人按海关核定的税额缴纳关税后,因某种原因的出现,海关将实际征收多于应当征收的税额(称为溢征关税)退还给原纳税义务人的一种行政行为。根据《海关法》规定,海关多征的税款,海关发现后应当立即退还。

按规定,有下列情形之一的,进出口货物的纳税义务人可以自缴纳税款之日起1年内,书面声明理由,连同原纳税收据向海关申请退税并加算银行同期活期存款利息,逾期不予受理:

1. 因海关误征,多纳税款的;
2. 海关核准免验进口的货物,在完税后,发现有短卸情形,经海关审查认可的;

[①] 2009年8月19日,海关总署令第184号公布《中华人民共和国海关税收保全和强制措施暂行办法》,自2009年9月1日起施行。

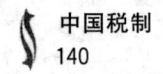

3. 已征出口关税的货物,因故未将其运至出口,申报退关,经海关查验属实的。

海关应当自受理退税申请之日起 30 日内查实并通知纳税人办理退还手续。纳税人应当自收到通知之日起 3 个月内办理有关退税手续。

对已征出口关税的出口货物和已征进口关税的进口货物,因货物品种或规格原因(非其他原因)原状复运进境或出境的,经海关查验属实的,也应退还已征关税。海关应当自受理退税申请之日起 30 日内,做出书面答复并通知退税申请人。如果属于其他原因且不能以原状复运进境或出境的,不能退税。

四、关税补征和追征

补征和追征是海关在关税纳税义务人按海关核定的税额缴纳关税后,发现实际征收税额少于应当征收的税额(称为短征关税)时,责令纳税义务人补缴所差税款的一种行政行为。《海关法》根据短征关税的原因,将海关征收原短征关税的行为分为补征和追征两种。由于纳税人违反海关规定造成短征关税的,称为追征;非因纳税人违反海关规定造成短征关税的,称为补征。区分关税追征和补征的目的是为了区别不同情况适用不同的征收时效,超过时效规定的期限,海关就丧失了追补关税的权力。根据《海关法》规定,进出境货物和物品放行后,海关发现少征或者漏征税款,应当自缴纳税款或者货物、物品放行之日起 1 年内,向纳税义务人补征;因纳税义务人违反规定而造成的少征或者漏征的税款,自纳税义务人应缴纳税款之日起 3 年以内可以追征,并从缴纳税款之日起按日加收少征或者漏征税款万分之五的滞纳金。

五、关税纳税争议

为保护纳税人的合法权益,我国《海关法》和《关税条例》都规定了纳税义务人对海关确定的进出口货物的征税、减税、补税或者退税等有异议时,有提出申诉的权利。在纳税义务人同海关发生纳税争议时,可以向海关申请复议,但同时应当在规定期限内按海关核定的税额缴纳关税,逾期则构成滞纳,海关有权按规定采取强制执行措施。

纳税争议的内容一般为,进出境货物和物品的纳税义务人对海关在原产地认定,税则归类,税率或汇率适用,完税价格确定,关税减征、免征、追征、补征和退还等征税行为是否合法或适当,是否侵害了纳税义务人的合法权益,而对海关征收关税的行为表示异议。

纳税争议的申诉程序:纳税义务人自海关填发税款缴款书之日起 30 日内,向原征税海关的上一级海关书面申请复议。逾期申请复议的,海关不予受理。海关应当自收到复议申请之日起 60 日内做出复议决定,并以复议决定书的形式正式答复纳税义务人;纳税义务人对海关复议决定仍然不服的,可以自收到复议决定书之日起 15 日内,向人民法院提起诉讼。

本章小结

关税是指海关根据国家制定的有关法律,以进出关境的货物和物品为征税对象,就其进出口流转额征收的一种税。我国现行关税具有征税对象的特定性、税率设置的复式性、纳税环节的一次性、征收管理的权威性、税收政策的涉外性五个方面的特点。

现行关税制度规定,准许进口的货物、进出境物品,由海关依法征收关税。进口货物的收货人、出口货物的发货人、进境物品的所有人是关税的纳税人。

我国进口关税税率分设最惠国税率、协定税率、特惠税率、普通税率和关税配额税率;出口关税实行比例税率。关税优惠政策有法定减免、特定减免和临时减免三种情况。

从计税方法上看，我国现行进口货物关税主要包括从价关税、从量关税、复合关税和滑准关税四种类型。

完税价格是计算关税应纳税额的依据。进口货物的完税价格由海关以该货物的成交价格为基础审查确定；出口货物的完税价格由海关以该货物向境外销售的成交价格为基础审查确定；进境物品的完税价格一般采用境外零售价格的平均价格。

推荐阅读书目

[1]谷成：《关税效应分析与中国关税政策选择》，东北财经大学出版社2007年版。
[2]刘孝诚：《关税学》，中国财政经济出版社2007年版。
[3]靳万军、周华伟：《流转税理论与实践》，经济科学出版社2007年版。
[4]黄天华：《中国关税制度》，中国财政经济出版社2009年版。
[5]苏筱华：《中国流转税制研究》，中国税务出版社2009年版。
[6]岑维廉、钟昌元、王华：《关税理论与中国关税制度》，上海人民出版社2009年版。
[7]李九领：《关税理论与政策》，中国海关出版社2010年版。
[8]全国税务师职业资格考试教材编写组：《税法（Ⅰ）》，中国税务出版社2016年版。

第五章 企业所得税税制

本章导读

本章主要介绍企业所得税税制。通过本章学习,要求了解企业所得税的概念与特点;掌握企业所得税的法律规定,特别要掌握企业所得税的纳税人、征税对象、税率、税收优惠等法律规定;掌握企业所得税应纳税所得额的确定方法和应纳企业所得税额的计算;熟悉企业所得税的征收管理。

第一节 企业所得税概述

一、企业所得税的概念

企业所得税是对我国境内企业的生产经营所得和其他所得所征收的一种税。

改革开放以来,我国对企业征收所得税的形式历经改变,经历了按不同所有制企业征收所得税以及对内、外资企业分别征收不同的所得税。1980年9月,全国人大颁布《中华人民共和国中外合资经营企业所得税法》,这是新中国成立后的第一部企业所得税法;1981年12月,全国人大颁布《中华人民共和国外国企业所得税法》;1984年,国务院发布《中华人民共和国国营企业所得税暂行条例》和《中华人民共和国集体企业所得税暂行条例》;1988年,国务院发布《中华人民共和国私营企业所得税暂行条例》;1991年4月,外资企业所得税合并,全国人大颁布《中华人民共和国外商投资企业和外国企业所得税法》,自同年7月1日起施行;1993年12月13日,国务院将集体企业所得税与国营企业所得税、私营企业所得税合并,统一征收内资企业所得税,制定发布了《中华人民共和国企业所得税暂行条例》,自1994年1月1日起施行。2007年,内、外资企业所得税合并。2007年3月16日,第十届全国人民代表大会第五次会议通过了《中华人民共和国企业所得税法》。2007年11月28日,国务院通过了《中华人民共和国企业所得税法实施条例》,自2008年1月1日起施行。

> **专栏 5—1 中国企业所得税制度的历史沿革**[①]
>
> 一、新中国成立前的企业所得税制度
>
> 中国的所得税制度的创建受欧美和日本等国影响,始议于20世纪初。清末宣统年间(约1910年),政府有关部门曾草拟出《所得税章程》,包括对企业所得和个人所得征税的内容,但因社会动荡等原因未能公布施行。

[①] 财政部网站,http://www.mof.gov.cn/zhuantihuigu/qysdsf/bjzl/200805/t20080519_26165.html。编入时作者有所改动。

1912年中华民国成立后,以前述章程为基础制定了《所得税条例》,并于1914年初公布,但因社会动乱、企业生产经营不稳定,以及税收征管条件差等原因,在此后二十多年间未能真正施行。

1936年,国民政府公布《所得税暂行条例》,自同年10月1日起施行。这是中国历史上第一次实质性地开征所得税。

1943年,国民政府公布了《所得税法》,进一步提高了所得税的法律地位,并成为政府组织财政收入重要方式之一。

二、新中国成立后至改革开放前的企业所得税制度

在1949年的首届全国税务会议上,通过了统一全国税收政策的基本方案,其中包括对企业所得和个人所得征税的办法。1950年,政务院发布了《全国税政实施要则》,规定全国设置14种税收,其中涉及对所得征税的有工商业税(所得税部分)、存款利息所得税和薪给报酬所得税这3种税收。

工商业税(所得税部分)自1950年开征以后,主要征税对象是私营企业、集体企业和个体工商户的应税所得。国营企业因政府有关部门直接参与经营和管理,其财务核算制度也与一般企业差异较大,所以国营企业实行利润上缴制度,而不缴纳所得税。这种制度的设计适应了当时中国高度集中的计划经济管理体制的需要。

1958年和1973年我国进行了两次重大的税制改革,其核心是简化税制,其中的工商业税(所得税部分)主要还是对集体企业征收,国营企业只征一道工商税,不征所得税。在这个阶段,各项税收收入占财政收入的比重有所提高,占50%左右,但国营企业上缴的利润仍是国家财政收入的主要来源之一。在税收收入中,国内销售环节征收的货物税和劳务税是主体收入,占税收总额的比例在70%以上,工商企业上缴的所得税收入占税收总额的比重较小。

三、改革开放后的企业所得税制度

从20世纪70年代末起,中国开始实行改革开放政策,税制建设进入了一个新的发展时期,税收收入逐步成为政府财政收入的主要来源,同时税收成为国家宏观经济调控的重要手段。

(一)1978~1982年的企业所得税制度

改革开放以后,为适应引进国外资金、技术和人才,开展对外经济技术合作的需要,根据党中央统一部署,税制改革工作在"七五"计划期间逐步推开。1980年9月,第五届全国人民代表大会第三次会议通过了《中华人民共和国中外合资经营企业所得税法》并公布施行。企业所得税税率确定为30%,另按应纳所得税额附征10%的地方所得税。1981年12月,第五届全国人民代表大会第四次会议通过了《中华人民共和国外国企业所得税法》,实行20%~40%的五级超额累进税率,另按应纳税的所得额附征10%的地方所得税。上述改革标志着与中国社会主义有计划的市场经济体制相适应的所得税制度改革开始起步。

(二)1983~1990年的企业所得税制度

作为企业改革和城市改革的一项重大措施,1983年国务院决定在全国试行国营企业"利改税",即将新中国成立后实行了30多年的国营企业向国家上缴利润的制度改为缴纳企业所得税的制度。

1984年9月,国务院发布《中华人民共和国国营企业所得税暂行条例》和《国营企业调节税征收办法》。国营企业所得税的纳税人为实行独立经济核算的国营企业,大中型企业实行55%的比例税率,小型企业等适用10%~55%的八级超额累进税率。国营企业调节税的纳税人为大中型国营企业,税率由财税部门商企业主管部门核定。

1985年4月,国务院发布《中华人民共和国集体企业所得税暂行条例》,实行10%~55%的八级超额累进税率,原来对集体企业征收的工商税(所得税部分)同时停止执行。

1988年6月,国务院发布《中华人民共和国私营企业所得税暂行条例》,税率为35%。国营企业"利改税"和集体企业、私营企业所得税制度的出台,重新确定了国家与企业之间的分配关系,使我国的企业所得税制建设进入健康发展的新阶段。

(三)1991~2007年的企业所得税制度

为适应中国建立社会主义市场经济体制的新形势,进一步扩大改革开放,努力把国有企业推向市场,按照统一税法、简化税制、公平税负、促进竞争的原则,国家先后完成了外资企业所得税的统一和内资企业所得税的统一。

1991年4月,第七届全国人民代表大会将《中华人民共和国中外合资经营企业所得税法》与《中华人民共和国外国企业所得税法》合并,制定了《中华人民共和国外商投资企业和外国企业所得税法》,并于同年7月1日起施行。

1993年12月13日,国务院将《中华人民共和国国营企业所得税暂行条例》、《国营企业调节税征收办法》、《中华人民共和国集体企业所得税暂行条例》和《中华人民共和国私营企业所得税暂行条例》进行整合,制定了《中华人民共和国企业所得税暂行条例》,自1994年1月1日起施行。上述改革标志着中国的所得税制度改革朝法治化、科学化和规范化的方向迈出了重要的步伐。

(四)2008年开始实施的企业所得税制度

2007年3月16日,十届全国人大五次会议表决通过了《中华人民共和国企业所得税法》,并于2008年1月1日起施行。新企业所得税法的施行表明,从2008年1月1日起,中国的内、外资企业将按照25%的统一税率缴纳企业所得税,外资企业将与内资企业平等享受更侧重于产业结构优化的优惠税率政策。新企业所得税法吸纳了国际税制改革的先进经验,主要从纳税人、税率、税前扣除办法、税收优惠四个方面统一和规范了企业所得税制度。

二、企业所得税的特点

与其他税种相比,企业所得税具有以下特点:

(一)以应纳税所得额为计税依据

应纳税所得额是指企业每一纳税年度的收入总额减除不征税收入、免税收入、各项扣除以及允许弥补的以前年度亏损后的余额,它既不等于企业会计利润总额,也不是企业的增值额,更不是销售额或营业额。因此,企业所得税是一种完全不同于对商品劳务课税的税种。

(二)应纳税额的计算较为复杂

由于企业所得税的计税依据为应纳税所得额,而应纳税所得额的计算与企业的收入、成本、费用、税金、损失等关系密切,并且税法中的收入、成本、费用与会计中的收入、成本、费用的口径有一些不同。此外,企业所得税的计算还涉及其他多个税种的计算,既与消费税、城市维护建设税、教育费附加、关税、资源税和土地增值税等销售税金的计算直接相关,也与车船税、房产税、城镇土地使用税和印花税等费用性税金的计算直接相关,即销售税金及费用性税金计算是否正确,也直接影响到企业所得税计算的正确与否。

(三)以"量能负担"为征税原则

由于应纳税所得额是净所得额,能够真实地反映纳税人的实际负担能力,以应纳税所得额为计税依据,就能更好地贯彻量能负担的原则;即有所得的就纳税,无所得的不纳税;所得多的多纳税,所得少的少纳税。这种将纳税的多少与纳税人所得的高低紧密结合征税的办法,体现了征税的多少与纳税人的负担能力大小一致的基本原则。

(四)实行"按年计征、分期预缴"的征管办法

应纳税所得额的计算通常以会计利润为基础,而企业会计利润一般又是按年度计算的。因此,企业所得税以全年应纳税所得额作为计税依据正好与会计年度及核算期限一致,有利于税收征收管理和企业核算期限的一致性。考虑到税款入库的及时性和均衡性,所以平时按月或按季预缴税款,年终再根据全年应纳所得税实际情况实行汇算清缴,多退少补。

第二节 企业所得税的法律规定

一、企业所得税的征税对象

企业所得税的征税对象是指企业的生产经营所得、其他所得和清算所得。

(一)居民企业的征税对象

居民企业应就来源于中国境内、境外的所得作为征税对象。所得包括销售货物所得、提供劳务所得、转让财产所得、股息红利等权益性投资所得、利息所得、租金所得、特许权使用费所得、接受捐赠所得和其他所得。

(二)非居民企业的征税对象

非居民企业在中国境内设立机构、场所的,应当就其所设机构、场所取得的来源于中国境内的所得,以及发生在中国境外但与其所设机构、场所有实际联系的所得,缴纳企业所得税。非居民企业在中国境内未设立机构、场所的,或者虽设立机构、场所但取得的所得与其所设机构、场所没有实际联系的,应当就其来源于中国境内的所得缴纳企业所得税。

上述所称实际联系,是指非居民企业在中国境内设立的机构、场所拥有的据以取得所得的股权、债权,以及拥有、管理、控制据以取得所得的财产。

(三)所得来源的确定

1. 销售货物所得,按照交易活动发生地确定;
2. 提供劳务所得,按照劳务发生地确定;
3. 转让财产所得,不动产转让所得按照不动产所在地确定,动产转让所得按照转让动产的企业或者机构、场所所在地确定,权益性投资资产转让所得按照被投资企业所在地确定;
4. 股息、红利等权益性投资所得,按照分配所得的企业所在地确定;
5. 利息所得、租金所得、特许权使用费所得,按照负担、支付所得的企业或者机构、场所所在地确定,或者按照负担、支付所得的个人的住所地确定;
6. 其他所得,由国务院财政、税务主管部门确定。

【例5—1】 M公司为中国的非居民企业,该公司在杭州设立分支机构,2016年度该公司

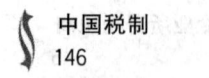

取得如下所得：

(1) 在中国南宁销售一批货物，获得 100 万元；

(2) 在德国以 1 000 万元的价格转让一处不动产，该不动产位于中国温州；

(3) 从 F 公司获得股息 80 万元，F 公司位于日本；

(4) 许可中国境内的 L 公司使用其商标，获得使用费 200 万元；

(5) 设在杭州的分支机构获得了来自德国某企业的利息 60 万元，该德国的企业曾向 M 公司的杭州机构借款 300 万元。

判断：上述所得中，哪些所得来源于中国境内？

分析：

(1) 销售货物 100 万元属于中国境内所得，因为交易发生地在中国；

(2) 转让不动产所得也属于中国境内所得，因为该不动产位于中国；

(3) 股息所得 80 万元属于中国境外所得，因为分配股息的企业位于日本；

(4) 特许权使用费所得 200 万元属于中国境内所得，因为该项特许权在中国使用；

(5) 来自德国的某企业的利息 60 万元属于中国境内所得，因为杭州机构拥有对德国企业的债权，即来自德国某企业的利息与杭州机构有实际联系。

二、企业所得税的纳税人

企业所得税的纳税人是指在我国境内的企业和其他取得收入的组织（以下统称企业）。企业既包括依照中国法律、行政法规在中国境内成立的企业、事业单位、社会团体以及其他取得收入的组织，也包括依照外国（地区）法律成立的企业和其他取得收入的组织，但不包括个人独资企业和合伙企业。

企业分为居民企业和非居民企业。

(一) 居民企业

居民企业是指依法在中国境内成立，或者依照外国（地区）法律成立但实际管理机构在中国境内的企业。这里的企业包括国有企业、集体企业、私营企业、联营企业、股份制企业、外商投资企业、外国企业，以及有生产、经营所得和其他所得的其他组织。其中，有生产、经营所得和其他所得的其他组织，是指经国家有关部门批准，依法注册、登记的事业单位、社会团体等组织。

上述所称实际管理机构，是指对企业的生产经营、人员、账务、财产等实施实质性全面管理和控制的机构。依照外国（地区）法律成立但实际管理机构在中国境内的企业，包括中国人以中国资金依照外国（地区）法律成立的企业和其他取得收入的组织。

对境外注册的中资控股企业，同时符合以下条件的，应判定其为实际管理机构在中国境内的居民企业。[①] 这里所称境外注册的中资控股企业，是指由中国境内的企业或企业集团作为主要控股投资者，在境外依据外国（地区）法律注册成立的企业。

1. 企业负责实施日常生产经营管理运作的高层管理人员及其高层管理部门履行职责的场所主要位于中国境内；

2. 企业的财务决策（如借款、放款、融资、财务风险管理等）和人事决策（如任命、解聘和薪

---

① 国家税务总局：《关于境外注册中资控股企业依据实际管理机构标准认定为居民企业有关问题的通知》（国税发〔2009〕82 号），本通知自 2008 年 1 月 1 日起施行。

酬等)由位于中国境内的机构或人员决定,或需要得到位于中国境内的机构或人员批准;

3. 企业的主要财产、会计账簿、公司印章、董事会和股东会议纪要档案等位于或存放于中国境内;

4. 企业1/2(含1/2)以上有投票权的董事或高层管理人员经常居住于中国境内。

(二)非居民企业

非居民企业是指依照外国(地区)法律成立且实际管理机构不在中国境内,但在中国境内设立机构、场所的,或者在中国境内未设立机构、场所,但有来源于中国境内所得的企业。

上述所称机构、场所,是指在中国境内从事生产经营活动的机构、场所,包括:

1. 管理机构、营业机构、办事机构;
2. 工厂、农场、开采自然资源的场所;
3. 提供劳务的场所;
4. 从事建筑、安装、装配、修理、勘探等工程作业的场所;
5. 其他从事生产经营活动的机构、场所。

非居民企业委托营业代理人在中国境内从事生产经营活动的,包括委托单位或者个人经常代其签订合同,或者储存、交付物资等,该营业代理人视为非居民企业在中国境内设立的机构、场所。

【例5-2】 A公司在南非注册成立,总机构设在南非,该公司在上海设有营业机构,该公司的董事会大多在上海举行,在上海举行的董事会会议决定除矿井作业以外的所有经营事项,该公司在中国境内外的经营由上海的机构控制、管理与指导。

B公司是依照韩国法律在韩国注册成立的企业,该公司的实际管理机构在韩国,B公司为销售便利,在北京和深圳设立了办事机构。

判断:A、B公司是否属于中国的居民企业?

分析:

(1)A公司为中国的居民企业。A公司虽然在南非成立,但A公司位于上海的机构承担了对A公司的生产经营实施实质性全面管理和控制的职责,即A公司的实际管理机构在中国。

(2)B公司为中国的非居民企业。因为B公司既不在中国境内成立,实际管理机构也不在中国。

三、企业所得税的税率

(一)基本税率为25%

适用于居民企业和在中国境内设立机构、场所且所得与机构场所有关联的非居民企业。

(二)低税率为20%

适用于在中国境内未设立机构、场所的,或者虽设立机构、场所但取得的所得与其所设机构、场所没有实际联系的非居民企业。但是,实际征税时适用10%的税率。

四、企业所得税的税收优惠

税收优惠,是指国家运用税收政策在税收法律、行政法规中规定对某一部分特定企业和征税对象给予减轻或免除税收负担的一种措施。企业所得税的税收优惠政策主要包括以下几个方面:

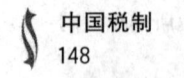

(一)免税收入优惠

免税收入,是指对企业的某些收入项目免于征税的一种优惠措施,企业在计算应纳税所得额时可以将免税收入从收入总额中扣除。具体免税收入参见本章第三节。

(二)减计收入优惠

企业综合利用资源,生产符合国家产业政策规定的产品所取得的收入,可以在计算应纳税所得额时减计收入。具体规定为:企业以《资源综合利用企业所得税优惠目录》规定的资源作为主要原材料,生产国家非限制和禁止并符合国家和行业相关标准的产品取得的收入,减按90%计入收入总额。

(三)农、林、牧、渔业项目所得减免税优惠

1. 免税优惠项目所得

(1)蔬菜、谷物、薯类、油料、豆类、棉花、麻类、糖料、水果、坚果的种植;

(2)农作物新品种的选育;

(3)中药材的种植;

(4)林木的培育和种植;

(5)牲畜、家禽的饲养;

(6)林产品的采集;

(7)灌溉、农产品初加工、兽医、农技推广、农机作业和维修等农、林、牧、渔服务业项目;

(8)远洋捕捞。

2. 减半征税项目所得

(1)花卉、茶以及其他饮料作物和香料作物的种植;

(2)海水养殖、内陆养殖。

企业从事国家限制和禁止发展的项目,不得享受上述优惠。

(四)公共基础设施项目所得减免税优惠

企业从事国家重点扶持的公共基础设施项目投资经营的所得可以免征、减征企业所得税。国家重点扶持的公共基础设施项目,是指《公共基础设施项目企业所得税优惠目录》规定的港口码头、机场、铁路、公路、城市公共交通、电力、水利等项目。

企业从事国家重点扶持的公共基础设施项目的投资经营的所得,自项目取得第一笔生产经营收入所属纳税年度起,第1年至第3年免征企业所得税,第4年至第6年减半征收企业所得税。

企业承包经营、承包建设和内部自建自用以上项目,不得享受企业所得税优惠。

企业按规定享受减免税优惠的项目,在减免税期限内转让的,受让方自受让之日起,可以在剩余期限内享受规定的减免税优惠;减免税期限届满后转让的,受让方不得就该项目重复享受减免税优惠。

(五)环境保护、节能节水项目所得减免税优惠

企业从事符合条件的环境保护、节能节水项目的所得,可以免征、减征企业所得税。符合条件的环境保护、节能节水项目,包括公共污水处理、公共垃圾处理、沼气综合开发利用、节能减排技术改造、海水淡化等。具体优惠规定为:

企业从事上述符合条件的环境保护、节能节水项目的所得,自项目取得第一笔生产经营收入所属纳税年度起,第1年至第3年免征企业所得税,第4年至第6年减半征收企业所得税。

企业享受上述减免税优惠的项目,在减免税期限内转让的,受让方自受让之日起,可以在

剩余期限内享受规定的减免税优惠;减免税期限届满后转让的,受让方不得就该项目重复享受减免税优惠。

(六)技术转让所得减免税优惠

符合条件的技术转让所得可以免征、减征企业所得税。具体规定为:一个纳税年度内,居民企业技术转让所得不超过500万元的部分,免征企业所得税;超过500万元的部分,减半征收企业所得税。

(七)研究开发费加计扣除优惠

企业开发新技术、新产品、新工艺发生的研究开发费用,可以在计算应纳税所得额时加计扣除。具体规定参见本章第三节。

(八)支付残疾人员工资加计扣除优惠

为了鼓励社会各类企业吸纳残疾等特殊人员就业,为社会提供更多的就业机会,更好地保障弱势群体的利益,对企业安置残疾人员及国家鼓励安置的其他就业人员所支付的工资,可以在计算应纳税所得额时加计100%扣除。具体规定参见本章第三节。

(九)加速折旧优惠

企业的固定资产由于技术进步等原因,确需加速折旧的,可以缩短折旧年限或者采取加速折旧的方法。具体规定参见本章第三节。

(十)创业投资抵扣应纳税所得额优惠

创业投资企业从事国家需要重点扶持和鼓励的创业投资,可以按投资额的一定比例抵扣应纳税所得额。具体规定参见本章第三节。

(十一)小型微利企业低税率优惠[①]

符合条件的小型微利企业,减按20%的税率征收企业所得税。

小型微利企业是指从事国家非限制和禁止行业,并符合下列条件的企业:

1. 工业企业,年度应纳税所得额不超过30万元,从业人数不超过100人,资产总额不超过3 000万元;

2. 其他企业,年度应纳税所得额不超过30万元,从业人数不超过80人,资产总额不超过1 000万元。

从业人数,包括与企业建立劳动关系的职工人数和企业接受的劳务派遣用工人数。

(十二)高新技术企业低税率优惠

国家需要重点扶持的高新技术企业,减按15%的税率征收企业所得税。

高新技术企业是指在《国家重点支持的高新技术领域》内,持续进行研究开发与技术成果转化,形成企业核心自主知识产权,并以此为基础开展经营活动,在中国境内(不包括港、澳、台地区)注册一年以上的居民企业。

高新技术企业认定必须同时满足以下条件:

1. 在中国境内(不含港、澳、台地区)注册的企业,近3年内通过自主研发、受让、受赠、并购等方式,或通过5年以上的独占许可方式,对其主要产品(服务)的核心技术拥有自主知识产权。

2. 产品(服务)属于《国家重点支持的高新技术领域》规定的范围。

[①] 财政部、国家税务总局:《关于进一步扩大小型微利企业所得税优惠政策范围的通知》(财税〔2015〕99号),自2015年10月1日起至2017年12月31日,对年应纳税所得额在20万元到30万元(含30万元)的小型微利企业,其所得减按50%计入应纳税所得额,按20%的税率缴纳企业所得税。

3. 具有大学专科以上学历的科技人员占企业当年职工总数的30%以上,其中研发人员占企业当年职工总数的10%以上。

4. 企业为获得科学技术(不包括人文、社会科学)新知识,创造性运用科学技术新知识,或实质性改进技术、产品(服务)而持续进行了研究开发活动,且近3个会计年度的研究开发费用总额占销售收入总额的比例符合如下要求:最近一年销售收入小于5 000万元的企业,比例不低于6%;最近一年销售收入在5 000万元至20 000万元的企业,比例不低于4%;最近一年销售收入在20 000万元以上的企业,比例不低于3%。其中,企业在中国境内发生的研究开发费用总额占全部研究开发费用总额的比例不低于60%。企业注册成立时间不足3年的,按实际经营年限计算。

5. 高新技术产品(服务)收入占企业当年总收入的60%以上。

6. 企业研究开发组织管理水平、科技成果转化能力、自主知识产权数量、销售与总资产成长性等指标符合《高新技术企业认定管理工作指引》的要求。

(十三)环境保护、节能节水、安全生产专用设备的投资抵免优惠

企业购置并实际使用《环境保护专用设备企业所得税优惠目录》、《节能节水专用设备企业所得税优惠目录》和《安全生产专用设备企业所得税优惠目录》规定的环境保护、节能节水、安全生产等专用设备的,该专用设备的投资额的10%可以从企业当年的应纳税额中抵免;当年不足抵免的,可以在以后5个纳税年度结转抵免。

(十四)非居民企业的税收优惠

非居民企业减按10%的税率征收企业所得税。这里的非居民企业是指在中国境内未设立机构、场所的,或者虽设立机构、场所但取得的所得与其所设机构、场所没有实际联系的企业,该类非居民企业取得下列所得免征企业所得税:

1. 外国政府向中国政府提供贷款取得的利息所得;
2. 国际金融组织向中国政府和居民企业提供优惠贷款取得的利息所得;
3. 经国务院批准的其他所得。

(十五)民族自治地方企业的税收优惠

《中华人民共和国民族区域自治法》规定:民族自治地方的自治机关对属于地方财政收入的某些税收需要加以照顾和鼓励的,可以实行减税或者免税。根据这一原则,民族自治地方的自治机关对本民族自治地方的企业应缴纳的企业所得税中属于地方分享的部分,可以决定减征或者免征。自治州、自治县决定减征或者免征的,须报省、自治区、直辖市人民政府批准。

民族自治地方,是指依照《中华人民共和国民族区域自治法》的规定,实行民族区域自治的自治区、自治州、自治县。

对民族自治地方内国家限制和禁止行业的企业,不得减征或者免征企业所得税。

企业同时从事适用不同企业所得税待遇的项目的,其优惠项目应当单独计算所得,并合理分摊企业的期间费用;没有单独计算的,不得享受企业所得税优惠。

第三节 企业所得税应纳税所得额的确定

应纳税所得额是指企业每一纳税年度的收入总额减除不征税收入、免税收入、各项扣除以及允许弥补的以前年度亏损后的余额。用公式表示为:

应纳税所得额=收入总额-不征税收入-免税收入-各项扣除-允许弥补的以前年度亏损

企业应纳税所得额的计算,以权责发生制为原则。属于当期的收入和费用,不论款项是否收付,均作为当期的收入和费用;不属于当期的收入和费用,即使款项已经在当期收付,均不作为当期的收入和费用。

一、收入总额

收入总额是指企业以货币形式和非货币形式从各种来源取得的收入。

货币收入是指企业取得的现金以及将以固定或可确定金额的货币收取的收入,具体包括现金、存款、应收账款、应收票据、准备持有至到期的债券投资以及债务的豁免等。非货币收入是指企业取得的货币形式以外的收入,包括固定资产、生物资产、无形资产、股权投资、存货(原材料、包装物、低值易耗品、库存商品、委托加工物资、委托代销商品、分期收款发出商品等)、不准备持有至到期的债券投资、劳务以及有关权益等。以非货币形式取得的收入,应当按照公允价值确定收入额(公允价值是指按照市场价格确定的价值)。

(一)收入确认的一般规定

1. 销售货物收入。是指企业销售商品、产品、原材料、包装物、低值易耗品以及其他存货取得的收入。

2. 提供劳务收入。是指企业从事建筑安装、修理修配、交通运输、仓储租赁、金融保险、邮电通信、咨询经纪、文化体育、科学研究、技术服务、教育培训、餐饮住宿、中介代理、卫生保健、社区服务、旅游、娱乐、加工以及其他劳务服务活动取得的收入。

3. 转让财产收入。是指企业转让固定资产、生物资产、无形资产、股权、债权等财产取得的收入。

4. 股息、红利等权益性投资收益。是指企业因权益性投资从被投资方取得的收入。此项收益,除国务院财政、税务主管部门另有规定外,按照被投资方作出利润分配决定的日期确认收入的实现。

5. 利息收入。是指企业将资金提供他人使用但不构成权益性投资,或者因他人占用本企业资金取得的收入,包括存款利息、贷款利息、债券利息、欠款利息等。此项收入按照合同约定的债务人应付利息的日期确认收入的实现。

6. 租金收入。是指企业提供固定资产、包装物或者其他有形资产的使用权取得的收入。此项收入按照合同约定的承租人应付租金的日期确认收入的实现。

7. 特许权使用费收入。是指企业提供专利权、非专利技术、商标权、著作权以及其他特许权的使用权取得的收入。此项收入按照合同约定的特许权使用人应付特许权使用费的日期确认收入的实现。

8. 接受捐赠收入。是指企业接受的来自其他企业、组织或者个人无偿给予的货币性资产、非货币性资产。此项收入按照实际收到捐赠资产的日期确认收入的实现。

9. 其他收入。是指企业取得的除上述收入以外的其他收入,包括企业资产溢余收入、逾期未退包装物押金收入、确实无法偿付的应付款项、已作坏账损失处理后又收回的应收款项、债务重组收入、补贴收入、违约金收入和汇兑收益等。

(二)收入确认的特殊规定

1. 以分期收款方式销售货物的,按照合同约定的收款日期确认收入的实现。

2. 企业受托加工制造大型机械设备、船舶、飞机,以及从事建筑、安装、装配工程业务或者提供其他劳务等,持续时间超过12个月的,按照纳税年度内完工进度或者完成的工作量确认

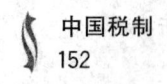

收入的实现。

3. 采取产品分成方式取得收入的,按照企业分得产品的日期确认收入的实现,其收入额按照产品的公允价值确定。

4. 企业发生非货币性资产交换,以及将货物、财产、劳务用于捐赠、偿债、赞助、集资、广告、样品、职工福利或者利润分配等用途的,应当视同销售货物、转让财产或者提供劳务,但国务院财政、税务主管部门另有规定的除外。

(三)处置资产收入的确认

1. 企业发生下列情形的处置资产,除将资产转移至境外以外,由于资产所有权属在形式和实质上均不发生改变,可作为内部处置资产,不视同销售确认收入,相关资产的计税基础延续计算。

(1)将资产用于生产、制造、加工另一产品;

(2)改变资产形状、结构或性能;

(3)改变资产用途(比如自建商品房转为自用或经营);

(4)将资产在总机构及其分支机构之间转移;

(5)上述两种或两种以上情形的混合;

(6)其他不改变资产所有权属的用途。

2. 企业将资产移送他人的下列情形,因资产所有权属已发生改变而不属于内部处置资产,应按规定视同销售确定收入。

(1)用于市场推广或销售;

(2)用于交际应酬;

(3)用于职工奖励或福利;

(4)用于股息分配;

(5)用于对外捐赠;

(6)其他改变资产所有权属的用途。

3. 企业发生上述第2种情形时,属于企业自制的资产,应按企业同类资产同期对外销售价格确定销售收入;属于外购的资产,可按购入时的价格确定销售收入。

(四)相关收入实现的确认

除税法及实施条例中对收入的前述规定外,企业销售收入的确认,必须遵循权责发生制原则和实质重于形式原则。

1. 企业销售商品同时满足下列条件的,应确认收入的实现:

(1)商品销售合同已经签订,企业已将与商品所有权相关的主要风险和报酬转移给购货方。

(2)企业对已售出的商品既没有保留通常与所有权相联系的继续管理权,也没有实施有效控制。

(3)收入的金额能够可靠地计量。

(4)已发生或将发生的销售方的成本能够可靠地核算。

2. 符合上款收入确认条件,采取下列商品销售方式的,按照以下规定确认收入实现时间:

(1)销售商品采用托收承付方式的,在办妥托收手续时确认收入。

(2)销售商品采取预收款方式的,在发出商品时确认收入。

(3)销售商品需要安装和检验的,在购买方接受商品以及安装和检验完毕时确认收入。如果安装程序比较简单,可在发出商品时确认收入。

(4)销售商品采用支付手续费方式委托代销的,在收到代销清单时确认收入。

3. 采用售后回购方式销售商品的,销售的商品按售价确认收入,回购的商品作为购进商品处理。有证据表明,不符合销售收入确认条件的,如以销售商品方式进行融资,收到的款项应确认为负债,回购价格大于原售价的,差额应在回购期间确认为利息费用。

4. 销售商品以旧换新的,销售商品应当按照销售商品收入确认条件确认收入,回收的商品作为购进商品处理。

5. 企业以买一赠一等方式组合销售本企业商品的,不属于捐赠,应将总的销售金额按各项商品的公允价值的比例来分摊确认各项销售收入。

6. 企业为促进商品销售而在商品价格上给予的价格扣除属于商业折扣,商品销售涉及商业折扣的,应当按照扣除商业折扣后的金额确定销售商品收入金额。

债权人为鼓励债务人在规定的期限内付款而向债务人提供的债务扣除属于现金折扣,销售商品涉及现金折扣的,应当按扣除现金折扣前的金额确定销售商品收入金额,现金折扣在实际发生时作为财务费用扣除。

企业因售出商品的质量不合格等原因而在售价上给予的减让属于销售折让;企业因售出商品质量、品种不符合要求等原因而发生的退货属于销售退回。企业已经确认销售收入的售出商品发生销售折让和销售退回,应当在发生当期冲减当期销售商品收入。

7. 企业在各个纳税期末,提供劳务交易的结果能够可靠估计的,应采用完工进度(完工百分比)法确认提供劳务收入。

(1)提供劳务交易的结果能够可靠估计,是指同时满足下列条件:

①收入的金额能够可靠地计量;

②交易的完工进度能够可靠地确定;

③交易中已发生和将发生的成本能够可靠地核算。

(2)企业提供劳务完工进度的确定,可选用下列方法:

①已完工作的测量;

②已提供劳务占劳务总量的比例;

③发生成本占总成本的比例。

(3)劳务收入总额按照从接受劳务方已收或应收的合同或协议价款来确定。具体方法是,根据纳税期末提供的劳务收入总额乘以完工进度扣除以前纳税年度累计已确认提供劳务收入后的金额,确认为当期劳务收入;同时,按照提供劳务估计总成本乘以完工进度扣除以前纳税期间累计已确认劳务成本后的金额,结转为当期劳务成本。

(4)下列提供劳务满足收入确认条件的,按照以下规定确认收入:

①安装费。根据安装完工进度确认收入。安装工作是商品销售附带条件的,安装费在确认商品销售实现时确认收入。

②宣传媒介的收费。在相关的广告或商业行为出现于公众面前时确认收入。广告的制作费,应根据制作广告的完工进度确认收入。

③软件费。为特定客户开发软件的收费,根据开发的完工进度确认收入。

④服务费。包含在商品售价内可区分的服务费,在提供服务的期间分期确认收入。

⑤艺术表演、招待宴会和其他特殊活动的收费。在相关活动发生时确认收入。收费涉及几项活动的,预收的款项应合理分配给每项活动,分别确认收入。

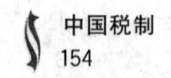

⑥会员费。申请入会或加入会员，只允许取得会籍，所有其他服务或商品都要另行收费的，在取得该会员费时确认收入。申请入会或加入会员后，会员在会员期内不再付费就可得到各种服务或商品，或者以低于非会员的价格销售商品或提供服务的，该会员费应在整个受益期内分期确认收入。

⑦特许权费。属于提供设备和其他有形资产的特许权费，在交付资产或转移资产所有权时确认收入；属于提供初始及后续服务的特许权费，在提供服务时确认收入。

⑧劳务费。长期为客户提供重复的劳务收取的劳务费，在相关劳务活动发生时确认收入。

二、不征税收入

(一)财政拨款

财政拨款是指各级人民政府对纳入预算管理的事业单位、社会团体等组织拨付的财政资金。但国务院和国务院财政、税务主管部门另有规定的除外。

(二)行政事业性收费和政府性基金

行政事业性收费是指国家机关、事业单位、代行政府职能的社会团体及其他组织根据法律法规等有关规定，依照国务院规定程序批准，在实施社会公共管理，以及在向公民、法人提供特定公共服务的过程中，向特定对象收取并纳入财政管理的费用；政府性基金是指企业按照法律、行政法规等有关规定代政府收取的具有专项用途的财政资金。

对企业收缴的各种基金和收费，按照以下规定处理：

1. 企业收取的各种基金、收费，应计入企业当年收入总额。

2. 企业按照规定缴纳的、由国务院或财政部批准设立的政府性基金以及由国务院和省、自治区、直辖市人民政府及其财政、价格主管部门批准设立的行政事业性收费，准予在计算应纳税所得额时扣除。企业缴纳的不符合上述审批管理权限设立的基金、收费，不得在计算应纳税所得额时扣除。

3. 对企业依照法律、法规及国务院有关规定收取并上缴财政的政府性基金和行政事业性收费，准予作为不征税收入，于上缴财政的当年在计算应纳税所得额时从收入总额中减除；未上缴财政的部分，不得从收入总额中减除。

(三)其他不征税收入

其他不征税收入是指企业取得的，由国务院财政、税务主管部门规定专项用途并经国务院批准的财政性资金。

财政性资金，是指企业取得的来源于政府及其有关部门的财政补助、补贴、贷款贴息，以及其他各类财政专项资金，包括直接减免的增值税和即征即退、先征后退、先征后返的各种税收，但不包括企业按规定取得的出口退税款。

对企事业单位取得的财政性资金，按照以下规定处理：

1. 企业取得的各类财政性资金，除属于国家投资和资金使用后要求归还本金的以外，均应计入企业当年收入总额。所称国家投资，是指国家以投资者身份投入企业，并按有关规定相应增加企业实收资本(股本)的直接投资。

2. 对企业取得的由国务院财政、税务主管部门规定专项用途并经国务院批准的财政性资金，准予作为不征税收入，在计算应纳税所得额时从收入总额中减除。

(1)企业从县级以上各级人民政府财政部门及其他部门取得的应计入收入总额的财政性资金，凡同时符合以下条件的，可以作为不征税收入，在计算应纳税所得额时从收入总额中减除：

①企业能够提供规定资金专项用途的资金拨付文件；

②财政部门或其他拨付资金的政府部门对该资金有专门的资金管理办法或具体管理要求；

③企业对该资金以及以该资金发生的支出单独进行核算。

(2)企业将符合规定条件的财政性资金作不征税收入处理后，在5年(60个月)内未发生支出且未缴回财政部门或其他拨付资金的政府部门的部分，应计入取得该资金第六年的应税收入总额；计入应税收入总额的财政性资金发生的支出，允许在计算应纳税所得额时扣除。

3. 纳入预算管理的事业单位、社会团体等组织按照核定的预算和经费报领关系收到的由财政部门或上级单位拨入的财政补助收入，准予作为不征税收入，在计算应纳税所得额时从收入总额中减除，但国务院和国务院财政、税务主管部门另有规定的除外。

值得注意的是，企业的不征税收入用于支出所形成的费用，不得在计算应纳税所得额时扣除；企业的不征税收入用于支出所形成的资产，其计算的折旧、摊销不得在计算应纳税所得额时扣除。

三、免税收入

1. 国债利息收入。是指企业持有国务院财政部门发行的国债利息收入。

2. 符合条件的居民企业之间的股息、红利等权益性投资收益。是指居民企业直接投资于其他居民企业取得的投资收益。

3. 在中国境内设立机构、场所的非居民企业从居民企业取得与该机构、场所有实际联系的股息、红利等权益性投资收益。

上述两项所称的股息、红利等权益性投资收益，不包括连续持有居民企业公开发行并上市流通的股票不足12个月取得的投资收益。

对内地企业投资者通过沪港通投资香港联交所上市股票取得的股息、红利所得，计入其收入总额，依法计征企业所得税。其中，内地居民企业连续持有H股满12个月取得的股息、红利所得，依法免征企业所得税。[①]

4. 符合条件的非营利组织的收入。

符合条件的非营利组织，是指同时符合下列条件的组织：依法履行非营利组织登记手续；从事公益性或者非营利性活动，且活动范围主要在中国境内；取得的收入除用于与该组织有关的、合理的支出外，全部用于登记核定或者章程规定的公益性或者非营利性事业；除合理的工资薪金支出外，财产及其孳息不用于分配；按照登记核定或者章程规定，该组织注销后的剩余财产用于公益性或者非营利性目的，或者由登记管理机关转赠给与该组织性质、宗旨相同的组织，并向社会公告；投入人对投入该组织的财产不保留或者享有任何财产权利；工作人员工资福利开支控制在规定的比例内，不变相分配该组织的财产；对取得的应纳税收入及其有关的成本、费用、损失与免税收入及其有关的成本、费用、损失分别核算。

符合条件的非营利组织的收入，不包括非营利组织从事营利性活动取得的收入，但国务院财政、税务主管部门另有规定的除外。

---

① 财政部、国家税务总局、证监会：《关于沪港通股票市场交易互联互通机制试点有关税收政策的通知》(财税[2014]81号)，本通知自2014年11月17日起施行。

非营利组织的下列收入为免税收入：

(1)接受其他单位或者个人捐赠的收入；

(2)除《中华人民共和国企业所得税法》第七条规定的财政拨款以外的其他政府补助收入，但不包括因政府购买服务取得的收入；

(3)按照省级以上民政、财政部门规定收取的会费；

(4)不征税收入和免税收入孳生的银行存款利息收入；

(5)财政部、国家税务总局规定的其他收入。

四、企业支出的税前扣除

(一)企业支出税前扣除的基本原则

1. 真实性原则。真实性是税前扣除的首要条件，真实性是指除税法规定的加计费用等扣除外，任何支出除非确属已经真实发生，否则不得在税前扣除。

2. 合法性原则。合法性是指企业税前扣除的每一项支出都必须符合法律、法规的规定，因违反法律、行政法规而交付的罚款、罚金、滞纳金不得在税前扣除。

3. 相关性原则。相关性是指企业税前扣除的支出必须与取得的应税收入直接相关。与取得收入无关的各项支出均不得在税前扣除。但企业取得的各项免税收入所对应的各项成本费用，除另有规定者外，可以在计算企业应纳税所得额时扣除。①

4. 合理性原则。合理性是指可在税前扣除的支出是正常和必要的，计算和分配方法应该符合一般的经营常规和会计惯例。

5. 区分收益性支出和资本性支出原则。企业发生的支出应当区分收益性支出和资本性支出。收益性支出在发生当期直接扣除；资本性支出应当分期扣除或者计入有关资产成本，不得在发生当期直接扣除。

6. 不得重复扣除原则。除税收制度另有规定外，企业实际发生的成本、费用、税金、损失和其他支出，不得重复扣除。

(二)企业支出税前扣除的范围

1. 成本。是指企业在生产经营活动中发生的销售成本、销货成本、业务支出以及其他耗费。

2. 费用。是指企业在生产经营活动中发生的销售费用、管理费用和财务费用等期间费用，已计入成本的有关费用除外。

3. 税金。是指企业发生的除企业所得税和允许抵扣的增值税以外的各项税金及附加。

4. 损失。是指企业在生产经营活动中发生的固定资产和存货的盘亏、毁损、报废损失，转让财产损失，呆账损失，坏账损失，自然灾害等不可抗力因素造成的损失以及其他损失。

企业发生的损失，减除责任人赔偿和保险赔款后的余额，依照国务院财政、税务主管部门的规定扣除。企业已经作为损失处理的资产，在以后纳税年度全部收回或者部分收回时，应当计入当期收入。

5. 其他支出。是指除成本、费用、税金、损失外，企业在生产经营活动中发生的合理的有关支出。

---

① 国家税务总局：《关于贯彻落实企业所得税法若干税收问题的通知》(国税函〔2010〕79号)，本通知自2010年2月22日起施行。

(三)企业支出税前扣除的具体项目和标准

1. 借款费用支出

企业在生产经营过程中发生的合理的不需要资本化的借款费用,准予扣除。

企业为购置、建造固定资产、无形资产和经过12个月以上的建造才能达到预定可销售状态的存货发生借款的,在有关资产购置、建造期间发生的合理的借款费用,应当作为资本性支出计入有关资产的成本扣除。

2. 借款利息支出

企业在生产经营活动中发生的下列利息支出,准予扣除:

(1)非金融企业向金融企业借款的利息支出。对非金融企业在生产、经营期间向金融企业借款的利息支出,按照实际发生数予以税前扣除,包括逾期归还银行贷款时银行按规定加收的罚息,也可以在税前扣除。

(2)金融企业的各项存款利息支出和同业拆借利息支出。对金融企业的各项存款利息支出和同业拆借利息支出允许按实际发生数予以税前扣除。

(3)企业经批准发行债券的利息支出。对企业经过国家依法批准发行债券而按规定支付的利息支出,按照实际发生数予以税前扣除。

(4)非金融企业向非金融企业借款的利息支出。非金融企业向非金融企业借款的利息支出,按不超过按照金融企业同期同类贷款利率计算的数额的部分准予扣除。

(5)关联企业之间借款利息支出符合以下两个条件的可税前扣除:一是不超过税法规定的债权性投资和权益性投资比例(一般企业为2:1,金融企业为5:1);二是不超过金融企业同期同类贷款利率计算的数额。

(6)企业向自然人借款的利息支出区分两种情况税前扣除:

①企业向股东或其他与企业有关联关系的自然人借款的利息支出,符合以下两个条件的可税前扣除:一是不超过税法规定的债权性投资和权益性投资比例(一般企业为2:1,金融企业为5:1);二是不超过按照金融企业同期同类贷款利率计算的数额。

②企业向内部职工或其他人员借款的利息支出,其借款情况同时符合以下条件的,其利息支出在不超过按照金融企业同期同类贷款利率计算的数额的部分,准予扣除:企业与个人之间的借贷是真实、合法、有效的,并且不具有非法集资目的或其他违反法律、法规的行为;企业与个人之间签订了借款合同。

下列利息支出不得税前扣除:非金融企业之间借款超过金融机构同期同类贷款利率计算的利息支出;非银行企业内营业机构支付的利息支出;企业与关联方的业务往来经特别纳税调整后需要补缴所得税而支付的利息支出;企业从其关联方接受的债权性投资与权益性投资的比例超过规定标准而发生的利息支出;企业向自然人借款的不符合条件的利息支出;与取得收入无关的利息支出。

【例5-3】 甲企业向某工商银行贷款100万元,用于生产周转,期限为1个月,月利率1.5%,同期又向乙企业借款200万元,期限为1个月(借款用途同上),月末向该企业支付借款利息5万元,已全部列入当期的财务费用。分析甲企业两笔借款所支付的利息能否在税前扣除。

甲企业向工商银行贷款所支付的利息支出可据实扣除;但甲企业向乙企业借款所支付的利息支出不超过工商银行利率所计算的利息支出可税前扣除,超过部分不得税前扣除。

向乙企业借款的利息支出的扣除限额为3万元(200×1.5%),向乙企业借款实际支付的利息支出为5万元,则超过部分的利息支出2万元不得税前扣除。

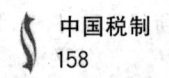

【例5—4】 2017年1月1日，A制药公司为摆脱经营困境，经股东会讨论决定，从其投资方之一甲个体工商户借款500万元，同时向本企业职工个人借款200万元，共计700万元用于流动资金周转，期限1年。上述借款年利率为7%，利息按月支付，同期银行贷款利率为5%。A企业注册资本为人民币1 000万元（其中股东甲个体工商户投资200万元）。计算A公司2017年可税前扣除的利息支出。

(1) A公司向个人股东甲某借款可扣除的利息支出：

债权性投资与权益性投资的比例＝500÷200＝2.5，大于规定比例2，另外，约定利率7%高于金融机构同期贷款利率5%，所以向个人股东甲某借款的利息支出不能全额税前扣除。

①调整后的借款额＝200×2＝400（万元）；

②可扣除的利息支出＝400×5%＝20（万元）。

(2) A公司企业向职工个人借款可扣除的利息支出＝200×5%＝10（万元）。

3. 工资薪金支出

企业发生的合理的工资薪金支出，准予扣除。

工资薪金，是指企业每一纳税年度支付给在本企业任职或者受雇的员工的所有现金形式或者非现金形式的劳动报酬，包括基本工资、奖金、津贴、补贴、年终加薪、加班工资，以及与员工任职或者受雇有关的其他支出。

(1) 合理工资薪金，是指企业按照股东大会、董事会、薪酬委员会或相关管理机构制定的工资薪金制度规定，实际发放给员工的工资薪金。税务机关在对工资薪金进行合理性确认时，可按以下原则掌握：

①企业制定了较为规范的员工工资薪金制度；

②企业所制定的工资薪金制度符合行业及地区水平；

③企业在一定时期所发放的工资薪金是相对固定的，工资薪金的调整是有序进行的；

④企业对实际发放的工资薪金已依法履行了代扣代缴个人所得税义务；

⑤有关工资薪金的安排，不以减少或逃避税款为目的。

(2) 工资薪金总额，是指企业按照规定实际发放的工资薪金总和，不包括企业的职工福利费、职工教育经费、工会经费以及养老保险费、医疗保险费、失业保险费、工伤保险费、生育保险费等社会保险费和住房公积金。属于国有性质的企业，其工资薪金不得超过政府有关部门给予的限定数额；超过部分，不得计入企业工资薪金总额，也不得在计算企业应纳税所得额时扣除。

(3) 企业接受外部劳务派遣用工所实际发生的费用，应分两种情况按规定在税前扣除：按照协议（合同）约定直接支付给劳务派遣公司的费用，应作为劳务费支出；直接支付给员工个人的费用，应作为工资薪金支出和职工福利费支出。其中，属于工资薪金支出的费用，准予计入企业工资薪金总额的基数，作为计算其他各项相关费用扣除的依据。

(4) 列入企业员工工资薪金制度、固定与工资薪金一起发放的福利性补贴，符合《国家税务总局关于企业工资薪金及职工福利费扣除问题的通知》（国税函〔2009〕3号）第一条规定的，可作为企业发生的工资薪金支出，按规定在税前扣除。不能同时符合上述条件的福利性补贴，应作为职工福利费，按规定计算限额税前扣除。①

企业安置残疾人员的，在按照支付给残疾职工工资据实扣除的基础上，按照支付给残疾职工

---

① 国家税务总局：《关于企业工资薪金和职工福利费等支出税前扣除问题的公告》（国家税务总局公告2015年第34号），本公告于2015年5月8日发布。

工资的100%加计扣除。残疾人员的范围适用《中华人民共和国残疾人保障法》的有关规定。

【例5-5】 某机械厂2016年全年共支付给职工的工资薪金支出为800万元,其中包括支付给残疾人员的工资薪金36万元,计算该厂2016年税前准予扣除的工资薪金支出。

该厂2016年税前准予扣除的工资薪金支出＝800+36×100%＝836(万元)

4. 职工福利费支出

企业发生的职工福利费支出,不超过工资薪金总额14%的部分,准予扣除。

企业职工福利费的使用范围包括以下内容:

(1)尚未实行分离办社会职能的企业,其内设福利部门所发生的设备、设施和人员费用,包括职工食堂、职工浴室、理发室、医务所、托儿所、疗养院等集体福利部门的设备、设施及维修保养费用和福利部门工作人员的工资、薪金、社会保险费、住房公积金、劳务费等。

(2)为职工卫生保健、生活、住房、交通等所发放的各项补贴和非货币性福利,包括企业向职工发放的因公外地就医费用、未实行医疗统筹企业职工医疗费用、职工供养直系亲属医疗补贴、供暖费补贴、职工防暑降温费、职工困难补贴、救济费、职工食堂经费补贴、职工交通补贴等。

(3)按照其他规定发生的其他职工福利费,包括丧葬补助费、抚恤费、安家费、探亲假路费等。

专栏5-2 税前扣除职工福利费需注意六大要点[①]

要点一:职工福利费的扣除原则

企业税前扣除职工福利费必须遵循收付实现制原则。即准予税前扣除的职工福利费必须是企业已经实际发生的部分,对于账面已经计提但未实际发生的职工福利费,不得在纳税年度内税前扣除。

要点二:职工福利费的扣除限额

企业税前扣除的职工福利费必须在工资薪金总额14%以内。如果企业职工福利费的实际发生数、账面计提数以及扣除限额数三者不一致,应按"就低不就高"的原则确定税前准予扣除的职工福利费,账面计提的职工福利费超过扣除限额的部分应调增应纳税所得额。

要点三:职工福利费的计算基数

职工福利费的计算基数为工资薪金总额。企业的工资薪金总额必须是企业发生的合理的工资薪金支出。

要点四:职工福利费的扣除范围

必须符合国税函〔2009〕3号文件所规定的扣除范围。

要点五:职工福利费的账务核算

企业发生的职工福利费,应该单独设置账册,进行准确核算。没有单独设置账册准确核算的,税务机关应责令企业在规定的期限内进行改正。

要点六:以前年度职工福利费余额的处理

企业2008年以前按照规定计提但尚未使用的职工福利费余额,2008年及以后年度发生的职工福利费,应首先冲减上述的职工福利费余额,不足部分按新税法规定扣除;仍有余额的,继续留在以后年度使用。企业2008年以前结余的职工福利费,已在税前扣除,属于职工权益,如果改变用途的,应调整增加企业应纳税所得额。

【例5-6】 某服装企业2016年实际发放工资1 200万元;该企业2016年实际发生的职

---

① 徐双泉:《职工福利费税前扣除需注意6大要点》,《国际商务财会》2009年第11期。

工福利费为500万元(其中包括中秋节发给职工的过节费60万元);另外,该企业2016年在"管理费用"科目列支供暖费补贴、职工防暑降温费共96万元。计算该企业2016年职工福利费的纳税调整额。

(1)调整实际发生的职工福利费。中秋节发给职工的过节费不属于职工福利费的支出范围,应从职工福利费中剔除60万元;供暖费补贴和职工防暑降温费本应列入职工福利费,不得列入管理费用,应调增职工福利费96万元。调整后的实际发生的职工福利费为=500-60+96=536(万元)。

(2)职工福利费的税前扣除限额=1 200×14%=168(万元)。

(3)税前准予扣除的职工福利费为168万元。

(4)职工福利费的纳税调整额=536-168=368(万元)。

5. 工会经费支出

企业拨缴的工会经费,不超过工资薪金总额2%的部分,准予扣除。

凡依法建立工会组织的企业、事业单位以及其他组织,每月按照全部职工工资总额的2%向工会拨缴工会经费,并凭工会组织开具的《工会经费收入专用收据》在税前扣除。凡不能出具《工会经费收入专用收据》的,其提取的职工工会经费不得在企业所得税前扣除。《工会经费收入专用收据》是由财政部、全国总工会统一监制、印制的收据,并按工会系统自上而下地管理和监督,各工会所需收据应到有组织、经费关系的上一级工会领取。

6. 职工教育经费支出

除国务院财政、税务主管部门另有规定外,企业发生的职工教育经费支出,不超过工资薪金总额2.5%的部分,准予扣除;超过部分,准予在以后纳税年度结转扣除。

【例5-7】某企业2016年度支付的职工工资薪金支出为300万元,实际发生的职工教育经费支出为18万元,计算该厂2016年税前准予扣除的职工教育经费支出。

扣除限额=300×2.5%=7.5(万元),小于实际发生的职工教育经费支出18万元。因此,税前准予扣除的职工教育经费支出为7.5万元,超标准的10.5万元可以结转到以后年度继续扣除。

7. 公益性捐赠支出

公益性捐赠,是指企业通过公益性社会团体、公益性群众团体或者县级以上人民政府及其部门,用于《中华人民共和国公益事业捐赠法》规定的公益事业的捐赠。

公益事业,是指非营利的救助灾害、救济贫困、扶助残疾人等困难的社会群体和个人的活动,教育、科学、文化、卫生、体育事业,环境保护、社会公共设施建设,促进社会发展和进步的其他社会公共和福利事业。

企业发生的公益性捐赠支出,在年度利润总额12%以内的部分,准予在计算应纳税所得额时扣除;超过年度利润总额12%的部分,准予结转以后三年内在计算应纳税所得额时扣除。[①] 年度利润总额,是指企业依照国家统一会计制度的规定计算的年度会计利润。但是,纳税人直接向受赠人的捐赠不得在税前扣除。

公益性捐赠支出的纳税调整方法如下:

第一步:计算年度利润总额。

---

① 全国人民代表大会常务委员会:《关于修改〈中华人民共和国企业所得税法〉的决定》(2017年2月24日第十二届全国人民代表大会常务委员会第二十六次会议通过),本决定自2017年2月24日起施行。

第二步：计算公益性捐赠扣除限额。

公益性捐赠扣除限额＝年度利润总额×12%

第三步：确定实际发生的公益性捐赠额。

实际发生的公益性捐赠额按以下原则确定：捐赠货币性资产的，按实际捐赠额计算；捐赠非货币性资产的，按非货币性资产的公允价值计算。

第四步：确定准予扣除的公益性捐赠额。

比较公益性捐赠的扣除限额与实际发生的公益性捐赠额，选择较低者作为准予扣除的公益性捐赠额。

第五步：计算公益性捐赠纳税调整额。

公益性捐赠纳税调整额＝实际发生的公益性捐赠额－准予扣除的公益性捐赠额

特别说明的是，根据《企业所得税法》的规定，企业发生的非公益性捐赠不得税前扣除。如果企业纳税年度既有公益性捐赠支出又有非公益性捐赠支出，则非公益性捐赠支出全额调增当期的应纳税所得额。

【例5－8】某食品厂2016年利润总额为90万元，"营业外支出"账户列支的捐赠支出包括通过民政部门向贫困山区捐赠30万元、直接向南方冰雪灾害地区捐赠12万元。假如不考虑其他纳税调整项目，计算该厂2016年的应纳税所得额。

(1)公益性捐赠支出扣除限额＝90×12%＝10.8(万元)。

(2)确定允许税前准予扣除的公益性捐赠支出。

因为实际发生的公益性捐赠支出30万元大于公益性捐赠支出扣除限额10.8万元，所以，税前准予扣除的公益性捐赠支出为10.8万元。

(3)公益性捐赠支出纳税调整额为19.2万元(30－10.8)。此外，直接向南方雪灾地区捐赠的12万元不得在税前扣除。因此，捐赠支出的纳税调整额共计31.2万元(19.2＋12)。

(4)应纳税所得额＝90＋31.2＝121.2(万元)。

8. 业务招待费

业务招待费是指企业发生的与生产经营活动有关的交际应酬费用。业务招待费的具体范围一般包括以下四个方面：(1)因企业生产经营需要而宴请或工作餐的开支；(2)因企业生产经营需要赠送纪念品的开支；(3)因企业生产经营需要而发生的旅游景点参观费和交通费及其他费用的开支；(4)因企业生产经营需要而发生的业务关系人员的差旅费开支。

企业发生的与生产经营活动有关的业务招待费支出，按照发生额的60%扣除，但最高不得超过当年销售(营业)收入的5‰。其中，销售(营业)收入包括主营业务收入、其他业务收入、视同销售收入；不包括营业外收入、投资收益以及税务机关查增的收入。

对从事股权投资业务的企业(包括集团公司总部、创业投资企业等)，其从被投资企业分配的股息、红利以及股权转让收入，可以按规定比例计算业务招待费扣除限额。

企业在筹办期间发生的与筹办活动有关的业务招待费支出，可按实际发生额的60%计入企业筹办费，并按有关规定在税前扣除。

【例5－9】某商场(一般纳税人)2016年全年收入情况为：商品零售收入3 510万元(含税)，出租房屋取得租赁收入120万元，出售无形资产取得收益50万元，债务重组收益10万元，计算该商场业务招待费的扣除限额。

(1)业务招待费的计算基数＝3 510÷(1＋17%)＋120＝3 120(万元)。

(2)业务招待费的扣除限额＝3 120×5‰＝15.6(万元)。

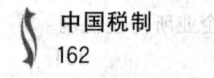

9. 保险费

企业依照国务院有关主管部门或者省级人民政府规定的范围和标准,为职工缴纳的基本养老保险费、基本医疗保险费、失业保险费、工伤保险费、生育保险费等基本社会保险费和住房公积金,准予扣除。

企业根据国家有关政策规定,为在本企业任职或者受雇的全体员工支付的补充养老保险费、补充医疗保险费,分别在不超过职工工资总额5%标准内的部分,在计算应纳税所得额时准予扣除。超过的部分不予扣除。

企业参加财产保险,按照规定缴纳的保险费,准予扣除。

企业职工因公出差乘坐交通工具发生的人身意外保险费支出,准予扣除。

除企业依照国家有关规定为特殊工种职工支付的人身安全保险费和国务院财政、税务主管部门规定可以扣除的其他商业保险费外,企业为投资者或者职工支付的商业保险费,不得扣除。

【例5—10】某钢铁公司2016年为职工实际支付的工资总额为1 800万元(均系合理的工资支出)。该企业2016年已按工资总额的6%为职工支付补充养老保险费、补充医疗保险费。实际支付补充养老保险费108万元,实际支付补充医疗保险费108万元。计算该公司补充保险费的纳税调整额。

(1)补充养老保险费的扣除限额=1 800×5%=90(万元)。

(2)补充医疗保险费的扣除限额=1 800×5%=90(万元)。

(3)补充保险费的纳税调整额=(108-90)+(108-90)=36(万元)。

10. 资产损失

资产损失是指企业在生产经营活动中实际发生的、与取得应税收入有关的资产损失,包括现金损失,存款损失,坏账损失,贷款损失,股权投资损失,固定资产和存货的盘亏、毁损、报废、被盗损失,自然灾害等不可抗力因素造成的损失以及其他损失。

准予在企业所得税税前扣除的资产损失,是指企业在实际处置、转让上述资产过程中发生的合理损失(实际资产损失),以及企业虽未实际处置、转让上述资产,但符合税法规定条件计算确认的损失(法定资产损失)。

企业发生的资产损失,减除责任人赔偿和保险赔款后的余额,依照国务院财政、税务主管部门的规定扣除。即企业实际发生的资产损失按净额扣除。

企业因存货盘亏、毁损、报废、被盗等原因不得从增值税销项税额中抵扣的进项税额,可以与存货损失一起在计算应纳税所得额时扣除。

企业在计算应纳税所得额时已经扣除的资产损失,在以后纳税年度全部或者部分收回时,其收回部分应当作为收入计入收回当期的应纳税所得额。

企业发生的资产损失,应按规定的程序和要求向主管税务机关申报后方能在税前扣除。未经申报的损失,不得在税前扣除。

企业以前年度发生的资产损失未能在当年税前扣除的,可按税法规定向税务机关说明并进行专项申报扣除。其中,属于实际资产损失,准予追补至该项损失发生年度扣除,其追补确认期限一般不得超过5年,但因计划经济体制转型过程中遗留的资产损失、企业重组上市过程中因权属不清出现争议而未能及时扣除的资产损失、因承担国家政策性任务而形成的资产损失以及政策定性不明确而形成的资产损失等,其追补确认期限经国家税务总局批准后可适当延长。属于法定资产损失,应在申报年度扣除。即法定资产损失不得追补扣除。

企业因以前年度实际资产损失未在税前扣除而多缴的企业所得税税款,可在追补确认年度企业所得税应纳税款中予以抵扣,不足抵扣的,向以后年度递延抵扣。

企业实际资产损失发生年度扣除追补确认的损失后出现亏损的,应先调整资产损失发生年度的亏损额,再按弥补亏损的原则计算以后年度多缴的企业所得税税款,并按上述办法进行税务处理。

【例5-11】 某家具厂2016年11月发生一起被盗事件。具体损失如下:被盗原材料40万元;被盗产成品60万元(其中外购原材料占60%);被盗汽车一辆,原价20万元,汽车已提折旧5万元,根据汽车保险合同,可获保险公司理赔12万元。则该厂2016年所得税前可扣除的资产损失为:

(1)原材料损失=40+40×17%=46.8(万元)。

(2)产成品损失=60+60×60%×17%=66.12(万元)。

(3)汽车损失=20-5-12=3(万元)。

可扣除的资产损失合计=46.8+66.12+3=115.92(万元)。

【例5-12】 某超市2015年应纳税所得额为6万元,2016年应纳税所得额为36万元,2016年发现2015年有资产损失12万元符合当时税法规定但未扣除。则该超市2015年未扣的资产损失应作如下处理:

(1)2015年未扣的资产损失12万元可追补扣除。追补后2015年实际亏损=12-6=6(万元)。

(2)2015年多缴所得税=6×25%=1.5(万元)。

(3)2016年应缴所得税=(36-6)×25%=7.5(万元)。

(4)由于2015年多缴的税款1.5万元可在2016年度抵扣,因此2016年实际应纳所得税=7.5-1.5=6(万元)。

11. 研究开发费用

(1)允许加计扣除的研发费用。[①]

企业在开展研发活动中实际发生的研发费用,未形成无形资产计入当期损益的,在按规定据实扣除的基础上,按照本年度实际发生额的50%,从本年度应纳税所得额中扣除;形成无形资产的,按照无形资产成本的150%在税前摊销。研发费用的具体范围包括:

①人员人工费用。是指直接从事研发活动人员的工资薪金、基本养老保险费、基本医疗保险费、失业保险费、工伤保险费、生育保险费和住房公积金,以及外聘研发人员的劳务费用。

②直接投入费用。是指研发活动直接消耗的材料、燃料和动力费用;用于中间试验和产品试制的模具、工艺装备开发及制造费,不构成固定资产的样品、样机及一般测试手段购置费,试制产品的检验费;用于研发活动的仪器、设备的运行维护、调整、检验、维修等费用,以及通过经营租赁方式租入的用于研发活动的仪器、设备租赁费。

③折旧费用。是指用于研发活动的仪器、设备的折旧费。

④无形资产摊销。是指用于研发活动的软件、专利权、非专利技术(包括许可证、专有技术、设计和计算方法等)的摊销费用。

⑤新产品设计费、新工艺规程制定费、新药研制的临床试验费、勘探开发技术的现场试

---

① 财政部、国家税务总局、科技部:《关于完善研究开发费用税前加计扣除政策的通知》(财税〔2015〕119号),本通知自2016年1月1日起施行。

验费。

⑥其他相关费用。是指与研发活动直接相关的其他费用,如技术图书资料费、资料翻译费、专家咨询费、高新科技研发保险费,研发成果的检索、分析、评议、论证、鉴定、评审、评估、验收费用,知识产权的申请费、注册费、代理费,差旅费、会议费等。此项费用总额不得超过可加计扣除研发费用总额的10%。

企业在一个纳税年度内进行多项研发活动的,应按照不同研发项目分别归集可加计扣除的研发费用。在计算每个项目其他相关费用的限额时,应当按照以下公式计算:

其他相关费用限额＝允许加计扣除的研发费用中的第①项至第⑤项的费用之和×10%/(1－10%)

当其他相关费用实际发生数小于限额时,按实际发生数计算税前加计扣除数额;当其他相关费用实际发生数大于限额时,按限额计算税前加计扣除数额。

⑦企业委托外部机构或个人开展研发活动发生的费用,可按规定税前扣除;加计扣除时按照研发活动发生费用的80%作为加计扣除基数。委托个人研发的,应凭个人出具的发票等合法有效凭证在税前加计扣除。

⑧财政部和国家税务总局规定的其他费用。

(2)特殊收入的扣减。

企业在计算加计扣除的研发费用时,应扣减已按规定归集计入研发费用,但在当期取得的研发过程中形成的下脚料、残次品、中间试制品等特殊收入;不足扣减的,允许加计扣除的研发费用按零计算。

企业研发活动直接形成产品或作为组成部分形成的产品对外销售的,研发费用中对应的材料费用不得加计扣除。

(3)不允许加计扣除的费用。①

①企业取得作为不征税收入处理的财政性资金用于研发活动所形成的费用或无形资产,不得计算加计扣除或摊销。

②法律、行政法规和国务院财税主管部门规定不允许企业所得税前扣除的费用和支出项目,不得计算加计扣除。

③已计入无形资产但不属于按规定允许加计扣除研发费用范围的,企业摊销时不得计算加计扣除。

④企业委托境外研发所发生的费用不得加计扣除。其中,受托研发的境外机构是指依照外国或地区(含港澳台)法律成立的企业和其他取得收入的组织;受托研发的境外个人是指外籍(含港澳台)个人。

(4)下列活动不适用税前加计扣除政策。

①企业产品(服务)的常规性升级。

②对某项科研成果的直接应用,如直接采用公开的新工艺、材料、装置、产品、服务或知识等。

③企业在商品化后为顾客提供的技术支持活动。

④对现存产品、服务、技术、材料或工艺流程进行的重复或简单改变。

⑤市场调查研究、效率调查或管理研究。

⑥作为工业(服务)流程环节或常规的质量控制、测试分析、维修维护。

---

① 国家税务总局:《关于企业研究开发费用税前加计扣除政策有关问题的公告》(国家税务总局公告2015年第97号),本公告自2016年1月1日起施行。

⑦社会科学、艺术或人文学方面的研究。

(5) 不适用税前加计扣除政策的行业。

不适用税前加计扣除政策行业的企业，是指以下列行业业务为主营业务，其研发费用发生当年的主营业务收入占企业按税法规定计算的收入总额减除不征税收入和投资收益的余额50%(不含)以上的企业。

①烟草制造业。
②住宿和餐饮业。
③批发和零售业。
④房地产业。
⑤租赁和商务服务业。
⑥娱乐业。
⑦财政部和国家税务总局规定的其他行业。

【例5-13】某机械厂2016年实际发生技术开发费30万元(已计入管理费用)，2016年该厂加扣技术开发费前的应纳税所得额为80万元，则该厂2016年税前准予扣除的技术开发费应作如下处理：

(1) 据实扣除30万元(已计入管理费用，已在税前扣除)；
(2) 加计扣除15万元(30×50%)；
(3) 应纳税所得额=80-15=65(万元)。

12. 广告费和业务宣传费

企业发生的符合条件的广告费和业务宣传费支出，除国务院财政、税务主管部门另有规定外，不超过当年销售(营业)收入15%的部分，准予扣除；超过部分，准予在以后纳税年度结转扣除。其中，销售(营业)收入包括主营业务收入、其他业务收入、视同销售收入，但不包括营业外收入、投资收益以及税务机关查增的收入。

对部分行业的广告费和业务宣传费，其税前扣除的特殊规定[①]：

(1) 对化妆品制造与销售、医药制造和饮料制造(不含酒类制造)企业发生的广告费和业务宣传费支出，不超过当年销售(营业)收入30%的部分，准予扣除；超过部分，准予在以后纳税年度结转扣除。

(2) 对签订广告费和业务宣传费分摊协议(以下简称分摊协议)的关联企业，其中一方发生的不超过当年销售(营业)收入税前扣除限额比例的广告费和业务宣传费支出可以在本企业扣除，也可以将其中的部分或全部按照分摊协议归集至另一方扣除。另一方在计算本企业广告费和业务宣传费支出企业所得税税前扣除限额时，可将按照上述办法归集至本企业的广告费和业务宣传费不计算在内。

(3) 烟草企业的烟草广告费和业务宣传费支出，一律不得在计算应纳税所得额时扣除。

(4) 企业在筹办期间发生的广告费和业务宣传费支出，可按实际发生额计入企业筹办费，并按有关规定在税前扣除。

【例5-14】某钢铁厂2016年实现的产品销售收入为1 000万元，账面实际发生的广告费为130万元，实际发生的业务宣传费为28万元，计算该厂2016年广告费和业务宣传费的扣

---

① 财政部、国家税务总局：《关于广告费和业务宣传费支出税前扣除政策的通知》(财税〔2012〕48号)，本通知于2012年5月30日发布。

除限额。

该厂2016年广告费和业务宣传费的扣除限额为150万元(1 000×15%),当年实际发生的广告费和业务宣传费为158万元(130+28),应调增应纳税所得额为8万元,尚未扣除的8万元广告费和业务宣传费可结转以后年度继续扣除。

13. 手续费及佣金支出

企业发生与生产经营有关的手续费及佣金支出,不超过以下规定计算限额以内的部分,准予扣除;超过部分,不得扣除。

(1)保险企业:财产保险企业按当年全部保费收入扣除退保金等后余额的15%(含本数,下同)计算限额;人身保险企业按当年全部保费收入扣除退保金等后余额的10%计算限额。

(2)其他企业:按与具有合法经营资格的中介服务机构或个人(不含交易双方及其雇员、代理人和代表人等)所签订服务协议或合同确认的收入金额的5%计算限额。

(3)电信企业:在发展客户、拓展业务等过程中,需向经纪人、代办商支付手续费及佣金的,其实际发生的相关手续费及佣金支出;不超过企业当年收入总额5%的部分,准予在企业所得税前据实扣除。

14. 创业投资额

创业投资企业采取股权投资方式投资于未上市的中小高新技术企业2年以上的,可以按照其投资额的70%在股权持有满2年的当年,抵扣该创业投资企业的应纳税所得额;当年不足以抵扣的,可在以后纳税年度结转抵扣。

【例5—15】 A公司2013年5月向B公司(未上市的中小高新技术企业)投资90万元,双方约定,股权持有至2016年11月。则:A公司税前扣除创业投资的起始年度为2015年;创业投资额的扣除限额为63万元(90×70%)。

假设A公司2015～2016年扣除创业投资前的应纳税所得额分别为60万元、80万元。则:2015年税前可抵扣的创业投资额为60万元,未扣完的3万元可在2016年税前继续抵扣;2016年实际应纳税所得额为77万元(80-3)。

15. 固定资产租赁费

企业根据生产经营活动的需要租入固定资产支付的租赁费,按照以下方法扣除:

(1)以经营租赁方式租入固定资产发生的租赁费支出,按照租赁期限均匀扣除。经营性租赁是指所有权不转移的租赁。

(2)以融资租赁方式租入固定资产发生的租赁费支出,按照规定构成融资租入固定资产价值的部分应当提取折旧费用,分期扣除。融资租赁是指在实质上转移与一项资产所有权有关的全部风险和报酬的一种租赁。

16. 汇兑损失

企业在货币交易中,以及纳税年度终了时将人民币以外的货币性资产、负债按照期末即期人民币汇率中间价折算为人民币时产生的汇兑损失,除已经计入有关资产成本以及与向所有者进行利润分配相关的部分外,准予扣除。

17. 其他支出

(1)环保专项资金。企业依照法律、行政法规有关规定提取的用于环境保护、生态恢复等方面的专项资金,准予扣除。上述专项资金提取后改变用途的,不得扣除。

(2)支付给境外总机构的费用。非居民企业在中国境内设立的机构、场所,就其中国境外总机构发生的与该机构、场所生产经营有关的费用,能够提供总机构出具的费用汇集范围、定额、分配依据和方法等证明文件,并合理分摊的,准予扣除。

(3)劳动保护支出。企业发生的合理的劳动保护支出,准予扣除。劳动保护支出是指确因工作需要为雇员配备或提供工作服、手套、安全保护用品、防暑降温用品等所发生的支出。

(4)转让资产的净值。企业转让资产,该项资产的净值,准予在计算应纳税所得额时扣除。资产的净值是指有关资产的计税基础减除已经按照规定扣除的折旧、折耗、摊销、准备金等后的余额。

(5)依照有关法律、行政法规和国家有关税法规定准予扣除的其他项目。如会员费、合理的会议费、差旅费、违约金、诉讼费用等。

五、税前不得扣除的项目

在计算应纳税所得额时,下列支出不得扣除:

1. 向投资者支付的股息、红利等权益性投资收益款项。
2. 企业所得税税款。
3. 税收滞纳金,是指纳税人违反税收法规,被税务机关处以的滞纳金。
4. 罚金、罚款和被没收财物的损失,是指纳税人违反国家有关法律、法规规定,被有关部门处以的罚款,以及被司法机关处以的罚金和被没收财物。
5. 超过规定标准的捐赠支出。
6. 赞助支出,是指企业发生的与生产经营活动无关的各种非广告性支出。
7. 未经核定的准备金支出,是指不符合国务院财政、税务主管部门规定的各项资产减值准备、风险准备等准备金支出。
8. 企业之间支付的管理费、企业内营业机构之间支付的租金和特许权使用费,以及非银行企业内营业机构之间支付的利息,不得扣除。
9. 与取得收入无关的其他支出。

六、亏损弥补

亏损是指企业依照《企业所得税法》和《企业所得税法实施条例》的规定,将每一纳税年度的收入总额减除不征税收入、免税收入和各项扣除后小于零的数额。税法规定,企业某一纳税年度发生的亏损可以用下一年度的所得弥补,下一年度的所得不足以弥补的,可以逐年延续弥补,但最长不得超过5年。而且,企业在汇总计算缴纳企业所得税时,其境外营业机构的亏损不得抵减境内营业机构的盈利。

企业筹办期间不计算为亏损年度;企业开始生产经营的年度,为开始计算企业损益的年度。企业从事生产经营之前进行筹办活动期间发生筹办支出,不得计算当期的亏损,企业既可以在开始经营之日的当年一次性扣除,也可以按照税法有关长期待摊费用的处理规定处理,但一经选定,不得改变。

【例5-16】某企业第一年至第十年盈亏情况如表5-1所示:

表5-1　　　　　　　　　　某企业10年盈亏情况　　　　　　　　　　单位:万元

年度	第一年	第二年	第三年	第四年	第五年	第六年	第七年	第八年	第九年	第十年
所得	−100	−50	70	−50	−40	10	30	−50	−150	500

要求：计算该企业10年间共缴纳的企业所得税。

第一年的亏损100万元,可以用第三年的所得70万元和第六年的所得10万元进行弥补,还有20万元没有得到弥补,不得再用第七年的所得去弥补了；

第二年的亏损50万元,只能用第七年的所得30万元进行弥补,剩下的也不能进行弥补了；

第四年的亏损50万元,由于第六年和第七年的所得都用来弥补前面年度的亏损了,所以它得不到弥补；

第五年亏损、第八年亏损以及第九年亏损都可以用第十年的所得进行弥补,因此第十年的所得弥补亏损后还有余额260万元(500－40－50－150)。

第十年应纳企业所得税＝260×25％＝65(万元)。

七、资产的税务处理

资产的税务处理实质上就是通过对资产的分类,正确区分资本性支出与收益性支出,准确计提和摊销各种资产的费用,从而正确计算应纳税所得额。

企业的各项资产,包括固定资产、生物资产、无形资产、长期待摊费用、投资资产、存货等,以企业取得该项资产时实际发生的支出,即历史成本为计税基础。企业持有各项资产期间资产增值或者减值,除国务院财政、税务主管部门规定可以确认损益外,不得调整该资产的计税基础。

(一)固定资产的税务处理

固定资产,是指企业为生产产品、提供劳务、出租或者经营管理而持有的,使用时间超过12个月的非货币性资产,包括房屋、建筑物、机器、机械、运输工具以及其他与生产经营活动有关的设备、器具、工具等。

1. 固定资产的计税基础

(1)外购的固定资产,以购买价款和支付的相关税费以及直接归属于使该资产达到预定用途发生的其他支出为计税基础；

(2)自行建造的固定资产,以竣工结算前发生的支出为计税基础；

(3)融资租入的固定资产,以租赁合同约定的付款总额和承租人在签订租赁合同过程中发生的相关费用为计税基础,租赁合同未约定付款总额的,以该资产的公允价值和承租人在签订租赁合同过程中发生的相关费用为计税基础；

(4)盘盈的固定资产,以同类固定资产的重置完全价值为计税基础；

(5)通过捐赠、投资、非货币性资产交换、债务重组等方式取得的固定资产,以该资产的公允价值和支付的相关税费为计税基础；

(6)改建的固定资产,除已足额提取折旧的固定资产的改建支出和租入固定资产的改建支出外,以改建过程中发生的改建支出增加为计税基础。

2. 固定资产的折旧

(1)计算折旧的范围。

在计算应纳税所得额时,企业按照规定计算的固定资产折旧,准予扣除。但下列固定资产不得计算折旧扣除：

①房屋、建筑物以外未投入使用的固定资产；

②以经营租赁方式租入的固定资产；

③以融资租赁方式租出的固定资产；
④已足额提取折旧仍继续使用的固定资产；
⑤与经营活动无关的固定资产；
⑥单独估价作为固定资产入账的土地；
⑦其他不得计算折旧扣除的固定资产。

(2)计算折旧的起止时间。

企业应当自固定资产投入使用月份的次月起计算折旧；停止使用的固定资产，应当自停止使用月份的次月起停止计算折旧。

(3)计算折旧的年限。

除国务院财政、税务主管部门另有规定外，固定资产计算折旧的最低年限为：
①房屋、建筑物，为20年；
②飞机、火车、轮船、机器、机械和其他生产设备，为10年；
③与生产经营活动有关的器具、工具、家具等，为5年；
④飞机、火车、轮船以外的运输工具，为4年；
⑤电子设备，为3年。

(4)计算折旧应合理确定预计净残值。

企业应当根据固定资产的性质和使用情况，合理确定固定资产的预计净残值。固定资产的预计净残值一经确定，不得变更。

(5)计算折旧的方法。

固定资产按照直线法计算的折旧，准予扣除。

企业的固定资产由于技术进步等原因，确需加速折旧的，可以缩短折旧年限或者采取加速折旧的方法。可以采取缩短折旧年限或者采取加速折旧的方法的固定资产，包括：
①由于技术进步，产品更新换代较快的固定资产；
②常年处于强震动、高腐蚀状态的固定资产。

采取缩短折旧年限方法的，最低折旧年限不得低于固定资产最低折旧年限的60%；采取加速折旧方法的，可以采取双倍余额递减法或者年数总和法。

从事开采石油、天然气等矿产资源的企业，在开始商业性生产前发生的费用和有关固定资产的折耗、折旧方法，由国务院财政、税务主管部门另行规定。

(二)无形资产的税务处理

无形资产，是指企业为生产产品、提供劳务、出租或者经营管理而持有的，没有实物形态的非货币性长期资产，包括专利权、商标权、著作权、土地使用权、非专利技术、商誉等。

1. 无形资产的计税基础

(1)外购的无形资产，以购买价款和支付的相关税费以及直接归属于使该资产达到预定用途发生的其他支出为计税基础；

(2)自行开发的无形资产，以开发过程中该资产符合资本化条件后至达到预定用途前发生的支出为计税基础；

(3)通过捐赠、投资、非货币性资产交换、债务重组等方式取得的无形资产，以该资产的公允价值和支付的相关税费为计税基础。

2. 无形资产的摊销

(1)摊销的范围。

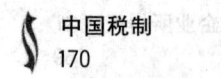

在计算应纳税所得额时,企业按照规定计算的无形资产摊销费用,准予扣除。但下列无形资产不得计算摊销费用扣除:①自行开发的支出已在计算应纳税所得额时扣除的无形资产;②自创商誉;③与经营活动无关的无形资产;④其他不得计算摊销费用扣除的无形资产。

(2)摊销的方法。

无形资产按照直线法计算的摊销费用,准予扣除。无形资产的摊销年限不得低于10年。

作为投资或者受让的无形资产,有关法律规定或者合同约定了使用年限的,可以按照规定或者约定的使用年限分期摊销。

(三)生产性生物资产的税务处理

生产性生物资产,是指企业为生产农产品、提供劳务或者出租等而持有的生物资产,包括经济林、薪炭林、产畜和役畜等。

1. 生产性生物资产的计税基础

(1)外购的生产性生物资产,以购买价款和支付的相关税费为计税基础;

(2)通过捐赠、投资、非货币性资产交换、债务重组等方式取得的生产性生物资产,以该资产的公允价值和支付的相关税费为计税基础。

2. 生产性生物资产的折旧

生产性生物资产按照直线法计算的折旧,准予扣除。

企业应当自生产性生物资产投入使用月份的次月起计算折旧;停止使用的生产性生物资产,应当自停止使用月份的次月起停止计算折旧。

企业应当根据生产性生物资产的性质和使用情况,合理确定生产性生物资产的预计净残值。生产性生物资产的预计净残值一经确定,不得变更。

生产性生物资产计算折旧的最低年限为:

(1)林木类生产性生物资产,为10年;

(2)畜类生产性生物资产,为3年。

(四)长期待摊费用的税务处理

1. 长期待摊费用的范围

在计算应纳税所得额时,企业发生的下列支出作为长期待摊费用,按照规定摊销的,准予扣除:

(1)已足额提取折旧的固定资产的改建支出。

(2)租入固定资产的改建支出。

上述固定资产的改建支出,是指改变房屋或者建筑物结构、延长使用年限等发生的支出。

(3)固定资产的大修理支出。

固定资产的大修理支出,是指同时符合下列条件的支出:

①修理支出达到取得固定资产时的计税基础50%以上;

②修理后固定资产的使用年限延长2年以上。

(4)其他应当作为长期待摊费用的支出。

2. 长期待摊费用的摊销

(1)已足额提取折旧的固定资产改建支出,按照固定资产预计尚可使用年限分期摊销;

(2)租入固定资产的改建支出,按照合同约定的剩余租赁期限分期摊销;

(3)固定资产的大修理支出,按照固定资产尚可使用年限分期摊销;

(4)其他应当作为长期待摊费用的支出,自支出发生月份的次月起分期摊销,摊销年限不得低于3年。

(五)投资资产的税务处理

投资资产,是指企业对外进行权益性投资和债权性投资形成的资产。

1. 投资资产成本的确定

(1)通过支付现金方式取得的投资资产,以购买价款为成本;

(2)通过支付现金以外的方式取得的投资资产,以该资产的公允价值和支付的相关税费为成本。

2. 投资资产成本的扣除

企业对外投资期间,投资资产的成本在计算应纳税所得额时不得扣除。

企业在转让或者处置投资资产时投资资产的成本,准予扣除。

(六)存货的税务处理

企业使用或者销售存货,按照规定计算的存货成本,准予在计算应纳税所得额时扣除。存货,是指企业持有以备出售的产品或者商品、处在生产过程中的在产品、在生产或者提供劳务过程中耗用的材料和物料等。

1. 存货成本的确定

(1)通过支付现金方式取得的存货,以购买价款和支付的相关税费为成本;

(2)通过支付现金以外的方式取得的存货,以该存货的公允价值和支付的相关税费为成本;

(3)生产性生物资产收获的农产品,以产出或者采收过程中发生的材料费、人工费和分摊的间接费用等必要支出为成本。

2. 存货成本的计算方法

企业使用或者销售的存货的成本计算方法,可以在先进先出法、加权平均法、个别计价法中选用一种。计价方法一经选用,不得随意变更。

第四节 企业所得税应纳税额的计算

一、居民企业查账征收应纳税额的计算

查账征收所得税的计算方法,一般适用于账簿健全、核算准确的企业。

居民企业应缴纳所得税额等于应纳税所得额乘以适用税率,基本计算公式为:

$$应纳税额 = 应纳税所得额 \times 适用税率 - 减免税额 - 抵免税额$$

根据计算公式可以看出,应纳税额的多少取决于应纳税所得额和适用税率两个因素。在实际过程中,应纳税所得额的计算一般有两种方法。

(一)直接计算法

$$应纳税所得额 = 收入总额 - 不征税收入 - 免税收入 - 各项扣除 - 允许弥补的以前年度亏损$$
$$应纳所得税额 = 应纳税所得额 \times 适用税率 - 减免税额 - 抵免税额$$

【例5—17】某化妆品厂2016年取得的各项收入为:主营业务收入3 000万元;固定资产出租收入70万元;转让股权取得收入130万元;国库券利息收入20万元。发生的各项支出为:产品销售成本1 200万元;缴纳增值税457万元、消费税910万元、城市维护建设税和教育费附加136.7万元;产品销售费用300万元,其中广告费支出280万元;管理费用200万元,其

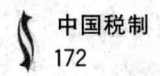

中业务招待费60万元;财务费用100万元;营业外支出100万元,其中环保罚款18万元,银行罚息2万元,向关联企业赞助支出10万元。计算该化妆品厂2016年应纳的企业所得税。

(1)计算应纳税收入总额。根据规定,国库券利息收入不征税,其他收入均应计税。所以,应税收入总额=3 000+70+130=3 200(万元)。

(2)计算准予扣除的项目金额:

①准予扣除的成本=1 200万元

②准予扣除的费用:

广告费扣除限额=3 070×15%=460.5(万元),实际发生广告费支出280万元小于扣除的限额,可全部在税前扣除,产品销售费用300万元可全部税前扣除。

业务招待费扣除标准=60×60%=36(万元),业务招待费扣除限额=3 070×5‰=15.35(万元),即税前只允许扣除业务招待费15.35万元。

财务费用100万元可全部税前扣除。

准予扣除的费用合计=300+200-(60-15.35)+100=555.35(万元)

③准予扣除的税金=910+136.7=1 046.7(万元)

④准予扣除的损失=100-18-10=72(万元)

扣除项目合计=1 200+555.35+1 046.7+72=2 874.05(万元)

(3)计算应纳税所得额:

应纳税所得额=3 200-2 874.05=325.95(万元)

(4)计算应纳的企业所得税额:

该化妆品厂2016年应纳所得税额=325.95×25%=81.487 5(万元)

(二)间接计算法

间接计算法下,在会计利润总额的基础上加或减按照税法规定调整的项目金额后,即为应纳税所得额。计算公式为:

应纳税所得额=会计利润总额±纳税调整项目金额

纳税调整项目金额包括纳税调增项目金额及纳税调减项目金额。纳税调增项目金额主要有四类:未计入利润总额的应税收入;税前不得扣除的支出;多提的折旧、多计的摊销;超标准扣除的支出。纳税调减项目金额主要有三类:已计入利润总额的税收优惠项目所得(如不征税收入、减计收入、免税收入、减免税项目所得、加计扣除额等);以前年度结转本期继续扣除的项目金额(如职工教育经费、广告费与业务宣传费、创业投资额、弥补以前年度亏损等);应计未计的费用、应提未提的折旧。

【例5-18】 某电视机厂2016年度生产经营情况如下:

(1)销售收入4 500万元;销售成本2 000万元;缴纳增值税700万元,缴纳其他税金及附加80万元。

(2)其他业务收入300万元。

(3)销售费用1 500万元,其中包括广告费800万元、业务宣传费20万元。

(4)管理费用500万元,其中包括业务招待费50万元、研究开发费用40万元。

(5)财务费用80万元,其中包括向非金融机构借款一年的利息50万元,年息10%(银行同期同类贷款利率为6%)。

(6)营业外支出30万元,其中包括向供货方支付违约金5万元、接受工商局罚款1万元、通过政府部门向灾区捐赠20万元。

(7)投资收益18万元,其中包括从直接投资外地居民公司分回的税后利润17万元、国债利息收入1万元。

(8)2016年已预缴企业所得税157万元。

计算该厂应纳所得税以及应补退所得税。

(1)2016年利润总额=4 500-2 000-80+300-1 500-500-80-30+18=628(万元)。

(2)2016年各项纳税调整额:

①广告费与业务宣传费的纳税调整:扣除限额=4 800×15%=720(万元),实际发生820万元,调增所得额=820-720=100(万元)。

②业务招待费的纳税调整:折扣额=50×60%=30(万元),扣除限额=4 800×5‰=24(万元),实际发生50万元,调增所得额=50-24=26(万元)。

③研究开发费用的纳税调整:加计扣除额=40×50%=20(万元),即调减所得额20万元。

④借款利息的纳税调整:应扣利息=(50÷10%)×6%=30(万元),已扣利息=(50÷10%)×10%=50(万元),调增所得额=50-30=20(万元)。

⑤营业外支出的纳税调整:工商罚款不得税前扣除,应调增所得额1万元;公益性捐赠应限额扣除,扣除限额=628×12%=75.36(万元),实际发生公益性捐赠20万元,不需纳税调整。

⑥投资收益的纳税调整:从居民企业分回的税后利润可免税,调减所得额17万元;国债利息收入可免税,调减所得额1万元。

(3)2016年应纳税所得额=628+100+26-20+20+1-17-1=737(万元)。

(4)2016年应纳企业所得税额=737×25%=184.25(万元)。

(5)2016年应补缴所得税额=184.25-157=27.25(万元)。

二、居民企业核定征收应纳税额的计算

为了加强企业所得税的征收管理,对部分中小企业采取核定征收的办法,计算其应纳税额。

(一)核定征收企业所得税的适用范围

纳税人具有下列情形之一的,应采取核定征收方式征收企业所得税:

1. 依照税收制度规定可以不设账簿或按照规定应设置但未设置账簿的;
2. 只能准确核算收入总额,或收入总额能够查实,但其成本费用支出不能准确核算的;
3. 只能准确核算成本费用支出,或成本费用支出能够查实,但其收入总额不能准确核算的;
4. 收入总额及成本费用支出均不能正确核算,不能向主管税务机关提供真实、准确、完整的纳税资料,难以查实的;
5. 账目设置和核算虽然符合规定,但并未按规定保存有关账簿、凭证及有关纳税资料的;
6. 发生纳税义务,未按规定的期限办理纳税申报,经税务机关责令限期申报,逾期仍不申报的。

下列企业不能申请核定征收企业所得税:

1. 享受《中华人民共和国企业所得税法》及其实施条例和国务院规定的一项或几项企业所得税优惠政策的企业(不包括仅享受《中华人民共和国企业所得税法》第二十六条规定免税收入优惠政策的企业);
2. 汇总纳税企业;
3. 上市公司;

4. 银行、信用社、小额贷款公司、保险公司、证券公司、期货公司、信托投资公司、金融资产管理公司、融资租赁公司、担保公司、财务公司、典当公司等金融企业；

5. 会计、审计、资产评估、税务、房地产估价、土地估价、工程造价、律师、价格鉴证、公证机构、基层法律服务机构、专利代理、商标代理以及其他经济鉴证类社会中介机构；

6. 国家税务总局规定的其他企业。

(二)核定征收的办法

税务机关应根据纳税人的具体情况,对核定征收企业所得税的纳税人,核定应税所得率或者核定应纳所得税额。

1. 具有下列情形之一的,核定其应税所得率：

(1)能正确核算(查实)收入总额,但不能正确核算(查实)成本费用总额的；

(2)能正确核算(查实)成本费用总额,但不能正确核算(查实)收入总额的；

(3)通过合理方法,能计算和推定纳税人收入总额或成本费用总额的。

纳税人不属于以上情形的,核定其应纳所得税额。

2. 税务机关采用下列方法核定征收企业所得税：

(1)参照当地同类行业或者类似行业中经营规模和收入水平相近的纳税人的税负水平核定；

(2)按照应税收入额或成本费用支出额定率核定；

(3)按照耗用的原材料、燃料、动力等推算或测算核定；

(4)按照其他合理方法核定。

采用前款所列一种方法不足以正确核定应纳税所得额或应纳税额的,可以同时采用两种以上方法核定。采用两种以上方法测算的应纳税额不一致时,可按测算的应纳税额从高核定。各行业应税所得率幅度见表5—2。

表5—2　　　　　　　　　　　　　　应税所得率

行　业	应税所得率(%)
农、林、牧、渔业	3～10
制造业	5～15
批发和零售贸易业	4～15
交通运输业	7～15
建筑业	8～20
饮食业	8～25
娱乐业	15～30
其他行业	10～30

采用应税所得率方式核定征收企业所得税的,应纳所得税额计算公式如下：

应纳所得税额＝应纳税所得额×适用税率

应纳税所得额＝应税收入额×应税所得率

＝成本(费用)支出额/(1－应税所得率)×应税所得率

应税收入额＝收入总额－不征税收入－免税收入

实行应税所得率方式核定征收企业所得税的纳税人,经营多业的,无论其经营项目是否单独核算,均由税务机关根据其主营项目确定适用的应税所得率。

主营项目应为纳税人所有经营项目中,收入总额或者成本(费用)支出额或者耗用原材料、燃料、动力数量所占比重最大的项目。

纳税人的生产经营范围、主营业务发生重大变化,或者应纳税所得额或应纳税额增减变化达到20%的,应及时向税务机关申报调整已确定的应纳税额或应税所得率。

具体适用的应税所得率,由各省、自治区、直辖市和计划单列市国家税务局、地方税务局结合本地区实际情况,在表5—2规定的范围内确定,并报国家税务总局备案。

【例5—19】 某运输企业2016年营业收入390万元,各项支出900万元,全年发生亏损510万元,经主管税务机关检查,该企业收入项目不能准确核算,需采用核定征收办法计算所得税,主管税务机关核定该企业的应税所得率为10%。计算该企业2016年应纳的所得税。

应纳税所得额=9 000 000÷(1-10%)×10%=1 000 000(元)

应纳所得税额=1 000 000×25%=250 000(元)

三、非居民企业应纳税额的计算

(一)适用范围

1. 在中国境内未设立机构、场所的非居民企业;
2. 在中国境内设立机构、场所,但取得的所得与机构、场所无实际联系的非居民企业。

(二)应纳税所得额的确定

1. 股息、红利等权益性投资收益和利息、租金、特许权使用费所得,以收入全额为应纳税所得额;
2. 转让财产所得,以收入全额减除财产净值后的余额为应纳税所得额;
3. 其他所得,参照前两项规定的方法计算应纳税所得额。

财产净值是指财产的计税基础减除已经按照规定扣除的折旧、折耗、摊销、准备金等后的余额。

(三)应纳税额的计算

应纳税额=支付单位所支付的金额×适用税率

应该说明的是,在中国境内未设立机构、场所的,或者虽设立机构、场所,但取得的所得与其所设机构、场所没有实际联系的非居民企业,适用税率为20%,但实际征税时适用10%的税率。

对非居民企业在中国境内未设立机构、场所的,或者虽设立机构、场所,但取得的所得与其所设机构、场所没有实际联系的,应缴纳的所得税,实行源泉扣缴,以支付人为扣缴义务人。税款由扣缴义务人在每次支付或者到期应支付时,从支付或者到期应支付的款项中扣缴。扣缴义务人每次代扣的税款,应当自代扣之日起7日内缴入国库,并向所在地的税务机关报送扣缴企业所得税报告。

【例5—20】 某外国公司在中国境内未设立机构、场所,2016年将一项商标使用权提供给中国境内某企业使用,获特许权使用费180万元。另外,该公司还从中国境内某金融机构取得利息所得20万元,同时,该公司转让了其在中国境内的财产,转让收入为160万元,该财产的净值为120万元。计算该公司2016年度应缴纳的预提所得税。

应缴纳预提所得税=[(180+20)+(160-120)]×10%=24(万元)

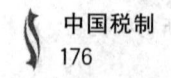

四、非居民企业所得税的核定征收[①]

(一)核定征收办法下应纳税所得额的确定

非居民企业因会计账簿不健全、资料残缺难以查账,或者其他原因不能准确计算并据实申报其应纳税所得额的,税务机关有权采取以下方法核定其应纳税所得额:

1. 按收入总额核定应纳税所得额:适用于能够正确核算收入或通过合理方法推定收入总额,但不能正确核算成本费用的非居民企业。计算公式如下:

$$应纳税所得额＝收入总额×经税务机关核定的利润率$$

2. 按成本费用核定应纳税所得额:适用于能够正确核算成本费用,但不能正确核算收入总额的非居民企业。计算公式如下:

$$应纳税所得额＝成本费用总额/(1－核定利润率)×核定利润率$$

3. 按经费支出换算收入核定应纳税所得额:适用于能够正确核算经费支出总额,但不能正确核算收入总额和成本费用的非居民企业。计算公式如下:

$$应纳税所得额＝本期经费支出额/(1－核定利润率)×核定利润率$$

4. 非居民企业在我国境内从事船舶、航空等国际运输业务的,以其在中国境内起运客货收入总额 5% 为应纳税所得额。纳税人的应纳税额,按照每次从中国境内起运旅客、货物出境取得收入总额,依照 1.25% 的计征率计算征收企业所得税。

(二)非居民企业利润率标准的确定

税务机关可按照以下标准确定非居民企业的利润率:

1. 从事承包工程作业、设计和咨询劳务的,利润率为 15%～30%;
2. 从事管理服务的,利润率为 30%～50%;
3. 从事其他劳务或劳务以外经营活动的,利润率不低于 15%。

税务机关有根据认为非居民企业的实际利润率明显高于上述标准的,可以按照比上述标准更高的利润率核定其应纳税所得额。

(三)核定征收办法的管理

1. 非居民企业与中国居民企业签订机器设备或货物销售合同,同时提供设备安装、装配、技术培训、指导、监督服务等劳务,其销售货物合同中未列明提供上述劳务服务收费金额,或者计价不合理的,主管税务机关可以根据实际情况,参照相同或相近业务的计价标准核定劳务收入。无参照标准的,以不低于销售货物合同总价款的 10% 为原则,确定非居民企业的劳务收入。

2. 非居民企业为中国境内客户提供劳务取得的收入,凡其提供的服务全部发生在中国境内的,应全额在中国境内申报缴纳企业所得税;凡其提供的服务同时发生在中国境内外的,应以劳务发生地为原则划分其境内外收入,并就其在中国境内取得的劳务收入申报缴纳企业所得税。税务机关对其境内外收入划分的合理性和真实性有疑义的,可以要求非居民企业提供真实有效的证明,并根据工作量、工作时间、成本费用等因素合理划分其境内外收入;如非居民企业不能提供真实有效的证明,税务机关可视同其提供的服务全部发生在中国境内,确定其劳务收入并据以征收企业所得税。

3. 采取核定征收方式征收企业所得税的非居民企业,在中国境内从事适用不同核定利润

[①] 国家税务总局:《关于印发〈非居民企业所得税核定征收管理办法〉的通知》(国税发〔2010〕19号),本办法自2010年2月20日起施行。

率的经营活动,并取得应税所得的,应分别核算并适用相应的利润率,计算缴纳企业所得税;凡不能分别核算的,应从高适用利润率,计算缴纳企业所得税。

4. 拟采取核定征收方式的非居民企业应填写《非居民企业所得税征收方式鉴定表》(以下简称《鉴定表》),报送主管税务机关。主管税务机关应对企业报送的《鉴定表》的适用行业及所适用的利润率进行审核,并签注意见。

对经审核不符合核定征收条件的非居民企业,主管税务机关应自收到企业提交的《鉴定表》后15个工作日内向其下达《税务事项通知书》,将鉴定结果告知企业。非居民企业未在上述期限内收到《税务事项通知书》的,其征收方式视同已被认可。

5. 税务机关发现非居民企业采用核定征收方式计算申报的应纳税所得额不真实,或者明显与其承担的功能风险不相匹配的,有权予以调整。

五、常驻代表机构所得税的核定征收[①]

外国企业常驻代表机构,是指按照国务院有关规定,在工商行政管理部门登记或经有关部门批准,设立在中国境内的外国企业(包括中国港、澳、台地区的企业)及其他组织的常驻代表机构(以下简称代表机构)。

(一)适用范围

对账簿不健全、不能准确核算收入或成本费用,以及无法按照《外国企业常驻代表机构税收管理暂行办法》第六条规定据实申报的代表机构,税务机关有权采取核定征收方式。

(二)核定征收方式

1. 按经费支出换算收入

该方法适用于能够准确反映经费支出,但不能准确反映收入或成本费用的代表机构。计算公式如下:

$$应纳税所得额 = 本期经费支出额/(1-核定利润率) \times 核定利润率[②]$$

代表机构的经费支出额包括在中国境内或境外支付给工作人员的工资薪金、奖金、津贴、福利费、物品采购费(包括汽车、办公设备等固定资产)、通信费、差旅费、房租、设备租赁费、交通费、交际费、其他费用等。

(1)购置固定资产所发生的支出,以及代表机构设立时或者搬迁等原因所发生的装修费支出,应在发生时一次性作为经费支出额换算收入计税。

(2)利息收入不得冲抵经费支出额;发生的交际应酬费,以实际发生数额计入经费支出额。

(3)以货币形式用于我国境内的公益或救济性质的捐赠、滞纳金、罚款,以及为其总机构垫付的不属于其自身业务活动所发生的费用,不应作为代表机构的经费支出额。

(4)其他费用包括:为总机构从中国境内购买样品所支付的样品费和运输费用;国外样品运往中国发生的中国境内的仓储费用、报关费用;总机构人员来华访问聘用翻译的费用;总机构为中国某个项目投标由代表机构支付的购买标书的费用;等等。

2. 按收入总额核定应纳税所得额

该方法适用于可以准确反映收入,但不能准确反映成本费用的代表机构。计算公式如下:

[①] 国家税务总局:《关于印发〈外国企业常驻代表机构税收管理暂行办法〉的通知》(国税发〔2010〕18号),本办法自2010年1月1日起施行。
[②] 国家税务总局:《关于修改按经费支出换算收入方式核定非居民企业应纳税所得额计算公式的公告》(国家税务总局公告2016年第28号),本公告自2016年5月1日起施行。

$$\text{应纳企业所得税额} = \text{收入总额} \times \text{核定利润率} \times \text{企业所得税税率}$$

代表机构的核定利润率不应低于15%。

采取核定征收方式的代表机构,如能建立、健全会计账簿,准确计算其应税收入和应纳税所得额,报主管税务机关备案,可调整为据实申报方式。

代表机构需要享受税收协定待遇,应依照税收协定以及《国家税务总局关于印发〈非居民享受税收协定待遇管理办法(试行)〉的通知》(国税发〔2009〕124号)的有关规定办理。

六、境外所得抵免税额的计算

(一)境外所得已纳税额的抵免

1. 抵免范围

企业取得的下列所得已在境外缴纳的所得税税额,可以从其当期应纳税额中抵免,抵免限额为该项所得依照我国税法规定计算的应纳税额;超过抵免限额的部分,可以在以后5个年度内,用每年度抵免限额抵免当年应抵税额后的余额进行抵补。

(1)居民企业来源于中国境外的应税所得;

(2)非居民企业在中国境内设立机构、场所,取得发生在中国境外但与该机构、场所有实际联系的应税所得;

(3)居民企业从其直接或者间接控制的外国企业分得的来源于中国境外的股息、红利等权益性投资收益,外国企业在境外实际缴纳的所得税税额中属于该项所得负担的部分,可以作为该居民企业的可抵免境外所得税税额,在规定的抵免限额内抵免。

已在境外缴纳的所得税税额,是指企业来源于中国境外的所得,依照中国境外税收法律以及相关规定,应当缴纳并已经实际缴纳的企业所得税性质的税款。

2. 抵免限额

抵免限额,是指企业来源于中国境外的所得,依照我国税收制度规定计算的应纳税额。除国务院财政、税务主管部门另有规定外,该抵免限额应当分国(地区)不分项计算,计算公式为:

$$\text{抵免限额} = \text{中国境内、境外所得依照税收制度规定计算的应纳税总额} \times \frac{\text{来源于某国(地区)的应纳税所得额}}{\text{中国境内、境外应纳税所得总额}}$$

即纳税人的境外所得在境外的已纳税款低于或等于抵免限额的,可以从应纳税额中全部扣除;超过抵免限额的,其超过部分不得作为税额扣除,也不得作为费用支出,但可以用以后年度税额扣除的余额补扣,补扣期限最长不得超过5年。

3. 计算方法

在具体计算境外所得已纳税额的抵免时,按下列步骤进行:

第一步,还原境外所得,即如果境外所得为税后所得,则必须先将境外所得还原为税前所得,还原公式为:

$$\text{税前所得} = \text{税后所得} \div (1 - \text{境外所得税率})$$

第二步,汇总计税,即境内所得按实际适用税率计算的税额与境外所得按法定税率计算的税额相加。

第三步,计算境外所得税的抵免限额。

第四步,确定可抵免税额,将境外所得税抵免限额与境外已缴纳的所得税税款进行比较,按照"就低不就高"的原则确定可抵免税额。

第五步,计算实际应纳所得税(即抵免后的所得税)。计算公式为:

实际应纳所得税＝境内、境外所得应纳所得税总额－可抵免的境外所得税

【例5－21】 某企业在A、B两国分别设有分支机构,2016年取得境内所得500万元。在A国的分支机构取得生产经营所得50万元,A国税率为20%;在B国的分支机构取得生产经营所得30万元,B国税率为30%。两个分支机构已在A、B两国分别缴纳所得税10万元和9万元。计算该企业2016年汇总在我国应缴纳的企业所得税。

该企业按我国税法计算的境内外所得的应纳税额＝(500＋50＋30)×25%＝145(万元)

计算境外所得税的抵免限额：

A国抵免限额＝145×50÷(500＋50＋30)＝12.5(万元)

B国抵免限额＝145×30÷(500＋50＋30)＝7.5(万元)

确定准予抵免的境外所得税：

A国,因为已纳税额10万元小于抵免限额12.5万元,所以10万元可全额抵免。

B国,因为已纳税额9万元大于抵免限额7.5万元,所以准予抵免7.5万元;超过限额的1.5万元2016年不得抵免,只能在以后的5个年度内,用每年度抵免限额抵免当年应抵税额后的余额进行抵补。

该企业2016年实际应纳所得税额＝145－10－7.5＝127.5(万元)

(二)专用设备投资额抵免所得税的计算

为鼓励企业保护环境、节能节水、重视安全生产,对于企业购置并实际使用《环境保护专用设备企业所得税优惠目录》、《节能节水专用设备企业所得税优惠目录》和《安全生产专用设备企业所得税优惠目录》规定的环境保护、节能节水、安全生产等专用设备的,该专用设备的投资额的10%可以从企业当年的应纳税额中抵免;当年不足以抵免的,可以在以后5个纳税年度结转抵免。

在具体计算专用设备投资额抵免所得税时,可按下列步骤进行：

第一步,计算抵免年度应纳所得税。

第二步,确定专用设备投资额。

第三步,计算专用设备投资额的抵免限额：

抵免限额＝专用设备投资额×10%

第四步,确定准予抵免的投资额：

1. 如果是设备购置当年,可比较抵免年度应纳所得税与专用设备投资额抵免限额,按"从低"原则确定准予抵免的投资额;

2. 如果是设备购置的以后年度,则比较抵免年度应纳所得税与以前年度留抵的投资额,按"从低"原则确定准予抵免的投资额。

第五步,计算抵免年度实际应纳所得税：

抵免年度实际应纳所得税＝抵免年度应纳所得税－抵免年度准予抵免的投资额

【例5－22】 某食品加工企业2016年5月从某空调设备制造厂购置能效等级Ⅰ级的屋顶式空调机组一套(该套设备为节能节水专用设备,属于税法规定的优惠目录范围),取得增值税专用发票,注明价款400万元,增值税68万元,支付运费0.5万元,安装调试费0.1万元。该套设备于2016年6月投入使用。该厂2016年应纳税所得额为200万元,则该厂2016年应纳企业所得税为：

2016年应纳企业所得税＝200×25%＝50(万元)

专用设备投资额＝400(万元)

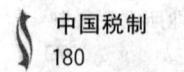

投资额抵免限额=400×10%=40(万元)
准予抵免的投资额=40(万元)
2016年实际应纳企业所得税=50-40=10(万元)

七、预缴及汇算清缴所得税的计算

企业所得税实行按年计算、分期(月或季)预缴、年终汇算清缴、多退少补的缴纳方法。

(一)分月或分季预缴所得税的计算

企业分月或者分季预缴企业所得税时,应当按照月度或者季度的实际利润额预缴;按照月度或者季度的实际利润额预缴有困难的,可以按照上一纳税年度应纳税所得额月度或者季度平均额预缴,或者按照税务机关认可的其他方法预缴。预缴方法一经确定,该纳税年度内不得随意变更。预缴所得税的计算公式为:

$$预缴所得税额=月(季)实际利润额×税率$$

或:

$$预缴所得税额=上年应纳税所得额×\frac{1}{12}(或\frac{1}{4})×税率$$

(二)年终汇算清缴所得税的计算

企业应当自年度终了之日起5个月内,向税务机关报送年度企业所得税纳税申报表,并汇算清缴,结清应缴应退税款。年终汇算清缴所得税的计算公式为:

$$全年应纳所得税额=全年应纳税所得额×税率$$
$$年终汇算清缴应补(退)所得税=全年应纳所得税额-月(季)已预缴所得税额$$

八、清算所得税的计算

企业清算是指企业因合并、兼并、破产等原因终止生产经营活动,并对企业资产、债权、债务所做的清查、收回和清偿工作。企业清算按下列方法计算所得税:

$$清算所得税=清算所得×企业所得税税率(25\%)$$
$$清算所得=资产可变现价值或交易价格-资产的计税基础+债务清偿损益-清算费用-相关税费-可弥补以前年度亏损$$

1. 资产可变现价值或交易价格,为货币资金、清理债权的可收回金额、存货的可变现价值、固定资产的可变现价值和非实物资产的可变现价值的和。
2. 债务清偿损益是指纳税人在清算期间实际偿还的债务金额与负债计税基础的差额。
3. 清算费用是指纳税人在清算过程中实际发生的与清算活动有关的费用,包括清算人员的工资、差旅费、办公费、公告费、诉讼费、评估费、咨询费等。
4. 相关税费是指在清算期间因处理资产、负债而产生的营业税、印花税、土地增值税、教育费附加等税费。

【例5—23】 某企业停止生产经营之日的资产负债表上记载:资产的账面价值3 360万元,资产的计税基础3 890万元,资产的可变现净值4 230万元;负债的账面价值3 750万元,负债的计税基础3 700万元,最终清偿额3 590万元;企业清算期内支付清算费用70万元,支付职工安置费、法定补偿金100万元,清算过程中发生的相关税费为20万元,以前年度可以弥补的亏损100万元。计算该企业应纳清算所得税。

清算所得=4 230-3 890-70-100-20+(3 700-3 590)-100=160(万元)
清算所得税=160×25%=40(万元)

第五节 企业所得税的征收管理

一、纳税年度

企业所得税是按纳税年度计算。纳税年度是指公历1月1日起至12月31日止。企业在一个纳税年度的中间开业，或者终止经营活动，使该纳税年度的实际经营期不足12个月的，应当以其实际经营期为一个纳税年度；企业依法清算时，应当以清算期间为一个纳税年度。

二、税款缴纳方法

为了保证国家税收稳定、均衡地入库，企业所得税实行分月或者分季预缴。企业应当自月份或者季度终了之日起15天内，向税务机关报送预缴企业所得税纳税申报表，预缴税款。

企业应当自年度终了之日起5个月内，向税务机关报送年度企业所得税纳税申报表，并汇算清缴，结清应缴应退税款。

企业报送企业所得税纳税申报表时，应当按照规定附送财务会计报告和其他有关资料。

企业分月或者分季预缴企业所得税时，应当按照月度或者季度的实际利润额预缴；按照月度或者季度的实际利润额预缴有困难的，可以按照上一纳税年度应纳税所得额月度或者季度平均额预缴，或者按照税务机关认可的其他方法预缴。预缴方法一经确定，该纳税年度内不得随意变更。

企业依法缴纳的企业所得税，以人民币计算。企业所得以人民币以外的货币计算的，预缴企业所得税时，应当按照月度或者季度最后一日的人民币汇率中间价，折合成人民币计算应纳税所得额。年度终了汇算清缴时，对已经按照月度或者季度预缴税款的，不再重新折合计算，只就该纳税年度内未缴纳企业所得税的部分，按照纳税年度最后一日的人民币汇率中间价，折合成人民币计算应纳税所得额。

三、纳税申报

企业在纳税年度内，无论盈利或亏损，都应当按照企业所得税规定的期限，向税务机关报送预缴企业所得税纳税申报表、年度企业所得税纳税申报表、财务会计报告和税务机关规定应当报送的其他有关资料。企业因不可抗力，不能按期办理纳税申报的，可按照《中华人民共和国税收征收管理法》及其实施细则的规定，办理延期纳税申报。

四、纳税地点

（一）居民企业的纳税地点

1. 居民企业以企业登记注册地为纳税地点，但登记注册地在境外的，以实际管理机构所在地为纳税地点。企业登记注册地，是指企业依照国家有关规定登记注册的住所地。

2. 居民企业在中国境内设立不具有法人资格的营业机构的，应当汇总计算并缴纳企业所得税。企业汇总计算并缴纳企业所得税时，应当统一核算应纳税所得额，具体办法由国务院财政、税务主管部门另行制定。

（二）非居民企业的纳税地点

1. 非居民企业在中国境内设立机构、场所来源于中国境内的所得以及发生在中国境外但与其所设机构、场所有实际联系的所得,以机构、场所所在地为纳税地点。

2. 非居民企业在中国境内设立两个或两个以上机构、场所的,经税务机关审核批准,可以选择由其主要机构、场所汇总缴纳企业所得税。主要机构、场所,应当同时符合下列条件:(1)对其他各机构、场所的生产经营活动负有监督管理责任;(2)设有完整的账簿、凭证,能够准确反映各机构、场所的收入、成本、费用和盈亏情况。

非居民企业经批准汇总缴纳企业所得税后,需要增设、合并、迁移、关闭机构、场所或者停止机构、场所业务的,应当事先由负责汇总申报缴纳企业所得税的主要机构、场所向其所在地税务机关报告;需要变更汇总缴纳企业所得税的主要机构、场所的,依照上述规定办理。

3. 非居民企业在中国境内未设立机构、场所,或者虽设立机构、场所,但取得的所得与其所设机构、场所没有实际联系的,其来源于中国境内的所得,以扣缴义务人所在地为纳税地点。

五、汇算清缴

企业所得税汇算清缴,是指企业在纳税年度终了后5个月内,依照税收制度的规定,自行计算全年应纳税所得额和应纳所得税额,根据月度或季度预缴所得税的数额,确定该年度应补或应退税额,并填写年度企业所得税纳税申报表,向主管税务机关办理年度企业所得税纳税申报、提供税务机关要求提供的有关资料、结清全年企业所得税税款的行为。

实行查账征收和实行核定应税所得率征收企业所得税的企业,无论是否在减税、免税期间,也无论盈利或亏损,都应按规定进行汇算清缴。实行核定定额征收企业所得税的企业,不进行汇算清缴。

企业在年度中间终止经营活动的,应当自实际经营终止之日起60日内,向税务机关办理当期企业所得税汇算清缴。

企业应当在办理注销登记前,就其清算所得向税务机关申报并依法缴纳企业所得税。

六、特别纳税调整

特别纳税调整,是指税务机关出于实施反避税目的而对纳税人特定纳税事项所做的税务调整,包括针对纳税人转让定价、资本弱化、避税港避税以及其他避税情况所进行的税务调整。特别纳税调整的主要规定有:

(一)关联交易中关联方的认定

关联方,是指与企业有下列关联关系之一的企业、其他组织或者个人:

1. 在资金、经营、购销等方面存在直接或者间接的控制关系;
2. 直接或者间接地同为第三者控制;
3. 在利益上具有相关联的其他关系。

(二)独立交易原则

企业与其关联方之间的业务往来应按照独立交易原则进行;企业与其关联方共同开发、受让无形资产,或者共同提供、接受劳务发生的成本,在计算应纳税所得额时应当按照独立交易原则进行分摊。独立交易原则,是指没有关联关系的交易各方,按照公平成交价格和营业常规进行业务往来遵循的原则。

(三)关联业务的纳税调整方法

企业与其关联方之间的业务往来,不符合独立交易原则而减少企业或者其关联方应纳税收入或者所得额的,税务机关有权按照合理方法调整。具体方法有以下六种:

1. 可比非受控价格法。是指按照没有关联关系的交易各方进行相同或者类似业务往来的价格进行定价的方法。

2. 再销售价格法。是指按照从关联方购进商品再销售给没有关联关系的交易方的价格，减除相同或者类似业务的销售毛利进行定价的方法。

3. 成本加成法。是指按照成本加合理的费用和利润进行定价的方法。

4. 交易净利润法。是指按照没有关联关系的交易各方进行相同或者类似业务往来取得的净利润水平确定利润的方法。

5. 利润分割法。是指将企业与其关联方的合并利润或者亏损在各方之间采用合理标准进行分配的方法。

6. 其他符合独立交易原则的方法。

(四)预约定价安排

企业可以向税务机关提出与其关联方之间业务往来的定价原则和计算方法，税务机关与企业协商、确认后，达成预约定价安排。

预约定价安排，是指企业就其未来年度关联交易的定价原则和计算方法，向税务机关提出申请，与税务机关按照独立交易原则协商、确认后达成的协议。

(五)提供关联业务往来报告及相关资料义务

企业向税务机关报送年度企业所得税纳税申报表时，应当就其与关联方之间的业务往来，附送年度关联业务往来报告表；税务机关在进行关联业务调查时，企业及其关联方，以及与关联业务调查有关的其他企业，应当按照规定提供相关资料。相关资料包括：

1. 与关联业务往来有关的价格和费用的制定标准、计算方法及说明等同期资料；

2. 关联业务往来所涉及的财产、财产使用权、劳务等的再销售(转让)价格或者最终销售(转让)价格的相关资料；

3. 与关联业务调查有关的其他企业应当提供的与被调查企业可比的产品价格、定价方式以及利润水平等资料；

4. 其他与关联业务往来有关的资料。

与关联业务调查有关的其他企业，是指与被调查企业在生产经营内容和方式上相类似的企业。

企业应当在税务机关规定的期限内提供与关联业务往来有关的价格和费用的制定标准、计算方法及说明等资料。关联方以及与关联业务调查有关的其他企业应当在税务机关与其约定的期限内提供相关资料。

(六)核定征收

企业不提供与其关联方之间的业务往来资料，或者提供虚假、不完整资料，未能真实反映其关联业务往来情况的，税务机关有权依法核定其应纳税所得额。可以采用的具体方法有：

1. 参照同类或者类似企业的利润率水平核定；

2. 按照企业成本加合理的费用和利润的方法核定；

3. 按照关联企业集团整体利润的合理比例核定；

4. 按照其他合理方法核定。

企业对税务机关核定应纳税所得额的方法有异议的，应当提供相关证据，经税务机关认定后，调整核定的应纳税所得额。

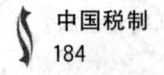

(七)对补征税款加收利息

企业与关联方之间的业务往来,经纳税调整后需要补缴所得税的,自税款所属纳税年度的次年 6 月 1 日起至补缴税款之日止的期间,按日加收利息;并且加收的利息不得在计算应纳税所得额时扣除。

加收的利息按照税款所属纳税年度中国人民银行公布的与补税期间同期的人民币贷款基准利率加 5 个百分点计算。但对关联企业依法向税务机关提供了有关资料的,可以只按人民币基准利率计算利息。

(八)特别纳税调整的期限

企业与其关联方之间的业务往来,不符合独立交易原则,或者企业实施其他不具有合理商业目的安排的,税务机关有权在该业务发生的纳税年度起 10 年内,进行纳税调整。

本章小结

企业所得税是对我国境内的企业和其他取得收入的组织的生产经营所得和其他所得所征收的一种税。企业所得税的纳税人分为居民企业和非居民企业,居民企业承担无限纳税义务,非居民企业承担有限纳税义务。企业所得税的征税对象包括销售货物所得、提供劳务所得、转让财产所得、股息红利等权益性所得、利息所得、租金所得、特许权使用费所得、接受捐赠所得和其他所得。

企业所得税实行 25% 的比例税率,对符合条件的小型微利企业实行 20% 的优惠税率,对国家需要重点扶持的高新技术企业实行 15% 的优惠税率。企业所得税的税收优惠包括免税收入优惠、减计收入优惠、减免税所得优惠、加计扣除优惠、加速折旧优惠、创业投资额抵扣应纳税所得额优惠以及专用设备投资额抵免所得税优惠等。

企业所得税的计税依据为应纳税所得额,应纳税所得额是指企业每一纳税年度的收入总额减除不征税收入、免税收入、各项扣除以及允许弥补的以前年度亏损后的余额。纳税人的收入总额包括收入的形式、收入的内容以及收入的确认等;不征税收入和免税收入有严格的范围界定。税前扣除的基本项目包括成本、费用、税金、损失以及其他支出。在计算应纳税所得额时,企业财务、会计处理办法与税收法律、行政法规的规定不一致的,应当依照税收法律、行政法规的规定计算。

企业所得税实行按年计算、分月或分季预缴、年终汇算清缴、多退少补的缴税方法。企业取得的境外所得已在境外缴纳的所得税税额,可以从其当期应纳税额中抵免,抵免限额为境外所得依照我国税法规定计算的应纳税额;超过抵免限额的部分,可以在以后 5 个年度内,用每年度抵免限额抵免当年应抵税额后的余额进行抵补。居民企业一般以企业登记注册地或实际管理机构所在地为纳税地点;非居民企业一般以机构、场所所在地为纳税地点。

推荐阅读书目

[1] 靳东升、李本贵:《企业所得税理论与实践》,经济科学出版社 2006 年版。
[2] 刘磊:《中国企业所得税改革》,中国财政经济出版社 2007 年版。
[3] 王静波:《外商投资企业转让定价的税收问题研究》,经济科学出版社 2008 年版。
[4] 宋凤轩、谷彦芳:《所得税国际化与中国所得税改革研究》,河北大学出版社 2009 年版。

[5]樊勇:《企业(公司)所得税的制度效应:基于在中国的应用分析》,中国税务出版社2009年版。

[6]叶姗:《税法之预约定价制度研究》,人民出版社2009年版。

[7]魏志梅:《企业所得税改革国际趋势研究》,中国税务出版社2010年版。

[8]刘剑文:《〈企业所得税法〉实施问题研究——以北京为基础的实证分析》,北京大学出版社2010年版。

[9]邱冬梅:《资本弱化税制研究》,科学出版社2013年版。

[10]李燕:《最优所得税研究》,上海交通大学出版社2014年版。

[11]范信葵:《预约定价在我国的运用研究》,天津大学出版社2014年版。

[12]王如燕:《跨国公司转让定价税制比较、借鉴与我国税制改革研究》,格致出版社2014年版。

[13]王宗涛:《一般反避税条款研究》,法律出版社2016年版。

[14]全国税务师职业资格考试教材编写组:《税法(Ⅱ)》,中国税务出版社2016年版。

第六章　个人所得税税制

本章导读

本章主要介绍个人所得税税制。通过本章学习，要求了解个人所得税的概念与特点；掌握个人所得税的法律规定，特别要掌握个人所得税的纳税人、征税对象、税率、税收优惠等法律规定；掌握不同个人应税所得项目的应纳税所得额及应纳所得税的计算方法；熟悉个人所得税的征收管理。

第一节　个人所得税概述

一、个人所得税的概念及特点

个人所得税，是以个人（自然人）取得的各项应税所得为征税对象征收的一种税。

个人所得税于1799年在英国创立，目前世界上已有140多个国家开征了此税。我国的个人所得税开征于1980年，近年来，随着我国经济的不断发展和人民生活水平的不断提高，我国个人所得税法先后进行了6次修正和完善。目前，我国个人所得税的法律依据是2011年6月30日第十一届全国人民代表大会常务委员会第二十一次会议第六次修正、自2011年9月1日起施行的《中华人民共和国个人所得税法》。

我国现行个人所得税有以下五个方面特点：

(一)实行分类所得税制

世界各国的个人所得税制一般有3种类型，即分类所得税制、综合所得税制和分类综合所得税制（又称混合所得税制）。这3种所得税制各有利弊，各国在选取时往往根据具体情况加以运用。我国现行的个人所得税制采用的是分类所得税制，将个人的所得按照性质和来源划分为11类，分别适用不同的税率和计税办法。

(二)累进税率与比例税率并用

按照世界各国的普遍做法，分类所得税制一般采用比例税率，而综合所得税制则采用累进税率。我国现行的个人所得税兼用这两种税率形式，对工资、薪金所得，个体工商业户的生产、经营所得，以及企事业单位的承包、承租经营所得，采用超额累进税率形式，实行量能负担；而对劳务报酬、稿酬等其他各项所得，则采用比例税率，实行等比负担。

(三)采用定额与定率相结合的费用扣除方法

各国的个人所得税均有费用扣除的规定，只是扣除的方法及额度各不相同。我国本着费用扣除从宽、从简的原则，对个人不同的所得项目，扣除较高的数额后再计税。如工资、薪金所得,从2011年9月1日起,每月扣除费用的标准为3 500元。此外,还根据个人不同的所得项目,采用定额与定率两种扣除费用的方法。如对劳务报酬等所得,每次收入不超过4 000元的,定额减除800元;每次收入在4 000元以上的,定率减除20%的费用。

(四) 计算简便

由于我国个人所得税的费用采取总额扣除法,从而免去了按照个人实际生活费用支出项目逐项计算的麻烦。而且各种所得项目分类计算,各有明确的费用扣除规定,费用扣除项目及方法易于掌握,计算比较简便,符合税制简便原则。

(五) 采用课源制和申报制两种征收方法

我国个人所得税对纳税人的应纳税额,采取由支付单位代扣代缴(源泉扣缴)和纳税人自行申报两种方法。对凡是可以在应税所得的支付环节扣缴税额的,均由扣缴义务人履行代扣代缴的义务;对于没有扣缴义务人的,以及个人在两处以上取得工资、薪金所得的,采取纳税人自行申报纳税的方法。此外,对其他不便于扣缴税款的,也规定由纳税人自行申报纳税。

专栏6—1 美国个人所得税制度的特点[①]

美国个人所得税制度从一开始就建立在以家庭为单位计征的基础上。美国个人所得税由联邦政府和地方政府分别计征。联邦个人所得税最高边际税率为35%;州个人所得税税率不等,如果加上县个人所得税和市镇个人所得税,最高边际税率总和有的超过45%。美国个人所得税有以下几个方面的特点:

1. 以家庭为单位计征,体现公平

由于劳动者赡养的家庭人口数不同,收入相同的家庭经济负担轻重不同。如果以个人为单位征收个人所得税,那么,对家庭成员多、从业人员少的人显然不公平。美国的个人所得税以家庭为单位计征充分体现了以人为本的思想。

2. 按年报税,更能正确计算收入

美国每个财税年度申报一次个人所得税,有利于准确计算全年收入,包括固定工资收入和偶然收入,如证券、房屋买卖、彩票、礼品等收入。纳税公平的前提是计算收入准确。如果按月纳税,不但许多偶然性收入容易逃税,而且诸如大学生暑假打工收入、作者稿酬等一些偶然性劳务报酬按一个月收入计税,有失公允。

3. 宽税基既增进公民意识,又便于"削峰填谷"

美国的"领薪就纳税"制度更能增进公民的纳税意识。虽然对所有有收入的人征税,但是由于实行多税级累进税率,这就让低收入者少纳税、不纳税甚至得到政府的补贴,让高收入者多纳税,以此缩小第一次分配差距。

4. 自主申报,逃税重罚,减少税收成本

美国纳税人根据自己的社会保险号码,在网上或通过邮政自主申报自己的年收入和纳税额。美国税务机关可以方便地利用计算机网络对纳税人的各种信息进行稽核、监控,一旦发现异常,立即从计算机系统中调出来单独审核,对有瞒报和欺骗行为的人给予非常严厉的处罚,甚至入狱。所以,纳税人对自己逃税行为的成本要充分估量,一般不会轻易冒险。

[①] 刘植荣:《从奥巴马的报税单看美国个人所得税制度》,《涉外税务》2010年第7期。

> 5. 纳税公示，有利于防腐、反腐
>
> 根据法律，美国公务员要向所有公民公示自己的收入和纳税情况，连总统也不例外，这对防止公务员腐败极具效果。由于收入和纳税同时公示，当公众发现公务员的收入、纳税与消费不符时，即可举报，有关部门立即侦察。公示的警戒作用像紧箍咒一样，时刻提醒公务员收受任何不义之财都有人民在监督，要为自己的违规行为付出高昂代价。此外，除享有外交豁免权的人和短期出境者外，任何人离开美国都要向税务机关申请出境完税证明，只有不欠税方可离境。这就堵塞了贪官外逃的路子。

美国的个人所得税制度有诸多方面值得我国学习、借鉴。我国个人所得税改革的当务之急不是提高工资、薪金所得的减除费用标准，而是必须以家庭为计征单位，建立科学、合理、公平、高效的个人所得税制度。

二、个人所得税的意义

(一)调节收入分配，体现社会公平

经过30多年的改革开放，我国社会经济高速发展，人民生活水平不断提高，一部分人已经达到了较高的收入水平。因此，有必要对个人收入进行适当的税收调节。在保证人们基本生活费用支出不受影响的前提下，高收入者多纳税，中等收入者少纳税，中下等或低收入者不纳税，以此来缓解社会分配不公的矛盾，在不损害分配效益的前提下，体现社会公平，保持社会稳定。

(二)增强纳税意识，树立义务观念

改革开放前，由于历史的原因，我国对个人收入(所得)几乎不征税，所以，我国公民的纳税意识较为淡薄，义务观念较为缺乏。征收个人所得税后，通过宣传个人所得税的法规，逐步培养和树立了全民依法履行纳税义务的观念，增强了自觉纳税的意识，为社会主义市场经济的发展创造了良好的社会环境。

(三)扩大聚财渠道，增加财政收入

目前我国个人的总体收入水平还不高，因此，个人所得税的收入也不高。但是，通过征收个人所得税这个地方性税种，不仅增加了地方财政的收入，而且扩大了国家聚财的渠道。今后，随着我国社会经济的不断发展，人民群众的收入水平将会逐年提高，个人所得税收入占税收收入总额的比重也将逐步增加，在增加财政收入方面发挥着重要的作用。

第二节　个人所得税的法律规定

一、个人所得税的纳税人

个人所得税的纳税人，包括中国公民、个体工商业户以及在中国有所得的外籍人员(包括无国籍人员，下同)和中国香港、澳门、台湾同胞。上述纳税人依据住所和居住时间两个标准，可分为居民纳税人和非居民纳税人，分别承担不同的纳税义务。

(一)居民纳税人

居民纳税人负有无限纳税义务，其所取得的应纳税所得，不论是来源于中国境内还是来源于中国境外，都要在中国纳税。所谓居民纳税人，是指在我国境内有住所或者无住所而在中国

境内居住满1年的个人。

所谓在中国境内有住所的个人,是指因户籍、家庭、经济利益关系,而在中国境内习惯性居住的个人。习惯性居住是判定纳税义务人是居民或非居民的一个法律意义上的标准,不是指实际居住或在某一个特定时期内的居住地。如因学习、工作、探亲、旅游等而在中国境外居住的,在其原因消除之后,必须回到中国境内居住的个人,则中国即为该纳税人习惯性居住地。

所谓在境内居住满一年,是指在一个纳税年度内,在中国境内居住满365天。在计算居住天数时,对临时离境应视同在华居住,不扣减其在华居住的天数。这里所说的临时离境,是指在一个纳税年度内,一次不超过30日或者累计多次不超过90日的离境。

综上所述,个人所得税的居民纳税人应包括以下两类:

1. 在中国境内定居的中国公民和外国侨民。但不包括虽具有中国国籍,却并没有在中国大陆定居,而是侨居海外的华侨和居住在中国香港、澳门和台湾的同胞。

2. 从公历1月1日起至12月31日止,居住在中国境内的外国人、海外侨胞和中国香港、澳门、台湾同胞。这些人如果在一个纳税年度内,一次离境不超过30日,或者多次离境累计不超过90日的,仍应视为在中国境内居住,从而判定为居民纳税人。

所称"中国境内",是指中国大陆地区,目前还不包括中国香港、澳门和台湾地区。

(二)非居民纳税人

非居民纳税人承担有限纳税义务,仅就其来源于中国境内的所得向中国纳税。

非居民纳税人,是指在中国境内无住所又不居住,或者无住所且居住不满一年的个人。也就是说,非居民纳税人是指习惯性居住地不在中国境内,而且不在中国居住,或者在一个纳税年度内,在中国境内居住不满一年的个人。在现实生活中,习惯性居住地不在中国境内的个人,只有外籍人员、华侨或中国香港、澳门和台湾同胞。因此,非居民纳税人,实际上是在一个纳税年度内没有在中国境内居住,或者在中国境内居住不满一年的外籍人员、华侨或中国香港、澳门和台湾同胞。

从2000年1月1日起,个人独资企业和合伙企业投资者也为个人所得税的纳税义务人。[①]

二、个人所得税的征税对象

个人所得税的征税对象就是个人取得的各种应税所得。我国现行个人所得税规定的应税所得包括以下11类个人所得:

(一)工资、薪金所得

工资、薪金所得,是指个人因任职或受雇取得的工资、薪金、奖金、年终加薪、劳动分红、津贴、补贴以及与任职或受雇有关的其他所得。

一般来说,工资、薪金所得属于非独立个人劳动所得。所谓非独立个人劳动,是指个人所从事的由他人指定、安排并接受管理的劳动、工作,或服务于公司、工厂、行政、事业单位的人员(私营企业主除外)均为非独立劳动者。他们从上述单位取得的劳动报酬,是以工资、薪金的形式体现的。在这类报酬中,工资和薪金的收入主体略有差异。通常情况下,把直接从事生产、经营或服务的劳动者(工人)的收入称为工资,即所谓"蓝领阶层"所得;而将从事社会公职或管

---

① 自2010年11月2日起,对个人独资企业和合伙企业从事种植业、养殖业、饲养业和捕捞业,其投资者取得的上述"四业"所得暂不征收个人所得税。

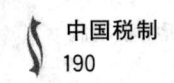

理活动的劳动者(公职人员)的收入称为薪金,即所谓"白领阶层"所得。但在实际立法过程中,各国都从简便易行的角度考虑,将工资、薪金合并为一个项目计税。

除工资、薪金外,奖金、年终加薪、劳动分红、津贴、补贴也被归于工资、薪金范畴。其中,年终加薪、劳动分红不分种类和取得情况,一律按工资、薪金所得课税,津贴、补贴等则例外。根据我国目前个人收入的构成状况,规定对于一些不属于工资、薪金性质的补贴、津贴或者不属于纳税人本人工资、薪金所得项目的收入,不予征税,这些项目包括:

1. 独生子女补贴。
2. 执行公务员工资制度未纳入基本工资总额的补贴、津贴差额和家属成员的副食品补贴。
3. 托儿补助费。
4. 差旅费津贴、误餐补助。其中,误餐补助是指按照财政部规定,个人因公在城区、郊区工作,不能在工作单位或返回就餐的,根据实际误餐顿数,按规定的标准领取的误餐费。单位以误餐补助名义发给职工的补助、津贴不包括在内。

奖金是指所有具有工资性质的奖金,免税奖金的范围另有规定。

实行内部退养的个人在其办理内部退养手续后至法定离退休年龄之间从原任职单位取得的工资、薪金,不属于离退休工资,应按"工资、薪金所得"项目计征个人所得税。

个人在办理内部退养手续后从原任职单位取得的一次性收入,应按办理内部退养手续后至法定离退休年龄之间的所属月份进行平均,并与领取当月的"工资、薪金"所得合并后减除当月费用扣除标准,以余额为基数确定适用税率,再将当月工资、薪金加上取得的一次性收入,减去费用扣除标准,按适用税率计征个人所得税。

个人在办理内部退养手续后至法定离退休年龄之间重新就业取得的"工资、薪金"所得,应与其从原任职单位取得的同一月份的"工资、薪金"所得合并,并依法自行向主管税务机关申报缴纳个人所得税。

公司职工取得的用于购买企业国有股权的劳动分红,按"工资、薪金所得"项目计征个人所得税。

出租汽车经营单位对出租车驾驶员采取单车承包或承租方式运营,出租车驾驶员从事客货营运取得的收入,按工资、薪金所得征税。

对商品营销活动中,企业和单位对营销成绩突出的雇员以培训班、研讨会、工作考察等名义组织旅游活动,通过免收差旅费、旅游费对个人实行的营销业绩奖励(包括实物、有价证券等),应根据所发生费用的全额并入营销人员当期的工资、薪金所得,按照"工资、薪金所得"项目征收个人所得税,并由提供上述费用的企业和单位代扣代缴。

企事业单位和个人按照国家规定和比例缴付的基本养老保险费、基本医疗保险费、失业保险费、住房公积金,不计入工资、薪金所得。超过规定标准缴付的部分,应计入缴付当期的工资、薪金所得。

(二)个体工商户的生产、经营所得

个体工商户的生产、经营所得,具体是指:

1. 个体工商户从事工业、手工业、建筑业、交通运输业、商业、饮食业、服务业、修理业及其他行业取得的所得。
2. 个人经政府有关部门批准,取得执照,从事办学、医疗、咨询以及其他有偿服务活动取得的所得。

3. 上述个体工商业户和个人取得的与生产、经营有关的各项应税所得。
4. 个人因从事彩票代销业务而取得的所得。
5. 其他个人从事个体工商业生产、经营取得的所得。

在执行中,应当注意以下问题:

个体工商户和从事生产、经营的个人,取得与生产、经营活动无关的其他各项应税所得,应分别按照其他应税项目的有关规定计税。如取得银行存款的利息所得、对外投资取得的股息所得,应按"利息、股息、红利所得"项目单独计税。

从事个体出租车运营的出租车驾驶员取得的收入,按"个体工商户的生产、经营所得"项目缴纳个人所得税。

出租车属个人所有,但挂靠出租汽车经营单位或企事业单位,驾驶员向挂靠单位缴纳管理费的,或出租汽车经营单位将出租车所有权转移给驾驶员的,出租车驾驶员从事客货运营取得的收入,比照"个体工商户的生产、经营所得"项目征税。

个人独资企业、合伙企业的个人投资者以企业资金为本人、家庭成员及其相关人员支付与企业生产、经营无关的消费性支出及购买汽车、住房等财产性支出,视为企业对个人投资者利润分配,并入投资者个人的生产、经营所得,依照"个体工商户的生产、经营所得"项目计征个人所得税。

(三)对企事业单位的承包、承租经营所得

对企事业单位的承包、承租经营所得,是指个人承包经营、承租经营以及转包、转租取得的所得,还包括个人按月或者按次取得的工资、薪金性质的所得。个人对企事业单位的承包、承租经营形式较多,分配方式也不尽相同。大体上可以分为两类:

1. 个人对企事业单位承包、承租经营后,工商登记改变为个体工商户的。

这类承包、承租经营所得,实际上属于个体工商户的生产、经营所得,应按"个体工商户的生产、经营所得"项目征收个人所得税,不再征收企业所得税。

2. 个人对企事业单位承包、承租经营后,工商登记仍为企业的。

对此情况,不论其分配方式如何,均应先按照企业所得税的有关规定缴纳企业所得税,然后根据承包、承租经营者按合同(协议)规定取得的所得,依照《个人所得税法》的有关规定缴纳个人所得税。具体包括以下两种情况:

(1)承包、承租人对企业经营成果不拥有所有权,仅按合同(协议)规定取得一定所得的,应按"工资、薪金所得"项目征收个人所得税。

(2)承包、承租按合同(协议)规定只向发包方、出租方缴纳一定的费用,缴纳承包、承租费后的企业的经营成果归承包、承租人所有的,其取得的所得,按"对企事业单位承包、承租经营所得"项目征收个人所得税。

(四)劳务报酬所得

劳务报酬所得,是指个人从事设计、装潢、安装、制图、化验、测试、医疗、法律、会计、咨询、讲学、新闻、广播、翻译、审稿、书画、雕刻、影视、录音、录像、演出、表演、广告、展览、技术服务、介绍服务、经纪服务、代办服务以及其他劳务取得的所得。

是否存在雇佣与被雇佣关系是区分劳务报酬所得与工资、薪金所得的基本标准。劳务报酬所得是个人独立从事某种技艺、独立提供某种劳务而取得的报酬,与支付报酬的单位不存在雇佣与被雇佣关系;而工资、薪金所得是个人非独立劳动,从所在单位领取的报酬,与支付报酬的单位存在雇佣与被雇佣关系。

在校学生因参与勤工俭学活动(包括参与学校组织的勤工俭学活动)而取得属于个人所得税规定的应税所得项目的所得,应依法纳税。

对商品营销活动中,企业和单位对营销成绩突出的非雇员以培训班、研讨会、工作考察等名义组织旅游活动,通过免收差旅费、旅游费对个人实行的营销业绩奖励(包括实物、有价证券等),应以所发生费用的全额作为该营销人员当期的劳务收入,按照"劳务报酬所得"项目征收个人所得税,并由提供上述费用的企业和单位代扣代缴。

个人兼职取得的收入,应按照"劳务报酬所得"项目缴纳个人所得税。

个人担任公司董事、监事,且不在公司任职、受雇的情形,属于劳务报酬性质,应按照"劳务报酬所得"项目缴纳个人所得税。

(五)稿酬所得

稿酬所得,是指个人因其作品以图书、报刊形式出版、发表而取得的所得。这里所说的作品,包括文学作品、书画作品、摄影作品,以及其他作品。作者去世后,财产继承人取得的遗作稿酬,也应征收个人所得税。

对报纸、杂志、出版等单位的职员在本单位的刊物上发表作品、出版图书取得所得征税的问题,规定如下:

1. 任职、受雇于报纸、杂志等单位的记者、编辑等专业人员,因在本单位的报纸、杂志上发表作品取得的所得,属于因任职、受雇而取得的所得,应与其当月工资收入合并,按"工资、薪金所得"项目征税。

除上述专业人员以外,其他人员在本单位的报纸、杂志上发表作品取得的所得,应按"稿酬所得"项目征税。

2. 出版社的专业作者撰写、编写或翻译的作品,由本社以图书形式出版而取得的稿费收入,应按"稿酬所得"项目征税。

(六)特许权使用费所得

特许权使用费所得,是指个人提供专利权、商标权、著作权、非专利技术以及其他特许权的使用权取得的所得。

1. 专利权,是指由国家专利主管机关依法授予专利申请人或其权利继承人在一定期间内实施其发明创造享有的专有利用的权利。

2. 商标权,是指商标注册人依照法律规定而取得的对其注册商标在核定商品上使用的独占使用权。

3. 著作权,即版权,是指除指作者对其创作的文学、艺术和科学作品依法享有的某些特殊权利。

4. 非专利技术,是指除专利技术以外的专有技术。

提供著作权的使用权取得的所得,不包括稿酬所得。对于作者将自己的文学作品手稿原件或复印件公开拍卖(竞价)取得的所得,属于提供著作权的使用所得,应按"特许权使用费所得"项目征税。个人取得特许权的经济赔偿收入以及剧本作者从电影、电视剧的制作单位取得的剧本使用费,应按"特许权使用费所得"应税项目纳税,税款由支付赔款的单位或个人代扣代缴。

(七)利息、股息、红利所得

利息、股息、红利所得,是指个人拥有债权、股权而取得的利息、股息、红利所得。利息,是指个人拥有债权而取得的利息,包括存款利息、贷款利息和各种债券的利息。按税法规定,个人取得的利息所得,除国债和国家发行的金融债券利息外,应当依法缴纳个人所得税。从2008年10月9日起,储蓄存款利息所得暂免征收个人所得税。股息、红利,是指个人拥有股权而取得的股息、红利。按照一定的比率对每股发给的息金,叫股息;公司、企业应分配的利润,按股份分配的叫红利。股息、红利所得,除另有规定外,都应当缴纳个人所得税。

(八)财产租赁所得

财产租赁所得,是指个人出租建筑物、土地使用权、机器设备、车船以及其他财产取得的所得。

个人取得的财产转租收入,属于"财产租赁所得"的征税范围,由财产转租人纳税。在确认纳税人时,应以产权凭证为依据;对无产权凭证的,由主管税务机关根据实际情况确定。产权所有人死亡,在未办理产权继承手续期间,该财产出租而有租金收入的,以领取租金的个人为纳税人。

房地产开发公司与商店购买者个人签订协议,以优惠价格出售其开发的商店给购买者个人,购买者个人在一定期限内必须将购买的商店无偿提供给房地产开发公司对外出租使用。该行为实质上是购买者个人以所购商店交由房地产公司出租而取得的房屋租赁收入支付了部分购房价款。根据个人所得税的有关规定,对购买者个人少支出的购房价款,应视同个人财产租赁所得,按照"财产租赁所得"项目征收个人所得税。每次财产租赁所得的收入,按照少支出的购房价款和协议规定的租赁月份数平均计算确定。

(九)财产转让所得

财产转让所得,是指个人转让有价证券、股权、建筑物、土地使用权、机器设备、车船以及其他财产取得的所得。

在现实生活中,个人进行的财产转让主要是个人财产所有权的转让。财产转让实际上是一种买卖行为,当事人双方通过签订、履行财产转让合同,形成财产买卖的法律关系,使出让财产的个人从对方取得价款(收入)或其他经济利益。财产转让所得因其性质的特殊性,需要单独列举项目征税。对个人取得的各项财产转让所得,除股票转让所得外,都要征收个人所得税。

个人因各种原因终止投资、联营、经营合作等行为,从被投资企业或合作项目、被投资企业的其他投资者以及合作项目的经营合作人取得股权转让收入、违约金、补偿金、赔偿金及以其他名目收回的款项等,均属于个人所得税应税收入,应按照"财产转让所得"项目适用的规定计算缴纳个人所得税。[①]

(十)偶然所得

偶然所得,是指个人得奖、中奖、中彩以及其他偶然性质的所得。偶然所得应缴纳的个人所得税,一律由发奖单位或机构代扣代缴。得奖,是指参加各种有奖竞赛活动,取得名次获得的奖金;中奖、中彩,是指参加各种有奖活动,如有奖销售、有奖储蓄、有奖发票或购买彩票,经过规定程序,抽中、摇中号码而取得的奖金。

在执行中,应当注意以下问题:

1. 对个人参加有奖储蓄取得的各种形式的中奖所得,属于机遇性的所得,按照"偶然所得"项目征收个人所得税。

[①] 国家税务总局:《关于个人终止投资经营收回款项征收个人所得税问题的公告》(国家税务总局公告2011年第41号),本公告自2011年7月25日起施行。

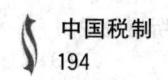

2. 对外商投资企业在购买内资企业经营资产过程中向内资企业自然人股东支付的不竞争款项，属于个人因偶然因素取得的一次性所得，应按照"偶然所得"项目计算缴纳个人所得税。

不竞争款项是指资产购买方企业与资产出售方企业自然人股东之间在资产购买交易中，通过签订保密和不竞争协议等方式，约定资产出售方企业自然人股东在交易完成后一定期限内，承诺不从事有市场竞争的相关业务，并负有相关技术资料的保密义务，资产购买方企业则在约定期限内，按一定方式向资产出售方企业自然人股东所支付的款项。

3. 企业在销售商品（产品）和提供服务过程中向个人赠送礼品，属于下列情形之一的，不征收个人所得税[①]：

(1) 企业通过价格折扣、折让方式向个人销售商品（产品）和提供服务；

(2) 企业在向个人销售商品（产品）和提供服务的同时给予赠品，如通信企业对个人购买手机赠话费、入网费，或者购话费赠手机等；

(3) 企业对累积消费达到一定额度的个人按消费积分反馈礼品。

但是，企业对累积消费达到一定额度的顾客给予额外抽奖机会，个人的获奖所得，按照"偶然所得"项目缴纳个人所得税。

(十一) 其他所得

除上述列举的各项个人应税所得外，其他确有必要征税的个人所得由国务院财政部门确定。个人取得的所得，难以界定应纳税所得项目的，由主管税务机关确定。

个人所得的形式，包括现金、实物、有价证券和其他形式的经济利益。所得为实物的，应当按照取得的凭证上所注明的价格计算应纳税所得额；无凭证的实物或者凭证上所注明的价格明显偏低的，参照市场价格核定应纳税所得额。所得为有价证券的，根据票面价格和市场价格核定应纳税所得额。所得为其他形式的经济利益的，参照市场价格核定应纳税所得额。

在执行中，应注意以下问题：

1. 对个人因任职单位缴纳有关保险费而取得的无赔款优待收入，按照"其他所得"项目征收个人所得税。

2. 一些证券公司为了招揽大户股民在本公司开户交易，通常从证券公司取得的交易手续费中支付部分金额给大户股民。对股民个人从证券公司取得的此类回扣收入或交易手续返还收入，按照"其他所得"项目征收个人所得税。

3. 对个人为单位或他人提供担保获得的报酬，按照"其他所得"项目征收个人所得税。

4. 企业向个人赠送礼品，属于下列情形之一的，对个人取得该项所得，按照"其他所得"项目征收个人所得税[②]：

(1) 企业在业务宣传、广告等活动中，随机向本单位以外的个人赠送礼品；

(2) 企业在年会、座谈会、庆典以及其他活动中向本单位以外的个人赠送礼品。

企业赠送的礼品是自产产品（服务）的，按该产品（服务）的市场销售价格确定个人的应税所得；是外购商品（服务）的，按该商品（服务）的实际购置价格确定个人的应税所得。

[①] 财政部、国家税务总局：《关于企业促销展业赠送礼品有关个人所得税问题的通知》（财税〔2011〕50号），本通知自2011年6月9日起施行。

[②] 财政部、国家税务总局：《关于企业促销展业赠送礼品有关个人所得税问题的通知》（财税〔2011〕50号），本通知自2011年6月9日起施行。

三、个人所得税的税率

个人所得税分别对不同所得项目,规定了超额累进税率和比例税率两种。

(一)超额累进税率

1. 七级超额累进税率

该税率适用于工资、薪金所得,税率为3%~45%,详见表6-1。

表6-1　　　　　　　　　　工资、薪金所得适用税率表

级数	全月应纳税所得额	税率(%)	速算扣除数(元)
1	不超过1 500元的部分	3	0
2	超过1 500元至4 500元的部分	10	105
3	超过4 500元至9 000元的部分	20	555
4	超过9 000元至35 000元的部分	25	1 005
5	超过35 000元至55 000元的部分	30	2 755
6	超过55 000元至80 000元的部分	35	5 505
7	超过80 000元的部分	45	13 505

注:本表所称的"全月应纳税所得额",是指依照税法的规定,以每月收入额减除费用3 500元以及附加减除费用后的余额。

2. 五级超额累进税率

该税率适用于个体工商户的生产、经营所得,对企事业单位的承包、承租经营所得,个人独资企业和合伙企业投资者的所得,税率为5%~35%,详见表6-2。

表6-2　　个体工商户的生产、经营所得和对企事业单位的承包、承租经营所得适用税率表

级数	全年应纳税所得额	税率(%)	速算扣除数(元)
1	不超过15 000元的部分	5	0
2	超过15 000元至30 000元的部分	10	750
3	超过30 000元至60 000元的部分	20	3 750
4	超过60 000元至100 000元的部分	30	9 750
5	超过100 000元的部分	35	14 750

注:本表所称的"全年应纳税所得额",对个体工商户的生产、经营所得来说,是指以每一纳税年度的收入总额减除成本、费用以及损失后的余额;对企事业单位的承包、承租经营所得来说,是指以每一纳税年度的收入总额减除必要费用后的余额。

(二)比例税率

稿酬所得,劳务报酬所得,特许权使用费所得,财产租赁所得,财产转让所得,利息、股息、红利所得,偶然所得和其他所得,适用20%的比例税率。

(三)加成征收与减征

为体现国家政策,有效地调节收入,对有关所得项目规定了加成征收与减征。

1. 加成征税规定

对劳务报酬所得一次收入畸高的,可以实行加成征收。在按照20%税率征税的基础上,实行加成征税。"劳务报酬所得一次收入畸高",是指个人一次取得劳务报酬,其应纳税所得额

超过2万元。对应纳税所得额超过2万元至5万元的部分,依照税法规定计算应纳税额后再按照应纳税额加征五成;超过5万元的部分,加征十成。因此,对劳务报酬所得实际上适用20%、30%、40%的三级超额累进税率,详见表6—3。

表6—3　　　　　　　　　劳务报酬所得适用税率表

级数	每次应纳税所得额	税率(%)	速算扣除数(元)
1	不超过20 000元的部分	20	0
2	超过20 000元至50 000元的部分	30	2 000
3	超过50 000元的部分	40	7 000

注:本表所称的"每次应纳税所得额",是指每次收入额减除费用800元(每次收入额不超过4 000元时)或者减除20%费用(每次收入额超过4 000元时)后的余额。

2. 减征规定

税法规定对稿酬所得按20%税率计算个人所得税后,再按应纳税额减征30%。稿酬所得的实际征收率为14%。

对个人按市场价格出租住房取得的所得,减按10%的税率征收个人所得税。

四、个人所得税的税收优惠

《个人所得税法》及其实施条例以及财政部、国家税务总局制定的若干规定,对个人所得项目有减税和免税的优惠规定。

(一)个人所得税的免税项目

1. 省级人民政府、国务院部委和中国人民解放军军以上单位,以及外国组织、国际组织颁发的科学、教育、技术、文化、卫生、体育、环境保护等方面的奖金。

2. 国债和国家发行的金融债券利息。这里所说的国债利息,是指个人持有中华人民共和国财政部发行的债券而取得的利息所得;所说的国家发行的金融债券利息,是指个人持有经国务院批准发行的金融债券而取得的利息所得。

3. 按照国家统一规定发给的补贴、津贴。是指按照国务院规定发给的政府特殊津贴、院士津贴、资深院士津贴,以及国务院规定免纳个人所得税的其他补贴、津贴。

4. 福利费、抚恤金、救济金。其中,福利费是指根据国家有关规定,从企事业单位、国家机关、社会团体提留的福利费或者工会经费中支付给个人的生活补助费;救济金,是指国家民政部门支付给个人的生活困难补助费。

5. 保险赔款。

6. 军人的转业费、复员费。

7. 按照国家统一规定发给干部和职工的安家费、退职费、退休工资、离休工资、离休生活补助费。

8. 依照我国有关法律规定应予免税的各国驻华使馆、领事馆的外交代表、领事官员和其他人员的所得。

9. 中国政府参加的国际公约、签订的协议中规定免税的所得。

10. 关于发给见义勇为者的奖金问题。对乡、镇(含乡、镇)以上人民政府或经县(含县)以上人民政府主管部门批准成立的有机构、有章程的见义勇为基金或者类似性质组织,奖励见义勇为者的奖金或奖品,经主管税务机关核准,免征个人所得税。

11. 企业和个人按照省级以上人民政府规定的比例提取并缴付的住房公积金、医疗保险金、基本养老保险金、失业保险金,不计入个人当期的工资、薪金收入,免征个人所得税。超过规定的比例缴付的部分计征个人所得税。

个人领取原提存的住房公积金、医疗保险金、基本养老保险金时,免征个人所得税。

12. 生育妇女按照县级以上人民政府根据国家有关规定制定的生育保险办法,取得的生育津贴、生育医疗费或其他属于生育保险性质的津贴、补贴,免征个人所得税。

13. 对延长退休年龄的高级专家从其劳动人事关系所在单位取得的,单位按国家有关规定向职工统一发放的工资、薪金、奖金、津贴、补贴等收入,视同离休、退休工资,免征个人所得税。从其劳动人事关系所在单位之外的其他地方取得的培训费、讲课费、顾问费、稿酬等各种收入,依法计征个人所得税。

14. 个人取得的教育储蓄存款利息。

15. 经国务院财政部门批准免税的所得。

(二)个人所得税的减税项目

有下列情形之一的,经批准可以减征个人所得税:

1. 残疾、孤老人员和烈属的所得;
2. 因严重自然灾害造成重大损失的;
3. 其他经国务院财政部门批准减税的。

上述减税项目的减征幅度和期限,由省、自治区、直辖市人民政府规定。

(三)个人所得税的暂免征税项目

1. 外籍个人以非现金形式或实报实销形式取得的住房补贴、伙食补贴、搬迁费、洗衣费。
2. 外籍个人按合理标准取得的境内、境外出差补贴。
3. 外籍个人取得的探亲费、语言训练费、子女教育费等,经当地税务机关审核批准为合理的部分。可以享受免征个人所得税优惠待遇的探亲费,仅限于外籍个人在我国的受雇地与其家庭所在地(包括配偶或父母居住地)之间搭乘交通工具且每年不超过2次的费用。
4. 个人举报、协查各种违法、犯罪行为而获得的奖金。
5. 个人办理代扣代缴税款手续,按规定取得的扣缴手续费。
6. 个人转让自用达5年以上,并且是唯一的家庭生活用房取得的所得。
7. 对达到离休、退休年龄,但确因工作需要,适当延长离休、退休年龄的高级专家(指享受国家发放的政府特殊津贴的专家、学者),其在延长离休、退休期间的工资、薪金所得,视同退休工资、离休工资,免征个人所得税。
8. 外籍个人从外商投资企业取得的股息、红利所得。
9. 凡符合下列条件之一的外籍专家取得的工资、薪金所得,可免征个人所得税:

(1)根据世界银行专项贷款协议,由世界银行直接派往我国工作的外国专家;

(2)联合国组织直接派往我国工作的专家;

(3)为联合国援助项目来华工作的专家;

(4)援助国派往我国专为该国无偿援助项目工作的专家;

(5)根据两国政府签订文化交流项目来华工作两年以内的文教专家,其工资、薪金所得由该国负担的;

(6)根据我国大专院校国际交流项目来华工作两年以内的文教专家,其工资、薪金所得由该国负担的;

(7)通过民间科研协定来华工作的专家,其工资、薪金所得由该国政府机构负担的。

10. 对个人购买福利彩票、赈灾彩票、体育彩票,一次中奖收入在1万元以下的(含1万元),暂免征收个人所得税;超过1万元的,全额征收个人所得税。

11. 个人取得单张有奖发票奖金不超过800元(含800元)的,暂免征收个人所得税;个人取得单张有奖发票奖金超过800元的,应全额按照《个人所得税法》规定的"偶然所得"项目征收个人所得税。

12. 以下情形的房屋产权无偿赠与,对当事双方不征收个人所得税:

(1)房屋产权所有人将房屋产权无偿赠与配偶、父母、子女、祖父母、外祖父母、孙子女、外孙子女、兄弟姐妹;

(2)房屋产权所有人将房屋产权无偿赠与对其承担直接抚养或者赡养义务的抚养人或者赡养人;

(3)房屋产权所有人死亡,依法取得房屋产权的法定继承人、遗嘱继承人或者受遗赠人。

第三节 个人所得税应纳税额的计算

我国现行个人所得税实行的是分类所得税,不同所得项目的费用扣除、适用税率以及计算方法不尽相同,因此,各项所得的应纳税额应分别计算。

一、工资、薪金所得应纳税额的计算

(一)应纳税所得额的确定

工资、薪金所得实行按月计征的办法。因此,工资、薪金所得以个人每月收入额减除3 500元[①]费用后的余额为应纳税所得额。计算公式为:

$$应纳税所得额 = 月工资、薪金收入 - 3\,500\,元$$

专栏6—2 个人所得税的课税模式[②]

总结世界各国个人所得税的课税模式,可分为三种不同的模式:分类所得税制、综合所得税制和分类综合所得税制。从所得税模式的发展趋势上看,世界各国都趋向选择综合所得税制。

1. 分类所得税制

分类所得税制,指将各种所得分为若干类别,对各种来源不同、性质各异的所得,分别以不同的税率计税的一种所得税课征模式。分类所得税制的立论依据是对不同性质的所得项目应采取不同税率,分别承担轻重不同的税负。勤劳所得课以轻税,投资所得课为重税。

分类所得税制的优点主要在于:按不同性质的所得课税,在税负上实行差别待遇,较好地体现横向公平;便于广泛采取源泉一次性课征,减少征税成本。

分类所得税制的缺陷主要有:征税范围有限,主要着眼于有连续稳定收入来源的单项所得,对某些所得项目不采用累进税率,很难体现纵向公平的纳税原则;分类所得税制不能从制度上考虑纳税人家庭的负担情况,从而满足人们的基本生活需要。

[①] 2011年6月30日中华人民共和国主席令第48号,《全国人民代表大会常务委员会关于修改〈中华人民共和国个人所得税法〉的决定》,本决定自2011年9月1日起施行。

[②] 宋凤轩、谷彦芳:《所得税国际化与中国所得税改革研究》,河北大学出版社2009年版,第78~79页。

分类所得税制最早创始于英国,但目前很少国家单纯采用分类所得税制。

2. 综合所得税制

综合所得税制,是指将纳税人在一定期间内(一般为一年)各种不同来源的所得综合起来,减去法定减免和扣除项目的数额后,就其余额按累进税率计征所得税的一种课税制度。

综合所得税制设计的指导思想是,个人所得税是一种对人税,计税依据就应是人的总体负担能力,其应税所得就应是纳税人在一定时期获得的各种所得减去各项法定减免额和扣除额之后的净额,然后按统一的一个税率计征。所以综合所得税制的优点在于,它最能体现纳税人的实际负担水平,同时还不缩小其税基,并最能体现支付能力原则和量能课税原则。

综合所得税制最早产生于19世纪中期的德国,而采用综合所得税制的典型代表为美国。目前,在欧洲各国,综合所得税制占据了主导地位,拉美和加勒比海大部分国家也向综合所得税制转化,大洋洲国家大部分实行综合所得税制,亚洲国家也多以实行综合所得税制为主。综合所得税制已成为所得税课税制度的一个发展方向。

3. 分类综合所得税制

分类综合所得税制又称混合所得税制,是指对同等所得税按分类所得税制模式征税后,再采用综合所得税制模式征税。

分类综合所得税制将分类和综合两种所得税制度的优点兼收并蓄,既坚持了按支付能力课税原则,对纳税人不同的收入来源实行综合计征,又坚持了对不同性质的收入区别对待原则,对所列举的特定项目按特定办法和税率课征。其缺点也较明显,就是计算征收比较繁琐。

日本是实行分类综合所得税制的国家之一。其特点是先根据纳税人各项特定所得征收一定比例的分类所得税,然后再综合纳税人全年各种所得额,如达到一定课税额度标准,再以统一累进税率课以综合所得税,并扣除以前已经交过的分类税收,多退少补。

从2011年9月1日起,对工资、薪金所得规定的普遍适用的减除费用标准为3 500元。但是,对在中国境内无住所而在中国境内取得工资、薪金所得的纳税义务人和在中国境内有住所而在中国境外取得工资、薪金所得的纳税义务人,每月再附加减除费用1 300元。[①] 应纳税所得额的计算公式为:

$$应纳税所得额=月工资、薪金收入-4\ 800元$$

每月扣除4 800元费用额的具体范围为:

1. 在中国境内的外商投资企业和外国企业工作的外籍人员;
2. 应聘在中国境内企业、事业单位、社会团体、国家机关工作的外籍专家;
3. 在中国境内有住所而在中国境外任职或者受雇取得工资、薪金所得的个人;
4. 国务院财政、税务主管部门确定的其他人员。

此外,附加减除费用也适用于华侨和中国香港、澳门、台湾同胞。

根据《国务院侨务办公室关于印发〈关于界定华侨外籍华人归侨侨眷身份的规定〉的通知》(国侨发〔2009〕5号)的规定,华侨是指定居在国外的中国公民。华侨身份具体界定如下:

1."定居"是指中国公民已取得住在国长期或者永久居留权,并已在住在国连续居留两年,

[①] 2011年7月19日中华人民共和国国务院令第600号,《国务院关于修改〈中华人民共和国个人所得税法实施条例〉的决定》,本决定自2011年9月1日起施行。

两年内累计居留不少于 18 个月。

2. 中国公民虽未取得住在国长期或者永久居留权,但已取得住在国连续 5 年以上(含 5 年)合法居留资格,5 年内在住在国累计居留不少于 30 个月,视为华侨。

3. 中国公民出国留学(包括公派和自费)在外学习期间,或因公务出国(包括外派劳务人员)在外工作期间,均不视为华侨。

对符合国侨发〔2009〕5 号文件规定的华侨身份的人员,其在中国工作期间取得的工资、薪金所得,税务机关可根据纳税人提供的证明其华侨身份的有关证明材料,按照《中华人民共和国个人所得税法实施条例》第三十条规定,在计算征收个人所得税时,适用附加扣除费用。

(二)应纳税额计算的一般规定

工资、薪金所得适用七级超额累进税率,按每月收入定额扣除 3 500 元或 4 800 元,就其余额作为应纳税所得额,按适用税率和速算扣除数计算应纳税额。计算公式为:

$$应纳税额 = 应纳税所得额 \times 适用税率 - 速算扣除数$$
$$= (每月收入额 - 3\,500\, 或\, 4\,800 元) \times 适用税率 - 速算扣除数$$

应该说明的是,个人按规定缴付基本养老保险费、基本医疗保险费、失业保险费和住房公积金,准予从应纳税所得额中扣除,但个人支付的房租、水电费不得税前扣除。

【例 6—1】 中国公民王某 2016 年 10 月取得工资收入 8 000 元,当月个人承担的基本养老保险金、医疗保险金、失业保险金、住房公积金共计 600 元,此外,王某当月还支付房租、水电费共计 600 元。计算王某应纳个人所得税税额。

(1)应纳税所得额 = 8 000 - 600 - 3 500 = 3 900(元)

(2)应纳所得税额 = 3 900 × 10% - 105 = 285(元)

【例 6—2】 某外商投资企业中的外籍专家 2016 年 10 月取得工资收入 12 000 元。计算该外籍专家 10 月份应纳个人所得税税额。

(1)应纳税所得额 = 12 000 - 4 800 = 7 200(元)

(2)应纳所得税额 = 7 200 × 20% - 555 = 885(元)

(三)应纳税额计算的特殊规定

1. 个人取得全年一次性奖金的计税方法

全年一次性奖金,是指行政机关、企事业单位等扣缴义务人根据其全年经济效益和对雇员全年工作业绩的综合考核情况,向雇员发放的一次性奖金。一次性奖金也包括,年终加薪、实行年薪制和绩效工资办法的单位,根据考核情况兑现的年薪和绩效工资。

纳税人取得全年一次性奖金,应单独作为一个月工资、薪金所得计算纳税。具体计算步骤如下:

(1)先将雇员当月内取得的全年一次性奖金除以 12 个月,按其商数确定适用税率和速算扣除数。

如果在发放年终一次性奖金的当月,雇员当月工资、薪金所得低于税法规定的费用扣除额,应将全年一次性奖金减除"雇员当月工资、薪金所得与费用扣除额的差额"后的余额,按上述办法确定全年一次性奖金的适用税率和速算扣除数。

(2)将雇员个人当月内取得的全年一次性奖金,按上述办法确定的适用税率和速算扣除数计算征税。

①如果雇员当月工资、薪金所得高于(或等于)税法规定的费用扣除额的,则计算公式为:

$$应纳税额 = 雇员当月取得的全年一次性奖金 \times 适用税率 - 速算扣除数$$

②如果雇员当月工资、薪金所得低于税法规定的费用扣除额的,则计算公式为:

应纳税额=(雇员当月取得的全年一次性奖金-雇员当月工资、薪金所得与费用扣除额的差额)
　　　　×适用税率-速算扣除数

【例6-3】 陈某与刘某同为某单位职工,2016年10月陈某取得工资收入4 200元,刘某取得工资收入3 000元,除工资收入外,陈某还取得全年一次性奖金10 800元,刘某取得全年一次性奖金7 700元。则陈某与刘某2016年10月应纳个人所得税为:

(1)陈某应纳个人所得税。

①工资收入应纳税额=(4 200-3 500)×3%=21(元)

②全年一次性奖金应纳税额:

按月分摊奖金,平均每月奖金=10 800÷12=900(元),查税率表,税率为3%。

应纳税额=10 800×3%=324(元)

(2)刘某应纳个人所得税。

①工资收入3 000元小于费用扣除标准3 500元,所以工资收入不纳税。

②全年一次性奖金应纳税额,即从全年一次性奖金中减去"当月工资与费用扣除标准之差"。

7 700-(3 500-3 000)=7 200(元)

按月分摊奖金,平均每月奖金=7 200÷12=600(元),查税率表,税率为3%。

应纳税额=7 200×3%=216(元)

计算全年一次性奖金个人所得税时,还应注意下列问题:

一是全年一次性奖金在计算应纳税额时,不得另外扣除费用(如果取得奖金的当月工资低于费用扣除标准,则可扣除"当月工资所得与费用扣除标准之差"),而应直接将其作为应纳税所得额计算应纳税额。

二是在一个纳税年度内,对每一个纳税人,全年一次性奖金的计税办法只允许采用一次(即不得采用两次以上)。

三是严格区分全年一次性奖金与其他工资性奖金。其他工资性奖金是指雇员取得的除全年一次性奖金以外的其他各种名目的奖金,包括考勤奖、加班奖、季度奖、半年奖、先进奖等。其他工资性奖金在计算个人所得税时,一律与当月工资、薪金收入合并,按税法规定缴纳个人所得税。

【例6-4】 某纺织厂高级工程师张某每月工资收入3 000元,2016年10月除领取工资收入外,还取得考勤奖2 000元、加班奖500元、季度奖7 000元,则张某应纳个人所得税为:

(1)应纳税所得额=(3 000+2 000+500+7 000)-3 500=9 000(元)

(2)应纳税额=9 000×20%-555=1 245(元)

2. 雇主为其雇员负担税款的计税方法

在实际工作中,有的雇主(单位或个人)常常为纳税人(雇员)负担税款,即支付给纳税人的报酬(包括工资、薪金、劳务报酬等所得)是不含税的净所得,纳税人的应纳税额已由雇主代为(扣)缴纳。在这种情况下,就不能以纳税人实际取得的收入直接乘以适用税率计算应纳税额,否则,就会缩小税基,降低适用税率。正确的方法是,将纳税人的不含税收入换算为应纳税所得额(含税),然后再计算应纳税额。具体分以下情况处理:

(1)雇主全额为雇员负担税款。应将雇员取得的不含税收入换算成应纳税所得额后,计算单位或个人应当代扣代缴的税款。计算公式为:

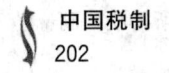

应纳税所得额=(月不含税收入额-费用扣除标准-速算扣除数)÷(1-税率)

应纳税额=应纳税所得额×适用税率-速算扣除数

公式中所适用的税率,是指不含税收入按不含税级距对应的税率,具体如表6—4所示。公式中所适用的税率,是指应纳税所得额按含税级距对应的税率。所以,在计算过程中应特别注意,不能混淆。

表6—4　　　　　　　　工资、薪金不含税收入适用税率

级数	全月不含税收入级距	税率(%)	速算扣除数(元)
1	不超过1 455元的部分	3	0
2	超过1 455元至4 155元的部分	10	105
3	超过4 155元至7 755元的部分	20	555
4	超过7 755元至27 255元的部分	25	1 005
5	超过27 255元至41 255元的部分	30	2 755
6	超过41 255元至57 505元的部分	35	5 505
7	超过57 505元的部分	45	13 505

【例6—5】　境内某公司代其雇员(中国公民)缴纳个人所得税。2016年10月支付给雇员王某的不含税工资为5 000元人民币,计算该公司为王某代付的个人所得税。

应纳税所得额=(5 000-3 500-555)÷(1-20%)=1 181.25(元)

应代付的个人所得税额=1 181.25×3%=35.44(元)

(2)雇主为其雇员负担部分税款,又可分为定额负担部分税款和定率负担部分税款两种情形。

第一种情形:雇主为其雇员定额负担部分税款的,应将雇员取得的工资、薪金所得换算成应纳税所得额后,计算单位应当代扣代缴的税款。计算公式为:

①应纳税所得额=雇员取得的工资+雇主代雇员负担的税款-费用扣除标准

②应纳税额=应纳税所得额×适用税率-速算扣除数

第二种情形:雇主为其雇员定率负担部分税款,是指雇主为雇员负担一定比例的工资应纳的税款或负担一定比例的实际应纳税款。当发生这种情况时,应将公式①中雇员取得的"月不含税收入额"替换为"未含雇主负担的税款的收入额",同时,将公式②中的"适用税率"和"速算扣除数"分别乘以雇主为雇员负担税款的比例,从而将未含雇主负担的税款的收入额换算成应纳税所得额,计算单位应代扣代缴的税款。计算公式为:

应纳税所得额=(未含雇主负担的税款的收入额-费用扣除标准-速算扣除数×负担比例)
÷(1-税率×负担比例)

应纳税额=应纳税所得额×适用税率-速算扣除数

【例6—6】　2016年某外商投资公司雇员(外国居民)月工资收入12 000元,雇主负担其工资所得部分30%的税款。计算该纳税人当月应纳的个人所得税。

应纳税所得额=(12 000-4 800-555×30%)÷(1-20%×30%)=7 482.45(元)

应缴纳的个人所得税额=7 482.45×20%-555=941.49(元)

3.从雇佣单位和派遣单位分别取得工资所得的计税方法

(1)在外商投资企业、外国企业和外国驻华机构工作的中方人员取得的工资、薪金收入,凡是由雇佣单位和派遣单位分别支付的,支付单位应按税法规定代扣代缴个人所得税。但对雇佣单位和派遣单位分别支付工资、薪金的,采取由支付者中的一方减除费用的方法,即只由雇

佣单位在支付工资、薪金时，按税法规定减除费用，计算扣缴个人所得税；派遣单位支付的工资、薪金不再减除费用，以支付全额直接确定适用税率，计算扣缴个人所得税。

上述纳税义务人，应持两处支付单位提供的原始明细工资、薪金单(书)和完税凭证原件，选择并固定到一地税务机关申报每月工资、薪金收入，汇算清缴其工资、薪金收入的个人所得税，多退少补。

(2)对外商投资企业、外国企业和外国驻华机构发放给中方工作人员的工资、薪金所得，应全额征税。但对可以提供有效合同或有关凭证，能够证明其工资、薪金所得的一部分按照有关规定上缴派遣(介绍)单位的，可扣除其实际上缴的部分，按其余额计算缴纳个人所得税。

【例6—7】 张某为一家外国驻华机构雇佣的中方人员，2016年10月该机构支付给张某的工资为9 400元，同月张某还收到其所在的派遣单位发给的工资1 000元。计算张某应纳个人所得税税额。

①雇佣单位应扣缴张某个人所得税＝(9 400－3 500)×20%－555＝625(元)
②派遣单位应扣缴张某个人所得税＝1 000×3%＝30(元)
③张某汇总申报应纳税额＝(9 400＋1 000－3 500)×20%－555＝825(元)
④张某汇总申报应补税额＝825－625－30＝170(元)

二、个体工商户的生产、经营所得应纳税额的计算[①]

(一)应纳税所得额的确定

对实行查账征收的个体工商户，其应纳税所得额为每一纳税年度的收入总额，减除成本、费用、税金、损失、其他支出以及允许弥补的以前年度亏损后的余额。计算公式为：

应纳税所得额＝收入总额－(成本＋费用＋税金＋损失＋其他支出＋允许弥补的以前年度亏损)

1. 收入总额

个体工商户的收入总额，是指个体工商户从事生产经营以及与生产经营有关的活动(以下简称生产经营)取得的货币形式和非货币形式的各项收入。具体包括销售货物收入、提供劳务收入、转让财产收入、利息收入、租金收入、接受捐赠收入、其他收入。

上述所称其他收入，包括个体工商户资产溢余收入、逾期一年以上的未退包装物押金收入、确实无法偿付的应付款项、已作为坏账损失处理后又收回的应收款项、债务重组收入、补贴收入、违约金收入、汇兑收益等。

2. 准予扣除的项目

在计算应纳税所得额时，准予从收入总额中扣除的项目包括成本、费用、税金、损失和其他支出等。其中：

(1)成本。是指个体工商户在生产经营活动中发生的销售成本、销货成本、业务支出以及其他耗费。

(2)费用。是指个体工商户在生产经营活动中发生的销售费用、管理费用和财务费用，已经计入成本的有关费用除外。

(3)税金。是指个体工商户在生产经营活动中发生的除个人所得税和允许抵扣的增值税以外的各项税金及其附加。

(4)损失。是指个体工商户在生产经营活动中发生的固定资产和存货的盘亏、毁损、报废

[①] 国家税务总局：《个体工商户个人所得税计税办法》(国家税务总局令第35号)，本办法自2015年1月1日起施行。

损失,转让财产损失,坏账损失,自然灾害等不可抗力因素造成的损失以及其他损失。

个体工商户发生的损失,减除责任人赔偿和保险赔款后的余额,参照财政部、国家税务总局有关企业资产损失税前扣除的规定扣除。

个体工商户已经作为损失处理的资产,在以后纳税年度又全部收回或者部分收回时,应当计入收回当期的收入。

(5)其他支出。是指除成本、费用、税金、损失外,个体工商户在生产经营活动中发生的与生产经营活动有关的、合理的支出。

个体工商户发生的支出应当区分收益性支出和资本性支出。收益性支出在发生当期直接扣除;资本性支出应当分期扣除或者计入有关资产成本,不得在发生当期直接扣除。

个体工商户纳税年度发生的亏损,准予向以后年度结转,用以后年度的生产经营所得弥补,但结转年限最长不得超过五年。

3. 准予税前扣除的项目及标准

(1)个体工商户实际支付给从业人员的、合理的工资、薪金支出,准予扣除。

(2)个体工商户业主的费用扣除标准统一确定为 42 000 元/年,即 3 500 元/月。[①]

(3)个体工商户按照国务院有关主管部门或者省级人民政府规定的范围和标准为其业主和从业人员缴纳的基本养老保险费、基本医疗保险费、失业保险费、生育保险费、工伤保险费和住房公积金,准予扣除。

个体工商户为从业人员缴纳的补充养老保险费、补充医疗保险费,分别在不超过从业人员工资总额5%标准内的部分据实扣除;超过部分,不得扣除。

个体工商户业主本人缴纳的补充养老保险费、补充医疗保险费,以当地(地级市)上年度社会平均工资的3倍为计算基数,分别在不超过该计算基数5%标准内的部分据实扣除;超过部分,不得扣除。

除个体工商户依照国家有关规定为特殊工种从业人员支付的人身安全保险费和财政部、国家税务总局规定可以扣除的其他商业保险费外,个体工商户业主本人或者为从业人员支付的商业保险费,不得扣除。

(4)个体工商户在生产经营活动中发生的合理的、不需要资本化的借款费用,准予扣除。

(5)个体工商户在生产经营活动中向金融企业借款的利息支出,以及向非金融企业和个人借款的利息支出,不超过按照金融企业同期同类贷款利率计算的数额的部分,准予扣除。

(6)个体工商户向当地工会组织拨缴的工会经费、实际发生的职工福利费支出、职工教育经费支出分别在工资、薪金总额的2%、14%、2.5%的标准内据实扣除。

职工教育经费的实际发生数额超出规定比例当期不能扣除的数额,准予在以后纳税年度结转扣除。

个体工商户业主本人向当地工会组织缴纳的工会经费、实际发生的职工福利费支出、职工教育经费支出,以当地(地级市)上年度社会平均工资的3倍为计算基数,在2%、14%、2.5%的标准内据实扣除。

(7)个体工商户每一纳税年度发生的与其生产经营活动直接相关的广告费和业务宣传费,不超过当年销售(营业)收入15%的部分,可以据实扣除;超过部分,准予在以后纳税年度结转

[①] 财政部、国家税务总局:《关于调整个体工商户业主、个人独资企业和合伙企业自然人投资者个人所得税费用扣除标准的通知》(财税[2011]62号)。

扣除。

(8)个体工商户发生的与其生产经营活动有关的业务招待费,按照实际发生额的60%扣除,但最高不得超过当年销售(营业)收入的5‰。

业主自申请营业执照之日起至开始生产经营之日止所发生的业务招待费,按照实际发生额的60%计入个体工商户的开办费。

(9)个体工商户按照规定缴纳的摊位费、行政性收费、协会会费等,按实际发生数额扣除。

(10)个体工商户根据生产经营活动的需要租入固定资产支付的租赁费,按照以下方法扣除:

①以经营租赁方式租入固定资产发生的租赁费支出,按照租赁期限均匀扣除;

②以融资租赁方式租入固定资产发生的租赁费支出,按照规定构成融资租入固定资产价值的部分应当提取折旧费用,分期扣除。

(11)个体工商户参加财产保险,按照规定缴纳的保险费,准予扣除。

(12)个体工商户发生的合理的劳动保护支出,准予扣除。

(13)个体工商户在货币交易中,以及纳税年度终了时将人民币以外的货币性资产、负债按照期末即期人民币汇率中间价折算为人民币时产生的汇兑损失,除已经计入有关资产成本部分外,准予扣除。

(14)个体工商户通过公益性社会团体或者县级以上人民政府及其部门,用于《中华人民共和国公益事业捐赠法》规定的公益事业的捐赠,捐赠额不超过其应纳税所得额30%的部分可以据实扣除。

财政部、国家税务总局规定可以全额在税前扣除的捐赠支出项目,按有关规定执行。

(15)个体工商户研究开发新产品、新技术、新工艺所发生的开发费用,以及研究开发新产品、新技术而购置单台价值在10万元以下的测试仪器和试验性装置的购置费准予直接扣除;单台价值在10万元以上(含10万元)的测试仪器和试验性装置,按固定资产管理,不得在当期直接扣除。

(16)个体工商户使用或者销售存货,按照规定计算的存货成本,准予在计算应纳税所得额时扣除。

(17)个体工商户转让资产,该项资产的净值,准予在计算应纳税所得额时扣除。

4. 不得在税前扣除的项目

(1)个人所得税税款;

(2)税收滞纳金;

(3)罚金、罚款和被没收财物的损失;

(4)不符合扣除规定的捐赠支出;

(5)赞助支出;

(6)个体工商户业主的工资、薪金支出;

(7)用于个人和家庭的支出;

(8)个体工商户代其从业人员或者他人负担的税款;

(9)个体工商户直接对受益人的捐赠;

(10)与取得生产经营收入无关的其他支出;

(11)国家税务总局规定不准扣除的支出。

个体工商户生产经营活动中,应当分别核算生产经营费用和个人、家庭费用。对于生产经营与个人、家庭生活混用难以分清的费用,其40%视为与生产经营有关费用,准予扣除。

(二)应纳税额的计算

个体工商户的生产、经营所得适用五级超额累进税率,以其应纳税所得额按适用税率计算应纳税额。计算公式为:

$$应纳税额 = 应纳税所得额 \times 适用税率 - 速算扣除数$$

【例6-8】 某酒楼为个体经营,账册较健全。2016年12月酒楼经营情况和个体老板的其他所得如下:

(1)12月份营业额为150 000元,购进各种原料、酒水的费用为35 800元,缴纳房租、水电费、煤气费23 600元,缴纳营业税等税费6 000元,支付厨师、服务员工资20 000元,提取设备折旧费2 000元,被工商局罚款3 000元,其他管理费5 800元,本月购进一辆汽车价值8万元,个体老板每月从酒楼预支工资2 800元。

(2)1~11月累计应纳税所得额为125 000元,已预缴所得税32 000元。

(3)本月从外地某股份制企业分回股息10 000元。

(4)将自己4年前购买的原价20万元的一套住房(不是唯一住房)售价28万元,支付中介费、流转税金共0.5万元。

要求:计算该酒楼2016年12月应纳个人所得税。

1. 生产经营所得应纳税额的计算:

(1)12月份应纳税所得额
=150 000-35 800-23 600-6 000-20 000-2 000-5 800-3 500=53 300(元)

(2)全年应纳税所得额=53 300+125 000=178 300(元)

(3)全年应纳税额=178 300×35%-14 750=47 655(元)

(4)12月份应纳税额=47 655-32 000=15 655(元)

2. 其他所得应纳税额的计算:

(1)股息所得应纳税额=10 000×20%=2 000(元)

(2)财产转让所得应纳税额=(280 000-200 000-5 000)×20%=15 000(元)

应纳个人所得税合计=15 655+2 000+15 000=32 655(元)

(三)合伙企业投资者生产经营所得的个人所得税计税方法

合伙企业的合伙人是法人和其他组织的,缴纳企业所得税;是自然人的,缴纳个人所得税。投资者的生产经营所得是指合伙企业每一纳税年度的收入总额减除成本、费用以及损失后的余额。投资者个人的生产经营所得,比照个人所得税法的"个体工商户的生产、经营所得",适用5%~35%的五级超额累进税率,计算征收个人所得税。

1. 应纳税所得额的确定

合伙企业生产经营所得和其他所得采取"先分后税"的计算方法。合伙企业的投资者按照合伙企业的全部生产经营所得和合伙协议约定的分配比例确定应纳税所得额,合伙协议没有约定分配比例的,以全部生产经营所得和合伙人数量平均计算每个投资者的应纳税所得额。合伙企业的合伙人按照下列原则确定应纳税所得额:(1)合伙企业的合伙人以合伙企业的生产经营所得和其他所得,按照合伙协议约定的分配比例确定应纳税所得额;(2)合伙协议未约定或者约定不明确的,以全部生产经营所得和其他所得,按照合伙人协商决定的分配比例确定应纳税所得额;(3)协商不成的,以全部生产经营所得和其他所得,按照合伙人实缴出资比例确定应纳税所得额;(4)无法确定出资比例的,以全部生产经营所得和其他所得,按照合伙人数量平均计算每个合伙人的应纳税所得额。合伙协议不得约定将全部利润分配给部分合伙人。合伙企业的合伙人是法人和其他组织的,合伙人在计算其缴纳企业所得税时,不得用合伙企业的亏损抵减其盈利。

2. 税前扣除

(1)个人独资企业和合伙企业投资者的生产经营所得依法计征个人所得税时,个人独资企业和合伙企业投资者本人的费用扣除标准统一确定为42 000元/年,即3 500元/月。① 投资者的工资不得在税前扣除。

(2)投资者及其家庭发生的生活费用不允许在税前扣除。投资者及其家庭发生的生活费用与企业生产经营费用混合在一起,并且难以划分的,全部视为投资者个人及其家庭发生的生活费用,不允许在税前扣除。

(3)企业生产经营和投资者及其家庭生活共用的固定资产,难以划分的,由主管税务机关根据企业的生产经营类型、规模等具体情况,核定准予在税前扣除的折旧费用的数额或比例。

(4)企业向其从业人员实际支付的合理的工资、薪金支出,允许在税前据实扣除。

(5)企业拨缴的工会经费、发生的职工福利费、职工教育经费支出,分别在工资、薪金总额2%、14%、2.5%的标准内据实扣除。

(6)每一纳税年度发生的广告费和业务宣传费用不超过当年销售(营业)收入15%的部分,可据实扣除;超过部分,准予在以后纳税年度结转扣除。

(7)每一纳税年度发生的与其生产经营业务直接相关的业务招待费支出,按照发生额的60%扣除,但最高不得超过当年销售(营业)收入的5‰。

(8)企业计提的各种准备金不得扣除。

个人独资企业和合伙企业对外投资分回的利息或者股息、红利,不并入企业的收入,而应单独作为投资者个人取得的利息、股息、红利所得,按"利息、股息、红利所得"项目计算缴纳个人所得税。以合伙企业名义对外投资分回利息或者股息、红利的,应确定各个投资者的利息、股息、红利所得,分别按"利息、股息、红利所得"项目计算缴纳个人所得税。实行查账征税方式的个人独资企业和合伙企业改为核定征税方式后,在查账征税方式下认定的年度经营亏损未弥补完的部分,不得再继续弥补。残疾人员投资兴办或参与投资兴办个人独资企业和合伙企业的,残疾人员取得的生产经营所得,符合各省、自治区、直辖市人民政府规定的减征个人所得税条件的,经本人申请、主管税务机关审核批准,可按各省、自治区、直辖市人民政府规定减征的范围和幅度,减征个人所得税。

三、对企事业单位的承包、承租经营所得应纳税额的计算

(一)应纳税所得额的确定

对企事业单位的承包、承租经营所得,是以每一纳税年度的收入总额减除必要费用后的余额为应纳税所得额。其中,"收入总额"是指纳税人按照承包经营、承租经营合同规定分得的经营利润和工资、薪金性质的所得。"减除必要费用"包括上缴的承包费和按月减除3 500元的生计及其他费用,计算公式为:

$$应纳税所得额=全年收入总额-上缴的承包费-3\,500\times 12$$

---

① 财政部、国家税务总局:《关于调整个体工商户业主、个人独资企业和合伙企业自然人投资者个人所得税费用扣除标准的通知》(财税〔2011〕62号)。

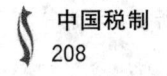

(二)应纳税额的计算

对企事业单位的承包、承租经营所得适用五级超额累进税率,以其应纳税所得额按适用税率计算应纳税额。计算公式为:

$$应纳税额=应纳税所得额\times 适用税率-速算扣除数$$

实行承包、承租经营的纳税人,应以每一纳税年度的承包、承租经营所得计算纳税。纳税人在一个年度内分次取得承包、承租经营所得的,应在每次取得承包、承租经营所得后预缴税款,年终汇算清缴,多退少补。纳税人的承包、承租期在一个纳税年度内,经营不足12个月的,应以其实际承包、承租经营的期限为一个纳税年度计税。计算公式为:

$$应纳税所得额=该年度承包、承租经营收入额-(3\ 500元\times 该年度实际承包、承租经营月份数)$$

$$应纳税额=应纳税所得额\times 适用税率-速算扣除数$$

【例6-9】 2016年10月1日,赵某与本单位签订承包合同经营本单位招待所。合同规定,承包期为6年,赵某每年只需向本单位上缴26 000元的承包费,余额全归自己。赵某2016年取得承包经营利润94 000元,则赵某应纳个人所得税为:

应纳税所得额=94 000-26 000-3 500×12=26 000(元)

应纳个人所得税=26 000×10%-750=1 850(元)

特别说明的是,承包、承租人对企业经营成果不拥有所有权,仅按合同(协议)规定取得一定所得的,应按"工资、薪金所得"项目计算缴纳个人所得税。

【例6-10】 张某承包某印刷厂,承包期为2年,合同规定,承包期内该纳税人按月领取工资1 000元,若年终完成承包指标,可再得36 000元。假设2016年张某全面完成承包指标,承包合同兑现。计算张某应纳个人所得税。

全年收入总额=36 000+1 000×12=48 000(元)

每月应纳税所得额=48 000÷12-3 500=500(元)

全年应纳个人所得税=500×3%×12=180(元)

四、劳务报酬所得应纳税额的计算

(一)应纳税所得额的确定

劳务报酬所得以个人每次取得的收入,定额或定率减除规定费用后的余额为应纳税所得额。每次收入不超过4 000元的,定额减除费用800元;每次收入在4 000元以上的,定率减除20%的费用。计算公式为:

每次收入不足4 000元的:

$$应纳税所得额=每次收入额-800$$

每次收入在4 000元以上的:

$$应纳税所得额=每次收入额\times(1-20\%)$$

劳务报酬所得"每次收入"的含义:凡属于一次性收入的,以取得该项收入为一次;凡属于同一项目连续性收入的,以一个月内取得的收入为一次;考虑属地管辖与时间划定有交叉的特殊情况,统一规定以县(含县级市、区)为一地,其管辖内的一个月的劳务服务为一次,当月跨县地域的,则分别计算。另外,如果纳税人兼有不同项目的劳务报酬所得,也应分次计算。

(二)应纳税额的计算

劳务报酬所得适用20%的比例税率,应纳税额的计算公式为:

$$应纳税额=应纳税所得额\times 适用税率$$

如果纳税人劳务报酬所得每次应纳税所得额超过 20 000 元的,应实行加成征收。其应纳税额应依据相应税率和速算扣除数计算。计算公式为:

$$应纳税额＝应纳税所得额\times 适用税率－速算扣除数$$

【例 6—11】 某歌手与某歌舞厅签约,利用双休日晚上到该歌舞厅演唱一场,每场酬金 400 元。某月份共演出 8 场。计算该歌手应纳的个人所得税。

(1) 应纳税所得额＝400×8－800＝2 400(元)
(2) 应纳个人所得税额＝2 400×20％＝480(元)

如果该职业歌手每场的演出酬金为 600 元,则:

(1) 应纳税所得额＝600×8×(1－20％)＝3 840(元)
(2) 应纳个人所得税额＝3 840×20％＝768(元)

【例 6—12】 某演员 2016 年 10 月外出参加营业性演出,一次取得劳务报酬收入 60 000 元,计算该演员应纳个人所得税。

应纳税所得额＝60 000×(1－20％)＝48 000(元)
应纳税额＝48 000×30％－2 000＝12 400(元)

五、稿酬所得应纳税额的计算

(一)应纳税所得额的确定

稿酬所得以个人每次取得的收入,定额或定率减除规定费用后的余额为应纳税所得额。每次收入不超过 4 000 元的,定额减除费用 800 元;每次收入在 4 000 元以上的,定率减除 20％的费用。计算公式为:

每次收入不足 4 000 元的:

$$应纳税所得额＝每次收入额－800 元$$

每次收入在 4 000 元以上的:

$$应纳税所得额＝每次收入额\times(1－20％)$$

(二)每次收入的确定

稿酬所得中所谓"每次取得的收入",是指以每次出版、发表作品取得的收入为一次,确定应纳税所得额。在实际的经济生活中,稿酬的支付或取得形式是多种多样的,比较复杂。为了便于合理确定不同形式、不同情况、不同条件下稿酬的税收负担,具体规定为:

1. 个人每次以图书、报刊方式出版、发表同一作品(文字作品、书画作品、摄影作品以及其他作品),不论出版单位是预付还是分笔支付稿酬,或者加印该作品后再付稿酬,均应合并为一次计税。

2. 在两处或两处以上出版、发表或再版同一作品而取得的稿酬,则可以分别各处取得的所得或再版所得分次计税。

3. 个人的同一作品在报刊上连载,应合并其因连载而取得的所有稿酬为一次,按税法规定计税。连载之后又出书取得稿酬的,或先出书后连载取得稿酬的,应视同再版稿酬分次计税。

4. 作者去世后,对取得其遗作稿酬的个人,按稿酬所得计税。

(三)应纳税额的计算

稿酬所得适用 20％的比例税率,并按规定对应纳税额减征 30％,即实际缴纳税额是应纳税额的 70％。计算公式为:

$$应纳税额＝应纳税所得额×20\%×(1-30\%)$$

【例6—13】 某作家写了一本书交付出版,出版前出版社先预付稿酬4 000元;出版后再付给作者稿酬31 000元;半年后再加印发行,又付给作者稿酬2 500元。计算该作家应纳个人所得税。

$$应纳个人所得税＝(2\,500+31\,000+4\,000)×(1-20\%)×20\%×(1-30\%)$$
$$=4\,200(元)$$

【例6—14】 刘某写了一本介绍我国新税制的著作,在《中国税务报》上连载,分别取得稿酬收入450元、600元,后经出版社同意出书,刘某取得8 000元的稿酬,由于该书很畅销,一年后再版,刘某又取得4 500元稿酬。则刘某取得稿酬所得应纳税额为:

连载稿酬应纳税额＝[(450+600)-800]×20%×(1-30%)＝35(元)
出书稿酬应纳税额＝8 000×(1-20%)×20%×(1-30%)＝896(元)
再版稿酬应纳税额＝4 500×(1-20%)×20%×(1-30%)＝504(元)
应纳税额合计＝35+896+504＝1 435(元)

六、特许权使用费所得应纳税额的计算

(一)应纳税所得额的确定

特许权使用费所得以个人每次取得的收入,定额或定率减除规定费用后的余额为应纳税所得额。每次收入不超过4 000元的,定额减除费用800元;每次收入在4 000元以上的,定率减除20%的费用。计算公式为:

每次收入不超过4 000元的:

$$应纳税所得额＝每次收入额-800$$

每次收入在4 000元以上的:

$$应纳税所得额＝每次收入额×(1-20\%)$$

特许权使用费所得的"每次收入",是指一项特许权的一次许可使用所取得的收入。

(二)应纳税额的计算

特许权使用费所得适用20%的比例税率,计算公式为:

$$应纳税额＝应纳税所得额×适用税率(20\%)$$

【例6—15】 叶某发明的一项自动化专利技术于2016年10月转让给A公司,转让价为1.5万元,A公司10月支付使用费6 000元,11月支付使用费9 000元;11月叶某将该项使用权转让给D公司,获得转让费收入8 000元。计算叶某转让特许权使用费所得应纳个人所得税。

转让给A公司应纳个人所得税＝(6 000+9 000)×(1-20%)×20%＝2 400(元)
转让给D公司应纳个人所得税＝8 000×(1-20%)×20%＝1 280(元)
叶某应纳个人所得税合计＝2 400+1 280＝3 680(元)

七、财产租赁所得应纳税额的计算

(一)应纳税所得额的确定

财产租赁所得一般以个人每次取得的收入,定额或定率减除规定费用后的余额为应纳税所得额。每次收入不超过4 000元的,定额减除费用800元;每次收入在4 000元以上的,定率减除20%的费用。财产租赁所得以一个月内取得的收入为一次。

个人出租房屋的个人所得税应税收入不含增值税,计算房屋出租所得可扣除的税费不包括本次出租缴纳的增值税。个人转租房屋的,其向房屋出租方支付的租金及增值税额,在计算转租所得时予以扣除。[①]

在计算财产租赁所得个人所得税时,应遵循下列税前扣除顺序:

1. 扣除财产租赁过程中缴纳的税费。
2. 扣除个人向出租方支付的租金。
3. 扣除由纳税人负担的出租财产实际开支的修缮费用。

减除税法规定的费用扣除标准:

1. 如果扣除前三项后的余额不超过 4 000 元,则减去 800 元的法定扣除费用,其余额即为应纳税所得额;
2. 如果扣除前三项后的余额超过 4 000 元,则减去 20% 的法定扣除费用,其余额即为应纳税所得额。

在确定税前扣除项目时,还需特别注意以下几点:

一是允许扣除的修缮费用,以每次 800 元为限,一次扣除不完的,准予在下一次继续扣除,直至扣完为止。

二是个人将承租房屋转租取得的租金收入,属于个人所得税应税所得,应按"财产租赁所得"项目计算缴纳个人所得税。取得转租收入的个人向房屋出租方支付的租金,凭房屋租赁合同和合法支付凭据,允许在计算个人所得税时从该项转租收入中扣除。

三是除法定扣除费用外,其他税前扣除项目均需提供合法支付凭证。其中,税前扣除有关税费的,应提供缴纳税费的完税(缴款)凭证;税前扣除修缮费的,需提供有效、准确的支付凭证,证明属于由纳税人负担的该出租财产实际开支的修缮费用;税前扣除租金的,应提供房屋租赁合同及支付给出租方的合法支付凭证。

财产租赁所得应纳税所得额的计算公式为:

每次(月)收入不足 4 000 元的:

$$应纳税所得额 = 每次(月)收入额 - 准予扣除项目 - 修缮费用(800元为限) - 800$$

每次(月)收入超过 4 000 元的:

$$应纳税所得额 = [每次(月)收入额 - 准予扣除项目 - 修缮费用(800元为限)] \times (1 - 20\%)$$

(二)应纳税额的计算

财产租赁所得适用 20% 的比例税率。但对个人按市场价格出租的居民住房取得的所得,暂减按 10% 的税率征收个人所得税。应纳税额的计算公式为:

$$应纳税额 = 应纳税所得额 \times 适用税率$$

【例 6—16】 伍某于某年 1 月将其自有的面积为 150 平方米的门面房出租给张某作经营场所,租期一年。伍某每月取得租金收入 2 500 元,全年租金收入 30 000 元。计算伍某全年租金收入应纳的个人所得税。

(1)每月应纳个人所得税额 = (2 500 - 800) × 20% = 340(元)

(2)全年应纳个人所得税额 = 340 × 12 = 4 080(元)

在本例中伍某出租的为门面房,因此,应按 20% 计税,但如果出租的是住房,则应按 10% 计税。此外,本例在计税时未考虑其他税费,如果对租金收入计征营业税、城市维护建设税、房

[①] 财政部、国家税务总局:《关于营改增后契税、房产税、土地增值税、个人所得税计税依据问题的通知》(财税〔2016〕43号),本通知自 2016 年 5 月 1 日起施行。

产税和教育费附加等,还应将其从税前的收入中先扣除后,再计算应缴纳的个人所得税。

假定上例中,当年2月份因下水道堵塞找人维修,发生修理费用500元,有维修部门的正式收据,则2月份和全年的应纳个人所得税额为:

(1)2月份应纳个人所得税额=(2 500−500−800)×20%=240(元)

(2)全年应纳个人所得税额=340×11+240=3 980(元)

本例中,如果2月份发生的修理费用为1 000元,则2月份计税时只能扣除800元,剩余的200元可在下个月继续扣除。

在实际征税过程中,有时会出现财产租赁所得的纳税人不明确的情况。对此,在确认财产租赁所得的纳税义务人时,应以产权凭证为依据。无产权凭证的,由主管税务机关根据实际情况确定纳税义务人。如果产权所有人死亡,在未办理产权继承手续期间,该财产出租而有租金收入的,以领取租金的个人为纳税义务人。

八、财产转让所得应纳税额的计算

(一)应纳税所得额的确定

财产转让所得以个人每次转让财产取得的收入额减除财产原值和相关税费后的余额为应纳税所得额。其中"每次",是指以一件财产的所有权一次转让取得的收入为一次。

财产转让所得中允许减除的"财产原值"是指:

1. 有价证券。其原值为买入价以及买入时按规定交纳的有关费用。转让债权,采用"加权平均法"确定其应予扣除的财产原值和合理费用。

2. 建筑物。其原值为建造费或者购进价格,以及其他有关税费。

3. 土地使用权。其原值为取得土地使用权所支付的金额、开发土地的费用,以及其他有关税费。

4. 机器设备、车船。其原值为购进价格、运输费、安装费,以及其他有关费用。

5. 其他财产。其原值参照以上方法确定。如果纳税人未提供完整、准确的财产原值凭证,不能正确计算财产原值的,由主管税务机关核定其财产原值。

财产转让所得中允许减除的"合理费用",是指卖出财产时按照规定支付的有关费用,包括营业税金及附加、中介服务费、资产评估费、过户手续费等。

个人转让房屋的个人所得税应税收入不含增值税,其取得房屋时所支付价款中包含的增值税计入财产原值,计算转让所得时可扣除的税费不包括本次转让缴纳的增值税。[①]

财产转让所得应纳税所得额的计算公式为:

应纳税所得额=每次收入额−财产原值−合理税费

(二)应纳税额的计算

财产转让所得适用20%的比例税率,计算公式为:

应纳税额=应纳税所得额×适用税率

【例6—17】 中国公民黄某将自己拥有的一辆汽车转让给刘某,取得收入50 000元。该汽车的购进价为40 000元,卖车过程中支付过户手续费1 000元,则黄某转让汽车所得应纳个人所得税为:

应纳税所得额=50 000−40 000−1 000=9 000(元)

[①] 财政部、国家税务总局:《关于营改增后契税、房产税、土地增值税、个人所得税计税依据问题的通知》(财税〔2016〕43号),本通知自2016年5月1日起施行。

应纳个人所得税＝9 000×20%＝1 800(元)

九、利息、股息、红利所得应纳税额的计算

(一)应纳税所得额的确定

利息、股息、红利所得以个人每次取得的收入额为应纳税所得额,不得从收入额中扣除任何费用。其中,每次收入是指支付单位或个人每次支付利息、股息、红利时,个人所取得的收入。对于股份制企业在分配股息、红利时,以股票形式向股东个人支付应得的股息、红利(即派发红股),应以派发红股的股票票面金额为收入额计税。

利息、股息、红利所得应纳税所得额的计算公式为：

$$应纳税所得额＝每次收入额$$

(二)应纳税额的计算

利息、股息、红利所得适用20%的比例税率。计算公式为：

$$应纳税额＝应纳税所得额(每次收入额)×适用税率$$

【例6-18】 吴某当月取得单位集资款的利息收入15 000元,因持有某上市公司股票取得股息收入30 000元。计算吴某应纳个人所得税。

应纳税额＝15 000×20%＋30 000×50%×20%＝6 000(元)

十、偶然所得应纳税额的计算

(一)应纳税所得额的确定

偶然所得以个人每次取得的收入额为应纳税所得额,不得扣除任何费用。即每次收入额就是应纳税所得额,以每次取得该项收入为一次。

偶然所得应纳税所得额的计算公式为：

$$应纳税所得额＝每次收入额$$

(二)应纳税额的计算

偶然所得适用20%的比例税率,计算公式为：

$$应纳税额＝应纳税所得额(每次收入额)×适用税率$$

【例6-19】 胡某参加电视台举办的有奖竞猜活动中奖,获一台价值6 000元的笔记本电脑,计算胡某应纳个人所得税。

应纳税额＝6 000×20%＝1 200(元)

十一、其他特殊情况的应纳税额的计算

(一)两人以上共同取得同一项目应税所得的计税方法

两人或两人以上的纳税人共同取得同一项目应税所得的,如共同编著一本书、共同参加一场演出等,应当对每个人取得的收入分别按照税法规定减除费用后计算纳税,即实行"先分、后扣、再缴税"的办法。

【例6-20】 某大学5位教师共同编写出版一本教材,总稿酬24 000元,其中主编一人得主编费4 000元,其余稿酬5人平分。则主编和其余4人各自应纳个人所得税为：

人均稿酬＝(24 000－4 000)÷5＝4 000(元)

主编应纳个人所得税＝(4 000＋4 000)×(1－20%)×20%×(1－30%)＝896(元)

其余4人各自应纳个人所得税＝(4 000－800)×20%×(1－30%)＝448(元)

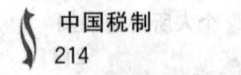

(二)有捐赠支出的计税方法

个人将其所得对教育事业和其他公益事业捐赠的部分,允许从应纳税所得额中扣除。此项捐赠是指个人将其所得通过中国境内的社会团体、国家机关,向教育和其他社会公益事业以及遭受严重自然灾害地区、贫困地区的捐赠。捐赠额未超过纳税义务人申报的应纳税所得额30%的部分,可以从其应纳税所得额中扣除,超过部分不得扣除。

一般捐赠额的扣除,以不超过纳税人申报应纳税所得额的30%为限。计算公式为:

$$捐赠扣除限额 = 申报的应纳税所得额 \times 30\%$$

如果纳税人的实际捐赠额小于或等于捐赠扣除限额,则其捐赠额可全额扣除;如果纳税人的实际捐赠额大于捐赠扣除限额,则只能按捐赠扣除限额扣除。

有捐赠支出的计税方法可按下列步骤进行:

1. 计算应纳税所得额。
2. 计算捐赠扣除限额:

$$捐赠扣除限额 = 应纳税所得额 \times 30\%$$

3. 确定准予扣除的捐赠额。比较扣除限额与实际发生的公益救济性捐赠,从低确定。
4. 计算应纳税额:

$$应纳税额 = (应纳税所得额 - 准予扣除的捐赠) \times 适用税率$$
$$= (应纳税所得额 - 准予扣除的捐赠) \times 适用税率 - 速算扣除数$$

【例6—21】 中国公民汪某2016年取得承包经营所得89 400元,通过希望工程基金会向希望工程捐款10 000元,通过民政局向贫困地区捐赠10 000元,直接向当地敬老院捐赠2 000元。计算汪某应纳个人所得税。

捐赠扣除限额 = (89 400 - 3 500 × 12) × 30% = 14 220(元)

实际捐赠支出 = 10 000 + 10 000 = 20 000(元)

税前准予扣除的捐赠 = 14 220(元)

汪某2016年应纳个人所得税 = (89 400 - 3 500 × 12 - 14 220) × 20% - 3 750 = 2 886(元)

值得注意的是,个人的下列公益性捐赠可在计算应纳税所得额时全额扣除:个人通过非营利性的社会团体和国家机关向红十字事业的捐赠;个人通过非营利性的社会团体和国家机关向农村义务教育的捐赠;个人通过非营利性的社会团体和国家机关向公益性青少年活动场所(其中包括新建)的捐赠。

【例6—22】 中国公民伍某月工资收入5 000元,伍某将工资所得的600元通过减灾委员会向四川地震灾区捐赠。计算伍某应纳个人所得税。

应纳税所得额 = 5 000 - 3 500 - 600 = 900(元)

应纳个人所得税 = 900 × 3% = 27(元)

(三)境外已纳税额的扣除

在中国境内有住所,或者在中国境内无住所,但在中国境内居住满一年以上的个人,从中国境内和境外取得的所得,都应缴纳个人所得税。实际上,纳税人的境外所得一般均已缴纳或负担了该国的所得税额。为了避免发生国家间对同一所得的重复征税,同时维护我国的税收权益,税法规定:纳税人从中国境外取得的所得,准予其在应纳税额中扣除已在境外实际缴纳的个人所得税税款,但扣除额不得超过该纳税人境外所得依照税法规定计算的应纳税额。具体计税方法如下:

1. 计算抵免限额

我国个人所得税的抵免限额采用分国分项限额法。即区别不同国家或者地区和不同应税项目,依照我国规定的费用减除标准和适用税率计算抵免限额;对同一国家或者地区内的不同应税项目,以其各项的抵免限额之和作为来自该国家或者该地区的抵免限额。

2. 确定可抵税额

确定可抵税额时,按分国从低的原则确定,比较某国或地区内的抵免限额与实缴该国家或地区的税额,取数额较小者作为可抵税额。

纳税义务人在中国境外一个国家或者地区实际已经缴纳的个人所得税税额,低于或等于按我国税收制度规定计算的该国家或者地区扣除限额的,应当在中国缴纳差额部分的税款;超过该国家或者地区扣除限额的,其超过部分不得在本纳税年度的应纳税额中扣除,但是可以在以后纳税年度的该国家或者地区扣除限额的余额中补扣。补扣期限最长不得超过5年。

【例6—23】 中国公民陈某在2016年从A、B两国取得应税收入。其中,在A国提供一项专有技术使用权,取得特许权使用费收入10 000元,在A国缴纳个人所得税1 500元;购买B国企业债券取得利息收入2 000元,在B国缴纳个人所得税500元。计算陈某在我国应纳的个人所得税。

(1)A国所得应纳税额:

抵免限额=10 000×(1-20%)×20%=1 600(元)

已纳税额=1 500(元)

可抵税额=1 500(元)

应补税额=1 600-1 500=100(元)

(2)B国所得应纳税额:

抵免限额=2 000×20%=400(元)

已纳税额=500(元)

可抵税额=400(元)

B国所得不需补税。

陈某在2016年境外所得应缴纳的个人所得税为100元。

第四节 个人所得税的征收管理

一、纳税方法

我国现行的个人所得税,采取由支付单位源泉扣缴和纳税人自行申报两种纳税方法。

(一)源泉扣缴(代扣代缴)

源泉扣缴(代扣代缴)是指按照税收制度规定负有扣缴税款义务的单位或个人,在向个人支付应纳税所得时,应计算应纳税额,从其所得中扣除并缴入国库,同时向税务机关报送扣缴个人所得税报告表。这种方法有利于控制税源,防止漏税和逃税。

凡支付个人应纳税所得的企业(公司)、事业单位、机关、社团组织、军队、驻华机构、个体户等单位或者个人,为个人所得税的扣缴义务人。扣缴义务人应当按照国家规定办理全员全额扣缴申报。即扣缴义务人在代扣税款的次月内,向主管税务机关报送其支付所得个人的基本信息、支付所得数额、扣缴税款的具体数额和总额以及其他相关涉税信息。

代扣代缴个人所得税,是扣缴义务人的法定义务,必须依法履行。税务机关应根据扣缴义务人所扣缴的税款付给2%的手续费,由扣缴义务人用于代扣代缴费用开支和奖励代扣代缴工作做得较好的办税人员。但由税务机关查出的扣缴义务人补扣的个人所得税税款,不向扣缴义务人支付手续费。

(二)自行申报纳税

自行申报纳税,是由纳税人自行在规定的纳税期限内,向税务机关申报取得的应税所得项目和数额,如实填写个人所得税纳税申报表,并按照规定计算应纳税额,据此缴纳个人所得税的一种方法。凡有下列情形之一的,纳税人应该到主管税务机关办理纳税申报并缴纳税款:

1. 年所得12万元以上的;
2. 从中国境内两处或者两处以上取得工资、薪金所得的;
3. 从中国境外取得所得的;
4. 取得应纳税所得,没有扣缴义务人的,如个体工商户从事生产、经营的所得;
5. 国务院规定的其他情形。

年所得12万元以上的纳税义务人,应在年度终了后3个月内到主管税务机关办理纳税申报。

二、纳税期限

个人所得税的扣缴义务人和自行申报纳税人,必须按照规定的期限向税务机关进行纳税申报和缴纳税款,扣缴义务人每月所扣的税款和自行申报纳税人每月应纳的税款,都应当在次月15日内缴入国库,并向主管税务机关报送纳税申报表。

工资、薪金所得应纳的税款,按月计征,由扣缴义务人或者纳税人在次月15日内缴入国库,并向税务机关报送纳税申报表。个体工商户的生产、经营所得应纳的税款,按年计算,分月预缴,由纳税人在次月15日内预缴,年度终了后3个月内汇算清缴,多退少补。对企事业单位的承包、承租经营所得应纳的税款,按年计算,由纳税人在年度终了后30日内缴入国库,并向税务机关报送纳税申报表。纳税人在一年内分次取得承包、承租经营所得的,应当在取得每次所得后的15日内预缴,年度终了后3个月内汇算清缴,多退少补。

劳务报酬,稿酬,特许权使用费,利息、股息、红利、财产租赁、财产转让所得和偶然所得等,按次计征。取得所得的纳税人应当在次月15日内将应纳税款缴入国库,并向税务机关报送个人所得税纳税申报表。

从中国境外取得所得的纳税人,应当在年度终了后30日内,将应纳的税款缴入国库,并向税务机关报送纳税申报表。

三、纳税地点

个人所得税的纳税地点一般为收入来源地的主管税务机关。但是,纳税人从两处或两处以上取得工资、薪金所得的,可选择并固定在其中一地税务机关申报纳税;从境外取得所得的,应向境内户籍所在地或经常居住地税务机关申报纳税。

本章小结

个人所得税是对个人取得的应税所得征收的一种税。个人所得税的纳税人分为居民纳税人和非居民纳税人,居民纳税人承担无限纳税义务,非居民纳税人承担有限纳税义务。

个人所得税的征税对象包括：工资、薪金所得；个体工商户的生产、经营所得；对企事业单位的承包、承租经营所得；劳务报酬所得；稿酬所得；特许权使用费所得；财产租赁所得；财产转让所得；利息、股息、红利所得；偶然所得；国务院财政部门确定征税的其他所得。

个人所得税设置了两种税率形式：超额累进税率和比例税率。其中，超额累进税率又分为七级超额累进税率和五级超额累进税率。对劳务报酬所得一次收入畸高的，实行加成征收。对稿酬所得实行减征。

个人所得税的计税依据为应纳税所得额。税法对个人不同的所得项目规定了不同的费用扣除标准。其中，工资、薪金所得和承包、承租所得实行定额扣除；劳务报酬所得、稿酬所得、特许权使用费所得以及财产租赁所得实行定额扣除与定率扣除相结合；个体工商户的生产、经营所得，个人独资企业的生产、经营所得，合伙企业的个人投资者的生产、经营所得以及财产转让所得实行按会计核算扣除；利息、股息、红利所得，偶然所得和其他所得不做任何扣除。

个人所得税的税收优惠包括免税优惠、减税优惠以及暂免税优惠等形式。

个人所得税采用由支付单位源泉扣缴和纳税人自行申报纳税两种征收方法。

推荐阅读书目

[1]蔡秀云：《个人所得税国际比较研究》，中国财政经济出版社2002年版。
[2]温海滢：《个人所得税制度设计的理论研究》，中国财政经济出版社2007年版。
[3]王红晓：《完善个人所得税制度研究》，经济科学出版社2008年版。
[4]宋凤轩、谷彦芳：《所得税国际化与中国所得税改革研究》，河北大学出版社2009年版。
[5]徐晔、袁莉莉、徐战平：《中国个人所得税制度》，复旦大学出版社2010年版。
[6]刘丽：《个人所得税制累进性与社会收入分配》，立信会计出版社2011年版。
[7]高培勇：《个人所得税：迈出走向"综合与分类相结合的"脚步》，中国财政经济出版社2011年版。
[8]李波：《我国个人所得税改革与国际比较》，中国财政经济出版社2011年版。
[9]咸春龙：《中国个人所得税流失及其成因研究》，中国经济出版社2012年版。
[10]石坚：《个人所得税混合模式研究》，中国财政经济出版社2013年版。
[11]彭海艳：《个人所得税的再分配效应及机制重塑研究》，中国财政经济出版社2013年版。
[12]徐静：《我国个人所得税的再分配效应研究》，中国税务出版社2014年版。
[13]崔志坤：《个人所得税制度改革（整体推进）》，经济科学出版社2015年版。
[14]全国税务师职业资格考试教材编写组：《税法（Ⅱ）》，中国税务出版社2016年版。

第七章 资源税类税制

本章导读

本章主要介绍资源税类税制中的资源税、城镇土地使用税、土地增值税、烟叶税、耕地占用税。通过本章学习,要求了解资源税类税制各税种的概念、特点及征收管理;掌握资源税类税制各税种的法律规定;能够正确计算资源税、城镇土地使用税、土地增值税、烟叶税、耕地占用税的应纳税额。

第一节 资源税税制

一、资源税概述

(一)资源税的概念

资源税是以自然资源为课税对象征收的一种税。我国资源税是对在我国领域及管辖海域从事开采应税矿产品及生产盐的单位和个人,就其应税产品的销售额或者销售数量和自用数量所征收的一种税。

我国对自然资源征税的历史十分悠久,从周代的"山泽之赋"开始,历代封建王朝都凭借着其政治权力对盐和铁等自然资源课税。新中国成立后,《全国税政实施要则》规定对盐的生产、运销征收盐税。1984年9月18日,国务院正式发布了《中华人民共和国资源税条例(草案)》,并从当年10月1日起在全国施行,但其征收范围仅限于原油、天然气、煤炭3种资源。1993年12月25日,国务院颁布了《中华人民共和国资源税暂行条例》,自1994年1月1日起施行。1994年税制改革时,根据普遍征收、级差调节的原则,扩大了资源税的征税范围,将盐税归并到资源税中,同时提高了征收税额。2011年9月21日,国务院第173次常务会议通过了《关于修改〈中华人民共和国资源税暂行条例〉的决定》,自2011年11月1日起施行。经国务院批准,自2014年12月1日起实施煤炭资源税从价计征改革,同时调整原油、天然气资源税相关政策。根据党中央、国务院决策部署,自2016年7月1日起全面推进资源税改革,矿产资源税实施从价计征,同时在河北省开征水资源税试点工作。①

(二)资源税的特点

资源税具有以下几个方面的特点:

1. 征税范围较窄

---

① 财政部、国家税务总局:《关于全面推进资源税改革的通知》(财税〔2016〕53号),本通知自2016年7月1日起施行。

自然资源是生产资料或生活资料的天然来源,它包括的范围很广,如矿产资源、土地资源、水资源、动植物资源等。目前我国的资源税征税范围较窄,仅选择了部分级差收入差异较大、资源较为普遍、易于征收管理的矿产品和盐列为征税范围。随着我国经济的快速发展,对自然资源的合理利用和有效保护将越来越重要,因此,资源税的征税范围应逐步扩大。

2. 具有受益税的性质

一般来说,国家既可以凭借对自然资源的所有权向资源的开发经营者收取占用费或租金,也可以凭借政治权力征税。所以,资源税的征收是国家政治权力和所有权的统一。单位或个人开发经营国有自然资源,既应当为拥有开发权而付出一定的"代价",又因享受国有自然资源有义务支付一定的"费用"。所以说,我国的资源税具有受益税的性质。

3. 实行从量定额与从价定率相结合的征收方法

自然资源的富贫、品位的高低以及开采条件的优劣,会给从事资源开发的不同企业带来不同的级差收入,因此,在资源税税率设计上,必须考虑开采条件、品位高低、稀缺性等各种因素,按照"资源条件好的多征、资源条件差的少征"的原则,确定相应的差别税率。在征收方法上,我国现行资源税以应税资源产品的销售额或者销售数量为计税依据,实行从价定率与从量定额相结合的征收方法。

4. 实行一次课征制

我国现行的资源税对资源的开采者、生产者和收购者在生产环节、销售环节或收购环节征一次税后,在以后的流通环节都不再征收资源税。

(三)资源税的意义

对开采自然资源的课税,是目前许多国家和政府普遍的做法,我国开征资源税的意义主要表现在以下几个方面:

1. 有利于国有资源的合理开采、节约使用和有效配置

开征资源税,可以根据资源和开发条件的优劣,征收不同的税额,把资源的开采和使用同纳税人的切身利益结合起来,一方面有利于国家加强对自然资源的保护和管理,防止经营者乱占滥用资源,减少资源的损失浪费;另一方面也有利于使资源的开发经营者从关心自身的经济利益出发,提高资源的开发利用率,自觉克服"采富弃贫"、"采易弃难"、"采大弃小"、"乱采乱挖"等浪费资源的做法,最大限度地合理、有效、节约地开发利用国有资源。

2. 有利于平衡税负、公平竞争

我国地域辽阔,各地资源结构和开发条件差异较大。资源条件好、品位高、开采条件优越的企业,成本低、利润水平高;资源条件不好、品位低、开采条件差的企业,成本高、利润水平低。通过征收资源税,可以把由于自然资源条件优劣所形成的级差收入收归国家所有,消除企业之间因自然资源条件优劣造成的利润水平相差悬殊和利润分配苦乐不均的现象,促进企业公平竞争。

3. 有利于理顺分配关系,增加财政收入

在我国社会主义条件下,自然资源基本上属于国家所有,所以,对占有和使用优等资源的单位和个人所取得的级差收入,应该收归国家所有,不应归个别单位和个人所有;否则,必然会造成企业之间的苦乐不均,使企业的经营成果不能准确反映企业及职工主观努力的状况,从而不利于正确处理国家、企业和个人之间的分配关系,也难以贯彻按劳分配的原则。通过征收资源税,对由于资源条件的好坏和开发的难易等客观因素形成的级差收入进行合理调节,有利于正确处理国家与企业、个人之间的分配关系,真正贯彻按劳分配、多劳多得的分配原则,从而调

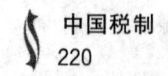

动广大企业和职工的积极性。同时,对资源征税,拓宽了税收的调控范围,通过与其他各税种的相互配合,有利于充分发挥税收经济杠杆作用,为国家取得一定的财政收入。

二、资源税的法律规定

(一)资源税的征税范围

目前我国资源税的征税范围只包括矿产品和盐两大类。其中,矿产品包括原油、天然气、煤炭、金属矿产品和其他非金属矿产品等;盐包括固体盐、液体盐,具体包括海盐原盐、湖盐原盐、井矿盐等。资源税的具体征税范围为:

1. 矿产品

(1)原油。是指开采的天然原油,不包括人造石油。

(2)天然气。是指专门开采或者与原油同时开采的天然气。

(3)煤炭。是指原煤和以未税原煤(即自采原煤)加工的洗选煤。

原煤是指开采出的毛煤经过简单选矸(矸石直径50mm以上)后的煤炭,以及经过筛选分类后的筛选煤等。

洗选煤是指经过筛选、破碎、水洗、风洗等物理化学工艺,去灰去矸后的煤炭产品,包括精煤、中煤、煤泥等,不包括煤矸石。

(4)其他非金属矿原矿。是指上列产品和井矿盐以外的非金属矿原矿。分为普通非金属矿原矿、贵重非金属矿原矿,具体包括宝石、玉石、石墨、大理石、花岗岩、石棉等。

(5)黑色金属矿原矿。是指纳税人开采后自用或销售的,用于直接入炉冶炼或作为生产品先入选精矿、制造人工矿,再最终入炉冶炼的金属矿原矿。具体包括铁矿石、锰矿石和铬矿石。

(6)有色金属矿原矿。是指稀土矿和其他有色金属矿原矿。具体包括铜矿石、铅锌矿石、铝土矿石、钨矿石、锡矿石、锑矿石、铝矿石、镍矿石、黄金矿石等。稀土、钨、钼应税产品包括原矿和以自产原矿加工的精矿。

2. 盐

盐包括固体盐、液体盐。固体盐是指用海水、湖水或地下湖水晒制和加工出来呈现固体颗粒状态的盐,具体包括海盐原盐、湖盐原盐和井矿盐;液体盐俗称卤水,是指氯化钠含量达到一定浓度的溶液,是用于生产碱和其他产品的原料。

纳税人开采或者生产应税产品,自用于连续生产应税产品的,不缴纳资源税;自用于其他方面的,视同销售,应缴纳资源税。

(二)资源税的纳税人

资源税的纳税人是指在我国领域及管辖海域从事开采应税矿产品或者生产盐的单位和个人。其中,单位是指企业、行政单位、事业单位、军事单位、社会团体及其他单位;个人是指个体工商户和其他个人。

自2011年11月1日起,中外合作开采海洋石油资源、陆上石油资源的企业依法缴纳资源税,不再缴纳矿区使用费。[①]

(三)资源税的扣缴义务人

为了加强资源税的源泉控制,防止资源税的流失,对税源小、零星分散、不定期开采、税务

---

① 国务院:《关于修改〈中华人民共和国对外合作开采陆上石油资源条例〉的决定》(国务院令第607号)、《关于修改〈中华人民共和国对外合作开采海洋石油资源条例〉的决定》(国务院令第607号),决定自2011年11月1日起施行。

机关难以控制、容易发生漏税的单位和个人,由扣缴义务人在收购矿产品时代扣代缴资源税。按《资源税暂行条例》规定,收购未税矿产品的单位为资源税的扣缴义务人。

收购未税矿产品的单位是指独立矿山、联合企业和其他收购未税矿产品的单位。这里所称"独立矿山"是指只有采矿或只有采矿和选矿的独立核算、自负盈亏的单位,其生产的原矿和精矿主要用于对外销售;"联合企业"是指采矿、选矿、冶炼(或加工)连续生产的企业或采矿、冶炼(或加工)连续生产的企业,其采矿单位一般是该企业的二级或二级以下核算单位;"其他收购未税矿产品的单位"是指自己并不生产应税矿产品,而从事矿产品原矿收购自用或卖给其他使用单位的矿产品收购单位。

(四)资源税的税率

现行资源税根据不同的应税资源产品,分别规定了幅度比例税率和幅度定额税率。纳税人具体适用的税率,在《资源税税目、税率幅度表》规定的税率幅度内,由省级人民政府在规定的税率幅度内提出具体适用税率建议,报财政部、国家税务总局确定核准;对未列举名称的其他金属和非金属矿产品,由省级人民政府根据实际情况确定具体税目和适用税率,报财政部、国家税务总局备案。《资源税税目、税率幅度表》见表7-1。

表7-1　　　　　　　　　　　资源税税目、税率幅度表

税　目		税率幅度
一、原油		销售额的6%~10%①
二、天然气		销售额的6%~10%
三、煤炭		销售额的2%~10%②
四、非金属矿	石墨精矿	3%~10%
	硅藻土精矿	1%~6%
	高岭土原矿	1%~6%
	萤石精矿	1%~6%
	石灰石原矿	1%~6%
	硫铁矿精矿	1%~6%
	磷矿原矿	3%~8%
	氯化钾精矿	3%~8%
	硫酸钾精矿	6%~12%
	煤层(成)气原矿	1%~2%
	粘土、砂石原矿	每吨或立方米0.1~5元
	未列举名称的其他非金属矿产品原矿或精矿	从量税率每吨或立方米不超过30元;从价税率不超过20%

---

① 财政部、国家税务总局:《关于调整原油、天然气资源税有关政策的通知》(财税〔2014〕73号),本通知自2014年12月1日起施行。
② 财政部、国家税务总局:《关于实施煤炭资源税改革的通知》(财税〔2014〕72号),本通知自2014年12月1日起施行。

续表

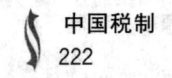

税 目			税率幅度
五、金属矿	铁矿精矿		1%～6%
	金矿金锭		1%～4%
	铜矿精矿		2%～8%
	铝土矿原矿		3%～9%
	铅锌矿精矿		2%～6%
	镍矿精矿		2%～6%
	锡矿精矿		2%～6%
	稀土[①]	轻稀土	内蒙古为11.5%、四川为9.5%、山东为7.5%
		中重稀土	27%
	钨[②]		6.5%
	钼[③]		11%
	未列举名称的其他金属矿产品原矿或精矿		税率不超过20%
六、盐	井矿盐(氯化钠初级产品)		1%～6%
	湖盐(氯化钠初级产品)		1%～6%
	海盐(氯化钠初级产品)		1%～5%
	提取地下卤水晒制的盐(氯化钠初级产品)		3%～15%

1. 纳税人具体适用税率的规定

纳税人具体适用的税率，按照《资源税税目、税率明细表》和《几个主要品种的矿山资源等级表》执行。税目、税率的部分调整，由国务院决定。

2. 扣缴义务人适用税额的规定

(1)独立矿山、联合企业收购未税资源税应税产品的单位，按照本单位应税产品税额(率)标准，依据收购的数量(金额)代扣代缴资源税。

(2)其他收购单位收购的未税资源税应税产品，按主管税务机关核定的应税产品税额(率)标准，依据收购的数量(金额)代扣代缴资源税。

3. 资源税税率的其他规定

(1)纳税人开采或者生产不同税目应税产品的，应当分别核算不同税目应税产品的销售额或者销售数量；未分别核算或者不能准确提供不同税目应税产品的销售额或者销售数量的，从高适用税率。

(2)跨省煤田的适用税率由财政部、国家税务总局确定。

(3)一个矿种原则上设定一档税率，少数资源条件差异较大的矿种可按不同资源条件、不同地区设定两档税率。

(五)资源税的税收优惠

有下列情形之一的，减征或者免征资源税：

1. 开采原油过程中用于加热、修井的原油，免征资源税。

2. 纳税人开采或者生产应税产品过程中，因意外事故或者自然灾害等原因遭受重大损失

[①][②][③] 财政部、国家税务总局：《关于实施稀土、钨、钼资源税从价计征改革的通知》(财税〔2015〕52号)，本通知自2015年5月1日起施行。

的,由省、自治区、直辖市人民政府酌情决定减税或者免税。

3. 对油田范围内运输稠油过程中用于加热的原油、天然气,免征资源税。

4. 对稠油、高凝油和高含硫天然气资源税减征40%。

稠油,是指地层原油粘度大于或等于50毫帕/秒或原油密度大于或等于0.92克/立方厘米的原油。高凝油,是指凝固点大于40℃的原油。高含硫天然气,是指硫化氢含量大于或等于30克/立方米的天然气。

5. 对三次采油资源税减征30%。

三次采油,是指二次采油后继续以聚合物驱、复合驱、泡沫驱、气水交替驱、二氧化碳驱、微生物驱等方式进行采油。

6. 对低丰度油气田资源税暂减征20%。

陆上低丰度油田,是指每平方公里原油可采储量丰度在25万立方米(不含)以下的油田;陆上低丰度气田,是指每平方公里天然气可采储量丰度在2.5亿立方米(不含)以下的气田。

海上低丰度油田,是指每平方公里原油可采储量丰度在60万立方米(不含)以下的油田;海上低丰度气田,是指每平方公里天然气可采储量丰度在6亿立方米(不含)以下的气田。

7. 对深水油气田资源税减征30%。

深水油气田,是指水深超过300米(不含)的油气田。

8. 对衰竭期煤矿开采的煤炭,资源税减征30%。

衰竭期煤矿,是指剩余可采储量下降到原设计可采储量的20%(含)以下,或者剩余服务年限不超过5年的煤矿。

9. 对充填开采置换出来的煤炭,资源税减征50%。

纳税人开采的煤炭,同时符合上述减税情形,纳税人只能选择其中一项执行,不能叠加适用。

10. 对依法在建筑物下、铁路下、水体下通过充填开采方式采出的矿产资源,资源税减征50%。充填开采是指随着回采工作面的推进,向采空区或离层带等空间充填废石、尾矿、废渣、建筑废料以及专用充填合格材料等采出矿产品的开采方法。

11. 对实际开采年限在15年以上的衰竭期矿山开采的矿产资源,资源税减征30%。

衰竭期矿山是指剩余可采储量下降到原设计可采储量的20%(含)以下或剩余服务年限不超过5年的矿山,以开采企业下属的单个矿山为单位确定。

12. 对鼓励利用的低品位矿、废石、尾矿、废渣、废水、废气等提取的矿产品,由省级人民政府根据实际情况确定是否给予减税或免税。

13. 国务院规定的其他减税、免税项目。

纳税人的减税、免税项目,应当单独核算销售额或者销售数量;未单独核算或者不能准确提供销售额或者销售数量的,不予减税或者免税。

为促进共伴生矿的综合利用,纳税人开采销售共伴生矿,共伴生矿与主矿产品销售额分开核算的,对共伴生矿暂不计征资源税;没有分开核算的,共伴生矿按主矿产品的税目和适用税率计征资源税。财政部、国家税务总局另有规定的,从其规定。

三、资源税应纳税额的计算

(一)资源税计税依据的确定

1. 从价定率征收的计税依据

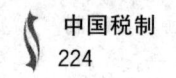

(1)一般情况下销售额的确定。

资源税实行从价定率征收的,其计税依据为纳税人销售应税产品的销售额。这里所称销售额,为纳税人销售应税产品向购买方收取的全部价款和价外费用,但不包括收取的增值税销项税额。

价外费用,包括价外向购买方收取的手续费、补贴、基金、集资费、返还利润、奖励费、违约金、滞纳金、延期付款利息、赔偿金、代收款项、代垫款项、包装费、包装物租金、储备费、优质费、运输装卸费以及其他各种性质的价外收费。但下列项目不包括在内:

①同时符合以下条件的代垫运输费用:承运部门的运输费用发票开具给购买方的;纳税人将该项发票转交给购买方的。

②同时符合以下条件代为收取的政府性基金或者行政事业性收费:由国务院或者财政部批准设立的政府性基金,由国务院或者省级人民政府及其财政、价格主管部门批准设立的行政事业性收费;收取时开具省级以上财政部门印制的财政票据;所收款项全额上缴财政。

(2)特殊情况下销售额的确定。

①纳税人申报的应税产品销售额明显偏低并且无正当理由的、有视同销售应税产品行为而无销售额的,按下列顺序确定销售额:

按纳税人最近时期同类产品的平均销售价格确定。

按其他纳税人最近时期同类产品的平均销售价格确定。

按组成计税价格确定。组成计税价格为:

$$组成计税价格=成本\times(1+成本利润率)\div(1-税率)$$

公式中的成本是指应税产品的实际生产成本。公式中的成本利润率由省、自治区、直辖市税务机关确定。

②纳税人开采应税产品由其关联单位对外销售的,按其关联单位的销售额征收资源税。

③纳税人既有对外销售应税产品,又有将应税产品自用于除连续生产应税产品以外的其他方面的,则自用的这部分应税产品,按纳税人对外销售应税产品的平均价格计算销售额征收资源税。

④纳税人将其开采的应税产品直接出口的,按其离岸价格(不含增值税)计算销售额征收资源税。

⑤纳税人以人民币以外的货币结算销售额的,应当折合成人民币计算。其销售额的人民币折合率可以选择销售额发生的当天或者当月1日的人民币汇率中间价。纳税人应在事先确定采用何种折合率计算方法,确定后1年内不得变更。

(3)应税煤炭销售额的确定。①

①原煤计税销售额。

原煤计税销售额是指纳税人销售原煤向购买方收取的全部价款和价外费用,不包括收取的增值税销项税额以及从坑口到车站、码头或购买方指定地点的运输费用。

②洗选煤计税销售额。

洗选煤计税销售额按洗选煤销售额乘以折算率计算。洗选煤销售额是指纳税人销售洗选煤向购买方收取的全部价款和价外费用,包括洗选副产品的销售额,不包括收取的增值税销项

---

① 财政部、国家税务总局:《关于实施煤炭资源税改革的通知》(财税〔2014〕72号),本通知自2014年12月1日起施行;国家税务总局:《煤炭资源税征收管理办法(试行)》(国家税务总局公告2015年第51号),本办法自2015年8月1日起施行。

税额以及从洗选煤厂到车站、码头或购买方指定地点的运输费用。

洗选煤折算率由省、自治区、直辖市财税部门或其授权地市级财税部门根据煤炭资源区域分布、煤质煤种等情况确定,体现有利于提高煤炭洗选率、促进煤炭清洁利用和环境保护的原则。

洗选煤折算率一经确定,原则上在一个纳税年度内保持相对稳定,但在煤炭市场行情、洗选成本等发生较大变化时可进行调整。

洗选煤折算率计算公式如下:

公式一:

$$洗选煤折算率=(洗选煤平均销售额-洗选环节平均成本-洗选环节平均利润)\div 洗选煤平均销售额\times 100\%$$

上式中的洗选煤平均销售额、洗选环节平均成本、洗选环节平均利润,可按照上年当地行业平均水平测算确定。

公式二:

$$洗选煤折算率=原煤平均销售额\div(洗选煤平均销售额\times 综合回收率)\times 100\%$$

上式中的原煤平均销售额、洗选煤平均销售额,可按照上年当地行业平均水平测算确定。

$$综合回收率=洗选煤数量\div 入洗前原煤数量\times 100\%$$

③计税销售额的扣减。

在计算煤炭计税销售额时,纳税人原煤及洗选煤销售额中包含的运输费用、建设基金以及伴随运销产生的装卸、仓储、港杂等费用的扣减,按照《财政部、国家税务总局关于煤炭资源税费有关政策的补充通知》(财税〔2015〕70号)的规定执行。扣减的凭据包括有关发票或者经主管税务机关审核的其他凭据。

运输费用明显高于当地市场价格导致应税煤炭产品价格偏低,且无正当理由的,主管税务机关有权合理调整计税价格。

④视同销售行为销售额的确定。

纳税人将其开采的原煤加工为洗选煤自用的,视同销售洗选煤,计算缴纳资源税。

纳税人以自采原煤直接或者经洗选加工后连续生产焦炭、煤气、煤化工、电力及其他煤炭深加工产品的,视同销售,在原煤或者洗选煤移送环节缴纳资源税。

纳税人申报的原煤或洗选煤销售价格明显偏低且无正当理由的,或者有视同销售应税煤炭行为而无销售价格的,主管税务机关应按下列顺序确定计税价格:

一是按纳税人最近时期同类原煤或洗选煤的平均销售价格确定。

二是按其他纳税人最近时期同类原煤或洗选煤的平均销售价格确定。

三是按组成计税价格确定。

$$组成计税价格=成本\times(1+成本利润率)\div(1-资源税税率)$$

上式中的成本利润率,由省、自治区、直辖市地方税务局按同类应税煤炭的平均成本利润率确定。

四是按其他合理方法确定。

⑤几种特殊情况下销售额的确定。

纳税人与其关联企业之间的业务往来,应当按照独立企业之间的业务往来收取或支付价款、费用;不按照独立企业之间的业务往来收取或支付价款、费用,而减少其应纳税收入的,税务机关有权按照《中华人民共和国税收征收管理法》及其实施细则的有关规定进行合理调整。

纳税人以自采原煤或加工的洗选煤连续生产焦炭、煤气、煤化工、电力等产品，自产自用且无法确定应税煤炭移送使用量的，可采取最终产成品的煤耗指标确定用煤量。即：煤电一体化企业可按照每千瓦时综合供电煤耗指标进行确定；煤化工一体化企业可按照煤化工产成品的原煤耗用率指标进行确定；其他煤炭连续生产企业可采取其产成品煤耗指标进行确定，或者参照其他合理方法进行确定。

纳税人将自采原煤与外购原煤（包括煤矸石）进行混合后销售的，应当准确核算外购原煤的数量、单价及运费，在确认计税依据时可以扣减外购相应原煤的购进金额。

计税依据＝当期混合原煤销售额－当期用于混售的外购原煤的购进金额

外购原煤的购进金额＝外购原煤的购进数量×单价

纳税人将自采原煤连续加工的洗选煤与外购洗选煤进行混合后销售的，比照上述有关规定计算缴纳资源税。

纳税人以自采原煤和外购原煤混合加工洗选煤的，应当准确核算外购原煤的数量、单价及运费，在确认计税依据时可以扣减外购相应原煤的购进金额。

计税依据＝当期洗选煤销售额×折算率－当期用于混洗混售的外购原煤的购进金额

外购原煤的购进金额＝外购原煤的购进数量×单价

纳税人扣减当期外购原煤或者洗选煤购进金额的，应当以增值税专用发票、普通发票或者海关报关单作为扣减凭证。

(4)应税稀土、钨、钼销售额的确定。[①]

①精矿销售额的确定。

纳税人将其开采的原矿加工为精矿销售的，按精矿销售额（不含增值税）和适用税率计算缴纳资源税。精矿销售额依照《中华人民共和国资源税暂行条例实施细则》第五条和《关于实施稀土、钨、钼资源税从价计征改革的通知》（以下称本通知）的有关规定确定。精矿销售额的计算公式为：

精矿销售额＝精矿销售量×单位价格

精矿销售额不包括从洗选厂到车站、码头或用户指定运达地点的运输费用。

轻稀土精矿是指从轻稀土原矿中经过洗选等初加工生产的矿岩型稀土精矿，包括氟碳铈矿精矿、独居石精矿以及混合型稀土精矿等。提取铁精矿后含稀土氧化物（REO）的矿浆或尾矿，视同稀土原矿。轻稀土精矿按折一定比例稀土氧化物的交易量和交易价计算确定销售额。

中重稀土精矿包括离子型稀土矿和磷钇矿精矿。离子型稀土矿是指通过离子交换原理提取的各种形态离子型稀土矿（包括稀土料液、碳酸稀土、草酸稀土等）和再通过灼烧、氧化的混合稀土氧化物。离子型稀土矿按折92%稀土氧化物的交易量和交易价计算确定销售额。

钨精矿是指由钨原矿经重选、浮选、电选、磁选等工艺生产出的三氧化钨含量达到一定比例的精矿。钨精矿按折65%三氧化钨的交易量和交易价计算确定销售额。

钼精矿是指钼原矿经过浮选等工艺生产出的钼含量达到一定比例的精矿。钼精矿按折45%钼金属的交易量和交易价计算确定销售额。

纳税人申报的精矿销售价格明显偏低且无正当理由的、有视同销售精矿行为而无销售额的，依照《中华人民共和国资源税暂行条例实施细则》第七条和本通知的有关规定确定计税价格及销售额。

[①] 财政部、国家税务总局：《关于实施稀土、钨、钼资源税从价计征改革的通知》（财税〔2015〕52号），本通知自2015年5月1日起施行。

②原矿销售额与精矿销售额的换算。

纳税人销售(或者视同销售)其自采原矿的,可采用成本法或市场法,将原矿销售额换算为精矿销售额计算缴纳资源税。其中成本法公式为:

$$精矿销售额＝原矿销售额＋原矿加工为精矿的成本×(1＋成本利润率)$$

市场法公式为:

$$精矿销售额＝原矿销售额×换算比$$
$$换算比＝同类精矿单位价格÷(原矿单位价格×选矿比)$$
$$选矿比＝加工精矿耗用的原矿数量÷精矿数量$$

原矿销售额不包括从矿区到车站、码头或用户指定运达地点的运输费用。

(5)其他应税资源销售额的确定。

其他应税资源是指除原油、天然气、煤炭、稀土、钨、钼6个资源品目外,《资源税税目、税率幅度表》中列举的铁矿、金矿、铜矿、铝土矿、铅锌矿、镍矿、锡矿、石墨、硅藻土、高岭土、萤石、石灰石、硫铁矿、磷矿、氯化钾、硫酸钾、井矿盐、湖盐、提取地下卤水晒制的盐、煤层(成)气、海盐21种资源品目和未列举名称的其他金属矿。

这类资源的销售额是指纳税人销售应税产品向购买方收取的全部价款和价外费用,不包括增值税销项税额和运杂费用。

运杂费用是指应税产品从坑口或洗选(加工)地到车站、码头或购买方指定地点的运输费用、建设基金以及随运销产生的装卸、仓储、港杂费用。运杂费用应与销售额分别核算。凡未取得相应凭据或不能与销售额分别核算的,应当一并计征资源税。

为公平原矿与精矿之间的税负,对同一种应税产品,征税对象为精矿的,纳税人销售原矿时,应将原矿销售额换算为精矿销售额缴纳资源税;征税对象为原矿的,纳税人销售自采原矿加工的精矿,应将精矿销售额折算为原矿销售额缴纳资源税。换算比或折算率原则上应通过原矿售价、精矿售价和选矿比计算,也可通过原矿销售额、加工环节平均成本和利润计算。

金矿以标准金锭为征税对象,纳税人销售金原矿、金精矿的,应比照上述规定将其销售额换算为金锭销售额缴纳资源税。

2. 从量定额征收的计税依据

资源税实行从量定额征收的,其计税依据为应税产品的销售数量。这里所称销售数量,包括纳税人开采或者生产应税产品的实际销售数量和视同销售的自用数量。

纳税人不能准确提供应税产品销售数量的,以应税产品的产量或者主管税务机关确定的折算比换算成的数量作为计征资源税的课税数量。

对经营分散、多为现金交易且难以控管的粘土、砂石,按照便利征管原则,仍实行从量定额计征。

纳税人的减税、免税项目,应当单独核算销售额或者销售数量;未单独核算或者不能准确提供销售额或者销售数量的,不予减税或者免税。

(二)资源税应纳税额的计算

1. 资源税应纳税额的一般规定

资源税应纳税额,根据应税产品的销售金额或销售数量和适用税率计算。计算公式为:

$$应纳税额＝销售金额×比例税率$$
$$＝组成计税价格×比例税率$$
$$应纳税额＝销售数量×定额税率$$

2. 资源税应纳税额的特殊规定

(1)为便于征管,对开采稠油、高凝油、高含硫天然气、低丰度油气资源及三次采油的陆上油气田企业,根据以前年度符合上述减税规定的原油、天然气销售额占其原油、天然气总销售额的比例,确定资源税综合减征率和实际征收率,计算资源税应纳税额。计算公式为:

综合减征率＝∑(减税项目销售额×减征幅度×6%)÷总销售额

实际征收率＝6%－综合减征率

应纳税额＝总销售额×实际征收率

(2)纳税人将其开采的原煤加工为洗选煤销售的,以洗选煤销售额乘以折算率作为应税煤炭销售额计算缴纳资源税。洗选煤应纳税额的计算公式为:

洗选煤应纳税额＝洗选煤销售额×折算率×适用税率

(3)纳税人将其开采的稀土、钨、钼原矿加工为精矿销售的,按精矿销售额(不含增值税)和适用税率计算缴纳资源税。纳税人开采并销售原矿的,将原矿销售额(不含增值税)换算为精矿销售额计算缴纳资源税。应纳税额的计算公式为:

应纳税额＝精矿销售额×适用税率

纳税人将其开采的原矿加工为精矿销售的,在销售环节计算缴纳资源税。

纳税人将其开采的原矿自用于连续生产精矿的,在原矿移送使用环节不缴纳资源税,加工为精矿后按规定计算缴纳资源税。

纳税人将其自采原矿加工为精矿自用或者进行投资、分配、抵债以及以物易物等情形的,视同销售精矿,依照有关规定计算缴纳资源税。

纳税人将其开采的原矿对外销售的,在销售环节缴纳资源税;纳税人将其开采的原矿连续生产非精矿产品的,视同销售原矿,依照有关规定计算缴纳资源税。

纳税人同时以自采未税原矿和外购已税原矿加工精矿的,应当分别核算;未分别核算的,一律视同以未税原矿加工精矿,计算缴纳资源税。

纳税人与其关联企业之间的业务往来,应当按照独立企业之间的业务往来收取或支付价款、费用;不按照独立企业之间的业务往来收取或支付价款、费用,而减少其应纳税收入的,税务机关有权按照《中华人民共和国税收征收管理法》及其实施细则的有关规定进行合理调整。

(4)纳税人用已纳资源税的应税产品进一步加工应税产品销售的,不再缴纳资源税。纳税人以未税产品和已税产品混合销售或者混合加工为应税产品销售的,应当准确核算已税产品的购进金额,在计算加工后的应税产品销售额时,准予扣减已税产品的购进金额;未分别核算的,一并计算缴纳资源税。

(5)以应税产品投资、分配、抵债、赠与、以物易物等,视同销售,按有关规定计算缴纳资源税。

【例7-1】某油田2月份月初库存原油5万吨,本月生产原油8万吨,本期发出7万吨。其中对外销售4万吨,每吨原油售价4 000元,企业开采原油过程中用于加热、修井自用原油1 000吨,非生产自用原油12 000吨。另外,该油田伴采天然气200千立方米,当月销售180千立方米,每千立方米天然气售价为2 700元,其余20千立方米全部由油田自用。原油、天然气的适用税率为5%。试计算该油田应纳资源税。

企业用于加热、修井的原油免征资源税。

销售和自用原油应纳资源税＝(40 000+12 000)×4 000×5%＝10 400 000(元)

销售和自用天然气应纳资源税＝(180 000+20 000)×2 700×5%＝27 000 000(元)

该油田应纳资源税合计＝10 400 000＋27 000 000＝37 400 000(元)

【例7－2】 某矿山12月份销售铝土矿原矿20 000吨，每吨不含税价格为258元，销售铜矿原矿(Cu＝5％，As＜0.5％)15 000吨，每吨不含税价格为980元，原矿与精矿换算比为3.2％，铝土矿原矿适用税率为3％，铜矿精矿适用税率为2％。计算该矿山12月份应纳资源税。

该矿山应纳资源税＝20 000×258×3％＋15 000×980×3.2％×2％＝164 208(元)

四、资源税的征收管理

(一)纳税义务发生时间

1. 纳税人销售应税产品，其纳税义务发生时间是：

(1)纳税人采取分期收款结算方式的，其纳税义务发生时间为销售合同规定的收款日期的当天；

(2)纳税人采取预收货款结算方式的，其纳税义务发生时间为发出应税产品的当天；

(3)纳税人采取其他结算方式的，其纳税义务发生时间为收讫销售款或者取得索取销售款凭据的当天。

2. 纳税人自产自用应税产品的纳税义务发生时间为移送使用应税产品的当天。

3. 扣缴义务人代扣代缴税款的纳税义务发生时间为支付货款的当天。

(二)纳税环节

资源税在应税产品的销售或自用环节计算缴纳。

以自采原矿加工精矿产品的，在原矿移送使用时不缴纳资源税，在精矿销售或自用时缴纳资源税。

纳税人以自采原矿加工金锭的，在金锭销售或自用时缴纳资源税。纳税人销售自采原矿或者自采原矿加工的金精矿、粗金，在原矿或者金精矿、粗金销售时缴纳资源税，在移送使用时不缴纳资源税。

(三)纳税期限

纳税人的纳税期限为1日、3日、5日、10日、15日或者1个月，具体纳税期限由主管税务机关根据实际情况具体核定。不能按固定期限计算纳税的，可以按次计算纳税。

纳税人以1个月为一期纳税的，自期满之日起10日内申报纳税；以1日、3日、5日、10日或者15日为一期纳税的，自期满之日起5日内预缴税款，于次月1日起10日内申报纳税并结清上月税款。

扣缴义务人的解缴税款期限，比照上述的规定执行。

(四)纳税地点

1. 纳税人应纳的资源税，应当向应税产品的开采或者生产所在地主管税务机关缴纳。纳税人在本省、自治区、直辖市范围内开采或者生产应税产品，其纳税地点需要调整的，由省、自治区、直辖市地方税务机关决定。

2. 跨省、自治区、直辖市开采或者生产资源税应税产品的纳税人，其下属生产单位与核算单位不在同一省、自治区、直辖市的，对其开采或者生产的应税产品，一律在开采地或者生产地纳税。实行从量计征的应税产品，其应纳税款一律由独立核算的单位按照每个开采地或者生产地的销售量及适用税率计算划拨；实行从价计征的应税产品，其应纳税款一律由独立核算的单位按照每个开采地或者生产地的销售量、单位销售价格及适用税率计算划拨。

3. 扣缴义务人代扣代缴的资源税,应当向收购地主管税务机关缴纳。
4. 海洋原油、天然气资源税向国家税务总局海洋石油税务管理机构缴纳。

第二节 城镇土地使用税税制

一、城镇土地使用税概述

城镇土地使用税是以开征范围内的土地为征税对象,以实际占用面积为计税依据,按规定税额对拥有土地使用权的单位和个人征收的一种税。

为了加强土地资源的管理,使土地资源得到合理配置和有效使用,国务院于1988年9月27日发布了《中华人民共和国城镇土地使用税暂行条例》,从1988年11月1日起实施。随着我国社会经济的发展,2006年12月31日,国务院修订了《中华人民共和国城镇土地使用税暂行条例》,于2007年1月1日起施行。

征收城镇土地使用税是国家运用经济手段加强城镇土地管理的一项重要措施。通过征税,可以限制用地单位和个人多占少用、早占晚用、占而不用等严重浪费土地资源的现象。同时,占地多的、土地位置好的要多纳税,占地少的、土地位置差的则可以少纳税,从而有利于企业少占用、充分利用和合理使用土地,进而起到节约土地资源、提高土地使用效益、强化土地管理的作用,也可为企业之间的平等竞争创造一个公平的用地条件。另外,开征土地使用税,有利于完善地方税制体系,充实地方税源,增加地方财政收入。

城镇土地使用税有以下几方面的特点:

1. 征税范围有所限定。现行城镇土地使用税的征税范围限定在城市、县城、建制镇和工矿区内国家所有和集体所有的土地,坐落在农村地区的房地产不属于征税的范围。

2. 以国有土地为征税对象,对占用土地的行为征税。我国城镇土地归国家所有,单位和个人只有占用权或使用权,而无所有权。国家征收城镇土地使用税,实质上是运用国家政治权力,以国有土地为征税对象,将纳税人获取的本应属于国家的土地收益集中到国家,促进合理、节约使用土地,提高土地使用效益。

3. 实行分级差别幅度税额。国家对城镇土地使用税实行分级幅度税额,不同城镇及同一城镇的不同地段,适用不同的税额。土地位置好、级差收入多的,多征税;土地位置差、级差收入少的,少征税。这样,有利于调节不同地区、不同地段之间的土地级差收入,理顺国家和土地使用者的分配关系,为企业之间的平等竞争创造有利条件。

二、城镇土地使用税的法律规定

(一)城镇土地使用税的征税范围

城镇土地使用税的征税范围,包括城市、县城、建制镇和工矿区内的国家所有和集体所有的土地。

上述城市、县城、建制镇和工矿区的确认标准为:城市是指国务院批准设立的市,其征税范围包括市区和郊区;县城是指县人民政府所在地,其征税范围为县人民政府所在地的城镇;建制镇是指经省级人民政府批准设立的、符合国务院规定的镇建制标准的镇,其征税范围一般为镇人民政府所在地,但不包括镇政府所在地所辖行政村;工矿区是指工商业比较发达、人口比较集中,但尚未设立建制镇的大中型工矿企业所在地,工矿区设立须经省、自治区、直辖市人民政府批准。

(二)城镇土地使用税的纳税人

城镇土地使用税的纳税人,是指在城市、县城、建制镇和工矿区范围内使用土地的单位和个人。单位,是指国有企业、集体企业、私营企业、股份制企业、外商投资企业、外国企业以及其他企业和事业单位、社会团体、国家机关、军队以及其他单位;个人,是指个体工商户以及其他个人。

在现实经济生活中,使用土地的情况复杂多样,为确保将土地使用税及时、足额地征收入库,将纳税人确定为以下几类:

1. 拥有土地使用权的单位和个人;
2. 拥有土地使用权的单位和个人不在土地所在地的,其土地的实际使用人和代管人为纳税人;
3. 土地使用权未确定或权属纠纷未解决的,以实际使用人为纳税人;
4. 土地使用权共有的,共有各方都是纳税人,由共有各方分别纳税。

(三)城镇土地使用税的税率

城镇土地使用税采用分级的幅度定额税率,按大、中、小城市和县城、建制镇、工矿区分别规定每平方米土地的年税额。具体标准如下:

(1)大城市:1.5~30元。
(2)中等城市:1.2~24元。
(3)小城市:0.9~18元。
(4)县城、建制镇、工矿区:0.6~12元。

大、中、小城市以公安部门登记在册的非农业正式户口人数为依据,按照国务院颁布的《城市规划条例》中规定的标准划分。市区和郊区非农业人口在50万以上者为大城市;市区和郊区非农业人口在20万~50万者为中等城市;市区和郊区非农业人口在20万以下者为小城市。

各省、自治区、直辖市人民政府可根据市政建设情况和经济繁荣程度,在规定税额幅度内确定所辖地区的适用税额幅度。经济落后地区,城镇土地使用税的适用税额标准可适当降低,但降低额不得超过上述规定最低税额的30%。经济发达地区的适用税额标准可以适当提高,但须报财政部批准。

(四)城镇土地使用税的税收优惠

1. 国家机关、人民团体、军队自用的土地。是指这些单位本身的办公用地和公务用地,如国家机关、人民团体的办公楼用地,军队的训练场用地等。
2. 由国家财政部门拨付事业经费的单位自用的土地。是指这些单位本身的业务用地,如学校的教学楼、操场、食堂等占用的土地。
3. 宗教寺庙、公园、名胜古迹自用的土地。

宗教寺庙自用的土地,是指举行宗教仪式等的用地和寺庙内的宗教人员生活用地。公园、名胜古迹自用的土地,是指供公共参观游览的用地及其管理单位的办公用地。

以上单位的生产、经营用地和其他用地,不属于免税范围,应按规定缴纳城镇土地使用税。例如,公园、名胜古迹中附设的营业单位,如影剧院、饮食部、茶社、照相馆等使用的土地。

4. 市政街道、广场、绿化地带等公共用地。
5. 直接用于农、林、牧、渔业的生产用地。是指直接从事种植、养殖、饲养的专业用地,不

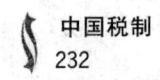

包括农副产品加工场地和生活、办公用地。

6. 经批准开山填海整治的土地和改造的废弃土地,从使用的月份起免缴土地使用税5～10年。具体免税期限由各省、自治区、直辖市地方税务局在规定的期限内自行确定。

7. 对非营利性医疗机构、疾病控制机构和妇幼保健机构等卫生机构自用的土地,免征城镇土地使用税。

8. 企业办的学校、医院、托儿所、幼儿园,其用地能与企业其他用地明确区分的,免征城镇土地使用税。

9. 免税单位无偿使用纳税单位的土地(如公安、海关等单位使用铁路、民航等单位的土地),免征城镇土地使用税。纳税单位无偿使用免税单位的土地,纳税单位应缴纳城镇土地使用税。纳税单位与免税单位共同使用共有使用权土地上的多层建筑,对纳税单位可按其占用的建筑面积占建筑总面积的比例计征城镇土地使用税。

10. 对行使国家行政管理职能的中国人民银行总行(含国家外汇管理局)所属分支机构自用的土地,免征城镇土地使用税。

11. 由财政部另行规定免税的能源、交通、水利用地和其他用地。

12. 对在城镇土地使用税征税范围内单独建造的地下建筑用地,暂按应征税款的50%征收城镇土地使用税。

13. 国家机关、军队、人民团体、财政补助事业单位、居民委员会、村民委员会拥有的体育场馆[①],用于体育活动的土地,免征城镇土地使用税。

14. 经费自理事业单位、体育社会团体、体育基金会、体育类民办非企业单位拥有并运营管理的体育场馆,同时符合下列条件的,其用于体育活动的土地,免征城镇土地使用税:

(1)向社会开放,用于满足公众体育活动需要;

(2)体育场馆取得的收入主要用于场馆的维护、管理和事业发展;

(3)拥有体育场馆的体育社会团体、体育基金会及体育类民办非企业单位,除当年新设立或登记的以外,前一年度登记管理机关的检查结论为"合格"。

15. 企业拥有并运营管理的大型体育场馆[②],其用于体育活动的土地,减半征收城镇土地使用税。

三、城镇土地使用税应纳税额的计算

(一)计税依据

城镇土地使用税以纳税人实际占用的土地面积为计税依据,土地面积计量标准为每平方米。纳税人实际占用的土地面积按下列办法确定:

1. 凡由省、自治区、直辖市人民政府确定的单位组织测定土地面积的,以测定的面积为准。

2. 尚未组织测量,但纳税人持有政府部门核发的土地使用证书的,以证书确认的土地面积为准。

3. 尚未核发土地使用证书的,应由纳税人据实申报土地面积,据以纳税,待核发土地使用

---

① 体育场馆,是指用于运动训练、运动竞赛及身体锻炼的专业性场所。

② 大型体育场馆,是指由各级人民政府或社会力量投资建设、向公众开放、达到《体育建筑设计规范》(JGJ 31—2003)有关规模规定的体育场(观众座位数20 000座及以上)、体育馆(观众座位数3 000座及以上)、游泳馆、跳水馆(观众座位数1 500座及以上)等体育建筑。

证以后再作调整。

4. 对在城镇土地使用税征税范围内单独建造的地下建筑用地,按规定征收城镇土地使用税。其中,已取得地下土地使用权证的,按土地使用权证确认的土地面积计算应征税款;未取得地下土地使用权证或地下土地使用权证上未标明土地面积的,按地下建筑垂直投影面积计算应征税款。地下建筑用地暂按应征税款的50%征收城镇土地使用税。①

(二)应纳税额的计算

城镇土地使用税的应纳税额依据纳税人实际占用的土地面积和规定的单位税额计算,计算公式为:

$$应纳税额 = 计税土地面积(平方米) \times 适用税额$$

同一土地的土地使用权由几方共有的,由共有各方按照各自实际使用的土地面积的比例,分别计算其应缴纳的城镇土地使用税。

【例7—3】 某市食品厂实际占地面积为30 000平方米,其中5 000平方米为厂区内的绿化区,2 000平方米为企业自办幼儿园占地。该厂位于中等城市,当地政府核定的土地使用税单位税额为5元/平方米。计算该食品厂全年应纳的城镇土地使用税。

根据税法规定,企业自办幼儿园占地的土地可免缴土地使用税。该食品厂全年应纳的城镇土地使用税计算如下:

应纳税额=(30 000-2 000)×5=140 000(元)

【例7—4】 某市粮油加工厂与面粉加工厂共同拥有一块土地使用权,这块土地面积为6 000平方米,粮油加工厂实际使用2/5,面粉加工厂实际使用3/5。两工厂位于大城市,当地政府核定单位土地税额为10元/平方米。计算粮油加工厂与面粉加工厂全年应纳的城镇土地使用税。

粮油加工厂应纳城镇土地使用税额=6 000×2/5×10=24 000(元)
面粉加工厂应纳城镇土地使用税额=6 000×3/5×10=36 000(元)

【例7—5】 A公司有甲、乙两处单独地下建筑设施(两地段皆为一级地,年税额16元/平方米)。其中,甲设施为地下商场,有地下土地使用证,登记面积为5 000平方米;乙设施用于储藏物品,地下土地使用证上未标明土地面积,但经有关部门测量该地下建筑垂直投影面积为2 000平方米。计算A公司应纳的城镇土地使用税。

A公司每年应纳城镇土地使用税额=(5 000+2 000)×16×50%=56 000(元)

四、城镇土地使用税的征收管理

(一)纳税义务发生时间

1. 纳税人购置新建商品房,自房屋交付使用之次月起,缴纳城镇土地使用税。
2. 纳税人购置存量房,自办理房屋权属转移、变更登记手续,房地产权属登记机关签发房屋权属证书之次月起,缴纳城镇土地使用税。
3. 纳税人出租、出借房产,自交付出租、出借房产之次月起,缴纳城镇土地使用税。
4. 房地产开发企业自用、出租、出借本企业建造的商品房,自房屋使用或交付之次月起,缴纳城镇土地使用税。
5. 纳税人新征用的耕地,自批准征用之日起满一年时,开始缴纳土地使用税。

---

① 国家税务总局网站:《财政部、国家税务总局关于房产税、城镇土地使用税有关问题的通知》(财税〔2009〕128号),本通知自2009年12月1日起施行。

6. 纳税人新征用的非耕地,自批准征用次月起,缴纳土地使用税。

7. 通过招标、拍卖、挂牌方式取得的建设用地,从合同约定交付土地时间的次月起,缴纳城镇土地使用税;合同未约定交付土地时间的,从合同签订的次月起,缴纳城镇土地使用税。①

(二)纳税期限

城镇土地使用税实行按年计算、分期缴纳的征收方法,具体纳税期限由省、自治区、直辖市人民政府确定。一般分别确定按月、季或半年等不同的期限缴纳。

(三)纳税地点

城镇土地使用税在土地所在地缴纳。纳税人使用的土地不属于同一市(县)管辖的,由纳税人分别向土地所在地的税务机关缴纳土地使用税;在同一省、自治区、直辖市管辖范围内,纳税人跨地区使用的土地,其纳税地点由各省、自治区、直辖市地方税务局确定。

第三节 土地增值税税制

一、土地增值税概述

(一)土地增值的概念与特点

土地增值税是对有偿转让国有土地使用权、地上建筑物及其附着物并取得收入的单位和个人,就其转让房地产所取得的增值额征收的一种税。

新中国成立以来,我国虽然开征过一些土地税,如契税、城市房地产税、房产税、土地使用税等,但这些税种都带有行为税的特点,其调节房地产市场的力度很有限。国务院于1993年12月13日发布了《中华人民共和国土地增值税暂行条例》,决定自1994年1月1日起在全国开征土地增值税,这是我国开征的第一个对土地增值额或土地收益额征收的税种。土地增值税与其他税种比较,具有以下几个特点:

1. 以转让房地产取得的增值额为征税对象

我国的土地增值税属于"土地转移增值税"的类型,将土地、房屋的转让收入合并征收。作为征税对象的增值额,是纳税人转让房地产的收入减除税收制度中规定准予扣除项目金额后的余额。

2. 征税面比较广

凡在我国境内转让房地产并取得收入的单位和个人,除明确规定的免税外,均应按照规定缴纳土地增值税。也就是说,凡发生应税行为的单位和个人,不论其经济性质,也不分内、外资企业或中、外籍人员,无论专营或兼营房地产业务,均有缴纳土地增值税的义务。

3. 采用扣除法和评估法计算增值额

土地增值税在计算方法上考虑我国实际情况,以纳税人转让房地产取得的收入,减除法定扣除项目金额后的余额作为计税依据。对旧房及建筑物的转让,以及对纳税人转让房地产申报不实、成交价格偏低的,则采用评估价格法确定增值额,计征土地增值税。

4. 实行超率累进税率

土地增值税的税率是以转让房地产的增值率高低为依据,按照累进原则设计的,实行分级

---

① 国家税务总局:《关于通过招拍挂方式取得土地缴纳城镇土地使用税问题的公告》(国家税务总局公告2014年第74号),本公告自2014年12月31日起施行。

计税。增值率高的,适用税率高、多纳税;增值率低的,适用税率低、少纳税。税收负担较为合理,充分体现了国家政策。

5. 实行按次征收

土地增值税在房地产发生转让环节,实行按次征收,每发生一次转让行为,就应根据每次取得的增值额征一次税。

(二)土地增值税的作用

开征土地增值税,是国家运用税收手段规范房地产市场秩序、合理调节土地增值收益分配、维护国家权益、促进房地产开发健康发展的重要举措。其作用主要表现在以下三个方面:

1. 增强国家对房地产开发、交易行为的宏观调控

征收土地增值税,利用税收杠杆对房地产业的开发、经营和房地产市场进行适当调控,以保护房地产业和房地产市场的健康发展,控制投资规模,促进土地资源的合理利用,调节部分单位和个人通过房地产交易取得的过高收入。

2. 抑制土地炒买炒卖,保障国家的土地权益

通过对土地增值性收益征税,可以在一定程度上堵塞漏洞,减少国家土地资源及增值性收益的流失,遏制土地投机行为,保护房地产开发者的合法权益,维护国家的整体利益。

3. 规范国家参与土地增值收益的分配方式,增加财政收入

目前,我国涉及房地产交易市场的税收,主要有营业税、企业所得税、个人所得税和契税等。这些税种对转让房地产收益只具有一般的财政意义,对房地产基于土地增值所获得的过高收入起不到特殊的调节作用。对土地增值收益征税,可以为增加国家财政收入开辟新的财源。

二、土地增值税的法律规定

(一)土地增值税的征税范围

1. 征税范围的一般规定

(1)只对转让国有土地使用权的行为课税,转让非国有土地和出让国有土地的行为均不征税。

所谓国有土地使用权,是指土地使用人根据国家法律、合同等规定,对国家所有的土地享有的使用权利。土地增值税只对企业、单位和个人等经济实体转让国有土地使用权的行为课税。对属于集体所有的土地,按现行规定须先由国家征用后才能转让。政府出让土地的行为及取得的收入不在土地增值税征税之列。

(2)既对转让土地使用权课税,也对转让地上建筑物和其他附着物的产权征税。

所谓地上建筑物,是指建于土地上的一切建筑物,包括地上及地下的各种附属设施,如厂房、仓库、商店、医院、住宅、地下室、围墙、烟囱、电梯、中央空调和管道等。所谓附着物,是指附着于土地上的不能移动、一经移动即遭损坏的种植物、养殖物及其他物品。上述建筑物和附着物的所有者对自己的财产依法享有占有、使用、收益和处置的权利,即拥有排他性的全部产权。

(3)只对有偿转让的房地产征税,对以继承、赠与等方式无偿转让的房地产则不予征税。

2. 征税范围的具体规定

(1)以房地产进行投资、联营。对于以房地产进行投资、联营,如果投资、联营的一方以土地(房地产)作价入股进行投资或作为联营条件的,暂免征收土地增值税。但是,投资、联营企业若将上述房地产再转让的,则属于征收土地增值税的范围。

(2)合作建房。对于一方出地,一方出资金,双方合作建房,建成后分房自用的,暂免征土

地增值税。但如果建成后转让的,属于征收土地增值税的范围。

(3)企业兼并转让房地产。在企业兼并中,对被兼并企业将房地产转让到兼并企业中的,暂免征收土地增值税。

(4)交换房地产。交换房地产行为既发生了房产产权、土地使用权的转移,交换双方又取得了实物形态的收入,应属于征收土地增值税的范围。但个人之间互换自有居住用房地产的,经当地税务机关核实,可以免征土地增值税。

(5)房地产抵押。在抵押期间不征收土地增值税。待抵押期满后,视该房地产是否转移产权来确定是否征收土地增值税。对于以房地产抵债而发生房地产产权转让的,属于征收土地增值税的范围。

(6)房地产出租。房地产出租,不属于征收土地增值税的范围。

(7)房地产评估增值。房地产评估增值,不属于征收土地增值税的范围。

(8)国家收回国有土地使用权、征用地上建筑物及附着物。国家收回国有土地使用权、征用地上建筑物及附着物,虽然发生了权属的变更,原房地产所有人也取得了收入,但可以免征土地增值税。

在判断征收范围时应当注意,土地使用者转让、抵押或置换土地,无论其是否取得了该土地的使用权属证书,无论其在转让、抵押或置换土地过程中是否与对方当事人办理了土地使用权属证书变更登记手续,只要土地使用者享有占有、使用、收益或处分该土地的权利,且有合同等证据表明其实质转让、抵押或置换了土地并取得了相应的经济利益,土地使用者及其对方当事人应当依照税法规定缴纳土地增值税等相关税收。

(二)土地增值税的纳税人

土地增值税的纳税人是转让国有土地使用权及地上一切建筑物和其他附着物产权,并取得收入的单位和个人。既包括机关、团体、部队、企事业单位、个体工商业户及国内其他单位和个人;还包括外商投资企业、外国企业及外国机构、华侨、港澳台同胞及外国公民等。

(三)土地增值税的税率

由于土地增值税的主要目的在于抑制房地产的投机、炒卖活动,限制滥占耕地的行为,并适当调节纳税人的收入分配,保障国家权益,因此,采用了四级超率累进税率的形式。其中,最低税率为30%,最高税率为60%。具体见表7—2。

表7—2 土地增值税超率累进税率表

级次	增值额与扣除项目金额的比率	税率(%)	速算扣除系数(%)
1	不超过50%的部分	30	0
2	超过50%~100%的部分	40	5
3	超过100%~200%的部分	50	15
4	超过200%的部分	60	35

(四)土地增值税的税收优惠

1. 纳税人建造普通标准住宅出售,增值额未超过扣除项目金额20%的,免征土地增值税;增值额超过扣除项目金额20%的,应就其全部增值额计税。

这里所说的"普通标准住宅",是指按所在地一般民用住宅标准建造的居住用住宅。高级公寓、别墅、小洋楼和度假村等不属于普通标准住宅。普通标准住宅与其他住宅的具体划分界限由各省、自治区、直辖市人民政府规定。①

对于纳税人既建普通标准住宅又从事其他房地产开发的,应分别核算增值额。不分别核算增值额或不能准确核算增值额的,其建造的普通标准住宅不能适用这一免税规定。

2. 国家建设需要依法征用、收回的房地产,免征土地增值税。

这里所说"国家建设需要依法征用、收回的房地产",是指因城市市政规划、国家建设的需要而被政府批准征用的房产或收回的土地使用权。因城市实施规划、国家建设的需要而搬迁,由纳税人自行转让原房地产的,比照有关规定免征土地增值税。

3. 自2007年8月1日起,对企事业单位、社会团体以及其他组织转让旧房作为廉租住房、经济适用住房房源,且增值额未超过扣除项目金额20%的,免征土地增值税。

4. 自2008年11月1日起,对个人销售住房暂免征收土地增值税。

5. 自2010年9月27日起,对企事业单位、社会团体以及其他组织转让旧房作为公租房房源,且增值额未超过扣除项目金额20%的,免征土地增值税。

6. 个人因工作调动或改善居住条件而转让原自用住房,经向税务机关申报核准,凡居住满5年或5年以上的,免征土地增值税;居住满3年、未满5年的,减半征收土地增值税;居住未满3年的,按规定计征土地增值税。

三、土地增值税应纳税额的计算

(一)计税依据

土地增值税以纳税人转让房地产所取得的增值额为计税依据。转让房地产的增值额,是指纳税人转让房地产收入减除税法规定的扣除项目金额后的余额。按照规定,扣除项目涉及的增值税进项税额,允许在销项税额中计算抵扣的,不计入扣除项目;不允许在销项税额中计算抵扣的,可以计入扣除项目。② 计算公式为:

$$土地增值额=转让房地产收入-扣除项目金额$$

1. 转让房地产收入的确定

纳税人转让房地产所取得的不含增值税收入,包括货币收入、实物收入和其他收入在内的全部价款及有关的经济利益,不允许从中减除任何成本费用。适用增值税一般计税方法的纳税人,其转让房地产的土地增值税应税收入不含增值税销项税额;适用简易计税方法的纳税人,其转让房地产的土地增值税应税收入不含增值税应纳税额。

对取得的实物收入,要按收入时的市场价格折算成货币收入;对取得的无形资产收入,要进行专门的评估,在确定其价值后折算成货币收入。

对取得的收入为外国货币的,应当以取得收入当天或当月1日国家公布的市场汇价折合成人民币,据以计算土地增值税。当月以分期收款方式取得的外币收入,也应按实际收款日或收款当月1日国家公布的市场汇价折合成人民币。

对于县级及县级以上人民政府要求房地产开发企业在售房时代收的各项费用,如果代收费用是计入房价向购买方一并收取的,可作为转让房地产所取得的收入计税;如果代收费用未

---

① 根据《国务院办公厅转发建设部等七部门关于做好稳定住房价格工作的意见的通知》(国办发〔2005〕26号),享受优惠政策的住房原则上应同时满足以下条件:住宅小区建筑容积率在1.0以上,单套建筑面积在120平方米以下,实际成交价格低于同级别土地上住房平均交易价格1.2倍以下。各省、自治区、直辖市要根据实际情况,制定本地区享受优惠政策普通住房的具体标准。允许单套建筑面积和价格标准适当浮动,但向上浮动的比例不得超过上述标准的20%。

② 财政部、国家税务总局:《关于营改增后契税、房产税、土地增值税、个人所得税计税依据问题的通知》(财税〔2016〕43号),本通知自2016年5月1日起施行。

计入房价,而是在房价之外单独收取的,可以不作为转让房地产收入。

对于代收费用作为转让收入计税的,在计算扣除项目金额时,可予以扣除,但不允许作为加计20%扣除的基数;对于代收费用未作为房地产收入计税的,在计算增值额时不允许扣除代收费用。

2. 准予扣除项目金额的确定

在确定房地产转让的增值额和计算应纳土地增值税时,允许从房地产转让收入总额中扣除的项目及其金额有以下六类:

(1)取得土地使用权所支付的金额。

取得土地使用权所支付的金额,是指纳税人为取得土地使用权所支付的地价款与按国家统一规定缴纳的有关费用之和。其中,"取得土地使用权所支付的金额"可以有以下三种形式:以出让方式取得土地使用权的,为支付的土地出让金;以行政划拨方式取得土地使用权的,为转让土地使用权时按规定补缴的出让金;以转让方式取得土地使用权的,为支付的地价款。

按国家统一规定缴纳的有关费用,是指纳税人在取得土地使用权过程中为办理有关手续,按国家规定缴纳的有关登记、过户手续费和契税。

(2)房地产开发成本。

房地产开发成本,是指纳税人开发房地产项目实际发生的成本。这些成本允许按实际发生数扣除。主要包括土地征用及拆迁补偿费、前期工程费、建筑安装工程费、基础设施费、公共配套设施费、开发间接费用等。

①土地征用及拆迁补偿费,包括土地征用费、耕地占用税、劳动力安置费,以及有关地上、地下附着物拆迁补偿的净支出、安置动迁用房支出等。

②前期工程费,包括规划、设计、项目可行性研究,以及水文、地质、勘察、测绘、"三通一平"等支出。

③建筑安装工程费,是指以出包方式支付给承包单位的建筑安装工程费,以及以自营方式发生的建筑安装工程费。

④基础设施费,包括开发小区内道路、供水、供电、供气、排污、排洪、通信、照明、环卫、绿化等工程发生的支出。

⑤公共配套设施费,包括不能有偿转让的开发小区内公共配套设施发生的支出。

⑥开发间接费用,是指直接组织、管理开发项目发生的费用,包括工资、职工福利费、折旧费、修理费、办公费、水电费、劳动保护费、周转房摊销等。

(3)房地产开发费用。

房地产开发费用,是指与房地产开发项目有关的销售费用、管理费用、财务费用。根据会计制度的规定,与房地产开发有关的费用直接计入当年损益,不按房地产项目进行归集或分摊。为了便于计算操作,对有关费用的扣除,尤其是财务费用中的数额较大利息支出扣除,按下列标准扣除:

①利息支出能够按转让房地产项目计算分摊利息并提供金融机构证明的,允许据实扣除,但最高不能超过按商业银行同期贷款利率计算的金额。利息支出以外的其他房地产开发费用,按取得土地使用权支付的金额与房地产开发成本金额之和,在5%以内计算扣除。

房地产开发费用=分摊的利息支出+(取得土地使用权支付的金额+房地产开发成本)×5%

②利息支出不能按转让房地产项目计算分摊利息支出或不能提供金融机构证明的,利息支出不能单独计算,而应并入房地产开发费用中一并计算扣除。在这种情况下,"房地产开发

费用"的计算方法是,按取得土地使用权支付的金额与房地产开发成本金额之和,在10%以内计算扣除。计算扣除的具体比例,由省、自治区、直辖市人民政府规定。

$$房地产开发费用＝(取得土地使用权支付的金额＋房地产开发成本)×10\%$$

企业全部使用自有资金,没有利息支出的,按照以上方法计算扣除。

此外,财政部、国家税务总局还对扣除项目金额中利息支出的计算问题作了两点专门规定:一是利息的上浮幅度按国家的有关规定执行,超过上浮幅度的部分不允许扣除;二是对于超过贷款期限的利息部分和加罚的利息不允许扣除。

(4)与转让房地产有关的税金。

是指在转让房地产时缴纳的印花税、城市维护建设税,教育费附加也可视同税金扣除。

允许扣除的印花税,是指在转让房地产时缴纳的印花税。房地产开发企业在转让房地产时缴纳的印花税,按照会计制度规定计入管理费用,已相应予以扣除,印花税不再单独扣除。房地产开发企业以外的其他纳税人在计算土地增值税时,允许扣除在转让房地产环节缴纳的印花税。

房地产开发企业实际缴纳的城市维护建设税、教育费附加,凡能够按清算项目准确计算的,允许据实扣除;凡不能按清算项目准确计算的,则按该清算项目预缴增值税时实际缴纳的城市维护建设税、教育费附加扣除。其他转让房地产行为的城市维护建设税、教育费附加比照执行。[①]

对于个人购入房地产再转让的,其在购入环节缴纳的契税,由于已经包含在旧房及建筑物的评估价格之中,因此,计征土地增值税时,不能作为与转让房地产有关的税金扣除。

(5)财政部确定的其他扣除项目。

对房地产开发的纳税人可按"取得土地使用权所支付金额"与"房地产开发成本"的金额之和,加计20%扣除。在此,应当指出的是,此规定只适用于从事房地产开发的纳税人,除此之外的其他纳税人不适用。这样规定的目的是为了抑制炒买炒卖房地产投机行为,保护正常开发投资者的积极性。

对于县级及县级以上人民政府要求房地产开发企业在售房时代收的各项费用,可以根据代收费用是否计入房价和是否作为转让收入,确定能否扣除。具体为:

①如果代收费用计入房价向购买方一并收取的,则可作为转让房地产所取得的收入计税。相应地,在计算扣除项目金额时,代收费用可以扣除,但不得作为加计20%扣除的基数。

②如果代收费用未计入房价而单独收取的,可以不作为转让房地产的收入,当然,在计算扣除项目金额时,代收费用也不能扣除。

(6)旧房及建筑物的评估价格。

按照规定,纳税人转让旧房的,应按房屋及建筑物的评估价格、取得土地使用权所支付的地价款和缴纳的有关费用以及在转让环节缴纳的税金作为扣除项目金额计征土地增值税。

旧房及建筑物的评估价格,是指在转让已使用的房屋及建筑物时,由政府批准设立的房地产评估机构评定的重置成本价乘以成新度折扣率后的价格。评估价格须经当地税务机关确认。计算公式为:

$$评估价格＝重置成本价×成新度折扣率$$

转让旧房及建筑物的评估价格、取得土地使用权所支付的地价款和按国家统一规定缴纳

[①] 国家税务总局:《关于营改增后土地增值税若干征管规定的公告》(国家税务总局2016年第70号),本公告自2016年11月10日起施行。

的有关费用以及在转让环节缴纳的税金,可以在计征土地增值税时扣除。对取得土地使用权时未支付地价款或不能提供已支付的地价款凭据的,在计征土地增值税时不允许扣除。

纳税人在转让旧房及建筑物时,因计算纳税需要对房地产进行评估,其支付的评估费用允许在计算土地增值税时予以扣除。但是,对纳税人因隐瞒、虚报房地产成交价等情形而按房地产评估价格计算征收土地增值税时发生的评估费用,则不允许在计算土地增值税时扣除。

纳税人转让旧房及建筑物的,凡不能提供评估价格,但能提供购房发票的,其扣除项目包括按照经税务机关确定的购房发票所载金额每年加计5%扣除金额①、与转让房地产有关的税金。其中,"每年"的确定按购房发票所载日期起至售房发票开具之日止,每满12个月计1年;超过1年,或未满12个月但超过6个月的,可视同为1年。对纳税人购房时缴纳的契税,凡能提供契税完税凭证的,准予作为"与转让房地产有关的税金"予以扣除,但不能作为加计5%的基数。

纳税人转让旧房及建筑物的,既没有评估价格又不能提供购房发票的,由税务机关核定征收。

3. 其他规定

(1)按评估价格计算征收。

纳税人有下列情形之一的,按照房地产评估价格计算征收:

①隐瞒、虚报房地产成交价格的;

②提供扣除项目金额不实的;

③转让房地产的成交价格低于房地产评估价格,又无正当理由的。

(2)处理办法。

①隐瞒、虚报房地产成交价格,应由评估机构参照同类房地产的市场交易价格进行评估。税务机关根据评估价格确定转让房地产的收入。

②提供扣除项目金额不实的,应由评估机构按照房屋重置成本价乘以成新度折扣率计算的房屋成本价和取得土地使用权时的基准地价进行评估。税务机关根据评估价格确定扣除项目金额。

③转让房地产的成交价格低于房地产评估价格,又无正当理由的,由税务机关参照房地产评估价格确定转让房地产的收入。

(二)应纳税额的计算

土地增值税按照纳税人转让房地产所取得的增值额和规定的税率计算征收。计算公式为:

$$应纳税额=\sum(每级距的增值额 \times 适用税率)$$

但在实际工作中,一般可以采用速算扣除法计算。即计算土地增值税税额,可按增值额乘以适用的税率减去扣除项目金额乘以速算扣除系数的简便方法计算,计算公式为:

$$应纳税额=增值额 \times 适用税率-扣除项目金额 \times 速算扣除系数$$

具体的计算程序为:

第一步:确定纳税人转让房地产所取得的收入。

第二步:分项确定准予扣除的项目金额。

第三步:确定土地增值额。

第四步:确定土地增值率。

土地增值率是土地增值额与扣除项目金额之比。用公式表示为:

---

① 提供的购房凭据为增值税普通发票的,按发票所载价税合计金额从购买年度起至转让年度止每年加计5%计算。提供的购房发票为增值税专用发票的,按发票所载不含增值税金额加上不允许抵扣的增值税进项税额之和,并从购买年度起至转让年度止加计5%计算。

$$土地增值率=土地增值额\div 扣除项目金额\times 100\%$$

第五步：计算应纳土地增值税。根据计算出的土地增值率，查税率表就可确定相应的税率和速算扣除系数。

【例7-6】 某市房地产开发公司2014年8月购买土地使用权支付的金额为300万元，建造商品房一栋。该公司开发土地和新建房及配套设施的成本为4 000万元，财务费用中的利息支出为200万元（能提供金融机构的贷款证明且不高于按照商业银行同类同期贷款利率计算的金额）。当地政府规定，其他房地产开发费用的扣除比例为5%。该公司于2016年10月将商品房出售，取得不含增值税的销售收入为20 000万元，转让环节缴纳的除增值税外的有关税费共计为1 100万元。则该公司应纳土地增值税计算如下：

(1)转让房地产的收入=20 000(万元)
(2)准予扣除的项目金额：
①购买土地使用权支付的金额=300(万元)
②房地产开发成本=4 000(万元)
③房地产开发费用=200+(300+4 000)×5%=415(万元)
④与转让房地产有关的税金=1 100(万元)
⑤加计扣除额=(300+4 000)×20%=860(万元)
准予扣除的项目金额合计=300+4 000+200+215+860+1 100=6 675(万元)
(3)土地增值额=20 000-6 675=13 325(万元)
(4)土地增值率=13 325÷6 675×100%=199.63%
(5)应纳土地增值税=13 325×50%-6 675×15%=5 661.25(万元)

【例7-7】 某纺织厂建造并出售了一栋写字楼，取得不含增值税收入5 000万元，，转让环节缴纳的除增值税外的有关税费共计为277.5万元。该厂为建此楼支付的地价款为600万元，投入的房地产开发成本为1 500万元，房地产开发费用为400万元，其中利息支出为240万元（能够按转让房地产项目计算分摊并能提供金融机构的贷款证明，但其中有30万元为加罚的利息），其他开发费用160万元。该厂所在地政府规定的房地产开发费用的计算扣除比例为3%。计算该厂应纳土地增值税。

(1)转让房地产的收入=5 000(万元)
(2)准予扣除的项目金额：
①土地金额=600(万元)
②开发成本=1 500(万元)
③开发费用=(240-30)+(600+1 500)×3%=273(万元)
④转让环节缴纳的有关税费=277.5(万元)
扣除项目金额合计=600+1 500+273+277.5=2 650.5(万元)
(3)土地增值额=5 000-2 650.5=2 349.5(万元)
(4)土地增值率=2 349.5÷2 650.5×100%=88.64%
(5)应纳土地增值税=2 349.5×40%-2 650.5×5%=807.275(万元)

【例7-8】 某公司2016年5月转让一栋2007年建造的公寓楼，当时的造价为3 600万元。经房地产评估机构评定，该公寓楼重置成本价为5 000万元，该楼房为七成新。转让前为取得土地使用权支付的地价款及有关费用为1 500万元（可以提供支付凭证），另支付房地产评估费用4.5万元。转让时取得转让收入6 600万元（不含税），已缴纳了转让环节除增值税外的有关税金共计为366.3万元,计算该公司应纳土地增值税。

(1)转让房地产的收入＝6 600(万元)

(2)准予扣除的项目金额:

①土地金额＝1 500(万元)

②评估价格＝5 000×70%＝3 500(万元)

③评估费用＝4.5(万元)

④转让环节缴纳的有关税金＝366.3(万元)

扣除项目金额合计＝1 500＋3 500＋4.5＋366.3＝5 370.8(万元)

(3)土地增值额＝6 600－5 370.8＝1 229.2(万元)

(4)土地增值率＝1 229.2÷5 370.8×100%＝23%

(5)应纳土地增值税＝1 229.2×30%＝368.76(万元)

【例7—9】 某食品厂2012年1月购买办公楼一幢,取得商品房销售专用发票,注明购买金额为260万元,购买时已按税法缴纳契税13万元(能提供契税完税凭证)。2016年8月,该食品厂因搬迁将购买的办公楼转让给某商场,取得转让收入800万元,转让时已按税法规定缴纳了有关税费44.4万元。该食品厂转让的办公楼不能取得评估价格,计算该食品厂应纳土地增值税。

(1)转让办公楼的收入＝800(万元)

(2)准予扣除的项目金额:

①购房发票金额＝260(万元)

②加计扣除金额＝260×5%×5＝65(万元)

③与转让房地产有关的税金＝44.4＋13＝57.4(万元)

扣除项目金额合计＝260＋65＋57.4＝382.4(万元)

(3)土地增值额＝800－382.4＝417.6(万元)

(4)土地增值率＝417.6÷382.4×100%＝109.21%

(5)应纳土地增值税＝417.6×50%－382.4×15%＝151.44(万元)

四、土地增值税的征收管理

(一)纳税义务发生时间

1. 以一次交割、付清价款方式转让房地产的,在办理过户、登记手续前数日内一次性缴纳全部税额。

2. 以分期收款方式转让的,先计算出应纳税总额,然后根据合同约定的收款日期和约定的收款比例确定应纳税额。

3. 项目全部竣工结算前转让房地产的,分两种情况:

(1)纳税人进行小区开发建设的,其中一部分房地产项目因先行开发已转让出去,但小区内的部分配套设施往往在转让后才建成。在这种情况下,税务机关可以对先行转让的项目,在取得收入时预征土地增值税。

(2)纳税人以预售方式转让房地产的,对在办理结算和转交手续前就取得的收入,税务机关也可以预征土地增值税。具体办法由各省、自治区、直辖市地方税务局根据当地情况制定。

凡采用预征方法征收土地增值税的,在该项目全部竣工办理清算时,都需要对土地增值税进行清算,根据应征税额和已征税额进行结算,多退少补。

(二)纳税期限

纳税人应自转让房地产合同签订之日起7日内,向房地产所在地的主管税务机关办理纳税申报,同时向税务机关提交相关资料。

1. 房地产开发企业应向税务机关提交以下资料:
(1)房屋及建筑物产权、土地使用权书;
(2)土地转让、房产买卖合同;
(3)房地产评估报告;
(4)与转让房地产有关的资料。

2. 非房地产开发公司还需要提供与转让房地产有关的税金的完税凭证。纳税人发生下列转让行为的,还应从签订房地产转让合同之日起7日内,到房地产所在地主管税务机关备案:
(1)因国家建设需要依法征用、收回的房地产,纳税人因此而得到经济补偿的;
(2)因城市实施规划、国家建设的需要而搬迁,由纳税人自行转让其房地产的;
(3)转让原自用住房的。

(三)纳税地点

土地增值税的纳税人应向房地产所在地主管税务机关办理纳税申报,并在税务机关核定的期限内缴纳土地增值税。

这里所说的"房地产所在地",是指房地产的坐落地。纳税人转让的房地产坐落在两个或两个以上地区的,应按房地产所在地分别申报纳税。具体有以下两种情况:

1. 纳税人是法人的,当转让的房地产坐落地与其机构所在地或经营所在地一致时,在办理税务登记的原管辖税务机关申报纳税;如果转让的房地产坐落地与其机构所在地或经营所在地不一致,则在房地产坐落地所管辖的税务机关申报纳税。

2. 纳税人是自然人的,当转让的房地产坐落地与其居住所在地一致时,在住所所在地税务机关申报纳税;当转让的房地产坐落地与其居住所在地不一致时,在办理过户手续所在地的税务机关申报纳税。

专栏7—1 国家税务总局明确土地增值税清算有关问题[①]

为了进一步做好土地增值税清算工作,国家税务总局于2010年5月9日专门下发通知,就土地增值税清算工作中的问题明确如下:

1. 关于土地增值税清算时收入确认的问题

土地增值税清算时,已全额开具商品房销售发票的,按照发票所载金额确认收入;未开具发票或未全额开具发票的,以交易双方签订的销售合同所载的售房金额及其他收益确认收入。销售合同所载商品房面积与有关部门实际测量面积不一致,在清算前已发生补、退房款的,应在计算土地增值税时予以调整。

2. 房地产开发企业未支付的质量保证金,其扣除项目金额的确定问题

房地产开发企业在工程竣工验收后,根据合同约定,扣留建筑安装施工企业一定比例的工程款,作为开发项目的质量保证金,在计算土地增值税时,建筑安装施工企业就质量保证金对房地产开发企业开具发票的,按发票所载金额予以扣除;未开具发票的,扣留的质保金不得计算扣除。

[①] 国家税务总局网站:《国家税务总局关于土地增值税清算有关问题的通知》(国税函〔2010〕220号),http://www.chinatax.gov.cn/n8136506/n8136593/n8137537/n8138502/9714060.html。

3. 房地产开发费用的扣除问题

(1)财务费用中的利息支出,凡能够按转让房地产项目计算分摊并提供金融机构证明的,允许据实扣除,但最高不能超过按商业银行同类同期贷款利率计算的金额。其他房地产开发费用,在按照"取得土地使用权所支付的金额"与"房地产开发成本"金额之和的5%以内计算扣除。

(2)凡不能按转让房地产项目计算分摊利息支出或不能提供金融机构证明的,房地产开发费用在按照"取得土地使用权所支付的金额"与"房地产开发成本"金额之和的10%以内计算扣除。

全部使用自有资金,没有利息支出的,按照以上方法扣除。

上述具体适用的比例按省级人民政府此前规定的比例执行。

(3)房地产开发企业既向金融机构借款,又有其他借款的,其房地产开发费用计算扣除时不能同时适用本条(1)、(2)项所述两种办法。

(4)土地增值税清算时,已经计入房地产开发成本的利息支出,应调整至财务费用中计算扣除。

4. 房地产企业逾期开发缴纳的土地闲置费的扣除问题

房地产开发企业逾期开发缴纳的土地闲置费不得扣除。

5. 房地产开发企业取得土地使用权时支付的契税的扣除问题

房地产开发企业为取得土地使用权所支付的契税,应视同"按国家统一规定交纳的有关费用",计入"取得土地使用权所支付的金额"中扣除。

6. 关于拆迁安置土地增值税计算问题

(1)房地产企业用建造的本项目房地产安置回迁户的,安置用房视同销售处理,按《国家税务总局关于房地产开发企业土地增值税清算管理有关问题的通知》(国税发〔2006〕187号)第三条第(一)款规定确认收入,同时将此确认为房地产开发项目的拆迁补偿费。房地产开发企业支付给回迁户的补差价款,计入拆迁补偿费;回迁户支付给房地产开发企业的补差价款,应抵减本项目拆迁补偿费。

(2)开发企业采取异地安置,异地安置的房屋属于自行开发建造的,房屋价值按国税发〔2006〕187号第三条第(一)款的规定计算,计入本项目的拆迁补偿费;异地安置的房屋属于购入的,以实际支付的购房支出计入拆迁补偿费。

(3)货币安置拆迁的,房地产开发企业凭合法有效凭据计入拆迁补偿费。

7. 关于转让旧房准予扣除项目的加计问题

《财政部、国家税务总局关于土地增值税若干问题的通知》(财税〔2006〕21号)第二条第一款规定,"纳税人转让旧房及建筑物,凡不能取得评估价格,但能提供购房发票的,经当地税务部门确认,《土地增值税条例》第六条第(一)、(三)项规定的扣除项目的金额,可按发票所载金额并从购买年度起至转让年度止每年加计5%计算"。计算扣除项目时"每年"按购房发票所载日期起至售房发票开具之日止,每满12个月计一年;超过一年,未满12个月但超过6个月的,可以视同为一年。

8. 土地增值税清算后应补缴的土地增值税加收滞纳金问题

纳税人按规定预缴土地增值税后,清算补缴的土地增值税,在主管税务机关规定的期限内补缴的,不加收滞纳金。

第四节　烟叶税税制

一、烟叶税概述

烟叶税是对在我国境内收购烟叶的单位,就其收购金额和规定的税率计算征收的一种税。

烟叶税的前身为对烟叶征收的农业特产农业税。2005年12月29日,十届全国人大常委会第十九次会议决定废止《中华人民共和国农业税条例》,2006年2月17日,国务院废止了《国务院关于对农业特产收入征收农业税的规定》,这样,对烟叶征收的农业特产农业税也就随之停止。但是,停征烟叶农业特产税后对一些县乡的地方财政收入产生了较大影响,在一定程度上加剧了烟叶产区地方财政特别是县乡财政的困难,这既不利于烟叶产区县乡经济的发展,也影响了卷烟工业的持续稳定发展。

因此,为了保持政策的连续性,充分兼顾地方利益和有利于烟叶产区可持续发展,国务院于2006年4月28日颁布了《中华人民共和国烟叶税暂行条例》,开征烟叶税,取代原烟叶农业特产农业税,并自颁布之日起施行。

烟叶税具有以下几个方面的特点:

1. 属于货物税,是烟草消费税的加成征收。烟叶税表面上是对收购烟叶的单位征收,实质上是对销售的烟叶征收,属于货物税。烟生产企业计算其应纳增值税税额时,按照规定允许抵扣所购烟叶所负担的进项税额。但烟叶税在烟生产企业计算烟的消费税时不允许扣除,实质上属于烟叶消费税的加成征收,起到进一步限制烟消费的作用。

2. 税源相对集中。烟叶的生长有一定的气候要求,烟叶产区比较集中,并呈现逐步向适宜区转移的趋势,生产集中逐步提高,30万担以上重点地市级公司烟叶收购量占全国的80%左右。形成了以烤烟种植为主,白肋烟、香料烟、地方名优晾晒烟种植为辅,植烟面积南方烟区约占80%、黄淮烟区约占14%、北方烟区约占6%的种植格局,税源相对集中。

3. 征收管理成本较低。中国的烟草实行专卖,烟叶税的纳税环节是收购环节,纳税人一般是有权收购烟草的烟草公司或者其委托收购烟叶的单位,不是人数众多而分散的烟农,纳税人的收购行为规范,财务会计核算制度比较健全,便于烟叶税的征收管理,从而使烟叶税的征管成本较低。

二、烟叶税的法律规定

(一)烟叶税的纳税人

烟叶税的纳税人为在我国境内收购烟叶的单位,具体是指依照《中华人民共和国烟草专卖法》的规定有权收购烟叶的烟草公司或者受其委托收购烟叶的单位。

依照《中华人民共和国烟草专卖法》查处没收的违法收购的烟叶,由收购罚没烟叶的单位按照购买金额计算缴纳烟叶税。

(二)烟叶税的征税对象

烟叶税的征税对象为烟叶,包括晾晒烟叶和烤烟叶。其中,晾晒烟叶包括列入各晾晒烟名录的晾晒烟叶和未列入各晾晒烟名录的其他晾晒烟叶。

(三)烟叶税的税率

烟叶税实行比例税率,税率为20%,烟叶税的税率调整由国务院决定。

三、烟叶税应纳税额的计算

(一)计税依据

烟叶税的计税依据为纳税人收购烟叶的收购金额,收购金额包括纳税人支付给烟叶销售者的烟叶收购价款和价外补贴。按照简化手续、方便征收的原则,对价外补贴统一暂按烟叶收购价款的10%计入收购金额征税。收购金额的计算公式为:

$$烟叶收购金额 = 收购价款 \times (1 + 10\%)$$

(二)应纳税额的计算

烟叶税应纳税额按照纳税人收购烟叶的收购金额和规定的税率计算。应纳税额的计算公式为:

$$应纳税额 = 烟叶收购金额 \times 税率$$

【例7—10】 某卷烟厂2016年10月收购烟叶生产卷烟,收购凭证上注明价款60万元,并向烟叶生产者支付了价外补贴。计算烟厂应缴纳的烟叶税。

烟叶收购金额 = 60 × (1 + 10%) = 66(万元)

应纳烟叶税 = 66 × 20% = 13.2(万元)

四、烟叶税的征收管理

(一)纳税义务发生时间

为纳税人收购烟叶的当天。具体是指纳税人向烟叶销售者付讫收购烟叶款项或者开具收购烟叶凭据的当天。

(二)纳税期限

纳税人应当自纳税义务发生之日起30日内申报纳税。具体纳税期限由主管税务机关核定。

(三)纳税地点

纳税人收购烟叶,应当向烟叶收购地的主管税务机关申报纳税。

(四)征收机关

由地方税务机关征收。

第五节 耕地占用税税制

一、耕地占用税概述

耕地占用税是对占用耕地建房或者从事非农业建设的单位和个人,按其实际占用的耕地面积征收的一种税。

我国人多地少,耕地资源严重不足。目前全国的耕地面积只有大约18.27亿亩。2008年全国人均耕地面积只有1.37亩,全国有半数以上的省市人均耕地不足1亩,东南沿海各省市人均耕地只有0.7亩左右。长期以来,我国城乡非农业建设乱占滥用耕地的情况十分严重,严重地影响了农业特别是粮食生产的发展。为了合理利用土地资源,加强土地管理,保护耕地,1987年4月1日,国务院发布了《中华人民共和国耕地占用税暂行条例》。随着我国社会经济的发展,2007年12月1日,国务院修订了《中华人民共和国耕地占用税暂行条例》,于2008年

1月1日起施行。为了规范和加强耕地占用税管理,提高耕地占用税管理水平,国家税务总局于2016年1月15日发布《耕地占用税管理规程(试行)》。耕地占用税具有以下特点:

1. 税收负担的一次性。耕地占用税以单位和个人实际占用的耕地面积计税,按照规定的税额标准一次性征收。

2. 征收对象的特定性。耕地占用税是对特定的行为征税,即只对占用耕地建房或从事其他非农业生产建设的单位和个人征税。

3. 税收用途的补偿性。国家将征收的耕地占用税全部用于开发农用耕地资源,而不得用于其他方面。

4. 征收标准的灵活性。国家只规定每平方米的最高和最低限额,各地可根据本地人均占地面积和经济发展水平,确定当地的具体适用税额标准。

开征耕地占用税,有利于通过税收的经济杠杆作用,控制乱占滥用耕地,保护农用土地资源,保证农业特别是粮食生产持续稳定地增长;同时,也有利于为农业提供专用资金,促进农业综合开发,增强农业发展后劲,促进社会经济的稳定发展。

二、耕地占用税的法律规定

(一)耕地占用税的征税范围

耕地占用税的征收范围是建房或从事非农业建设占用的耕地。衡量是否属于耕地占用税的范围,必须同时具备两个条件:一是占用耕地;二是建房从事非农业建设。对于占用非耕地或占用耕地用于农业生产建设的,以及农业内部结构调整占用耕地,如退耕还林、退耕还牧等,均不属于耕地占用税的征税范围。属于耕地占用税征税范围的土地(以下简称应税土地)包括[①]:

1. 耕地。指用于种植农作物的土地。
2. 园地。指果园、茶园、其他园地。
3. 林地、牧草地、农田水利用地、养殖水面以及渔业水域滩涂等其他农用地。

林地,包括有林地、灌木林地、疏林地、未成林地、迹地、苗圃等,不包括居民点内部的绿化林木用地,铁路、公路征地范围内的林木用地,以及河流、沟渠的护堤林用地。

牧草地,包括天然牧草地、人工牧草地。

农田水利用地,包括农田排灌沟渠及相应附属设施用地。

养殖水面,包括人工开挖或者天然形成的用于水产养殖的河流水面、湖泊水面、水库水面、坑塘水面及相应附属设施用地。

渔业水域滩涂,包括专门用于种植或者养殖水生动植物的海水潮浸地带和滩地。

4. 草地、苇田。

草地,是指用于农业生产并已由相关行政主管部门发放使用权证的草地。

苇田,是指用于种植芦苇并定期进行人工养护管理的苇田。

纳税人临时占用应税土地[②],应当依法缴纳耕地占用税。纳税人在批准临时占用应税土地的期限内恢复所占用应税土地原状的,全额退还已经缴纳的耕地占用税。

---

① 国家税务总局:《耕地占用税管理规程(试行)》(国家税务总局公告2016年第2号),本公告自2016年1月15日施行。

② 临时占用应税土地,是指纳税人因建设项目施工、地质勘查等需要,在一般不超过2年内临时使用应税土地并且没有修建永久性建筑物的行为。

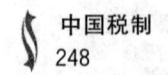

(二)耕地占用税的纳税人

凡在中华人民共和国境内占用应税土地建房或者从事非农业建设的单位和个人,为耕地占用税的纳税人。

单位具体包括国有企业、集体企业、私营企业、股份制企业、外商投资企业、外国企业以及其他企业和事业单位、社会团体、国家机关、部队以及其他单位;个人是指个体工商户以及其他个人。

1. 经申请批准占用应税土地的,纳税人为农用地转用审批文件中标明的建设用地人;农用地转用审批文件中未标明建设用地人的,纳税人为用地申请人。

2. 未经批准占用应税土地的,纳税人为实际用地人。

3. 城市和村庄、集镇建设用地审批中,按土地利用年度计划分批次批准的农用地转用审批,批准文件中未标明建设用地人且用地申请人为各级人民政府的,由同级土地储备中心履行耕地占用税申报纳税义务;没有设立土地储备中心的,由国土资源管理部门或政府委托的其他部门履行耕地占用税申报纳税义务。

4. 因污染、取土、采矿塌陷等损毁应税土地的,由造成损毁的单位或者个人缴纳耕地占用税。超过2年未恢复土地原状的,已征税款不予退还。

(三)耕地占用税的税率

耕地占用税实行地区差别幅度定额税率,即根据人均耕地面积多少划分四类地区,分别按占用耕地的平方米规定有幅度的税额。人均耕地面积越少,单位税额越高。耕地占用税税额见表7—3。

表7—3 耕地占用税税额表

地区(以县级行政区域为单位)	每平方米幅度税额
人均耕地不超过1亩的地区	10~50元
人均耕地超过1亩但不超过2亩的地区	8~40元
人均耕地超过2亩但不超过3亩的地区	6~30元
人均耕地超过3亩的地区	5~25元

注:(1)国务院财政、税务主管部门根据人均耕地面积和经济发展情况,确定各省、自治区、直辖市的平均税额。

(2)各地适用税额,由省、自治区、直辖市人民政府在上述规定税额幅度内,根据本地区情况核定。各省、自治区、直辖市人民政府核定的适用税额的平均水平,不得低于国务院财政、税务主管部门确定的平均税额。

(3)经济特区、经济技术开发区和经济发达且人均耕地特别少的地区,适用数额可适当提高,但是提高的部分最高不得超过上述规定中当地适用税额的50%。

(4)占用基本农田的,适用税额应当在当地适用税额的基础上提高50%。

各省、自治区、直辖市人民政府在《耕地占用税暂行条例》规定的税额幅度内,根据本地区情况核定各地适用税额。为了防止各地核定的适用税额标准人为偏低,国务院财政、税务主管部门根据人均耕地面积和经济发展情况,确定了各省、自治区、直辖市的平均税额,见表7—4。各省、自治区、直辖市人民政府核定的适用税额的平均水平,不得低于国务院财政、税务主管部门确定的各省、自治区、直辖市的平均税额。各省、自治区、直辖市所属县级行政区域的适用税额,按照《耕地占用税暂行条例》及其实施细则和各省、自治区、直辖市人民政府的规定执行。

表7—4　　　　　　各省、自治区、直辖市耕地占用税平均税额表

地　　区	每平方米平均税额(元)
上海	45
北京	40
天津	35
江苏、浙江、福建、广东	30
辽宁、湖北、湖南	25
河北、安徽、江西、山东、河南、重庆、四川	22.5
广西、海南、贵州、云南、陕西	20
山西、吉林、黑龙江	17.5
内蒙古、西藏、甘肃、青海、宁夏、新疆	12.5

(四)耕地占用税的税收优惠

1. 免税规定

下列情形免征耕地占用税：

(1)军事设施占用耕地；

(2)学校、幼儿园、养老院、医院占用耕地。

2. 不征收耕地占用税规定

(1)农田水利占用耕地的；

(2)建设直接为农业生产服务的生产设施占用林地、牧草地、农田水利用地、养殖水面以及渔业水域滩涂等其他农用地的；

(3)农村居民经批准搬迁，原宅基地恢复耕种，凡新建住宅占用耕地不超过原宅基地面积的。

3. 减税规定

(1)铁路线路、公路线路、飞机场跑道、停机坪、港口、航道占用耕地，减按每平方米2元的税额征收。

根据实际需要，国务院财政、税务主管部门上报国务院有关部门并报国务院批准后，可以对上述规定的情形免征或者减征。

(2)农村居民占用耕地新建住宅，按照当地适用税额减半征收。

(3)农村居民经批准搬迁，原宅基地恢复耕种，凡新建住宅占用耕地不超过原宅基地面积的，不征收耕地占用税；超过原宅基地面积的，对超过部分按照当地适用税率减半征收耕地占用税。

(4)农村烈士家属、残疾军人、鳏寡孤独老人，以及革命老根据地、少数民族聚居区和边远贫困山区生活困难的农村居民，在规定用地标准以内新建住宅缴纳耕地占用税确有困难的，经所在地乡(镇)人民政府审核，报经县级人民政府批准后，可以给予减征或者免征。

依照上述规定免征或者减征耕地占用税后，纳税人改变原占地用途，不再属于免征或者减征耕地占用税情形的，应当按照当地适用税额补缴耕地占用税。

三、耕地占用税应纳税额的计算

(一)计税依据

耕地占用税以纳税人实际占用的应税土地面积(包括经批准占用面积和未经批准占用面

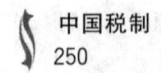

积)为计税依据,以平方米为单位,按所占土地当地适用税额计税,实行一次性征收。

(二)应纳税额的计算

耕地占用税以纳税人实际占用的耕地面积为计税依据,按照规定的适用税额一次性征收。计算公式为:

$$应纳税额 = 应税土地面积 \times 适用税额$$

【例7—11】 假设某商业企业经批准占用农田2 000平方米建造仓库一个,本地区耕地占用税的单位税额为每平方米30元,计算该企业应纳的耕地占用税。

该企业应纳耕地占用税=2 000×30=60 000(元)

四、耕地占用税的征收管理

(一)纳税义务发生时间

经批准占用应税土地的,耕地占用税纳税义务发生时间为纳税人收到土地管理部门办理占用农用地手续通知的当天;未经批准占用应税土地的,耕地占用税纳税义务发生时间为纳税人实际占地的当天。

已享受减免税的应税土地改变用途,不再属于减免税范围的,耕地占用税纳税义务发生时间为纳税人改变土地用途的当天。

(二)纳税期限

耕地占用税依法由地税机关负责征收管理。耕地占用税纳税人依照税收法律法规及相关规定,应在获准占用应税土地收到土地管理部门的通知之日起30日内向主管地税机关申报缴纳耕地占用税;未经批准占用应税土地的纳税人,应在实际占地之日起30日内申报缴纳耕地占用税。

纳税人因有特殊困难,不能按期缴纳耕地占用税税款的,按照《税收征收管理法》及其实施细则的规定,经省地税机关批准,可以延期缴纳税款,但是最长不得超过三个月。

特殊困难是指以下情形之一:

1. 因不可抗力,导致纳税人发生较大损失,正常生产经营活动受到较大影响的;
2. 当期货币资金在扣除应付职工工资、社会保险费后,不足以缴纳税款的。

(三)纳税地点

耕地占用税原则上在应税土地所在地进行申报纳税。涉及集中征收、跨地区占地需要调整纳税地点的,由省地税机关确定。

本章小结

资源税是以自然资源为课税对象征收的一种税。我国现行的资源税是对在我国境内从事开采应税矿产品及生产盐的单位和个人,就其课税数量征收的一种税。目前我国资源税的征税范围只包括矿产品和盐两大类。其中,矿产品包括原油、天然气、煤炭、金属矿产品和其他非金属矿产品等。盐包括固体盐、液体盐。为了加强资源税的管理,资源税规定了扣缴义务人。现行资源税实行从价定率和从量定额征收。

城镇土地使用税是以城镇土地为征税对象,对在城镇范围内拥有土地使用权的单位和个人征收的一种税。征收城镇土地使用税是国家运用经济手段加强城镇土地管理的一项重要措施。城镇土地使用税以纳税人实际占用的土地面积为计税依据,实行定额税率,从量计征。城镇土地使用税实行按年计算、分期缴纳的征收方法,具体纳税期限由省、自治区、直辖市人民政府确定。

土地增值税是对转让国有土地使用权、地上建筑物及其附着物并取得收入的单位和个人,就其转让房地产所取得的增值额征收的一种税。土地增值税纳税人范围很广,既包括机关、团体、部队、企事业单位、个体工商业户及国内其他单位和个人,还包括外商投资企业、外国企业及外国机构、华侨、港澳台同胞及外国公民等。土地增值税以土地增值额为计税依据,实行四级超率累进税率。

烟叶税是对在我国境内收购烟叶的单位,就其收购金额和规定的税率计算征收的一种税。纳税人为在我国境内收购烟叶的单位,征税对象为烟叶,包括晾晒烟叶和烤烟叶。计税依据为纳税人收购烟叶的收购金额,烟叶税实行比例税率,税率为20%,烟叶税的税率调整由国务院决定。烟叶税的应纳税额按照纳税人收购烟叶的收购金额和规定的税率计算。

耕地占用税是对占用耕地建房或者从事非农业建设的单位和个人,按其实际占用的耕地面积征收的一种税。耕地占用税的纳税人是占用耕地建房或者从事非农业建设的单位和个人。耕地占用税实行地区差别幅度定额税率,即根据人均耕地面积多少划分四类地区,分别按占用耕地的平方米规定有幅度的税额。耕地占用税以纳税人实际占用的耕地面积为计税依据,按照规定的适用税额一次性从量计征。

推荐阅读书目

[1]马伟:《矿产资源税问题研究:基于可持续发展的税收制度优化》,中国税务出版社2008年版。

[2]周春明:《石油税制研究》,中国市场出版社2009年版。

[3]马衍伟:《中国资源税制改革的理论与政策研究》,人民出版社2009年版。

[4]王萌:《资源税研究》,经济科学出版社2010年版。

[5]苏明、傅志华:《中国开征碳税理论与政策》,中国环境科学出版社2011年版。

[6]全国税务师职业资格考试教材编写组:《税法(Ⅰ)》,中国税务出版社2016年版。

[7]全国税务师职业资格考试教材编写组:《税法(Ⅱ)》,中国税务出版社2016年版。

第八章 财产税类税制

本章导读

由于财产税类税制特有的经济和社会作用,目前财产类税在我国现行税制体系中仍占有重要地位,而且一直是比较稳定的财政收入来源,特别是1994年税制改革以来,财产类税作为地方的主体税种正逐步显示出应有的作用。本章主要介绍我国现行财产税类税制中的房产税、车船税、契税的基本政策和制度。通过本章学习,理解房产税、车船税、契税的概念和特点;掌握各税制的纳税人、征税范围、税率、计税依据以及征收管理,能够进行各税应纳税额的计算。

第一节 房产税税制

一、房产税概述

(一)房产税的概念

房产税是以房屋为征税对象,以房屋的计税余值或租金收入为计税依据,向房产所有人或经营人征收的一种财产税。

新中国成立后,中央人民政府政务院于1951年8月颁布了《城市房地产税暂行条例》,规定对城市中的房屋及占地合并征收房产税和地产税,称为城市房地产税。1973年简化税制,把对企业征收的这个税种并入了工商税。对房地产管理部门和个人房屋,以及外资企业、中外合资、合作经营企业的房屋,继续保留征收城市房地产税。1984年10月,国务院决定在推行第二步利改税和改革工商税制时,确定恢复征收房产税。但在我国,城市的土地属于国家所有,使用者没有土地所有权,因此将城市房地产税分为房产税和土地使用税两个税种,并于1986年9月15日由国务院正式颁布《中华人民共和国房产税暂行条例》,同年10月1日正式实施。自此,对国内的单位和个人在全国范围内全面征收房产税。城市房地产税只对外商投资企业、外国企业和外籍人员征收。2008年12月31日,国务院公布第546号令,自2009年1月1日起废止《城市房地产税暂行条例》,外商投资企业、外国企业和外籍人员依照《中华人民共和国房产税暂行条例》缴纳房产税。

(二)房产税的特点

1. 属于个别财产税。财产税可分为一般财产税和个别财产税。我国财产税是对纳税人拥有的土地、房屋、资本和其他财产分别课征的税收。目前房产税只以房屋为征税对象,所以属于财产税中的个别财产税。

2. 征税范围有所限定。房产税的征税范围只限于在城市、县城、建制镇和工矿区范围内的房屋,农村的房屋和国家拨付行政经费、事业经费和国防经费的单位没有纳入房产税的征税范围。

3. 税源稳定、征收简便。由于房产税的课税对象属于不动产,因而税源相对稳定;房产税采用简易的征收办法,其计税依据是房产的计税余值及房屋的租金收入,因而只需对房屋产权进行登记并对出租房产活动加强管理,易于控制管理,房产税的征收相对较为简便。

4. 结合房屋的使用方式确定征税办法。按照规定,纳税人将房屋用于经营自用的,应按房产的计税余值计算缴纳房产税;将房屋用于出租、出典的,按租金收入计算缴纳房产税。依据房屋的不同使用方式确定征税办法,可以使征税办法符合纳税人的经营特点,便于平衡税收负担。

专栏 8—1　我国酝酿开征物业税的历程[①]

我国酝酿开征统一的物业税由来已久。2003 年,党的十六届三中全会通过的《中共中央关于完善社会主义市场经济体制若干问题的决议》中明确提出,要"实施城镇建设税费改革,条件具备时对房地产开征统一规范的物业税"。2005 年,党的十六届五中全会通过的《中共中央关于制定国民经济和社会发展第十一个五年规划的建议》,又把稳定推进物业税列为"十一五"税制改革的重要内容。2007 年,在提请十届全国人大五次会议审议的《财政预算报告》中,首次提出"研究开征物业税的实施方案"。2009 年,《国务院批转发改委关于 2009 年深化经济体制改革工作意见的通知》(国发〔2009〕26 号)中,将"深化房地产税制改革,研究开征物业税"作为财政部、国家税务总局、国家发改委、城乡住房建设部负责的加快推进财税体制改革、建立有利于科学发展的财税体制的重要工作内容之一。自此,开征物业税逐渐从模糊、笼统的动议向清晰、具体的实施方案演进。

为了积极推进物业税,从 2005 年开始,财政部、国家税务总局在北京、重庆、深圳、宁夏、辽宁和江苏 6 个省区市的局部地区开展物业税模拟评税试点。2007 年,国家税务总局下发的《2007 年全国税收工作要点》指出,深化税收制度改革,其中就包括"研究物业税方案,继续进行房地产模拟评税试点"。批准安徽、河南、福建、天津四省市为房地产模拟评税试点地区,至此,已有 10 个省市开始物业税"空转"运行。

空转是指虚拟意义上的资金循环,虽然没有实际征税,但一切步骤和真实收税流程相同,由财政部门、房产部门以及土地管理部门共同参与,统计物业数量,并进行评估和税收统计。目前空转的物业税征收有两种计算模式,以房屋用途来区分。如果房屋是自住,以房产评估价的 70% 为基准,征收税基的 1.2% 为物业税;如果房产是出租投资用,就以投资回报为基准,征收 12% 的物业税,但空转中并没有设定起征点。

二、房产税的法律规定

(一)房产税的征税对象

房产税以房屋为征税对象。房屋是指有屋面和围护结构(有墙或两边有柱),能够遮风挡雨,可供人们在其中生产、工作、学习、娱乐、居住或储藏物资的场所。包括与房屋不可分割的附属设备或一般不单独计算价值的配套设施,如取暖、通风、卫生、照明、煤气、排水设施各种管

[①] 张青:《我国开征物业税的意义及现实评述》,《涉外税务》2010 年第 7 期,第 25 页。编入时作者进行了改动。

线等。

独立于房屋之外的建筑物,如围墙、烟囱、水塔、变电塔、油池、油柜、酒窖、酒精池、糖蜜池、室外游泳池、玻璃暖房、砖瓦石灰窑以及各种油气罐等,不属于房产。

(二)房产税的征税范围

《中华人民共和国房产税暂行条例》规定:"房产税在城市、县城、建制镇和工矿区征收。"因此,房产税的征税范围为城市、县城、建制镇和工矿区。城市是指国务院批准设立的市,包括市区、郊区和市辖县县城,但不包括农村。县城是指未设立建制镇的县人民政府所在地。建制镇是指经省、自治区、直辖市人民政府批准设立的建制镇,但不包括所辖的行政村。工矿区是指工商业比较发达、人口比较集中、符合国务院规定的建制镇标准,但尚未设立建镇制的大中型工矿企业所在地。开征房产税的工矿区须经省、自治区、直辖市人民政府批准。

(三)房产税的纳税人

根据《中华人民共和国房产税暂行条例》规定,房产税以在征税范围内的房屋产权所有人为纳税人。具体规定如下:

1. 产权属国家所有的,由经营管理单位纳税;产权属集体和个人所有的,由集体单位和个人纳税。

2. 产权出典的,由承典人纳税。所谓产权出典,是指产权所有人将房屋、生产资料等产权,在一定期限内典当给他人使用而取得资金的一种融资业务。

3. 产权所有人、承典人不在房屋所在地的,由房产代管人或者使用人纳税。

4. 产权未确定及租典纠纷未解决的,也由房产代管人或者使用人纳税。

5. 无租使用房产管理部门、免税单位及纳税单位房产的,应由使用人代为缴纳房产税。

产权所有人,简称"产权人"、"业主",是指拥有房产的单位和个人,即房产使用、收益、出卖、赠送等权利归其所有。承典人,是指以押金形式并付出一定费用,在一定期限内享有房产使用和收益的人。代管人,是指接受产权所有人、承典人的委托代为管理房产或虽未受委托而在事实上已代管房产的人。使用人,是指直接使用房产的人。目前我国房产税内外统一后,外商投资企业、外国企业和外籍个人也是房产税的纳税人。

(四)房产税的税率

房产税采用比例税率,房产税的计税依据分为两种:依据房产计税余值计税的,税率为1.2%;依据房产租金收入计税的,税率为12%。从2008年3月1日起,对个人出租住房,不区分用途,其租金收入按4%的税率征收房产税;对企事业单位、社会团体以及其他组织按市场价格向个人出租用于居住的住房,减按4%的税率征收房产税。

(五)房产税的税收优惠

根据《房产税暂行条例》及有关规定,目前房产税的减免税优惠主要有:

1. 国家机关、人民团体、军队自用的房产。但上述单位的出租房产以及非自身业务使用的生产、营业用房,不属于免税范围。自用房产是指这些单位自身的办公用房和公务用房。

2. 由国家财政部门拨付事业经费的单位自用的房产。学校、医疗卫生单位、托儿所、幼儿园、敬老院、文化、体育、艺术这些实行全额或差额预算管理的事业单位所有的,本身业务范围内使用的房产免征房产税。但上述单位所属的附属工厂、商店、招待所等不属于单位公务、业务用房,应照章纳税。

3. 宗教寺庙、公园、名胜古迹自用的房产。上述单位自用的房产免房产税,但其附设的营业单位,如影剧院、饮食部、茶社、照相馆等所使用的房产及出租的房产不在免税范围之内。

4. 个人所有非营业用的房产免征房产税。个人所有的非营业用房,主要是指居民住房,不分面积多少,一律免缴房产税。但个人拥有的营业用房或者出租的房产,应照章纳税。

5. 经财政部批准减免税的其他房产。

(1)企业办的各类学校、医院、托儿所、幼儿园自用的房产,可以比照由国家财政部门拨付事业经费的单位自用的房产,免征房产税。

(2)经有关部门鉴定,对毁损不堪居住的房屋和危险房屋,在停止使用后,可免征房产税。

(3)对微利企业和亏损企业的房产,依照规定应征收房产税,以促进企业改善经营管理,提高经济效益。但为了照顾企业的实际负担能力,可由地方根据实际情况在一定期限内暂免征收房产税。

(4)凡是在基建工地为基建工地服务的各种工棚、材料棚、休息棚和办公室、食堂、茶炉房、汽车房等临时性房屋,不论是施工企业自行建造还是由基建单位出资建造交施工企业使用的,在施工期间,一律免征房产税。

(5)房屋大修停用在半年以上的,经纳税人申请,税务机关审核,在大修期间可免征房产税。

(6)老年服务机构自用的房产暂免征收房产税。老年服务机构是指专门为老年人提供生活照料、文化、护理、健康等多方面服务的福利性、非营利性的机构,如老年社会福利院、敬老院(养老院)、老年服务中心、老年公寓等。

(7)对按政府规定价格出租的公有住房和廉租住房,包括企业和自收自支事业单位向职工出租的单位自有住房、房管部门向居民出租的公有住房、落实私房政策中带户发还产权并以政府规定租金标准向居民出租的私有住房等,暂免征收房产税。

(8)对廉租住房经营管理单位按照政府规定价格、向规定保障对象出租廉租住房的租金收入,免征房产税。

(9)对行使国家行政管理职能的中国人民银行总行(含国家外汇管理局)所属分支机构自用的房产,免征房产税。

(10)对商品储备管理公司及其直属库承担商品储备业务自用的房产、土地,免征房产税。

(11)高校学生公寓免征房产税。

(12)国家机关、军队、人民团体、财政补助事业单位、居民委员会、村民委员会拥有的体育场馆,用于体育活动的房产,免征房产税。

(13)经费自理事业单位、体育社会团体、体育基金会、体育类民办非企业单位拥有并运营管理的体育场馆,同时符合下列条件的,其用于体育活动的房产,免征房产税:

①向社会开放,用于满足公众体育活动需要;

②体育场馆取得的收入主要用于场馆的维护、管理和事业发展;

③拥有体育场馆的体育社会团体、体育基金会及体育类民办非企业单位,除当年新设立或登记的以外,前一年度登记管理机关的检查结论为"合格"。

(14)企业拥有并运营管理的大型体育场馆,其用于体育活动的房产,减半征收房产税。

> **专栏 8—2 香港物业税的基本框架**①
>
> 　　香港的物业税是对位于中国香港特别行政区范围内的出租土地和楼宇的业主征收的。它起征于 1940 年,当时的税法规定,物业税税额是物业估定租值的 5%,纳税人包括延用或出租物业的业主,不设修理保养费的宽免额。1947 年后,税率改为 10%,并增加了 20% 的修理保养宽免额。1961 年后,业主自用房屋可以免纳物业税。1965 年,物业税的征收范围再次缩减,对公司拥有的物业作出若干豁免规定。1983 年起,改估定值课税为按实际租值课税。
>
> 　　物业税的课税对象,是香港境内用于出租而非自用的土地(不包括农业用地,但包括码头)、房屋、其他建筑物等物业。物业税的纳税人,是应税物业的业主,包括直接由政府批租的房地产持有人、权益拥有人、终身租用人、抵押人、已占有房地的承押人、向注册合作社购买楼宇者。
>
> 　　香港的物业税税率是每一纳税年度调整一次。2002~2003 课税年度的标准税率是 15%;2003~2004 课税年度是 15.5%;2004~2005 课税年度至 2007~2008 课税年度是 16%,而由于金融危机对香港经济的影响,物业税税率自 2008~2009 课税年度起下调至 15%。
>
> 　　香港对物业税的免税情形有:一是对于自有物业,若全部自有自住,则完全免税;部分自住、部分出租的物业,只有自住部分免税;部分自住、部分经营的物业,全部不能免税。二是对于空置物业,即在课税年度没有被占用的,业主可获免税。

三、房产税应纳税额的计算

(一)计税依据

房产税实行从价计征和从租计征两种方法,其计税依据分别为房产余值和房屋的租金收入。

1. 经营自用房屋的计税依据

对纳税人经营自用房屋,采用从价计征的办法,其计税依据为房屋原值一次性减除 10%~30% 的损耗价值以后的余额。具体减除幅度以及是否区别房屋新旧程度分别确定减除幅度,由各省、自治区、直辖市人民政府规定。

(1)房产原值实际上就是房产的造价或购置价格。对依照房产原值计税的房产,不论是否记载在会计账簿固定资产科目中,均应按照房屋原价计算缴纳房产税。房屋原价应根据国家有关会计制度规定进行核算。对纳税人未按国家会计制度规定核算并记载的,应按规定予以调整或重新评估。② 没有记载房屋原价的,应由房屋所在地的税务机关参考同类房屋的价值核定。

(2)房产原值应包括与房屋不可分割的各种附属设备或一般不单独计算价值的配套设施,主要有暖气、卫生、通风、照明、煤气等设备;各种管线,如蒸汽、石油、给水排水等管道及电力、电信、电缆导线;电梯、升降机、过道、晒台等。属于房屋附属设备的水管、下水道、暖气管、煤气管等,应从最近的探视井或三通管起计算原值;电灯网、照明线从进线盒连接管起计算原值。

---

① 中国税务网:《来自香港物业税的启示》,http://www.ctax.org.cn/news/gatxw/t20100302_600370.shtml。
② 财政部、国家税务总局:《关于房产税、城镇土地使用税有关问题的通知》(财税〔2008〕152 号),本通知自 2009 年 1 月 1 日起施行。

(3)纳税人对房屋进行改建、扩建的,要相应增加房产的原值。

(4)凡以房屋为载体,不可随意移动的附属设备和配套设施,如给排水、采暖、消防、中央空调、电气及智能化楼宇设备等,无论会计核算中是否单独记账与核算,都应计入房产原值,计征房产税。

(5)对于更换房屋附属设备和配套设施的,在将其价值计入房产原值时,可扣减原来相应设备和设施的价值;对附属设备和配套设施中易损坏、需要经常更换的零配件,更新后不再计入房产原值,原零配件的原值也不扣除。

(6)对按照房产原值计税的房产,无论会计上如何核算,房产原值均应包含地价,包括为取得土地使用权支付的价款、开发土地发生的成本费用等。宗地容积率低于0.5的,按房产建筑面积的2倍计算土地面积,并据此确定计入房产原值的地价。[1]

2. 出租房屋的计税依据

纳税人出租房屋,采用从租计征的办法,其计税依据为不含增值税的房屋租金收入。租金收入是房屋产权所有人出租房产使用权所取得的报酬,包括货币收入和实物收入。对以劳务或其他形式作为报酬抵付房租收入的,应根据当地同类房产的租金水平,确定一个标准租金额从租计征。

纳税人对个人出租房屋的租金收入申报不实或申报数与同一地段同类房屋的租金收入相比明显不合理的,税务部门可以按照《中华人民共和国税收征收管理法》的有关规定,采取科学合理的方法核定其应纳税款。具体办法由各省、自治区、直辖市地方税务机关结合当地实际情况制定。

3. 投资联营和融资租赁房产的计税依据

(1)对投资联营的房产,应区别确定房产税的计税依据。对于以房产投资联营、投资者参与投资利润分红、共担风险的,按房产余值作为计税依据计征房产税;对于以房产投资、收取固定收入、不承担联营风险的,实际是以联营名义取得房产租金,应根据《房产税暂行条例》的有关规定由出租方按租金收入计缴房产税。

(2)对融资租赁房屋,由于租赁费包括购进房屋的价款、手续费、借款利息等,与一般房屋出租的"租金"内涵不同,且租赁期满后,当承租方偿还最后一笔租赁费时,房屋产权要转移到承租方。这实际是一种变相的分期付款购买固定资产的形式,所以在计征房产税时,应以房产余值计算征收,至于租赁期内房产税的纳税人,由当地税务机关根据实际情况确定。

4. 居民住宅区内业主共有的经营性房产的计税依据

对居民住宅区内业主共有的经营性房产,由实际经营(包括自营和出租)的代管人或使用人缴纳房产税。其中自营的,依照房产原值减除10%~30%后的余值计征,没有房产原值或不能将业主共有房产与其他房产的原值准确划分开的,由房产所在地地方税务机关参照同类房产核定房产原值;出租的,依照租金收入计征。

(二)应纳税额的计算

根据规定,房产税应纳税额的计算方法有以下两种:

1. 从价计征的计算

$$应纳税额=应税房产原值×(1-扣除比例)×1.2\%$$

---

[1] 财政部、国家税务总局:《关于安置残疾人就业单位城镇土地使用税等政策的通知》(财税〔2010〕121号),本通知自2010年12月21日起施行。

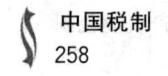

2. 从租计征的计算

$$应纳税额 = 年租金收入 \times 12\%$$

【例 8—1】 某股份有限公司在其所在城市市区有 3 幢房屋,其中 2 幢用于本公司生产经营,房产账面原值共 1 000 万元,年中对这两幢房屋进行装修,花费了 100 万元,另一幢房屋账面价值为 300 万元,租给某私营企业,年不含增值税的租金收入为 30 万元。已知该市规定允许按房产原值一次性扣除 30%,计算该股份有限公司应纳的房产税。

自用房屋应纳房产税税额 = [(1 000 + 100) × (1 - 30%)] × 1.2% = 9.24(万元)

租金收入应纳房产税税额 = 30 × 12% = 3.6(万元)

该股份有限公司应纳房产税总额 = 9.24 + 3.6 = 12.84(万元)

四、房产税的征收管理

(一)纳税义务发生时间

1. 纳税人将原有房产用于生产经营,自生产经营之月起缴纳房产税。
2. 纳税人自行新建房屋用于生产经营,自建成之次月起缴纳房产税。
3. 纳税人委托施工企业建设的房屋,自办理验收手续之次月起缴纳房产税。
4. 纳税人购置新建商品房,自房屋交付使用之次月起缴纳房产税。
5. 纳税人购置存量房,自办理房屋权属转移、变更登记手续,房地产权属登记机关签发房屋权属证书之次月起缴纳房产税。
6. 纳税人出租、出借本企业建造的商品房,自房屋使用或交付之次月起缴纳房产税。
7. 融资租赁的房产,由承租人自融资租赁合同约定开始日的次月起依照房产余值缴纳房产税。合同未约定开始日的,由承租人自合同签订的次月起依照房产余值缴纳房产税。

(二)纳税期限

房产税实行按年计算、分期缴纳的征收方法,具体纳税期限由省、自治区、直辖市人民政府确定。一般按季度或半年征收一次,在季度或半年内规定某一月份征收,一般上半年在 3 月份缴纳一次,下半年在 9 月份缴纳一次,每次征收期为 1 个月。

(三)纳税地点

房产税在房产所在地缴纳。房产不在同一地方的纳税人,应按房产的坐落地点分别向房产所在地的地方税务机关纳税。

第二节 车船税税制

一、车船税概述

(一)车船税的概念

车船税是指以中华人民共和国境内的车辆、船舶为征税对象,向车辆、船舶的所有人或者管理人征收的一种税。

我国对车船课税由来已久。新中国成立后,中央人民政府政务院于 1951 年 9 月颁布了《车船使用牌照税暂行条例》,开征车船使用牌照税。1986 年 9 月 15 日,国务院发布了《中华人民共和国车船使用税暂行条例》。从 1986 年 10 月 1 日起在全国施行,但对外商投资企业和外国企业仍依照《车船使用牌照税暂行条例》的规定征收车船使用牌照税。2006 年 12 月 27

日,国务院发布了《中华人民共和国车船税暂行条例》,决定自 2007 年 1 月 1 日起开征车船税,以取代原车船使用牌照税和车船使用税。现行车船税的法律规范是 2011 年 2 月 25 日第十一届全国人民代表大会常务委员会第 19 次会议通过的《中华人民共和国车船税法》和 2011 年 11 月 23 日国务院第 182 次常务会议通过的《中华人民共和国车船税法实施条例》,自 2012 年 1 月 1 日起施行。国家税务总局于 2015 年 11 月 26 日发布《车船税管理规程(试行)》,自 2016 年 1 月 1 日起施行。

(二)车船税的特点

1. 兼有财产税和行为税的性质

由于车船税纳税人是车船的所有人或管理人,即在我国境内拥有车船的单位和个人。单位是指行政机关、事业单位、社会团体以及各类企业;个人是指我国境内的居民和外籍个人。因此,这个税种兼有财产税和行为税的特点。

2. 具有个别财产税的特点

从财产税的角度看,车船税属于个别财产税。不仅征税对象仅限于车辆、船舶两类运输工具,而且对不同的车辆、不同的船舶还规定了不同的征税标准。

3. 实行分类、分级(项)定额税率

车船税首先划分车辆与船舶,规定它们各自的定额税率。车辆采用分类、分项幅度税额,即对不同类别和不同项目的车辆规定了最高税额和最低税额,以适应我国各地经济发展不平衡,车辆种类繁多、大小不同的实际情况。船舶实行分类、分级固定税额,即不同类别、不同吨位的船舶,规定全国统一的固定税额,以适用船舶航程长、流动性大的特点,保持全国税负的大体均衡。

二、车船税的法律规定

(一)车船税的征税范围

车船税的征税范围为《车船税税目税额表》规定的车辆和船舶。这里所称"车辆"、"船舶",是指依法应当在车船登记管理部门登记的机动车辆和船舶,或者依法不需要在车船登记管理部门登记的在单位内部场所行驶或者作业的机动车辆和船舶。

1. 车辆

依据《车船税税目税额表》的规定,作为应税的车辆分为:乘用车;商用车(分为客车和货车,货车包括半挂牵引车、三轮汽车和低速载货汽车);挂车;其他车辆(包括专用作业车、轮式专用机械车,不包括拖拉机);摩托车。

乘用车,是指在设计和技术特性上主要用于载运乘客及随身行李、核定载客人数包括驾驶员在内不超过 9 人的汽车。

商用车,是指除乘用车外,在设计和技术特性上用于载运乘客、货物的汽车,划分为客车和货车。

客货两用车,又称多用途货车,是指在设计和结构上主要用于载运货物,但在驾驶员座椅后带有固定或折叠式座椅,可运载 3 人以上乘客的货车。客货两用车依照货车的计税单位和年基准税额计征车船税。[①]

[①] 国家税务总局:《关于车船税征管若干问题的公告》(国家税务总局公告 2013 年第 42 号),本公告自 2013 年 9 月 1 日起施行。

半挂牵引车,是指装备有特殊装置、用于牵引半挂车的商用车。

三轮汽车,是指最高设计车速不超过每小时50公里、具有三个车轮的货车。

低速载货汽车,是指以柴油机为动力、最高设计车速不超过每小时70公里、具有四个车轮的货车。

挂车,是指就其设计和技术特性,需由汽车或者拖拉机牵引才能正常使用的一种无动力的道路车辆。

专用作业车,是指在其设计和技术特性上用于特殊工作的车辆。

对于在设计和技术特性上用于特殊工作,并装置有专用设备或器具的汽车,应认定为专用作业车,如汽车起重机、消防车、混凝土泵车、清障车、高空作业车、洒水车、扫路车等。以载运人员或货物为主要目的的专用汽车,如救护车,不属于专用作业车。[①]

轮式专用机械车,是指有特殊结构和专门功能、装有橡胶车轮可以自行行驶、最高设计车速大于每小时20公里的轮式工程机械车。

摩托车,是指无论采用何种驱动方式,最高设计车速大于每小时50公里,或者使用内燃机,其排量大于50毫升的两轮或者三轮车辆。

2. 船舶

船舶,是指各类机动、非机动船舶以及其他水上移动装置,但是船舶上装备的救生艇筏和长度小于5米的艇筏除外。船舶分为机动船舶(包括拖船、非机动驳船)和游艇。

机动船舶,是指用机器推进的船舶。

拖船,是指专门用于拖(推)动运输船舶的专业作业船舶。

非机动驳船,是指在船舶登记管理部门登记为驳船的非机动船舶。

游艇,是指具备内置机械推进动力装置,长度在90米以下,主要用于游览观光、休闲娱乐、水上体育运动等活动,并应当具有船舶检验证书和适航证书的船舶。

境内单位和个人租入外国籍船舶的,不征收车船税。境内单位和个人将船舶出租到境外的,应依法征收车船税。

(二)车船税的纳税人

按照规定,车船的所有人或者管理人是车船税的纳税义务人。其中,所有人是指在我国境内拥有车船的单位和个人;管理人是指对车船具有管理权或者使用权、不具有所有权的单位。单位是指行政机关、事业单位、社会团体以及各类企业;个人是指我国境内的居民和外籍个人。

按规定,从事机动车第三者责任强制保险业务的保险机构为机动车车船税的扣缴义务人,应当在收取保险费时依法代收车船税,并出具代收税款凭证。

(三)车船税的税率

车船税实行幅度定额税率,即对征税的车船规定单位幅度税额。车船税税目税额见表8—1。具体适用税额由省、自治区、直辖市人民政府在规定的税额幅度内确定。

[①] 国家税务总局:《关于车船税征管若干问题的公告》(国家税务总局公告2013年第42号),本公告自2013年9月1日起施行。

表 8—1　　　　　　　　　　车船税税目税额表

税　目		计税单位	年基准税额	备　注
乘用车 [按发动机 汽缸容量 （排气量）分档]	1.0升（含）以下的	每　辆	60～360元	核定载客人数9 人（含）以下
	1.0升以上至1.6升（含）的		300～540元	
	1.6升以上至2.0升		360～660元	
	2.0升以上至2.5升		660～1 200元	
	2.5升以上至3.0升		1 200～2 400元	
	3.0升以上至4.0升		2 400～3 600元	
	4.0升以上的		3 600～5 400元	
商用车	客　车	每　辆	480～1 440元	核定载客人数9人以上，包括电车
	货　车	整备质量每吨	16～120元	包括半挂牵引车、三轮汽车和低速载货汽车等
挂　车		整备质量每吨	按照货车税额的50%计算	
其他车辆	专用作业车	整备质量每吨	16～120元	不包括拖拉机
	轮式专用机械车		16～120元	
摩托车		每　辆	36～180元	
船　舶	机动船舶	净吨位每吨	3～6元	拖船、非机动驳船分别按照机动船舶税额的50%计算
	游　艇	艇身长度每米	600～2 000元	

注：1. 机动船舶具体适用税额为：
(1)净吨位不超过200吨的，每吨3元；
(2)净吨位超过200吨但不超过2 000吨的，每吨4元；
(3)净吨位超过2 000吨但不超过10 000吨的，每吨5元；
(4)净吨位超过10 000吨的，每吨6元。
拖船按照发动机功率每1 000瓦折合净吨位0.67吨，计算征收车船税。
2. 游艇具体适用税额为：
(1)艇身长度不超过10米的，每米600元；
(2)艇身长度超过10米但不超过18米的，每米900元；
(3)艇身长度超过18米但不超过30米的，每米1 300元；
(4)艇身长度超过30米的，每米2 000元；
(5)辅助动力帆艇，每米600元。

（四）车船税的税收优惠

1. 法定减免

下列车船免征车船税：

(1)捕捞、养殖渔船。是指在渔业船舶登记管理部门登记为捕捞船或者养殖船的船舶。

(2)军队、武装警察部队专用的车船。是指按照规定在军队、武装警察部队车船登记管理部门登记，并领取军队、武警牌照的车船。

(3)警用车船。是指公安机关、国家安全机关、监狱、劳动教养管理机关和人民法院、人民检察院领取警用牌照的车辆和执行警务的专用船舶。

(4)依照法律规定应当予以免税的外国驻华使领馆、国际组织驻华代表机构及其有关人员的车船。

(5)经批准临时入境的外国车船和中国香港特别行政区、澳门特别行政区、台湾地区的车船。

2. 特定减免

(1) 按照规定缴纳船舶吨税的机动船舶,自车船税法实施之日起 5 年内免征车船税。

(2) 依法不需要在车船登记管理部门登记的机场、港口、铁路站场内部行驶或者作业的车船,自车船税法实施之日起 5 年内免征车船税。

(3) 自 2012 年 1 月 1 日起,对节约能源的车船,减半征收车船税;对使用新能源的车船,免征车船税。①

(4) 对受严重自然灾害影响纳税困难以及有其他特殊原因确需减税、免税的,可以减征或者免征车船税。具体办法由国务院规定,并报全国人民代表大会常务委员会备案。

(5) 省、自治区、直辖市人民政府根据当地实际情况,可以对公共交通车船,农村居民拥有并主要在农村地区使用的摩托车、三轮汽车和低速载货汽车定期减征或者免征车船税。

三、车船税应纳税额的计算

(一) 计税依据

由于车船税的征税对象既有车辆又有船舶,而且车船的种类繁多,用途各异,无法统一计量标准,因此只能选择几种基本的、通用的计量单位作为计税单位。按照车船的种类,车船税采用辆、净吨位、整备质量、艇身长度四种计税依据。

1. 乘用车、商用车客车、摩托车的计税依据为辆。

2. 商用车货车、挂车、专用作业车、轮式专用机械车的计税依据为整备质量吨数。整备质量是指汽车完全装备好的质量,包括润滑油、燃料、随车工具、备胎等所有装置的质量。纳税人无法提供车辆整备质量信息的,整备质量按照总质量与核定载质量的差额计算。这里所称"总质量",是指汽车装备齐全,并按规定装满客(包括驾驶员)、货时的质量。

3. 机动船舶、拖船、非机动驳船的计税依据为净吨位。"净吨位"是指按船舶丈量法规规定的船内封闭处的总容积(即总吨位)减去驾驶室、轮机间、业务办公室、燃料舱、物料房、压舱间、卫生设备及船员住室等占用容积所剩余的吨位,即实际载货或载客的吨位。1 吨位等于 2.83 立方米或 100 立方公尺。

4. 游艇的计税依据为艇身长度(即总长)。

车船税所涉及的排气量、整备质量、核定载客人数、净吨位、千瓦、艇身长度,以车船登记管理部门核发的车船登记证书或者行驶证所载数据为准。

依法不需要办理登记的车船和依法应当登记而未办理登记或者不能提供车船登记证书、行驶证的车船,以车船出厂合格证明或者进口凭证标注的技术参数、数据为准;不能提供车船出厂合格证明或者进口凭证的,由主管税务机关参照国家相关标准核定,没有国家相关标准的参照同类车船核定。

(二) 应纳税额的计算

车船税实行从量定额计税方法。其应纳税额根据不同类型的车船及其适用的计税标准分别计算。具体的计算方法如下:

乘用车应纳税额＝乘用车辆数×适用年税额

商用车客车应纳税额＝商用车客车辆数×适用年税额

商用车货车应纳税额＝整备质量吨数×适用年税额

---

① 财政部、国家税务总局、工业和信息化部,2012 年 3 月 6 日印发《关于节约能源、使用新能源车船车船税政策的通知》(财税〔2012〕19 号)。

专用作业车应纳税额＝整备质量吨数×适用年税额
轮式专用机械车应纳税额＝整备质量吨数×适用年税额
摩托车应纳税额＝摩托车辆数×适用年税额
机动船舶应纳税额＝船舶净吨位×适用年税额
游艇应纳税额＝艇身长度米数×适用年税额

整备质量、净吨位、艇身长度等计税单位，有尾数的一律按照含尾数的计税单位据实计算车船税应纳税额。计算得出的应纳税额小数点后超过两位的，可四舍五入保留两位小数。

乘用车以车辆登记管理部门核发的机动车登记证书或者行驶证书所载的排气量毫升数确定税额区间。

【例8—2】 某公司拥有商用车货车10辆，每辆自重吨数均为5吨；另拥有商用车客车4辆，均为45座。已知该车船税的年税额商用车货车为每吨80元，商用车客车为每辆880元，计算该公司应缴纳的车船税。

商用车货车应纳税额＝5×10×80＝4 000(元)
商用车客车应纳税额＝4×880＝3 520(元)
该公司应纳车船税总额＝4 000+3 520＝7 520(元)

四、车船税的征收管理

(一)纳税义务发生时间

车船税纳税义务发生时间，为取得车船所有权或者管理权的当月，即以购买车船的发票或者其他证明文件所载日期的当月作为车船税的纳税义务发生时间，或者以实际控制和管理车船的当月作为车船税的纳税义务发生时间。对无法提供车船购置发票的，主管税务机关有权核定其纳税义务发生时间。

购置的新车船，购置当年的应纳税额自纳税义务发生的当月起按月计算。应纳税额为年应纳税额除以12再乘以应纳税月份数。

在一个纳税年度内，已完税的车船被盗抢、报废、灭失的，纳税人可以凭有关管理机关出具的证明和完税凭证，向纳税所在地的主管税务机关申请退还自被盗抢、报废、灭失月份起至该纳税年度终了期间的税款。

已办理退税的被盗抢车船失而复得的，纳税人应当从公安机关出具相关证明的当月起计算缴纳车船税。

已缴纳车船税的车船在同一纳税年度内办理转让过户的，不另纳税，也不退税。

(二)税款征收

车船税按年申报，分月计算，一次性缴纳。具体申报纳税期限由省、自治区、直辖市人民政府规定。

纳税人向税务机关申报车船税，税务机关应当受理，并向纳税人开具含有车船信息的完税凭证。税务机关征收车船税的，应当严格依据车船登记地确定征管范围。依法不需要办理登记的车船，应当依据车船的所有人或管理人所在地确定征管范围。车船登记地或车船所有人或管理人所在地以外的车船税，税务机关不应征收。

保险机构应当在收取机动车第三者责任强制保险费时依法代收车船税，并将注明已收税款信息的机动车第三者责任强制保险单及保费发票作为代收税款凭证。

保险机构应当按照本地区车船税代收代缴管理办法规定的期限和方式，及时向保险机构所在地的税务机关办理申报、结报手续，报送代收代缴税款报告表和投保机动车缴税的明细信息。

对已经向主管税务机关申报缴纳车船税的纳税人，保险机构在销售机动车第三者责任强制保险时，不再代收车船税，但应当根据纳税人的完税凭证原件，将车辆的完税凭证号和出具该凭证的税务机关名称录入交强险业务系统。

对出具税务机关减免税证明的车辆，保险机构在销售机动车第三者责任强制保险时，不代收车船税，保险机构应当将减免税证明号和出具该证明的税务机关名称录入交强险业务系统。

纳税人对保险机构代收代缴税款数额有异议的，可以直接向税务机关申报缴纳，也可以在保险机构代收代缴税款后向税务机关提出申诉，税务机关应在接到纳税人申诉后按照本地区代收代缴管理办法规定的受理程序和期限进行处理。

车船税联网征收系统已上线地区，税务机关应当及时将征收信息、减免税信息、保险机构和代征单位汇总解缴信息等传递至车船税联网征收系统，与税源数据库历史信息进行比对核验，实现税源数据库数据的实时更新、校验、清洗，以确保车船税足额收缴。

税务机关可以根据有利于税收管理和方便纳税的原则，委托交通运输部门的海事管理机构等单位在办理车船登记手续或受理车船年度检验信息报告时代征车船税，同时向纳税人出具代征税款凭证。

代征单位应当根据委托代征协议约定的方式、期限及时将代征税款解缴入库，并向税务机关提供代征车船明细信息。

代征单位对出具税务机关减免税证明或完税凭证的车船，不再代征车船税。代征单位应当记录上述凭证的凭证号和出具该凭证的税务机关名称，并将上述凭证的复印件存档备查。

公安、交通运输、农业、渔业等车船登记管理部门、船舶检验机构和车船税扣缴义务人的行业主管部门，应当在提供车船有关信息等方面，协助税务机关加强车船税的征收管理。

车辆所有人或者管理人在申请办理车辆相关登记、定期检验手续时，应当向公安机关交通管理部门提交依法纳税或者免税证明。公安机关交通管理部门核查后办理相关手续。

(三)纳税地点

纳税人自行申报缴纳车船税的，纳税地点为车船登记地的主管税务机关所在地；依法不需要办理登记的车船，纳税地点为车船的所有人或者管理人主管税务机关所在地；扣缴义务人代收代缴车船税的，纳税地点为扣缴义务人所在地。

第三节 契税税制

一、契税概述

(一)契税的概念

契税是指在土地、房屋权属发生转移变动时，向产权承受人征收的一种财产税。

契税是我国一个很古老的税种，最早起源于东晋时期，在民间一直有着很深的影响。新中国成立后，政务院于1950年4月发布了《契税暂行条例》，规定对土地、房屋的买卖、典当、赠与和交换征收契税。社会主义改造完成后，国家调整了土地、房屋管理政策，同时对《契税暂行条例》进行了修改，规定对公有单位承受土地、房屋免征契税，使得契税征收范围大为缩小。在一段时期内，全国契税征收工作基本处于停顿状态。实行改革开放后，国家重新调整了土地、房屋管理政策，房地产市场逐步得到恢复和发展。为适应形势发展的要求，从1990年开始，全国契税工作全面恢复。国务院于1997年7月7日发布了《中华人民共和国契税暂行条例》,同年10月1日起在全国范围内实施。

(二)契税的特点

1. 契税属于财产转移税。契税以发生转移的不动产,即土地和房屋为征税对象,具有财产转移课税性质。契税是在转让环节征收,每转让一次就征收一次契税,土地、房屋产权未发生转移的,不征契税。

2. 契税由财产承受人缴纳。契税由取得土地、房屋权属的一方缴纳,即买方纳税,这一点与其他税种有着明显的区别。对买方征税的主要目的在于承认不动产转移生效,承受人纳税以后,便可拥有转移过来的不动产产权或使用权,法律保护纳税人的合法权益。

二、契税的法律要素

(一)契税的征税范围

契税的征税对象为发生土地使用权和房屋所有权权属转移的土地和房屋。其具体的征税范围包括:

1. 国有土地使用权出让。是指国家以土地所有者的身份将土地使用权在一定年限内让渡给土地使用者,并由土地使用者向国家支付土地使用权出让金的行为。

2. 土地使用权转让。是指土地使用者以出售、赠与、交换或者其他方式将土地使用权再转移给其他单位和个人的行为。土地使用权转让不包括农村集体土地承包经营权的转移。

3. 房屋买卖。是指出卖者向购买者让渡房产所有权的交易行为。以下几种特殊情况,视同买卖房屋:

(1)以房产抵债或实物交换房屋。经当地政府和有关部门批准,以房产抵债和实物交换房屋,均视同房屋买卖,应由产权承受人按房屋现值缴纳契税。

(2)以房产作投资或作股权转让。这种交易也属房屋产权转移,应根据国家房地产管理的有关规定,办理房屋产权交易和产权变更登记手续,视同房屋买卖。

(3)买房拆料或翻建新房,应照章征收契税。

4. 房屋赠与。是指房屋产权所有人将房屋无偿转让给他人所有的行为。其中,将自己的房屋转交给他人的法人和自然人,称为房屋赠与人;接受他人房屋的法人和自然人,称为受赠人。房屋赠与的前提必须是,产权无纠纷,赠与人和受赠人双方自愿。

法定继承人(包括配偶、子女、父母、兄弟姐妹、祖父母、外祖父母)继承土地、房屋权属,不征契税。非法定继承人根据遗嘱承受死者生前的土地、房屋权属,属于赠与行为,应征收契税。

5. 房屋交换。是指房屋所有者之间互相交换房屋使用权或所有权的行为。交换双方应订立交换契约,办理房屋产权变更手续和契税手续。房屋产权相互交换,双方交换价值相等,免征契税,办理免征契税手续。其价值不相等的,按超出部分由支付差价方缴纳契税。

6. 视同土地使用权转让、房屋买卖或房屋赠与。

(1)以土地、房屋权属作价投资、入股;

(2)以土地、房屋权属抵债;

(3)以获奖方式承受土地、房屋权属;

(4)以预购方式或者预付集资建房款方式取得土地、房屋权属;

(5)金融租赁公司开展售后回租业务,承受承租人房屋、土地权属的。

(二)契税的纳税人

契税的纳税人是承受中国境内转移土地、房屋权属的单位和个人。所谓承受,是指以受让、购买、受赠、交换等方式取得土地、房屋权属的行为。所谓土地、房屋权属,是指土地使用权和房屋所有权。所谓单位,是指企业单位(包括外商投资企业和外国企业)、事业单位、国家机关、军事单位和社会团体以及其他组织。所谓个人,是指个体经营者及个人,包括中国公民和外籍人员。

以招、拍、挂方式出让国有土地使用权的,纳税人为最终与土地管理部门签订出让合同的土地使用权承受人。

(三)契税的税率

契税实行3‰~5‰的幅度税率。实行幅度税率是考虑到我国经济发展的不平衡,各地经济差别较大的实际情况。因此,各省、自治区、直辖市人民政府可以在3‰~5‰幅度税率规定范围内,按照本地区的实际情况决定。

(四)契税的税收优惠

1. 国家机关、事业单位、社会团体、军事单位,承受土地、房屋用于办公、教学、医疗、科研和军事设施的,免征契税。

2. 经县级以上人民政府批准,城镇职工在国家规定的标准面积以内第一次购买公有住房,免征契税。

3. 因不可抗力丧失住房而重新购买住房的,酌情减征或免征契税。

4. 土地、房屋被县级以上人民政府征用、占用后,重新承受土地、房屋权属的,成交价格没有超出土地、房屋补偿费和安置补偿费,或虽已超出但不超出30%,免征契税。

5. 承受荒山、荒沟、荒丘、荒滩土地使用权,并用于农、林、牧、渔业生产的,免征契税。

6. 按照中国有关法律规定以及中国缔结或参加的双边和多边条约或协定规定,应当予以免税的各国驻华使馆、领事馆、联合国驻华机构及其外交代表、领事官员和其他外交人员,在中国境内承受土地、房屋权属的,经外交部确认,可以免征契税。

7. 对廉租住房经营管理单位购买住房作为廉租住房、经济适用住房经营管理单位回购经济适用住房继续作为经济适用住房房源的,免征契税。

8. 对拆迁居民因拆迁重新购置住房的,对购房成交价格中相当于拆迁补偿款的部分免征契税。

9. 在婚姻关系存续期间,房屋、土地权属原归夫妻一方所有,变更为夫妻双方共有或另一方所有的,或者房屋、土地权属原归夫妻双方共有,变更为其中一方所有的,或者房屋、土地权属原归夫妻双方共有,双方约定、变更共有份额的,免征契税。[①]

10. 对个人购买家庭唯一住房(家庭成员范围包括购房人、配偶以及未成年子女,下同),面积为90平方米及以下的,减按1%的税率征收契税;面积为90平方米以上的,减按1.5%的税率征收契税。

11. 除北京市、上海市、广州市、深圳市以外的其他地区,对个人购买家庭第二套改善性住房,面积为90平方米及以下的,减按1%的税率征收契税;面积为90平方米以上的,减按2%的税率征收契税。

---

① 财政部、国家税务总局:《关于夫妻之间房屋土地权属变更有关契税政策的通知》(财税〔2014〕4号),本通知自2014年1月1日起施行。

12. 金融租赁公司开展售后回租业务,对售后回租合同期满,承租人回购原房屋、土地权属的,免征契税。

13. 单位、个人以房屋、土地以外的资产增资,相应扩大其在被投资公司的股权持有比例,无论被投资公司是否变更工商登记,其房屋、土地权属不发生转移,不征收契税。

14. 个体工商户的经营者将其个人名下的房屋、土地权属转移至个体工商户名下,或个体工商户将其名下的房屋、土地权属转回原经营者个人名下,免征契税。

合伙企业的合伙人将其名下的房屋、土地权属转移至合伙企业名下,或合伙企业将其名下的房屋、土地权属转回原合伙人名下,免征契税。

15. 对饮水工程运营管理单位为建设饮水工程而承受土地使用权,免征契税。

三、契税应纳税额的计算

(一)计税依据

契税的计税依据为不动产的价格。由于土地、房屋权属转移方式不同,定价方法不同,因而具体计税依据的确定视不同情况而定。

1. 国有土地使用权出让、土地使用权出售、房屋买卖的计税依据为成交价格。成交价格,是指土地、房屋权属转移合同确定的不含增值税价格,包括承受者应交付的货币、实物、无形资产或者其他经济利益。

土地使用者将土地使用权及所附建筑物、构筑物等(包括在建的房屋、其他建筑物、构筑物和其他附着物)转让给他人的,应按照转让的总价款计征契税。买卖装修的房屋,装修费用应包括在内。

对通过"招、拍、挂"程序承受国有土地使用权的,应按照土地成交总价款计征契税,其中的土地前期开发成本不得扣除。

企业承受土地使用权用于房地产开发,并在该土地上代政府建设保障性住房的,计税价格为取得全部土地使用权的成交价格。

出让国有土地使用权的,契税计税价格为承受人为取得该土地使用权而支付的全部经济利益。

(1)以协议方式出让的,其契税计税价格为成交价格。成交价格包括土地出让金、土地补偿费、安置补助费、地上附着物和青苗补偿费、拆迁补偿费、市政建设配套费等承受者应支付的货币、实物、无形资产及其他经济利益。

没有成交价格或者成交价格明显偏低的,征收机关可依次按下列两种方式确定:第一,评估价格,即由政府批准设立的房地产评估机构根据相同地段、同类房地产进行综合评定,并经当地税务机关确认的价格;第二,土地基准地价,即由县以上人民政府公示的土地基准地价。

(2)以竞价方式出让的,其契税计税价格一般应确定为竞价的成交价格,土地出让金、市政建设配套费以及各种补偿费用应包括在内。

2. 土地使用权赠与、房屋所有权赠与的计税依据,由征收机关参照同类土地使用权出售、房屋买卖的市场价格核定。

3. 土地使用权交换、房屋所有权交换的计税依据,为交换价格的差额。也就是说,交换价格相等时,免征契税;交换价格不等时,由多交付货币、实物、无形资产或者其他经济利益的一方缴纳契税。

4. 先以划拨方式取得土地使用权,后经批准改为出让方式取得该土地使用权的,应依法缴纳契税,其计税依据为应补缴的土地出让金和其他出让费用。

5. 房屋附属设施征收契税的依据。

(1)采取分期付款方式购买房屋附属设施土地使用权、房屋所有权的,应按合同规定的总价款计征契税。

(2)承受的房屋附属设施权属如为单独计价的,按照当地确定的适用税率征收契税;如与房屋统一计价的,适用与房屋相同的契税税率。

6. 个人无偿赠与不动产行为(法定继承人除外),应对受赠人全额征收契税。

7. 市、县级人民政府根据《国有土地上房屋征收与补偿条例》有关规定征收居民房屋,居民因个人房屋被征收而选择货币补偿用以重新购置房屋,并且购房成交价格不超过货币补偿的,对新购房屋免征契税;购房成交价格超过货币补偿的,对差价部分按规定征收契税。居民因个人房屋被征收而选择房屋产权调换,并且不缴纳房屋产权调换差价的,对新换房屋免征契税;缴纳房屋产权调换差价的,对差价部分按规定征收契税。①

8. 纳税人因改变土地用途而签订土地使用权出让合同变更协议或者重新签订土地使用权出让合同的,应征收契税。计税依据为因改变土地用途应补缴的土地收益金及应补缴政府的其他费用。

值得注意的是,成交价格明显低于市场价格并且无正当理由的,或者所交换土地使用权、房屋价格的差额明显不合理并且无正当理由的,征收机关可以参照市场价格核定计税依据。

(二)应纳税额的计算

契税应纳税额的计算公式为:

契税应纳税额＝计税依据×税率

应纳税额以人民币计算。转移土地、房屋权属以外汇结算的,应按照纳税义务发生之日中国人民银行公布的人民币市场汇率中间价折合成人民币计算。

【例8-3】 居民刘某将其闲置的一套住房卖给居民陈某,协议不含增值税成交价格为300 000元;另外,居民刘某还将一套现住房与居民李某进行交换,刘某现住房价值为400 000元,居民李某的住房价值为500 000元。当地政府规定的契税税率为5％,计算刘某、陈某和李某分别应纳契税。

居民陈某应纳房产税＝300 000×5％＝15 000(元)

居民刘某应纳房产税＝100 000×5％＝5 000(元)

居民李某不缴纳契税。

四、契税的征收管理

(一)纳税义务发生时间

契税的纳税义务发生时间是纳税人签订土地、房屋权属转移合同的当天,或者纳税人取得其他具有土地、房屋权属转移合同性质凭证的当天。

购房人以按揭、抵押贷款方式购买房屋,当其从银行取得抵押凭证时,购房人与原产权人之间的房屋产权转移已经完成,契税纳税义务已经发生,必须依法缴纳契税。

(二)纳税期限

纳税人应当自纳税义务发生之日起10日内,向土地、房屋所在地的地方税务机关办理纳

---

① 财政部、国家税务总局:《关于企业以售后回租方式进行融资等有关契税政策的通知》(财税〔2012〕82号),本通知自2012年12月6日起施行。

税申报,并在契税征收机关核定的期限内缴纳税款。

纳税人办理纳税事宜后,征收机关应向纳税人开具契税完税凭证。纳税人持契税完税凭证和其他规定的文件材料,依法向土地管理部门、房产管理部门办理有关土地、房屋的权属变更登记手续。纳税人未出具契税完税凭证的,土地管理部门、房产管理部门不予办理有关土地、房屋的权属变更登记手续。

已缴纳契税的购房单位和个人,在未办理房屋权属变更登记前退房的,退还已纳契税;在办理房屋权属变更登记后退房的,不予退还已纳契税。①

(三)纳税地点

契税在土地、房屋所在地的地方税务机关缴纳。契税由各级地方税务部门依法负责征收管理和减免税管理。各级地方税务机关一律不得委托其他单位代征契税。

本章小结

我国现行财产类税主要有房产税、车船税和契税三种。

房产税是以房屋为征税对象,按房屋的计税余值或不含增值税的租金收入,向房产所有人或经营人征收的一种财产税。我国房产税的征税范围仅限于城市、县城、建制镇和工矿区房屋。房产税实行从价计征和从租计征两种计税方法。对经营自用的房产,以房产原值一次减除10%～30%的损耗价值以后的余额为计税依据,按1.2%征税。对于出租的应税房产,以租金收入为计税依据,按12%征税。房产税实行按年征收,分期缴纳。

车船税是指以中华人民共和国境内的车辆、船舶为征税对象,向车辆、船舶的所有人或者管理人征收的一种税。车船税征税范围中应税的车辆、船舶,其中,车辆分为乘用车、商用车客车、商用车货车、挂车、其他车辆专用作业车、其他车辆轮式专用机械车、摩托车;船舶分为机动船舶(包括拖船、非机动驳船)和游艇。按照车船的种类,车船税采用辆、净吨位、整备质量、艇身长度四种计税依据。

契税是指在土地、房屋权属发生转移变动时,向产权承受人征收的一种财产税。契税的计税依据为土地、房屋的不含增值税的成交价格。税率为3%～5%,由省、自治区、直辖市人民政府在规定的幅度内按照本地区的实际情况确定,并报财政部和国家税务总局备案。

推荐阅读书目

[1] 陈多长:《房地产税收论》,中国市场出版社2005年版。
[2] 张青、薛钢、李波、蔡红英:《物业税研究》,中国财政经济出版社2006年版。
[3] 张学诞:《中国财产税研究》,中国市场出版社2007年版。
[4] 邓子基:《地方税系研究》,经济科学出版社2007年版。
[5] 石坚:《中国房地产税制:改革方向与政策分析》,中国税务出版社2008年版。
[6] 靳东升、李雪若:《地方税理论与实践》,经济科学出版社2008年版。
[7] 杨春玲、沈玉平:《地方税制研究》,中国税务出版社2008年版。

---

① 财政部、国家税务总局:《关于购房人办理退房有关契税问题的通知》(财税〔2011〕32号),本通知自2011年4月26日起施行。

[8]刘洋:《房地产税制经济分析》,中国财政经济出版社2009年版。

[9]禹奎:《中国遗产税研究:效应分析与政策选择》,经济科学出版社2010年版。

[10]蔡红英、范信葵:《房地产税国际比较研究》,中国财政经济出版社2011年版。

[11]罗涛、张青、薛钢:《中国房地产税改革研究》,中国财政经济出版社2011年版。

[12]张学诞:《中国房地产税:问题与探索》,中国财政经济出版社2013年版。

[13]李晶:《中国房地产税收制度改革研究》,东北财经大学出版社2012年版。

[14]郭宏宝:《房产税改革的经济效应:理论、政策与地方税制的完善》,中国社会科学出版社2013年版。

[15]全国税务师职业资格考试教材编写组:《税法(Ⅱ)》,中国税务出版社2016年版。

第九章 行为税类税制

本章导读

本章主要介绍我国现行行为税类税制中的城市维护建设税、印花税、车辆购置税。通过本章学习,应该理解城市维护建设税、印花税、车辆购置税的概念和特点,掌握行为税类税制中各税种的纳税人、征税范围、税率、计税依据以及征收管理等,能够运用相关知识进行各税应纳税额的计算。

第一节 城市维护建设税税制

一、城市维护建设税的概述

(一)城市维护建设税概念

城市维护建设税是对从事工商经营,缴纳增值税、消费税的单位和个人征收的一种税。

新中国成立后,我国城市建设和维护在不同时期都取得了较大成绩,但国家在城市建设方面一直资金不足。1979年以前,我国用于城市维护建设的资金来源由当时的工商税附加、城市公用事业附加和国家下拨城市维护费组成。1979年国家开始在部分大中城市试行从上年工商利润中提取5%用于城市维护和建设的办法,但未能从根本上解决问题。1981年国务院在批转财政部关于改革工商税制的设想中提出:"根据城市建设的需要,开征城市维护建设税,作为县以上城市和工矿区市政建设的专项资金。"1985年2月8日国务院颁布《中华人民共和国城市维护建设税暂行条例》,并于1985年1月1日起在全国范围内施行。2010年10月18日,国务院发布《关于统一内外资企业和个人城市维护建设税和教育费附加制度的通知》,决定统一内、外资企业和个人的城市维护建设税,自2010年12月1日起,外商投资企业、外国企业及外籍个人适用《中华人民共和国城市维护建设税暂行条例》。

(二)城市维护建设税的特点

城市维护建设税是一种具有受益性质的行为税,与其他税收相比较,具有以下特点:

1. 征税范围较广。消费税、增值税是我国税制的主体税种,其征税范围基本上包括了我国境内所有经营行为义务的单位和个人。城市维护建设税以消费税、增值税税额为税基,意味着对所有纳税人都要征收城市维护建设税。因此,它的征税范围比其他任何税种的征税范围都要广。

2. 具有附加税性质。城市维护建设税是以纳税人实际缴纳的消费税、增值税税额之和为计税依据,随消费税、增值税同时附征,其本身没有特定的征税对象。税法规定对纳税人减免消费税、增值税时,相应也减免了城市维护建设税,其征管方法也完全比照消费税、增值税的有关规定办理。

3. 税款专款专用。一般来说,税款收入都直接纳入国家预算,由中央和地方政府根据需要,统一安排使用到国家建设和事业发展的各个方面,税法并不规定各个税收收入的具体使用范围和方向。但城市维护建设税不同,其所征税款要求保证用于城市的公用事业和公共设施的维护和建设。

4. 根据城镇规模设计税率。城市维护建设税的负担水平,不是依据纳税人获取的利润水平或经营特点,而是根据纳税人所在城镇的规模及其资金需要设计的。城镇规模大的,税率高一些;反之,就要低一些。同时城市维护建设税的这种税率设计方法还体现了受益原则,即凡是设在城市的企业享受的政府市政公共设施要多于县城和建制镇,而不在城市、县城和建制镇的企业则享受市政公共设施最少,所以税率依次递减。

二、城市维护建设税的法律规定

(一)城市维护建设税的征税范围

城市维护建设税在全国范围内征收,其征税范围与增值税、消费税的征税范围相同,不仅包括城市、县城、乡镇,而且包括农村。也就是说,只要是纳税人缴纳增值税、消费税,除税法另有规定者外,都属于城市维护建设税的征税范围。

经国家税务总局正式审核批准的当期免抵的增值税税额,应纳入城市维护建设税的征税范围,按规定的税率计算征收城市维护建设税。

(二)城市维护建设税的纳税人

城市维护建设税的纳税人是在征税范围内从事工商经营,并负有缴纳增值税、消费税(以下简称"二税")义务的单位和个人。不论是国有企业、集体企业、私营企业、个体工商户、外商投资企业、外国企业及外籍个人[①],还是其他单位或个人,只要缴纳了增值税、消费税中的任何一种税,都必须同时缴纳城市维护建设税,都是城市维护建设税的纳税人。

增值税、消费税的代扣代缴、代收代缴义务人,同时也是城市维护建设税的代扣代缴、代收代缴义务人。

(三)城市维护建设税的税率

城市维护建设税实行地区差别比例税率。按照纳税人所在地的不同,税率分别规定为7%、5%、1%三个档次。不同地区的纳税人实行不同档次的税率:

(1)纳税人所在地在城市市区的,税率为7%;

(2)纳税人所在地在县城、建制镇的,税率为5%;

(3)纳税人所在地不在城市市区、县城、建制镇的,税率为1%。

城市维护建设税的适用税率,应当按纳税人所在地的规定税率执行。但是,对下列两种情况,可按缴纳"二税"所在地的适用税率,就地缴纳城市维护建设税:

1. 由受托方代扣代缴、代收代缴"二税"的单位和个人,其代扣代缴、代收代缴的城市维护建设税按受托方所在地适用税率计算。

[①] 国务院《关于统一内外资企业和个人城市维护建设税和教育费附加制度的通知》(国发〔2010〕35号)规定,自2010年12月1日起,外商投资企业、外国企业及外籍个人适用国务院1985年发布的《中华人民共和国城市维护建设税暂行条例》和1986年发布的《征收教育费附加的暂行规定》。1985年及1986年以来国务院及国务院财税主管部门发布的有关城市维护建设税和教育费附加的法规、规章、政策,同时适用于外商投资企业、外国企业及外籍个人。

2. 流动经营等无固定纳税地点的单位和个人，在经营地缴纳"二税"的，其城市维护建设税按经营地的适用税率计算缴纳。

对中国铁路总公司应纳的城市维护建设税的税率，鉴于其计税依据为中国铁路总公司集中缴纳的营业税税额，难以适用地区差别税率，因此，财政部对此作了特殊规定，税率统一规定为5%。

（四）城市维护建设税的税收优惠

由于城市维护建设税具有附加税性质，当"二税"发生减免税时，城市维护建设税相应发生税收减免。但对于特殊情况，财政部和国家税务总局作了特案减免税规定：

1. 城市维护建设税按减免后实际缴纳的"二税"税额计征，即随"二税"的减免而减免，但对出口产品退还增值税、消费税的，不退还已缴纳的城市维护建设税。
2. 海关对进口产品代征增值税、消费税的，不征收城市维护建设税。
3. 对于因减免税而需要进行"二税"退库的，城市维护建设税也可同时退库。
4. 对个别缴纳城市维护建设税有困难的单位和个人，可由县人民政府审批，酌情给予减免税照顾。

三、城市维护建设税应纳税额的计算

（一）计税依据

城市维护建设税的计税依据是纳税人实际缴纳的"二税"税额。纳税人违反"二税"有关税法而加收的滞纳金和罚款，不作为城市维护建设税的计税依据，但纳税人在被查补"二税"和被处以罚款时，应同时对其偷漏的城市维护建设税进行补税、征收滞纳金和罚款。

城市维护建设税以"二税"税额为计税依据并同时征收，如果要免征或者减征"二税"，也必须同时免征或者减征城市维护建设税。

（二）应纳税额的计算

城市维护建设税纳税人的应纳税额大小是由纳税人实际缴纳的消费税、增值税的"二税"税额决定的。其计算公式是：

$$应纳税额＝实际缴纳的消费税和增值税税额\times 适用税率$$

【例9—1】 某市区卷烟厂2016年10月份实际缴纳增值税60 000元，实际缴纳消费税40 000元。计算该卷烟厂应缴纳的城市维护建设税税额。

应纳城市维护建设税税额＝(60 000＋40 000)×7%＝7 000(元)

四、城市维护建设税的征收管理

城市维护建设税的征税管理、纳税环节等事项，比照增值税、消费税的有关规定办理。

（一）纳税环节

城市维护建设税的纳税环节，实际就是纳税人缴纳"二税"的环节。纳税人只要发生"二税"的纳税义务，就要在同样的环节分别计算缴纳城市维护建设税。

（二）纳税期限

由于城市维护建设税是由纳税人在缴纳"二税"的同时缴纳的，所以其纳税期限分别与"二税"的纳税期限一致。根据增值税和消费税相关规定，增值税、消费税的纳税期限均分别为1日、3日、5日、10日、15日或者1个月。增值税、消费税的纳税人的具体纳税期限，由主管税务机关根据纳税人应纳税额大小分别核定；不能按照固定期限纳税的，可以按次纳税。

(三) 纳税地点

由于城市维护建设税分别与"二税"同时缴纳,因此,纳税人缴纳"二税"的地点,就是该纳税人缴纳城市维护建设税的地点。但属于下列情况的,纳税地点为:

1. 代扣代缴、代收代缴"二税"的单位和个人,同时也是城市维护建设税的代扣代缴、代收代缴义务人,其城市维护建设税的纳税地点在代扣代缴地。

2. 跨省开采的油田,下属生产单位与核算单位不在同一省内的,其生产的原油在油井所在地缴纳增值税,其应纳税款由核算单位按照各油井的产量和规定税率,计算汇拨各油井缴纳。各油井应缴纳的城市维护建设税,应由核算单位计算,随同增值税一并汇拨油井所在地,由油井在缴纳增值税的同时,一并缴纳城市维护建设税。

3. 对流动经营等无固定纳税地点的单位和个人,应随同"二税"在经营地按适用税率缴纳。

4. 纳税人跨地区提供建筑服务、销售和出租不动产的,应在建筑服务发生地、不动产所在地预缴增值税时,以预缴增值税税额为计税依据,并按预缴增值税所在地的城市维护建设税适用税率和教育费附加征收率就地计算缴纳城市维护建设税。

5. 预缴增值税的纳税人在其机构所在地申报缴纳增值税时,以其实际缴纳的增值税税额为计税依据,并按机构所在地的城市维护建设税适用税率和教育费附加征收率就地计算缴纳城市维护建设税。[①]

第二节 印花税税制

一、印花税概述

(一) 印花税的概念

印花税是以经济活动和经济交往中书立、使用、领受应税经济凭证为征税对象征收的一种税。印花税是一种具有行为税性质的凭证税,凡发生书立、使用、领受应税凭证的行为,就必须依法履行纳税义务。印花税因其采用在应税凭证上粘贴印花税票的方法缴纳税款而得名。

印花税是世界各国普遍征收的一种税,1624年印花税首先在荷兰开征,随后很多国家开始效法实行,现已有90多个国家和地区开征此税。包括发达国家和发展中国家,有些国家的印花税收入在各税总收入中所占的比重还比较大。

新中国成立以后,政务院于1950年发布《印花税暂行条例》,在全国范围内开征印花税,1958年简化税制时,经全国人民代表大会常务委员会通过,将印花税并入工商统一税,印花税不再单设税种征收。

党的十一届三中全会以后,在改革开放政策的指引下,我国的商品经济得以迅速发展。为适应商品经济发展的要求,国家先后颁布了经济合同法、商标法、工商企业登记管理条例等一系列经济法规。在经济活动中依法书立、领受各种经济凭证已成为普遍现象,重新开征印花税不仅是必要的,而且也具备了一定的条件。因此,国务院于1988年8月6日颁布《中华人民共和国印花税暂行条例》,自同年10月1日起施行。

---

① 财政部、国家税务总局:《关于纳税人异地预缴增值税有关城市维护建设税和教育费附加政策问题的通知》(财税〔2016〕74号),本通知自2016年5月1日起施行。

专栏 9—1　中国印花税发展历史[①]

印花税是中国效仿西洋税制的第一个税种。从清光绪十五年（1889年）开始，大清帝国拟开征印花税二十余年，虽先后印制了日本版和美国版印花税票，也拟定了"印花税则"十五条，但终未能正式实施。

中华民国成立后，北洋政府把推行印花税作为重要的聚财之举，于1912年10月21日公布了《印花税法》，并于次年正式实施。这是中华民国成立后按照法律程序公布施行的第一部印花税法，从此，印花税一直被民国政府视为重要财源。军阀割据地区和各类伪政权更将印花税作为筹措军饷和补给的法宝。其间，北洋政府和民国政府印制和使用了"长城图"、"嘉禾图"、"城楼图"、"六和塔图"、"孙中山像"、"复兴关图"、"联运图"等数十种印花税票。

中共革命根据地和解放区对印花税的认识经历了一个曲折的过程，先是被作为"苛捐杂税"予以取缔，后从利国利民、取之有道的实际出发，确立并开征了印花税。从1938年5月晋察冀边区征收开始，东北、山东、华中、陕甘宁、东江等根据地和解放区也相继开征了印花税；到1949年，随着大片国统区成为解放区，印花税开征地区越来越多，使用的印花税票除在民国印花税票上加盖之外，各根据地和解放区也自行设计印制印花税票，如陕甘宁边区印花税票、晋察冀边区印花税票、华北人民政府印花税票，以及东北解放区的"江桥图"、"帆船图"、"工厂图"和山东解放区的"工厂图"、"运输图"印花税票等。

中华人民共和国建立初期，有些地区暂时沿用民国政府旧法，有些地区制定了单行办法，继续征收印花税。1950年1月30日，中央人民政府政务院通令公布《全国税政实施要则》，统一了全国税政，确立了印花税为全国统一开征的税种之一。1950年12月政务院公布《印花税暂行条例》。1951年1月4日财政部公布了《印花税暂行条例施行细则》。从此，全国统一了印花税法。中央人民政府财政部税务总局于1949年11月发行了新中国第一套印花税票，主图是两根柱子之间在齿轮和麦穗衬托下的五星红旗飘扬在地球上，称之为"旗球图"印花税票。

1952年7月1日，财政部税务总局发行了新中国成立后的第二套印花税票，根据主图内容分别称为"机器图"和"鸽球图"印花税票。这两套印花税票及其加盖改额票一直使用到1958年全国税制改革，印花税并入工商统一税为止。

1988年8月6日，中华人民共和国国务院以11号令发布《中华人民共和国印花税暂行条例》，规定重新在全国统一开征印花税。1988年10月1日，正式恢复征收印花税。1988年，国家税务总局监制发行了新中国成立后的第三套印花税票，由北京邮票厂印制。印花税票面额以人民币为单位，分为壹角、贰角、伍角、壹元、贰元、伍元、拾元、伍拾元、壹佰元九种。其中，1988年版的有壹角至拾元七种；拾元有1988年版、1989年版两个版本；伍拾元、壹佰元两种为1989年版。印花税票的图案包括：壹角、贰角、伍角票为宇宙航天图；壹元、贰元票为石油钻井图；伍元票为海陆空交通图；拾元票为炼钢高炉图；伍拾元票为联合收割机图；壹佰元票为大学校门图。该套票被称为"建设图"印花税票。

[①] 易税网：《印花税的起源及在中国的发展史》，http://www.yitax.com/bbs/dispbbs.asp? boardid=529&Id=9690。

> 为适应税收事业的发展,国家税务总局决定,自2001年起定期对印花税票图案进行换版,同年印制发行了第三套第二版印花税票——社会主义现代化建设图印花税票,一套九枚。图案选用了改革开放以来的国家重点经济建设和文化体育建设项目等建筑精品,图名分别是新疆风力发电总厂、秦山核电站、二滩水电站、九江长江大桥、广州港集装箱码头、上海浦东国际机场、上海体育场、上海国际会议中心、北京中华世纪坛。为纪念此次印花税票改版,国家税务总局还特别印制了"中华世纪坛"小型张一枚,六联张"新疆风力发电总厂"小版票一套、小全张一枚,并制成纪念册。2003年,国家税务总局印制发行了第三套第三版印花税票——中国世界文化遗产图的印花税票,一套九枚,由北京邮票厂印制。图案选用了中国世界文化遗产:天坛、故宫、长城、云冈石窟、布达拉宫——大昭寺、罗布林卡扩展项目、大足石刻、莫高窟、苏州古典园林和皖南古村落。

(二)印花税的特点

印花税不论是在性质上,还是在征税方法方面,都有不同于其他税种的特点。其主要特点是:

1. 具有凭证税和行为税性质。印花税是对单位和个人书立、领受的应税凭证征收的一种税,具有凭证税性质。另一方面,任何一种应税经济凭证反映的都是某种特定的经济行为,因此,对凭证征税,实质上是对经济行为的课税。

2. 征税范围广。印花税的应税凭证涉及实际经济活动的各个方面,凡税法列举的合同或具有合同性质的凭证,产权转移书据,营业账簿,权利、许可证照等,都必须依法纳税。

3. 税率低、税负轻。印花税最高税率为千分之一,最低税率为万分之零点五,按定额税率征税的,每件5元。与其他税种相比,印花税的税率要低很多,税负也就相应轻一些。

4. 自行贴花完税。在纳税义务发生时,根据应税凭证所载计税金额和适用税率,自行计算应纳税额;纳税人自行购买印花税票,并一次足额粘贴在应税凭证上;最后由纳税人按规定对已粘贴的印花税票自行注销或划销。

二、印花税的法律规定

(一)印花税的征税范围

印花税征税范围采用正列举的方式,凡是列举的项目都需征税,未列入范围的不用征收。印花税征税范围可以归纳为五类,即经济合同及合同性质的凭证,产权转移书据,营业账簿,权利、许可证照,以及经财政部门确定征税的其他凭证。对纳税人以电子形式签订的各类应税凭证,也应按规定征收印花税。具体征税范围如下:

1. 经济合同及合同性质的凭证

合同是指当事人之间为实现一定目的,经协商一致,明确当事人各方权利、义务关系的协议。以经济业务活动作为内容的合同,通常称为经济合同。经济合同按照管理要求,应依照《合同法》和其他有关合同法规订立。应税经济合同及合同性质的凭证包括以下十大类:

(1)购销合同。包括供应、预购、采购、购销结合及协作、调剂、补偿、贸易等合同。此外,还包括出版单位与发行单位(不包括订阅单位和个人)之间订立的图书、报纸、期刊和音像制品的应税凭证,如订购单、订数单等。对商品房销售合同按照产权转移书据征收印花税。

对发电厂与电网之间、电网与电网之间(国家电网公司系统、南方电网公司系统内部各级电网互供电量除外)签订的购售电合同,按购销合同征收印花税。对电网与用户之间签订的供电合同,不征收印花税。

(2)加工承揽合同。包括加工、定做、修缮、修理、印刷、广告、测绘、测试等合同。

(3)建设工程勘察设计合同。包括勘察、设计合同的总包合同、分包合同和转包合同。

(4)建筑安装工程承包合同。包括建筑、安装工程承包合同。承包合同,包括总承包合同、分包合同和转包合同。

(5)财产租赁合同。包括租赁房屋、船舶、飞机、机动车辆、机械、器具、设备等合同,还包括企业和个人出租门店、柜台等签订的合同,但不包括企业与主管部门签订的经营性门店租赁承包合同。

(6)货物运输合同。包括民用航空、铁路运输、海上运输、内河运输、公路运输和联运合同,以及作为合同使用的单据。

(7)仓储保管合同。包括仓储、保管合同,以及作为合同使用的仓单、栈单等。

(8)借款合同。银行及其他金融组织与借款人(不包括银行同业拆借)所签订的合同,以及只填开借据并作为合同使用、取得银行借款的借据。银行及其他金融机构经营的融资租赁业务,是一种以融物方式达到融资目的的业务,实际上是分期偿还的固定资金借款,因此融资租赁合同也属于借款合同。

对开展融资租赁业务签订的融资租赁合同(含融资性售后回租),统一按照其所载明的租金总额,依照"借款合同"税目,计算缴纳印花税。在融资性售后回租业务中,对承租人、出租人因出售租赁资产及购回租赁资产所签订的合同,不征收印花税。①

(9)财产保险合同。包括财产、责任、保证、信用保险合同,以及作为合同使用的单据。

(10)技术合同。包括技术开发、转让、咨询、服务等合同,以及作为合同使用的单据。技术转让合同,包括专利权转让、专利申请权转让、专利实施许可和非专利技术转让所订立的技术合同。技术咨询合同,是指当事人就有关项目的分析、论证、预测和调查所订立的技术合同;但一般的法律、会计、审计等方面的咨询不属于技术咨询,其所立合同不贴印花。技术服务合同,是指当事人一方委托另一方就解决有关特定技术问题,如为改进产品结构、改良工艺流程、提高产品质量、降低产品成本、保护资源环境、实现安全操作、提高经济效益等提出实施方案,实施指导所订立的技术合同,包括技术服务合同、技术培训合同和技术中介合同;但不包括以常规手段或者为生产经营目的进行一般加工、修理、修缮、广告、印刷、测绘、标准化测试,以及勘察、设计等所书立的合同。技术培训合同,是指当事人一方委托另一方对指定的专业技术人员进行特定项目的技术指导和专业训练所订立的技术合同;但不包括对各种职业培训、文化学习、职工业余教育等订立的合同。技术中介合同,是指当事人一方以知识、信息、技术为另一方与第三方订立技术合同进行联系、介绍、组织工业化开发所订立的技术合同。

2. 产权转移书据

产权转移书据,是指单位和个人在产权的买卖、继承、赠与、交换、分割等产权主体变更过程中,由产权出让人与受让人之间所立的民事法律文书。我国现行印花税征税范围中的产权转移书据包括财产所有权和版权、商标专用权、专利权、专有技术使用权等转移书据。

"财产所有权"转移书据的征税范围,是指经政府管理机关登记注册的动产、不动产的所有权转移所立的书据,以及企业股权转让所立的书据,即股份制企业向社会公开发行的股票,因

---

① 财政部、国家税务总局:《关于融资租赁合同有关印花税政策的通知》(财税〔2015〕144号),本通知自 2015 年 12 月 24 日起施行。

购买、继承、赠与所书立的产权转移书据。

值得注意的是,对土地使用权出让合同、土地使用权转让合同,按照产权转移书据征收印花税;商品房销售合同,按照产权转移书据征收印花税。

3. 营业账簿

营业账簿属于财务会计账簿,指单位或者个人按照财务会计制度的要求设置的、用于记载生产经营活动的财务会计账册。营业账簿按其反映内容的不同,分为记载资金的账簿和其他账簿,分别采用按金额计税和按件计税两种计税方法。

其中,记载资金的账簿,是指反映生产经营单位资本金数额增减变化的账簿,即反映生产经营单位"实收资本"和"资本公积"金额增减变化的账簿。其他账簿,是指除上述账簿以外的有关其他生产经营活动内容的账簿,包括日记账簿和各明细分类账簿。

在确定营业账簿是否征收印花税时,要按照账簿的经济用途来确定,即反映单位的生产经营活动的账簿要征印花税,而不能按照立账簿人是否属于经济组织(工商企业单位、个体工商业户)来确定其账簿是否要征印花税。

对金融系统营业账簿,要结合金融系统财务会计核算的实际情况进行具体分析。凡银行用以反映资金存贷经营活动、记载经营资金增减变化、核算经营成果的账簿,如各种日记账、明细账和总账都属于营业账簿,应按照规定缴纳印花税;银行根据业务管理需要设置的各种登记簿,如空白重要凭证登记簿、有价单证登记簿、现金收付登记簿等,其记载的内容与资金活动无关,仅用于内部备查,属于非营业账簿,均不征收印花税。

4. 权利、许可证照

权利、许可证照是政府授予单位、个人某种法定权利和准予从事特定经济活动的各种证照的统称。包括政府部门发给的房屋产权证(或不动产登记证)、工商营业执照、商标注册证、专利证、土地使用证等。

5. 经财政部门确定征税的其他凭证

(二)印花税的纳税人

凡在中华人民共和国境内书立、领受本条例所列举凭证的单位和个人,都是印花税的纳税义务人,应当按照本条例规定缴纳印花税。这里所说的单位和个人,是指国内各类企业、事业、机关、团体、部队以及中外合资企业、中外合作企业、外资企业、外国企业和其他经济组织及其在华机构等单位和个人。

根据书立、领受应纳税凭证的不同,其纳税人可分别称为立合同人、立据人、立账簿人、领受人、使用人和出让人。

1. 立合同人。指合同的当事人,是对合同有直接权利义务关系的单位和个人,但不包括合同的担保人、证人、鉴定人。
2. 立据人。指产权转移书据的纳税人。
3. 立账簿人。指营业账簿的纳税人,具体指设立并使用营业账簿的单位和个人。
4. 领受人。指权利、许可证照的纳税人,具体指领取或接受并持有该凭证的单位和个人。
5. 使用人。指在国外书立、领受,但在国内使用的应税凭证的纳税人。
6. 出让人。对上海和深圳证券交易所上市公司 A 股和 B 股股权交易单边征税,纳税人是股权的出让人,包括上市公司限售股股权出让人。

以电子形式签订的各类应税凭证的纳税人,按上述规定确定。

值得注意的是,除股权转让书据外,凡由两方或两方以上当事人在中国境内共同书立应税凭证的,其当事人各方都是纳税义务人,应就其所持凭证的计税金额各自履行纳税义务。

(三)印花税的税率

现行印花税采用比例税率和定额税率两种税率。

1. 比例税率。印花税的比例税率共有4个档次,即0.5‰、3‰、5‰、1‰。按比例税率征税的有各类合同及具有合同性质的凭证、产权转移书据、记载资金的账簿等。

2. 定额税率。印花税的定额税率是按件定额贴花,每件5元。它主要适用于其他账簿、权利、许可证照等。这些凭证不属于资金账或没有金额记载,规定按件定额纳税,可以方便纳税和简化征管。具体印花税税目和税率见表9-1。

表9-1　　　　　　　　　　　印花税税目和税率

税　目	范　围	税率	纳税人	说　明
1. 购销合同	包括供应、预购、采购、购销结合及协作、调剂、补偿、易货等合同	按购销金额3‰贴花	立合同人	
2. 加工承揽合同	包括加工、定做、修缮、修理、印刷广告、测绘、测试等合同	按加工或承揽收入的5‰贴花	立合同人	
3. 建设工程勘察设计合同	包括勘察、设计合同	按收取费用5‰贴花	立合同人	
4. 建筑安装工程承包合同	包括建筑、安装工程承包合同	按承包金额3‰贴花	立合同人	
5. 财产租赁合同	包括租赁房屋、船舶、飞机、机动车辆、机械、器具、设备等合同	按租赁金额1‰贴花;税额不足1元,按1元贴花	立合同人	
6. 货物运输合同	包括民用航空运输、铁路运输、海上运输、内河运输、公路运输和联运合同	按运输收取的费用5‰贴花	立合同人	单据作为合同使用的,按合同贴花
7. 仓储保管合同	包括仓储、保管合同	按仓储收取的保管费用1‰贴花	立合同人	仓单或栈单作为合同使用的,按合同贴花
8. 借款合同	银行及其他金融组织与借款人(不包括银行同业拆借)所签订的借款合同	按借款金额0.5‰贴花	立合同人	单据作为合同使用的,按合同贴花
9. 财产保险合同	包括财产、责任、保证、信用等保险合同	按收取的保险费收入1‰贴花	立合同人	单据作为合同使用的,按合同贴花
10. 技术合同	包括技术开发、转让、咨询、服务等合同	按所载金额3‰贴花	立合同人	
11. 产权转移书据	包括财产所有权和版权、商标专用权、专利权、专有技术使用权等转移书据	按所载金额5‰贴花	立据人	
12. 营业账簿	生产、经营用账册	记载资金的账簿,按实收资本和资本公积的合计金额5‰贴花;其他账簿,按件贴花5元	立账簿人	
13. 权利、许可证照	包括政府部门发给的房屋产权证、工商营业执照、商标注册证、专利证、土地使用证	按件贴花5元	领受人	

注:经国务院批准,财政部、国家税务总局决定从2008年4月24日起,调整证券(股票)交易印花税税率,

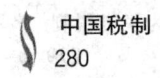

由现行3‰调整为1‰。经国务院批准，财政部决定从2008年9月19日起，对证券(股票)交易印花税政策进行调整，由现行双边征收改为单边征收，即只对卖出方征收证券(股票)交易印花税，对买入方不再征税，税率仍保持为1‰。

(四)印花税的税收优惠

印花税的税收优惠政策主要有：

1. 对已缴纳印花税的凭证的副本或者抄本免税。但是，以副本或者抄本视同正本使用的，则应另贴印花。

2. 对财产所有人将财产赠给政府、社会福利单位、学校所立的书据免税。对此书据免税，旨在鼓励财产所有人进行这种有利于发展文化教育事业、造福社会的捐赠行为。

3. 对国家指定的收购部门与村民委员会、农民个人书立的农副产品收购合同免税。印花税法授权省、自治区、直辖市主管税务机关根据当地实际情况，具体划定本地区"收购部门"和"农副产品"的范围。

4. 对无息、贴息贷款合同免税。无息、贴息贷款合同，是指我国的各专业银行按照国家金融政策发放的无息贷款，以及由各专业银行发放并按有关规定由财政部门或中国人民银行给予贴息的贷款项目所签订的贷款合同。

5. 对外国政府或者国际金融组织向我国政府及国家金融机构提供优惠贷款所书立的合同免税。该类合同是就具有援助性质的优惠贷款而成立的政府间协议，对其免税有利于引进外资、利用外资，推动我国经济与社会的快速发展。

6. 对房地产管理部门与个人签订的用于生活居住的租赁合同免税；对个人出租、承租住房签订的租赁合同，免征印花税。

7. 对农林作物、畜牧业类保险合同免税。

8. 对特殊货运凭证免税。这些凭证包括军事物资运输凭证、抢险救灾物资运输凭证、新建铁路的工程临管线运输凭证。

9. 对廉租住房、经济适用住房经营管理单位与廉租住房、经济适用住房相关的印花税以及廉租住房承租人、经济适用住房购买人涉及的印花税予以免征。开发商在经济适用住房、商品住房项目中配套建造廉租住房，在商品住房项目中配套建造经济适用住房，如能提供政府部门出具的相关材料，可按廉租住房、经济适用住房建筑面积占总建筑面积的比例免征开发商应缴纳的印花税。

10. 对高校学生公寓与高校学生签订的租赁合同，免征印花税。

11. 对投资者(包括个人和投资机构)买卖封闭式证券投资基金，免征印花税。

12. 对个人销售或购买住房，暂免征收印花税。

13. 对改造安置住房经营单位、开发商与改造安置住房相关的印花税，以及购买安置住房的个人涉及的印花税予以免征。

三、印花税应纳税额的计算

(一)计税依据

印花税的计税依据为各种应税凭证上所记载的计税金额或应税凭证的件数。具体情况如下：

1. 购销合同的计税依据为合同记载的购销金额。合同未列明金额的，应按合同所载购、销数量依照国家牌价或市场价格计算应纳税金额。

2. 加工承揽合同的计税依据为加工或承揽收入的金额。对于由受托方提供原材料的加工、定做合同,凡在合同中分别记载加工费和原材料金额的,应分别按"加工承揽合同"、"购销合同"计税;若合同中未分别记载,则应就全部金额依照"加工承揽合同"计税贴花。对于由委托方提供主要原材料,受托方只提供辅助材料的加工合同,无论加工费和辅助材料金额是否分别记载,均以辅助材料与加工费的合计数,依照"加工承揽合同"计税贴花。对委托方提供的主要材料或原材料金额不计税贴花。

3. 建设工程勘察设计合同的计税依据为收取的费用。

4. 建筑安装工程承包合同的计税依据为承包金额。

5. 财产租赁合同的计税依据为租赁金额。经计算,税额不足1元的,按1元贴花。

6. 货物运输合同的计税依据为运输费用(即运费收入)。但不包括装卸费用、所运货物的金额和保险费。

7. 仓储保管合同的计税依据为收取的仓储保管费用。

8. 借款合同的计税依据为借款金额。

9. 财产保险合同的计税依据为保险费收入。不包括所保财产的金额。

10. 技术合同的计税依据为合同所载价款、报酬或使用费。为了鼓励技术研究开发,技术开发合同中的研究开发经费不作为计税依据进行贴花,而只按所载的报酬计税贴花。

11. 产权转移书据的计税依据为所载金额。

12. 营业账簿税目中记载资金的账簿的计税依据为"实收资本"与"资本公积"两项的合计金额。实收资本,包括现金、实物、无形资产和材料物资。现金按实际收到或存入纳税人开户银行的金额确定。实物,指房屋、机器等,按评估确认的价值或者合同、协议约定的价格确定。无形资产和材料物资,按评估确认的价值确定。资本公积,包括接受捐赠、法定财产重估增值、资本折算差额、资本溢价等。如果是实物捐赠,则按同类资产的市场价格或有关凭据确定。

13. 其他账簿的计税依据为应税凭证件数。

14. 权利、许可证照的计税依据为应税凭证件数。

15. 印花税计税依据的特殊情况。

(1)上述凭证以"金额"、"收入"、"费用"作为计税依据的,应当全额计税,不得作任何扣除。

(2)按金额比例贴花的应税凭证,未标明金额的,应按照凭证所载数量及国家牌价计算金额;没有国家牌价的,按市场价格计算金额,然后按规定税率计算应纳税额。

(3)应税凭证所载金额为外国货币的,应按照凭证书立当日国家外汇管理局公布的外汇牌价折合成人民币,然后计算应纳税额。

(4)应纳税额不足1角的,免纳印花税;1角以上的,其税额尾数不满5分的不计,满5分的按1角计算。

(5)有些合同,在签订时无法确定计税金额①,可在签订时先按定额5元贴花,以后结算时再按实际金额计税,补贴印花。

(6)对有经营收入的事业单位,凡属由国家财政拨付事业经费、实行差额预算管理的单位,其记载经营业务的账簿,按其他账簿定额贴花,不记载经营业务的账簿不贴花;凡属经费来源实行自收自支的单位,其营业账簿应对记载资金的账簿和其他账簿分别计算应纳税额。

---

① 例如,技术转让合同中的转让收入,是按销售收入的一定比例收取或是按实现利润分成的;财产租赁合同,只是规定了月(天)租金标准,却无租赁期限的。

(7)企业发生分立、合并和联营等变更后,凡依法办理法人登记的新企业所设立的资金账簿,应于启用时计税贴花;凡无须重新进行法人登记的企业原有资金账簿,已贴印花继续有效。

(8)跨地区经营的分支机构使用的营业账簿,应由各分支机构于其所在地计算贴花。对上级单位核拨资金的分支机构,其记载资金的账簿按核拨的账面资金额计税贴花,其他账簿按定额贴花;对上级单位不核拨资金的分支机构,只就其他账簿按件定额贴花。为避免对同一资金重复计税贴花,上级单位记载资金的账簿,应按扣除拨给下属机构资金数额后的其余部分计税贴花。

(9)商品购销活动中,采用以货换货方式进行商品交易签订的合同,是反映既购又销双重经济行为的合同。对此,应按合同所载的购、销合计金额计税贴花。合同未列明金额的,应按合同所载购、销数量,依照国家牌价或者市场价格计算应纳税额。

(10)施工单位将自己承包的建设项目分包或者转包给其他施工单位所签订的分包合同或者转包合同,应按新的分包合同或转包合同所载金额计算应纳税额。这是因为印花税是一种具有行为税性质的凭证税,尽管总承包合同已依法计税贴花,但新的分包或转包合同是一种新的凭证,又发生了新的纳税义务。

(11)对国内各种形式的货物联运,凡在起运地统一结算全程运费的,应以全程运费作为计税依据,由起运地运费结算双方缴纳印花税;凡分程结算运费的,应以分程的运费作为计税依据,分别由办理运费结算的各方缴纳印花税。

对国际货运,凡由我国运输企业运输的,不论在我国境内、境外起运或中转分程运输,我国运输企业所持的一份运费结算凭证,均按本程运费计算应纳税额;托运方所持的一份运费结算凭证,按全程运费计算应纳税额。由外国运输企业运输进出口货物的,外国运输企业所持的一份运费结算凭证免纳印花税;托运方所持的一份运费结算凭证应缴纳印花税。国际货运运费结算凭证在国外办理的,应在凭证转回我国境内时按规定缴纳印花税。

(12)印花税票为有价证券,其票面金额以人民币为单位,分为1角、2角、5角、1元、2元、5元、10元、50元、100元九种。

(二)应纳税额的计算

纳税人应根据应税凭证的性质,分别按比例税率或者定额税率计算其应纳税额。其计算公式是:

$$应纳税额 = 应税凭证计税金额(或应税凭证件数) \times 适用税率$$

【例9—2】 某食品公司2016年10月开业,领受房屋产权证、工商营业执照、土地使用证各1件;与其他企业订立转移商标专用权书据1份,所载金额为100万元;订立产品购销合同1份,所载金额为90万元;订立借款合同1份,所载金额为60万元;企业的营业账簿中,"实收资本"、"资本公积"为700万元,其他账簿8本。试计算该公司当年应缴纳的印花税额。

公司领受权利、许可证照应纳税额=3×5=15(元)

公司订立产权转移书据应纳税额=1 000 000×5‰=500(元)

公司订立购销合同应纳税额=900 000×3‰=270(元)

公司订立借款合同应纳税额=600 000×0.5‰=30(元)

公司记载资金的账簿应纳税额=7 000 000×5‰=3 500(元)

公司其他营业账簿应纳税额=10×5=50(元)

当年该食品公司应纳印花税税额=15+500+270+30+3 500+50=4 365(元)

专栏9—2 中国台湾的印花税[①]

中国台湾现行印花税法为2002年5月的修订法案,其雏形是1934年12月公布的印花税法,之后经过了19次修订。原来的课征范围十分广泛,后逐步删减,目前仅剩下4个应税项目。印花税制度的主要内容如下:

纳税人,是指在中国台湾书立、领受税法规定应税凭证的立约人或立据人。

课征范围,包含以下四种凭证:银钱收据(即货币票据)、买卖动产契据、承揽契据,以及典卖、让受及分割不动产契据。

税率,是按不同凭证类型分别实行定额税率和差别比例税率,详见表9—2。

表9—2　　　　　　　　　　2002年中国台湾印花税税率

项　目	税　率	纳税人
普通银钱收据	按所载金额的4‰	立据人
招标人收受押标金收据	按标价的1‰	立据人
买卖动产契据	按件贴花4元	立约或立据人
承揽契据	按金额的1‰	立约或立据人
典卖、让受及分割不动产契据	按金额的1‰	立约或立据人

免税项目主要包括:各级政府机构所立或使用的各种凭证;公私立学校处理公款所发的凭证;各种凭证的正本已贴用印花税票的副本或抄本;公私营事业组织内部(如总公司与公司、总店与分店、总处与分处)所使用的不发生对外权利义务关系的单据,包括总组织与分组织间互用而不发生对外作用的单据;车票、船票、航空机票及其他往来客票、行李票;薪金、工资收据;领受赈金、恤金、养老金收据;领受退还税款的收据;催索欠款或核对数目所用的账单;销售印花税票收款收据;建造或检修航行于国际航线船舶所订契约;财团或社团法人组织的教育、文化、公益或慈善团体领受捐赠的收据;农田水利会收取会员水利费的收据;义务代税捐赠或其他捐献政府的款项,在代收时所开具的收据;义务代发政府款项,在向政府领款时所开具的收据;农民(农、林、渔、牧)出售本身生产的农产品所开具的收据。

缴纳方式分为一般贴花缴纳和汇总缴纳。应纳印花税的凭证,在书立后交付或使用时,应贴足印花税票,并加盖骑缝章(或签名或画押)注销。已贴印花税票的凭证,因事实变更而修改原凭证继续使用的,其变更部分,如需加贴印花税票,则仍应补足。印花税额巨大不便贴用印花税票的,可由稽征机关开给缴款书缴纳;公私营事业组织所用各种凭证应纳的印花税,报经主管印花税机关核准后,可汇总缴纳。

四、印花税的征收管理

(一)纳税义务发生时间

印花税纳税义务发生时间为书立或者领受应税凭证的当天。同一凭证,由两方或者两方以上当事人签订并各执一份的,各方就所执的一份各自负有纳税义务。

应税合同在签订时纳税义务就已产生,应计算应纳税额并贴花。对于未兑现或未按期兑现的合同,或者对已履行并贴花的合同,所载金额与合同履行后实际结算金额不一致的,只要

[①] 饶立新:《中国印花税研究》,中国税务出版社2009年版,第104～105页。

双方未修改合同金额,一般不再办理完税手续。

(二)税款缴纳办法

印花税的税款缴纳办法,根据税额大小、贴花次数以及税收征收管理的需要,分别采用以下三种纳税办法:

1. 自行缴纳

自行缴纳,是指纳税人自行纳税申报、自行计算应纳税额、自行缴纳印花税税款的办法。

(1)按次缴纳。

按次缴纳一般适用于应税凭证较少或者贴花次数较少的纳税人。纳税人书立、领受或者使用印花税法列举的应税凭证的同时,纳税义务即已产生,应当根据应纳税凭证的性质和适用的税目、税率,自行计算应纳税额,自行购买印花税票,自行一次贴足印花税票并加以注销或划销,纳税义务才算全部履行完毕。

值得注意的是,纳税人购买了印花税票,支付了税款,国家就取得了财政收入。但就印花税来说,纳税人支付了税款并不等于已履行了纳税义务。纳税人必须自行贴花并注销或划销,这样才算完整地完成了纳税义务。

对已贴花的凭证,修改后所载金额增加的,其增加部分应当补贴印花税票。凡多贴印花税票者,不得申请退税或者抵用。

一份凭证应纳税额超过 500 元的,应向当地税务机关申请填写缴款书或者完税证,将其中一联粘贴在凭证上或者由税务机关在凭证上加注完税标记代替贴花。

(2)汇总缴纳。

汇总缴纳一般适用于应纳税额较大或者贴花次数频繁的纳税人。同一种类应纳税凭证,需频繁贴花的,纳税人可以根据实际情况自行决定采用按期汇总缴纳印花税的方式,汇总缴纳的期限为 1 个月。采用按期汇总缴纳方式的纳税人应事先告知主管税务机关。缴纳方式一经选定,1 年内不得改变。主管税务机关接到纳税人要求按期汇总缴纳印花税的告知后,应及时登记,制定相应的管理办法,防止出现管理漏洞。对采用按期汇总缴纳方式缴纳印花税的纳税人,应加强日常监督、检查。

实行印花税按期汇总缴纳的单位,在对征税凭证和免税凭证汇总时,凡分别汇总的,按本期征税凭证的汇总金额计算缴纳印花税;凡确属不能分别汇总的,应按本期全部凭证的实际汇总金额计算缴纳印花税。凡汇总缴纳印花税的凭证,应加注税务机关指定的汇缴戳记、编号并装订成册后,将已贴印花或者缴款书的一联粘附册后,盖章注销,保存备查。

经税务机关核准,持有代售许可证的代售户,代售印花税票取得的税款须专户存储,并按照规定的期限,向当地税务机关结报,或者填开专用缴款书直接向银行缴纳,不得逾期不缴或者挪作他用。代售户领存的印花税票及所售印花税票的税款,如有损失,应负责赔偿。

2. 委托代征

委托代征主要是通过税务机关的委托,经由发放或者办理应纳税凭证的单位代为征收印花税税款的办法。税务机关应发给代征单位代征委托书,并按规定支付手续费。这里所称发放或者办理应纳税凭证的单位,是指发放权利、许可证照的单位和办理凭证的鉴证、公证及其他有关事项的单位。

按规定,发放或者办理应纳税凭证的单位,负有监督纳税人依法纳税的义务,具体是指对以下纳税事项监督:

(1)应纳税凭证是否已粘贴印花;

(2)粘贴的印花是否足额；
(3)粘贴的印花是否按规定注销。
对未完成以上纳税手续的,应督促纳税人当场完成。

3. 核定征收

纳税人有下列情形的,地方税务机关可以核定征收印花税：
(1)未按规定建立印花税应税凭证登记簿,或未如实登记和完整保存应税凭证的；
(2)拒不提供应税凭证,或不如实提供应税凭证致使计税依据明显偏低的；
(3)采用按期汇总缴纳办法的,未按地方税务机关规定的期限报送汇总缴纳印花税情况报告,经地方税务机关责令限期报告,逾期仍不报告的或者地方税务机关在检查中发现纳税人有未按规定汇总缴纳印花税情况的。

地方税务机关核定征收印花税,应向纳税人送达《税务事项通知书》,注明核定征收的方法和税款缴纳期限。

实行核定征收印花税的,纳税期限为一个月,税额较小的纳税期限可为一个季度,具体由主管税务机关确定。纳税人应当自期满之日起15日内,填写纳税申报表申报缴纳核实的印花税。

地方税务机关核定征收印花税,应根据纳税人的实际生产经营收入,参考纳税人各期印花税纳税情况及同行业合同签订情况,确定科学合理的数额或比例作为纳税人印花税计税依据。

(三)纳税环节

印花税应当在书立或领受时贴花。具体是指在合同签订、书据立据、账簿启用和证照领受时贴花。如果合同是在国外签订,并且不便在国外贴花的,应在将合同带入境时办理贴花纳税手续。

(四)纳税地点

印花税一般实行就地纳税。对于全国性商品物资订货会(包括展销会、交易会等)上所签订合同应纳的印花税,由纳税人回其所在地后及时办理贴花完税手续；对地方主办、不涉及省际关系的订货会、展销会上所签合同的印花税,其纳税地点由各省、自治区、直辖市人民政府自行确定。

(五)违章处罚

印花税纳税人有下列行为之一的,由税务机关根据情节轻重予以处罚：

1. 在应纳税凭证上未贴或者少贴印花税票的或者已粘贴在应税凭证上的印花税票未注销或者未划销的,由税务机关追缴其不缴或者少缴的税款、滞纳金,并处不缴或者少缴的税款50%以上5倍以下的罚款。

2. 已贴用的印花税票揭下重用造成未缴或少缴印花税的,由税务机关追缴其不缴或者少缴的税款、滞纳金,并处不缴或者少缴的税款50%以上5倍以下的罚款；构成犯罪的,依法追究刑事责任。

3. 伪造印花税票的,由税务机关责令改正,处以2 000元以上1万元以下的罚款；情节严重的,处以1万元以上5万元以下的罚款；构成犯罪的,依法追究刑事责任。

4. 按期汇总缴纳印花税的纳税人,超过税务机关核定的纳税期限未缴或少缴印花税款的,由税务机关追缴其不缴或者少缴的税款、滞纳金,并处不缴或者少缴的税款50%以上5倍以下的罚款；情节严重的,同时撤销其汇缴许可证；构成犯罪的,依法追究刑事责任。

5. 纳税人发生下列行为之一的,由税务机关责令限期改正,可处以2 000元以下的罚款；

情节严重的,处以 2 000 元以上 1 万元以下的罚款:

(1)对汇总缴纳印花税的凭证,未加注税务机关指定的汇缴戳记、编号并装订成册,未将已贴印花或者缴款书的一联粘附册后、盖章注销和保存备查的。

(2)未按规定期限保存纳税凭证的。

第三节 车辆购置税税制

一、车辆购置税概述

(一)车辆购置税的概念

车辆购置税是以在中国境内购置规定车辆为课税对象、在特定环节向车辆购置者征收的一种税。

车辆购置税是在原交通部门收取的车辆购置附加费的基础上,通过"费改税"方式改革而来的。车辆购置附加费是1985年经国务院批准,在全国范围内普遍强制征收的用于国家公路建设的专项政府性基金,是国家交通基础设施的重要资金来源。但随着时间的推移,也暴露出不少问题。因此,2000年10月22日国务院颁布了《中华人民共和国车辆购置税暂行条例》,并于2001年1月1日起施行。2014年11月25日国家税务总局发布了《车辆购置税征收管理办法》,该办法自2015年2月1日起实施。

(二)车辆购置税的特点

车辆购置税具有以下特点:

1. 征收范围单一。车辆购置税是以购置的特定车辆为课税对象,而不是对所有的财产或消费财产征税,范围相对比较窄,是一种特定财产税。

2. 征收环节单一。车辆购置税实行一次课征制,它不是在生产、经营和销售的每一环节实行道道征收,而只是在退出流通进入消费领域的特定环节征收。

3. 税率设置单一。车辆购置税只确定一个统一比例税率征收,税率具有不随课税对象数额变动的特点,计征简便、负担稳定,有利于依法治税。

4. 征收方法单一。车辆购置税根据纳税人购置应税车辆的计税价格实行从价计征,以价格为计税标准,课税与价值直接发生关系,价值高者多征税,价值低者少征税。

5. 税款用途单一。车辆购置税取之于应税车辆,专门用于交通建设,税款用途单一,作为中央税,由中央财政根据国家交通建设投资计划统筹安排。这种特定目的的税收,可以保证国家财政支出的需要,既有利于统筹合理地安排资金,又有利于保证特定事业和建设支出的需要。

6. 税负主体单一。作为一种价外税,车辆购置税的计税依据中不包含车辆购置税税额,车辆购置税税额是附加在价格之外的。价外征收的方式,使得纳税人承担的税负不易发生转嫁,税负主体单一,税款的缴纳者即为最终的税收负担者。

二、车辆购置税的法律规定

(一)车辆购置税的征税范围

车辆购置税以在我国境内购置所列举车辆为征税对象,未列举的车辆不征税。购置,包括购买使用、进口使用、自产自用、受赠使用、获奖使用行为,或者以拍卖、抵债、走私罚没等方式

取得并自用应税车辆的行为。征税范围包括汽车、摩托车、电车、挂车、农用运输车,具体规定如下:

1. 汽车

汽车,包括各类汽车。

2. 摩托车

(1)轻便摩托车:最高设计时速不大于 50 公里/小时、发动机汽缸总排量不大于 50 立方厘米的两个或者三个车轮的机动车。

(2)二轮摩托车:最高设计时速大于 50 公里/小时、发动机汽缸总排量大于 50 立方厘米的两个车轮的机动车。

(3)三轮摩托车:最高设计时速大于 50 公里/小时、发动机汽缸总排量大于 50 立方厘米、空车重量不大于 400 千克的三个车轮的机动车。

3. 电车

(1)无轨电车:以电能为动力、由专用输电电缆线供电的轮式公共车辆。

(2)有轨电车:以电能为动力、在轨道上行驶的公共车辆。

4. 挂车

(1)全挂车:无动力设备、独立承载、由牵引车辆牵引行驶的车辆。

(2)半挂车:无动力设备、与牵引车辆共同承载、由牵引车辆牵引行驶的车辆。

5. 农用运输车

(1)三轮农用运输车:柴油发动机功率不大于 7.4 千瓦、载重量不大于 500 千克、最高车速不大于 40 公里/小时的三个车轮的机动车。

(2)四轮农用运输车:柴油发动机功率不大于 28 千瓦、载重量不大于 1 500 千克、最高车速不大于 50 公里/小时的四个车轮的机动车。

(二)车辆购置税的纳税人

车辆购置税的纳税人,是指在中华人民共和国境内购置应税车辆的单位和个人。确定车辆购置税的纳税人,要符合以下条件:一是发生了购置车辆的行为(即所谓应税行为);二是这种行为发生在中国境内(即所谓征税区域);三是所购置的车辆属于规定征税的车辆。只有同时符合这三个条件的单位和个人,才构成车辆购置税的纳税人,否则不能构成车辆购置税纳税人。也就是说,凡在我国境内购置应税车辆的国有企业、集体企业、私营企业、股份制企业、外商投资企业、外国企业以及其他企业,事业单位、社会团体、国家机关、部队以及其他单位,个体工商户和其他个人,都要缴纳车辆购置税。

(三)车辆购置税的税率

车辆购置税实行单一比例税率,税率为 10%。

(四)车辆购置税的税收优惠

1. 车辆购置税减免税规定

我国车辆购置税实行法定减免,减免税范围具体规定是:

(1)外国驻华使馆、领事馆和国际组织驻华机构及其外交人员自用车辆免税。

(2)中国人民解放军和中国人民武装警察部队列入军队武器装备订货计划的车辆免税。

(3)设有固定装置的非运输车辆免税。设有固定装置的非运输车辆,是指挖掘机、平地机、叉车、装载车(铲车)、起重机(吊车)、推土机等工程机械。

(4)国务院规定予以免税的其他情形。

上述其他情形的车辆,目前主要有以下几种:

①防汛部门和森林消防部门用于指挥、检查、调度、报汛(警)、联络的设有固定装置的指定型号的车辆;

②回国服务的留学人员用现汇购买1辆自用国产小汽车[①];

③长期来华定居专家[②]进口1辆自用小汽车。

(5)自2004年10月1日起,对农用三轮运输车免征车辆购置税。

(6)对城市公交企业自2016年1月1日起至2020年12月31日止购置的公共汽电车辆免征车辆购置税。

2. 车辆购置税的退税[③]

(1)准予退税的情形。

已缴纳车辆购置税的车辆,发生下列情形之一的,准予纳税人申请退税:

①车辆退回生产企业或者经销商的;

②符合免税条件的设有固定装置的非运输车辆但已征税的;

③其他依据法律法规规定应予退税的情形。

(2)退税额的确定。

①车辆退回生产企业或者经销商的,纳税人申请退税时,主管税务机关自纳税人办理纳税申报之日起,按已缴纳税款每满1年扣减10%计算退税额;未满1年的,按已缴纳税款全额退税。

②其他退税情形,纳税人申请退税时,主管税务机关依据有关规定计算退税额。

(3)退税申请。

纳税人申请退税时,应如实填写《车辆购置税退税申请表》,由本人、单位授权人员到主管税务机关办理退税手续,分别按下列情况提供资料:

①车辆退回生产企业或者经销商的,提供生产企业或经销商开具的退车证明和退车发票。未办理车辆登记注册的,提供原完税凭证、完税证明正本和副本;已办理车辆登记注册的,提供原完税凭证、完税证明正本和公安机关车辆管理机构出具的机动车注销证明。

②符合免税条件的设有固定装置的非运输车辆但已征税的,未办理车辆登记注册的,提供原完税凭证、完税证明正本和副本;已办理车辆登记注册的,提供原完税凭证、完税证明正本。

③其他依据法律法规规定应予退税的情形,未办理车辆登记注册的,提供原完税凭证、完税证明正本和副本;已办理车辆登记注册的,提供原完税凭证、完税证明正本和公安机关车辆管理机构出具的机动车注销证明或者税务机关要求的其他资料。

三、车辆购置税应纳税额的计算

车辆购置税的计税依据是车辆的计税价格。由于应税车辆的来源不同,发生的应税行为不同,计税价格的组成也就不一样。计税价格按照下列规定确定:

1. 购买自用应税车辆计税依据的确定

纳税人购买自用的应税车辆,计税依据为纳税人购买应税车辆而支付给销售方的全部价

---

① 小汽车,是指含驾驶员座位9座以内、在设计和技术特性上主要用于载运乘客及其随身行李或者临时物品的乘用车。

② 长期来华定居专家,是指来华工作一年以上(含一年)的外国专家。

③ 国家税务总局:《车辆购置税征收管理办法》(国家税务总局令第33号),本办法自2015年2月1日起施行。

款和价外费用,不包括增值税税款。价外费用是指销售方价外向购买方收取的基金、集资费、违约金(延期付款利息)和手续费、包装费、储存费、优质费、运输装卸费、保管费以及其他各种性质的价外收费,但不包括销售方代办保险等而向购买方收取的保险费,以及向购买方收取的代购买方缴纳的车辆购置税、车辆牌照费。

2. 进口自用应税车辆计税依据的确定

纳税人进口自用的应税车辆以组成计税价格为计税依据,组成计税价格的计算公式为:

$$组成计税价格 = 关税完税价格 + 关税 + 消费税$$

进口自用的应税车辆是指纳税人直接从境外进口或委托代理进口自用的应税车辆,即非贸易方式进口自用的应税车辆。而且进口自用的应税车辆的计税依据,应根据纳税人提供的、经海关审查确认的有关完税证明资料确定。

3. 其他自用应税车辆计税依据的确定

纳税人自产、受赠、获奖或者以其他方式取得并自用的应税车辆的计税价格,主管税务机关参照国家税务总局规定的最低计税价格核定。

最低计税价格是指国家税务总局依据机动车生产企业或者经销商提供的车辆价格信息,参照市场平均交易价格核定的车辆购置税计税价格。

4. 几种特殊情况下计税价格的确定

(1)纳税人购买自用或者进口自用应税车辆,申报的计税价格低于同类型应税车辆的最低计税价格,又无正当理由的,计税价格为国家税务总局核定的最低计税价格。

(2)免税条件消失的车辆,自初次办理纳税申报之日起,使用年限未满10年的,计税价格以免税车辆初次办理纳税申报时确定的计税价格为基准,每满1年扣减10%;未满1年的,计税价格为免税车辆的原计税价格;使用年限10年(含)以上的,计税价格为0。

(3)国家税务总局未核定最低计税价格的车辆,计税价格为纳税人提供的有效价格证明注明的价格。有效价格证明注明的价格明显偏低的,主管税务机关有权核定应税车辆的计税价格。

$$核定计税价格 = 车辆销售企业车辆进价(进货合同或者发票注明的价格) \times (1 + 成本利润率)$$

上式中的成本利润率,由省、自治区、直辖市和计划单列市国家税务局确定。

(4)进口旧车、因不可抗力因素导致受损的车辆、库存超过3年的车辆、行驶8万公里以上的试验车辆、国家税务总局规定的其他车辆,计税价格为纳税人提供的有效价格证明注明的价格。纳税人无法提供车辆有效价格证明的,主管税务机关有权核定应税车辆的计税价格。

所称进口旧车,是指《中华人民共和国海关监管车辆进(出)境领(销)牌照通知书》或者其他有效证明注明的进口旧车。

所称因不可抗力因素导致受损的车辆,是指车辆投保的保险公司出具的受损车辆赔偿文书报告或者有关机构出具的有效证明中注明的因不可抗力因素导致受损的车辆。

所称库存超过3年的车辆,是指自合格证标注的"车辆制造日期"至车辆有效价格证明的开具日期超过3年的国产车辆;自《中华人民共和国海关货物进口证明书》标注的"运抵日期",或者《没收走私汽车、摩托车证明书》或裁定没收法律文书标注的"签发日期"至车辆有效价格证明的开具日期超过3年的进口车辆。

所称行驶8万公里以上的试验车辆,是指经工业和信息化部授权的车辆试验机构出具的

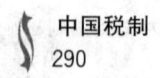

车辆试验报告或者其他证明材料注明已行驶8万公里以上的试验车辆。①

(二)应纳税额的计算

车辆购置税实行从价定率计算应纳税额,计算公式为:

$$应纳税额 = 计税价格 \times 税率$$

纳税人以外汇结算应税车辆价款的,按照申报纳税之日中国人民银行公布的人民币基准汇价,折合成人民币计算缴纳应纳税额。

主管税务机关开具的车辆购置税缴税凭证上的应纳税额保留到元,元以下金额舍去。

【例9—3】 陈某在2016年10月1日购买一辆小轿车(排气量3.0升),支付含增值税的车价款234 000元,另支付代收的临时牌照费200元,支付购买工具件和零配件价款3 000元、车辆装饰费800元。计算陈某应缴纳的车辆购置税。

计税价格=(234 000+200+3 000+800)÷(1+17%)=203 418.80(元)

应纳税额=203 418.80×10%=20 341.88(元)

【例9—4】 某外贸进出口公司2016年11月经批准从美国进口某种小汽车一辆自用,到岸价格为3万美元,缴纳进口关税73 800元、消费税27 809元,申报缴纳车辆购置税当日人民币基准汇价为1美元=6.876 5元人民币。计算该公司应纳车辆购置税税额。

计税价格=30 000×6.876 5+73 800+27 809=307 904(元)

应纳税额=307 904×10%=30 790.4(元)

四、车辆购置税的征收管理

(一)纳税申报

车辆购置税实行一次征收制度。纳税人应当在向公安机关车辆管理机构办理车辆登记注册前,一次缴清车辆购置税。购置已征车辆购置税的车辆,不再征收车辆购置税。

纳税人购买自用应税车辆的,应当自购买之日起60日内申报纳税;进口自用应税车辆的,应当自进口之日起60日内申报纳税;自产、受赠、获奖或者以其他方式取得并自用应税车辆的,应自取得之日起60日内申报纳税。

免税车辆因转让、改变用途等原因,其免税条件消失的,纳税人应在免税条件消失之日起60日内到主管税务机关重新申报纳税。

免税车辆发生转让,但仍属于免税范围的,受让方应当自购买或取得车辆之日起60日内到主管税务机关重新申报免税。

(二)纳税地点

车辆购置税由国家税务局征收。

纳税人购置应税车辆,需要办理车辆登记注册手续的,向车辆登记注册地的主管税务机关办理纳税申报;不需要办理车辆登记注册手续的纳税人,向所在地征收车辆购置税的主管税务机关办理纳税申报。车辆登记注册地是指车辆的上牌落籍地或落户地。

(三)缴税方法

车辆购置税税款缴纳方法主要有以下几种:

1. 自报核缴。即由纳税人自行计算应纳税额,自行填报纳税申报表有关资料,向主管税务机关申报,经税务机关审核后,开具完税证明,由纳税人持完税凭证向当地金库或金库经收

---

① 国家税务总局:《关于车辆购置税征收管理有关问题的公告》(国家税务总局公告2015年第4号),本公告自2015年2月1日起施行。

处缴纳税款。

2. 集中征收缴纳。包括两种情况：一是由纳税人集中向税务机关统一申报纳税。它适用于实行集中购置应税车辆的单位缴纳和经批准实行代理制经销商的缴纳。二是由税务机关集中报缴税款。即在纳税人向实行集中征收的主管税务机关申报缴纳税款，税务机关开具完税凭证后，由税务机关填写汇总缴款书，将税款集中缴入当地金库或金库经收处。它适用于税源分散、税额较少、税务部门实行集中征收管理的地区。

3. 代征、代扣、代收。即扣缴义务人按税法规定代扣代缴、代收代缴税款，税务机关委托征收单位代征税款的征收方式。它适用于税务机关委托征收或纳税人依法受托征收税款。

第四节 环境保护税税制

一、环境保护税概述

（一）环境保护税的概念

环境保护税是在中华人民共和国领域和中华人民共和国管辖的其他海域，以大气污染物、水污染物、固体废物和噪声为征税对象，直接向环境排放应税污染物的企业事业单位和其他生产经营者征收的一种税。

我国自 1979 年实施排污费征收制度，针对影响环境的重点污染源情况，我国选择对大气、水、固体、噪声 4 类污染物征收排污费。2003～2015 年，全国累计征收排污费 2 115.99 亿元，缴纳排污费的企事业单位和个体工商户累计 500 多万户。通过收费这一经济手段，促使企业加强环境治理、减少污染物排放，对防治环境污染、保护环境起到了重要作用。2014 年，根据污染治理新情况、新要求，进一步调整排污费征收标准，在原有标准基础上，总体向上调整一倍，并允许污染重点防治区和经济发达地区适当上调征收标准；但在实际执行中，存在执法刚性不足、地方政府和部门干预等问题，影响排污费征收制度功能的有效发挥。针对这种情况，有必要实行环境保护费改税，构建促进经济结构调整、发展方式转变的绿色税制体系，进一步强化环境保护制度建设。2016 年 12 月 25 日，第十二届全国人民代表大会常务委员会第二十五次会议通过《中华人民共和国环境保护税法》（下简称《环境保护税法》），该法自 2018 年 1 月 1 日起施行。

（二）环境保护税的特点

环境保护税作为我国第一部专门的"绿色税制"，具有以下特点：

1. 将排污费的缴纳人作为环境保护税的纳税人

即在中华人民共和国领域和中华人民共和国管辖的其他海域，直接向环境排放应税污染物的企业事业单位和其他生产经营者为纳税人。对不具备生产经营行为的机关、团体、军队等单位和居民个人，不征收环境保护税。不属于直接向环境排放应税污染物的情形，比如向污水集中处理、生活垃圾集中处理场所排放污染物的，在符合环保标准的设施、场所贮存或者处置固体废物的，规模化养殖企业对畜禽粪便进行综合利用、符合国家有关畜禽养殖污染防治要求的，也不征收环境保护税。

2. 按照现行排污收费项目设置环境保护税的税目

从大的分类讲，包括大气污染物、水污染物、固体废物和噪声 4 类。具体讲，不是对这 4 类中所有的污染物都征税，而是只对《环境保护税法》所附《环境保护税税目税额表》和《应税污染物和当量值表》中规定的污染物征税。不是对纳税人排放的每一种大气污染物、水污染物都征税，而只是对每一排放口的前3项大气污染物、前5项第一类水污染物（主要是重金属）、前3项其他水污染物征税；同时规定，各省、自治区、直辖市人民政府根据本地区污染物减排的特殊需要，可以增加应税污染物项目数。

3. 根据现行排污费计费办法，设置环境保护税的计税依据

例如，对大气污染物、水污染物，沿用现行的污染物当量值表，并按照现行的方法，即以排放量折合的污染当量数作为计税依据。

4. 以现行排污费收费标准为基础，制定环境保护税的税额标准

例如，目前国家对大气污染物、水污染物征收排污费的标准分别是不低于1.2元和1.4元；同时，鼓励地方上调收费标准，但没有规定上限，造成各地收费标准混乱。环境保护税法在现行排污收费标准规定的下限基础上，增设了上限，即不超过最低标准的10倍，既考虑了地方的需求，又体现了税收法宝原则。各省、自治区、直辖市可以在上述幅度内选择大气污染物、水污染物的具体适用税额。

5. 实行"企业申报、税务征收、环保监测、信息共享"的税收征管模式

环境保护费改税后，征收部门由环境保护部门改为税务机关。但考虑到企业排污监测的专业性，离不开环境保护部门的配合，因此，环境保护税实行"企业申报，税务征收，环保协同，信息共享"的征管模式。环境保护主管部门依法监测管理企业排污，定期将排污单位的排污许可、污染物排放数据、环境违法和受行政处罚情况等环境保护相关信息，交送税务机关；税务机关定期将纳税人的纳税申报、税款入库、减免税额、欠缴税款以及风险疑点等环境保护税涉税信息，交送环境保护主管部门。

二、环境保护税的法律规定

（一）环境保护税的征税范围

环境保护税以企业事业单位和其他生产经营者直接向环境排放应税污染物为征税对象。具体征税范围是《中华人民共和国环境保护税法》所附《环境保护税税目税额表》、《应税污染物和当量值表》中规定的大气污染物、水污染物、固体废物和噪声。

有下列情形之一的，不属于直接向环境排放污染物，不缴纳相应污染物的环境保护税：

（1）企业事业单位和其他生产经营者向依法设立的污水集中处理、生活垃圾集中处理场所排放应税污染物的；

（2）企业事业单位和其他生产经营者在符合国家和地方环境保护标准的设施、场所贮存或者处置固体废物的。

依法设立的城乡污水集中处理、生活垃圾集中处理场所超过国家和地方规定的排放标准向环境排放应税污染物的，应当缴纳环境保护税。

企业事业单位和其他生产经营者贮存或者处置固体废物不符合国家和地方环境保护标准的，应当缴纳环境保护税。

（二）环境保护税的纳税人

在中华人民共和国领域和中华人民共和国管辖的其他海域，直接向环境排放应税污染物的企业事业单位和其他生产经营者为环境保护税的纳税人。

（三）环境保护税的税率

环境保护税采用定额税率。应税大气污染物和水污染物的具体适用税额的确定和调整，

由省、自治区、直辖市人民政府统筹考虑本地区环境承载能力、污染物排放现状和经济社会生态发展目标要求,在国家规定的税额幅度内提出,报同级人民代表大会常务委员会决定,并报全国人民代表大会常务委员会和国务院备案。环境保护税税目税额具体见表9-3。

表9-3　　　　　　　　　　　　　环境保护税税目税额表

税　目		计税单位	税　额	备　注
大气污染物		每污染当量	1.2~12元	
水污染物		每污染当量	1.4~14元	
固体废物	煤矸石	每吨	5元	
	尾矿	每吨	15元	
	危险废物	每吨	1 000元	
	冶炼渣、粉煤灰、炉渣、其他固体废物(含半固态、液态废物)	每吨	25元	
噪声	工业噪声	超标1~3分贝	每月350元	1. 一个单位边界上有多处噪声超标,根据最高一处超标声级计算应纳税额;当沿边界长度超过100米有两处以上噪声超标,按照两个单位计算应纳税额。 2. 一个单位有不同地点作业场所的,应当分别计算应纳税额,合并计征。 3. 昼、夜均超标的环境噪声,昼、夜分别计算应纳税额,累计计征。 4. 声源一个月内超标不足15天的,减半计算应纳税额。 5. 夜间频繁突发和夜间偶然突发厂界超标噪声,按等效声级和峰值噪声两种指标中超标分贝值高的一项计算应纳税额。
		超标4~6分贝	每月700元	
		超标7~9分贝	每月1 400元	
		超标10~12分贝	每月2 800元	
		超标13~15分贝	每月5 600元	
		超标16分贝以上	每月11 200元	

(四)环境保护税的税收优惠

1. 下列情形,暂予免征环境保护税:
(1)农业生产(不包括规模化养殖)排放应税污染物的;
(2)机动车、铁路机车、非道路移动机械、船舶和航空器等流动污染源排放应税污染物的;
(3)依法设立的城乡污水集中处理、生活垃圾集中处理场所排放相应应税污染物,不超过国家和地方规定的排放标准的;
(4)纳税人综合利用的固体废物,符合国家和地方环境保护标准的;
(5)国务院批准免税的其他情形。

2. 纳税人排放应税大气污染物或者水污染物的浓度值低于国家和地方规定的污染物排放标准30%的,减按75%征收环境保护税。纳税人排放应税大气污染物或者水污染物的浓度值低于国家和地方规定的污染物排放标准50%的,减按50%征收环境保护税。

三、环境保护税应纳税额的计算

环境保护税以应税污染物的污染当量数、排放量和分贝数为计税依据。具体按照下列规定确定:

1. 应税大气污染物、水污染物的污染当量①数确定

应税大气污染物、水污染物的污染当量数，以该污染物的排放量除以该污染物的污染当量值计算。每种应税大气污染物、水污染物的具体污染当量值，依照《应税污染物和当量值表》执行。

每一排放口或者没有排放口的应税大气污染物，按照污染当量数从大到小排序，对前3项污染物征收环境保护税。

每一排放口的应税水污染物，按照《应税污染物和当量值表》，区分第一类水污染物和其他类水污染物，按照污染当量数从大到小排序。对第一类水污染物，按照前5项征收环境保护税；对其他类水污染物，按照前3项征收环境保护税。

省、自治区、直辖市人民政府根据本地区污染物减排的特殊需要，可以增加同一排放口征收环境保护税的应税污染物项目数，报同级人民代表大会常务委员会决定，并报全国人民代表大会常务委员会和国务院备案。

2. 应税大气污染物、水污染物、固体废物的排放量和噪声的分贝数确定

应税大气污染物、水污染物、固体废物的排放量和噪声的分贝数，按照下列方法和顺序计算：

(1)纳税人安装使用符合国家规定和监测规范的污染物自动监测设备的，按照污染物自动监测数据计算；

(2)纳税人未安装使用污染物自动监测设备的，按照监测机构出具的符合国家有关规定和监测规范的监测数据计算；

(3)因排放污染物种类多等原因不具备监测条件的，按照国务院环境保护主管部门规定的排污系数②、物料衡算③方法计算；

(4)不能按照第(1)项至第(3)项规定的方法计算的，按照省、自治区、直辖市人民政府环境保护主管部门规定的抽样测算的方法核定计算。

应税污染物和当量值见表9—4。

表9—4　　　　　　　　应税污染物和当量值表

一、第一类水污染物污染当量值

污染物	污染当量值(千克)
1. 总汞	0.000 5
2. 总镉	0.005
3. 总铬	0.04
4. 六价铬	0.02
5. 总砷	0.02
6. 总铅	0.025

---

① 污染当量，是指根据污染物或者污染排放活动对环境的有害程度以及处理的技术经济性，衡量不同污染物对环境污染的综合性指标或者计量单位。同一介质相同污染当量的不同污染物，其污染程度基本相当。
② 排污系数，是指在正常技术经济和管理条件下，生产单位产品所应排放的污染物量的统计平均值。
③ 物料衡算，是指根据物质质量守恒原理，对生产过程中使用的原料、生产的产品和产生的废物等进行测算的一种方法。

续表

污染物	污染当量值(千克)
7. 总镍	0.025
8. 苯并(a)芘	0.000 000 3
9. 总铍	0.01
10. 总银	0.02

二、第二类水污染物污染当量值

污染物	污染当量值(千克)	备 注
11. 悬浮物(SS)	4	
12. 生化需氧量(BOD_5)	0.5	同一排放口中的化学需氧量、生化需氧量和总有机碳,只征收一项。
13. 化学需氧量(COD_{cr})	1	
14. 总有机碳(TOC)	0.49	
15. 石油类	0.1	
16. 动植物油	0.16	
17. 挥发酚	0.08	
18. 总氰化物	0.05	
19. 硫化物	0.125	
20. 氨氮	0.8	
21. 氟化物	0.5	
22. 甲醛	0.125	
23. 苯胺类	0.2	
24. 硝基苯类	0.2	
25. 阴离子表面活性剂(LAS)	0.2	
26. 总铜	0.1	
27. 总锌	0.2	
28. 总锰	0.2	
29. 彩色显影剂(CD-2)	0.2	
30. 总磷	0.25	
31. 单质磷(以P计)	0.05	
32. 有机磷农药(以P计)	0.05	
33. 乐果	0.05	
34. 甲基对硫磷	0.05	
35. 马拉硫磷	0.05	
36. 对硫磷	0.05	

续表

污染物	污染当量值(千克)	备注
37. 五氯酚及五氯酚钠(以五氯酚计)	0.25	
38. 三氯甲烷	0.04	
39. 可吸附有机卤化物(AOX)(以 Cl 计)	0.25	
40. 四氯化碳	0.04	
41. 三氯乙烯	0.04	
42. 四氯乙烯	0.04	
43. 苯	0.02	
44. 甲苯	0.02	
45. 乙苯	0.02	
46. 邻—二甲苯	0.02	
47. 对—二甲苯	0.02	
48. 间—二甲苯	0.02	
49. 氯苯	0.02	
50. 邻—二氯苯	0.02	
51. 对—二氯苯	0.02	
52. 对—硝基氯苯	0.02	
53. 2,4—二硝基氯苯	0.02	
54. 苯酚	0.02	
55. 间—甲酚	0.02	
56. 2,4—二氯酚	0.02	
57. 2,4,6—三氯酚	0.02	
58. 邻—苯二甲酸二本酯	0.02	
59. 邻—苯二甲酸二辛酯	0.02	
60. 丙烯腈	0.125	
61. 总硒	0.02	

三、pH 值、色度、大肠菌群数、余氯量水污染物污染当量值

污染物		污染当量值	备注
1. pH 值	(1) 0~1,13~14 (2) 1~2,12~13 (3) 2~3,11~12 (4) 3~4,10~11 (5) 4~5,9~10 (6) 5~6	0.06 吨污水 0.125 吨污水 0.25 吨污水 0.5 吨污水 1 吨污水 5 吨污水	pH 值 5~6 指大于等于 5、小于 6；pH 值 9~10 指大于 9、小于等于 10；其余以此类推。

续表

污染物	污染当量值	备 注
2. 色度	5 吨水·倍	
3. 大肠菌群数（超标）	3.3 吨污水	大肠菌群数和余氯量只征收一项。
4. 余氯量（用氯消毒的医院废水）	3.3 吨污水	

四、禽畜养殖业、小型企业和第三产业水污染物污染当量值

（本表仅适用于计算无法进行实际监测或者物料衡算的禽畜养殖业、小型企业和第三产业等小型排污者的水污染物污染当量数）

类 型		污染当量值	备 注
禽畜养殖场	1. 牛	0.1 头	仅对存栏规模大于 50 头牛、500 头猪、5 000 羽鸡鸭等的禽畜养殖场征收。
	2. 猪	1 头	
	3. 鸡、鸭等家禽	30 羽	
4. 小型企业		1.8 吨污水	
5. 饮食娱乐服务业		0.5 吨污水	
6. 医院	消毒	0.14 床	医院病床数大于 20 张的，按照本表计算污染当量数。
		2.8 吨污水	
	不消毒	0.07 床	
		1.4 吨污水	

五、大气污染物污染当量值

污染物	污染当量值（千克）
1. 二氧化硫	0.95
2. 氮氧化物	0.95
3. 一氧化碳	16.7
4. 氯气	0.34
5. 氯化氢	10.75
6. 氟化物	0.87
7. 氰化氢	0.005
8. 硫酸雾	0.6
9. 铬酸雾	0.000 7
10. 汞及其化合物	0.000 1
11. 一般性粉尘	4
12. 石棉尘	0.53
13. 玻璃棉尘	2.13
14. 碳黑尘	0.59

续表

污染物	污染当量值（千克）
15. 铅及其化合物	0.02
16. 镉及其化合物	0.03
17. 铍及其化合物	0.000 4
18. 镍及其化合物	0.13
19. 锡及其化合物	0.27
20. 烟尘	2.18
21. 苯	0.05
22. 甲苯	0.18
23. 二甲苯	0.27
24. 苯并(a)芘	0.000 002
25. 甲醛	0.09
26. 乙醛	0.45
27. 丙烯醛	0.06
28. 甲醇	0.67
29. 酚类	0.35
30. 沥青烟	0.19
31. 苯胺类	0.21
32. 氯苯类	0.72
33. 硝基苯	0.17
34. 丙烯腈	0.22
35. 氯乙烯	0.55
36. 光气	0.04
37. 硫化氢	0.29
38. 氨	9.09
39. 三甲胺	0.32
40. 甲硫醇	0.04
41. 甲硫醚	0.28
42. 二甲二硫	0.28
43. 苯乙烯	25
44. 二硫化碳	20

(二)应纳税额的计算

纳税人应按照污染当量数、固体废物排放量和超过国家规定标准的分贝数所对应的具体适用税额计算应纳税额。其计算公式为：

$$应税大气污染物应纳税额＝污染当量数×适用税额$$
$$应税水污染物应纳税额＝污染当量数×适用税额$$
$$应税固体废物的应纳税额＝固体废物排放量×适用税额$$
$$应税噪声的应纳税额＝超过国家规定标准的分贝数×适用税额$$

【例9-5】某餐饮酒店2018年1月排放水污染物1 000吨，污染当量值为0.5吨，假定当地规定税额为每污染当量4元，计算该餐饮酒店1月份应缴纳环境保护税税额。

水污染物当量＝1 000÷0.5＝2 000(吨)

应缴纳环境保护税税额＝2 000×4＝8 000(元)

四、环境保护税的征收管理

(一)纳税义务发生时间

环境保护税的纳税义务发生时间为纳税人排放应税污染物的当日。

(二)纳税申报

环境保护税按月计算，按季申报缴纳。不能按固定期限计算缴纳的，可以按次申报缴纳。

纳税人申报缴纳时，应当向税务机关报送所排放应税污染物的种类、数量，大气污染物、水污染物的浓度值，以及税务机关根据实际需要要求纳税人报送的其他纳税资料。

纳税人按季申报缴纳的，应当自季度终了之日起15日内，向税务机关办理纳税申报并缴纳税款。纳税人按次申报缴纳的，应当自纳税义务发生之日起15日内，向税务机关办理纳税申报并缴纳税款。

纳税人申报缴纳时，应当向税务机关报送所排放应税污染物的种类、数量，大气污染物、水污染物的浓度值，以及税务机关根据实际需要要求纳税人报送的其他纳税资料。

纳税人应当依法如实办理纳税申报，对申报的真实性和完整性承担责任。

税务机关应当将纳税人的纳税申报数据资料与环境保护主管部门交送的相关数据资料进行比对。

税务机关发现纳税人的纳税申报数据资料异常或者纳税人未按照规定期限办理纳税申报的，可以提请环境保护主管部门进行复核。环境保护主管部门应当自收到税务机关的数据资料之日起15日内，向税务机关出具复核意见。税务机关应当按照环境保护主管部门复核的数据资料，调整纳税人的应纳税额。

(三)税款征收

纳税人应当向应税污染物排放地的税务机关申报缴纳环境保护税。

环境保护主管部门依照环境保护税法和有关环境保护法律法规的规定负责对污染物的监测管理，环境保护主管部门和税务机关应当建立涉税信息共享平台和工作配合机制。

环境保护主管部门应当将排污单位的排污许可、污染物排放数据、环境违法和受行政处罚情况等环境保护相关信息，定期交送税务机关。

税务机关应当将纳税人的纳税申报、税款入库、减免税额、欠缴税款以及风险疑点等环境保护税涉税信息，定期交送环境保护主管部门。

(四)法律责任

直接向环境排放应税污染物的企业事业单位和其他生产经营者，除按照规定缴纳环境保护税外，应当对所造成的损害依法承担责任。

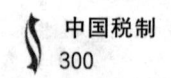

纳税人和税务机关、环境保护主管部门及其工作人员违反环境保护税法规定的，依照《中华人民共和国税收征收管理法》《中华人民共和国环境保护法》和有关法律法规的规定追究法律责任。

本章小结

城市维护建设税是对从事工商经营，缴纳增值税、消费税的单位和个人，以实际缴纳的增值税、消费税税额为计税依据征收的一种税。税率根据纳税人所在地区不同，实行差别比例税率。

印花税是以经济活动和经济交往中书立、领受的应税凭证为征税对象征收的一种税。印花税采用比例税率和定额税率；与此对应，印花税采用从价和从量两种计税方法。从价计征的印花税以应税凭证所记载的金额为计税依据，从量计征的印花税以应税凭证的件数为计税依据。

车辆购置税是对购置的车辆向购置者征收的一种税。车辆购置税实行从价定率的办法计算应纳税额，计税价格根据不同情况确定，税率为10%。

环境保护税是在中华人民共和国领域和中华人民共和国管辖的其他海域，以大气污染物、水污染物、固体废物和噪声为征税对象，对直接向环境排放应税污染物的企业事业单位和其他生产经营者征收的一种税。环境保护税采用定额税率，以应税污染物的污染当量数、排放量和分贝数为计税依据。

推荐阅读书目

[1] 王金南、葛察忠等：《环境税收政策及其实施战略》，中国环境科学出版社2006年版。
[2] 饶立新：《绿色税收理论与应用框架研究》，中国税务出版社2006年版。
[3] 杜放、于海峰：《生态税·循环经济·可持续发展》，中国财政经济出版社2007年版。
[4] 邓子基：《地方税系研究》，经济科学出版社2007年版。
[5] 石坚：《中国房地产税制：改革方向与政策分析》，中国税务出版社2008年版。
[6] 靳东升、李雪若：《地方税理论与实践》，经济科学出版社2008年版。
[7] 杨春玲、沈玉平：《地方税制研究》，中国税务出版社2008年版。
[8] 饶立新：《中国印花税研究》，中国税务出版社2009年版。
[9] 王乔、饶立新、曾耀辉：《中华人民共和国印花税票图鉴》，人民邮电出版社2009年版。
[10] 司言武：《环境税经济效应研究》，光明日报出版社2009年版。
[11] 高萍：《中国环境税制研究》，中国税务出版社2010年版。
[12] 李传轩：《中国环境税法律制度之构建研究》，法律出版社2011年版。
[13] 高亚军：《中国地方税研究》，中国社会科学出版社2012年版。
[14] 邓保生：《环境税开征立法问题研究》，中国税务出版社2014年版。
[15] 许建国：《中国地方税体系研究》，中国财政经济出版社2014年版。
[16] 全国税务师职业资格考试教材编写组：《税法（Ⅰ）》，中国税务出版社2016年版。
[17] 全国税务师职业资格考试教材编写组：《税法（Ⅱ）》，中国税务出版社2016年版。

第十章 税收征收管理

本章导读

我国税收管理的法律规范是《中华人民共和国税收征收管理法》。该法于 1992 年 9 月 4 日经第七届全国人民代表大会常务委员会第二十七次会议通过,自 1993 年 1 月 1 日起施行以来至 2015 年 4 月,先后于 1995 年 2 月 28 日、2001 年 4 月 28 日、2013 年 6 月 29 日和 2015 年 4 月 24 日进行过四次修订。通过本章的学习,了解税收征收管理、税务检查和法律责任的基本概念;理解税收征收管理法的特点、适用范围、税务检查范围;掌握税收征管制度、税务检查和税收法律责任的内容。

第一节 税收征收管理概述

一、税收征收管理的法律依据

税收征收管理是国家及其税务机关依据税法指导纳税人正确履行纳税义务,并对征纳过程进行组织、管理、监督、检查等一系列工作的总称。我国现行的税收管理法律依据是 1992 年 9 月 4 日第七届全国人民代表大会常务委员会第二十七次会议通过的、经 2015 年 4 月 24 日第十届全国人民代表大会常务委员会第十四次会议第四次修订的《中华人民共和国税收征收管理法》,自 2015 年 5 月 1 日起施行,以及 2016 年 2 月 6 日国务院修订后公布的《中华人民共和国税收征收管理法实施细则》。

我国税收的征收机关有税务、海关等部门,税务机关征收各种工商税收,海关征收关税。《税收征收管理法》只适用于由税务机关征收的各种税收的征收管理。

海关征收的关税及代征的增值税、消费税,适用其他法律、法规的规定。

值得注意的是,目前还有一部分费由税务机关征收,如教育费附加。这些费不适用《税收征收管理法》,不能采取《税收征收管理法》规定的措施,其具体管理办法由各种费的条例和规章决定。

二、税收征收管理的主体及权利和义务

(一)税务机关和税务人员的权利与义务

《税收征收管理法》规定,国务院税务主管部门主管全国税收征收管理工作。各地国家税务局和地方税务局应当按照国务院规定的税收征收管理范围分别进行征收管理。

地方各级人民政府应当依法加强对本行政区域内税收征收管理工作的领导或者协调,支持税务机关依法执行职务,依照法定税率计算税额,依法征收税款。

税务机关是指各级税务局、税务分局、税务所和省以下税务局的稽查局。稽查局专司偷税、逃避追缴欠税、骗税、抗税案件的查处。国家税务总局应当明确划分税务局和稽查局的职责,避免职责交叉。

1. 税务机关和税务人员的权利:(1)负责税收征收管理工作;(2)依法执行职务,任何单位和个人不得阻挠。

2. 税务机关和税务人员的义务:(1)广泛宣传税法,无偿提供咨询。(2)加强队伍建设,提高政治业务素质。(3)秉公执法,忠于职守,清正廉洁,尊重和保护相对人的权利。(4)不得索贿受贿、徇私舞弊、玩忽职守,不征或者少征应征税款;不得滥用职权多征或者故意刁难纳税人和扣缴义务人。(5)应当建立、健全内部制约和监督管理制度。(6)上级应当对下级的执法活动依法进行监督。(7)应当对其工作人员执行法律、行政法规和廉洁自律准则的情况进行监督检查。(8)负责征收、管理、稽查、行政复议的人员的职责应当明确,并相互分离、相互制约。(9)为检举人保密,并按照规定给予奖励。(10)税务人员在核定应纳税额、调整税收定额、进行税务检查、实施税务行政处罚、办理税务行政复议时,与纳税人、扣缴义务人或者其法定代表人、直接责任人有关系的,应当回避。

(二)纳税人的权利与义务

1. 纳税人的权利:(1)知情权;(2)保密权;(3)税收监督权;(4)纳税申报方式选择权;(5)申请延期申报权;(6)申请延期缴纳税款权;(7)申请退还多缴税款权;(8)依法享受税收优惠权;(9)委托税务代理权;(10)陈述与申辩权;(11)对未出示税务检查证和税务检查通知书的拒绝检查权;(12)税收法律救济权;(13)依法要求听证的权利;(14)索取有关税收凭证的权利。

2. 纳税人的义务:(1)依法进行税务登记;(2)依法设置账簿、保管账簿和有关资料以及依法开具、使用、取得和保管发票;(3)财务会计制度和会计核算软件备案;(4)按照规定安装、使用税控装置;(5)按时、如实申报;(6)按时缴纳税款;(7)代扣、代收税款;(8)接受依法检查;(9)及时提供信息;(10)报告其他涉税信息。

(三)地方各级人民政府、有关部门和单位的权利与义务

1. 地方各级人民政府、有关部门和单位的权利:(1)地方各级人民政府应当依法加强对本行政区域内税收征收管理工作的领导或者协调,支持税务机关依法执行职务,依照法定税率计算税额,依法征收税款;(2)各有关部门和单位应当支持、协助税务机关依法执行职务;(3)任何单位和个人都有权检举违反税收法律、行政法规的行为。

2. 地方各级人民政府、有关部门和单位的义务:(1)不得违反法律、法规的规定,擅自作出税收开征、停征以及减税、免税、退税、补税和其他与税收法律、法规相抵触的决定;(2)收到违反税收法律、法规行为检举的机关和负责查处的机关,应当为检举人保密。

第二节 税收基础管理

税收基础管理是整个税收征收管理的重要组成部分,是税收征纳的基础前提。主要包括税务登记管理、账簿和凭证管理、发票管理、纳税申报管理四个方面。

一、税务登记管理[①]

税务登记是税务机关根据税法规定对纳税人的生产经营活动进行登记管理的一项基本制

[①] 国家税务总局:《关于修改〈税务登记管理办法〉的决定》(国家税务总局令第36号),自2015年3月1日起施行。

度,也是纳税人已经纳入税务机关监督管理的一项证明。税务登记对于纳税人依法纳税和税务机关依法征税都有重要意义。

(一)税务登记的范围

企业,企业在外地设立的分支机构和从事生产、经营的场所,个体工商户和从事生产、经营的事业单位,以及其他纳税人均应当按照规定办理税务登记,但不包括国家机关、个人,以及无固定生产、经营场所的流动性农村小商贩。

根据税收法律、行政法规的规定,负有扣缴税款义务的扣缴义务人也按规定办理扣缴税款登记,但不包括国家机关。

(二)税务登记的种类

税务登记的种类,从发展过程和状态上看,主要有设立登记,变更登记,停业、复业登记,注销登记和外出经营报验登记五种。

1. 设立登记

企业,企业在外地设立的分支机构和从事生产、经营的场所,个体工商户和从事生产、经营的事业单位(以下统称从事生产、经营的纳税人),向生产、经营所在地税务机关申报办理税务登记:

(1)从事生产、经营的纳税人领取工商营业执照(含临时工商营业执照)的,应当自领取工商营业执照之日起30日内申报办理税务登记。

(2)从事生产、经营的纳税人未办理工商营业执照但经有关部门批准设立的,应当自有关部门批准设立之日起30日内申报办理税务登记。

(3)从事生产、经营的纳税人未办理工商营业执照也未经有关部门批准设立的,应当自纳税义务发生之日起30日内申报办理税务登记。

(4)有独立的生产经营权、在财务上独立核算并定期向发包人或者出租人上缴承包费或租金的承包承租人,应当自承包承租合同签订之日起30日内,向其承包承租业务发生地税务机关申报办理税务登记。

(5)境外企业在中国境内承包建筑、安装、装配、勘探工程和提供劳务的,应当自项目合同或协议签订之日起30日内,向项目所在地税务机关申报办理税务登记。

(6)除国家机关、个人和无固定生产、经营场所的流动性农村小商贩外,其他纳税人均应当自纳税义务发生之日起30日内,向纳税义务发生地税务机关申报办理税务登记。

纳税人在申报办理税务登记时,应当根据不同情况向税务机关如实提供以下证件和资料:工商营业执照或其他核准执业证件;有关合同、章程、协议书;组织机构统一代码证书;法定代表人或负责人或业主的居民身份证、护照或者其他合法证件。

(7)已办理税务登记的扣缴义务人应当自扣缴义务发生之日起30日内,向税务登记地税务机关申报办理扣缴税款登记。税务机关在其税务登记证件上登记扣缴税款事项,税务机关不再发放扣缴税款登记证件。

根据税收法律、行政法规的规定可不办理税务登记的扣缴义务人,应当自扣缴义务发生之日起30日内,向机构所在地税务机关申报办理扣缴税款登记。税务机关发放扣缴税款登记证件。

2. 变更登记

变更登记,是指纳税人税务登记内容发生重大变化时向原税务登记机关申报办理的税务登记手续。

纳税人已在工商行政管理机关办理变更登记的,应当自工商行政管理机关变更登记之日起 30 日内,向原税务登记机关如实提供下列证件、资料,申报办理变更税务登记:工商登记变更表及工商营业执照;纳税人变更登记内容的有关证明文件;税务机关发放的原税务登记证件(登记证正、副本和登记表等);其他有关资料。

纳税人按照规定不需要在工商行政管理机关办理变更登记,或者其变更登记的内容与工商登记内容无关的,应当自税务登记内容实际发生变化之日起 30 日内,或者自有关机关批准或者宣布变更之日起 30 日内,持下列证件到原税务登记机关申报办理变更税务登记:纳税人变更登记内容的有关证明文件;税务机关发放的原税务登记证件(登记证正、副本和税务登记表等);其他有关资料。

税务机关应当于受理当日办理变更税务登记。纳税人税务登记表和税务登记证中的内容都发生变更的,税务机关按变更后的内容重新发放税务登记证件;纳税人税务登记表的内容发生变更而税务登记证中的内容未发生变更的,税务机关不重新发放税务登记证件。

3. 停业、复业登记

实行定期定额征收方式的个体工商户需要停业的,应当在停业前向税务机关申报办理停业登记。纳税人的停业期限不得超过一年。

纳税人在申报办理停业登记时,应如实填写《停业复业报告书》,说明停业理由、停业期限、停业前的纳税情况和发票的领、用、存情况,并结清应纳税款、滞纳金、罚款。税务机关应收存其税务登记证件及副本、发票领购簿、未使用完的发票和其他税务证件。

纳税人在停业期间发生纳税义务的,应当按照税收法律、行政法规的规定申报缴纳税款。

纳税人应当于恢复生产经营之前,向税务机关申报办理复业登记,如实填写《停业复业报告书》,领回并启用税务登记证件、发票领购簿及其停业前领购的发票。

纳税人停业期满不能及时恢复生产经营的,应当在停业期满前到税务机关办理延长停业登记,并如实填写《停业复业报告书》。

4. 注销登记

注销登记,是指纳税人税务登记内容发生根本性变化,需要终止履行纳税义务时,向税务机关申请办理的税务登记手续。

(1)注销登记的适用范围。

纳税人因经营期限届满而自动解散;企业由于改组、分立、合并等原因而被撤销;企业资不抵债而破产;纳税人住所、经营地址迁移而涉及改变原主管税务机关的;纳税人被工商行政管理部门吊销营业执照以及纳税人依法终止履行纳税义务的其他情形。

(2)注销登记的时间要求。

纳税人发生解散、破产、撤销以及其他情形,依法终止纳税义务的,应当在向工商行政管理机关或者其他机关办理注销登记前,持有关证件和资料向原税务登记机关申报办理注销税务登记;按规定不需要在工商行政管理机关或者其他机关办理注册登记的,应当自有关机关批准或者宣告终止之日起 15 日内,持有关证件和资料向原税务登记机关申报办理注销税务登记。

纳税人被工商行政管理机关吊销营业执照或者被其他机关予以撤销登记的,应当自营业执照被吊销或者被撤销登记之日起 15 日内,向原税务登记机关申报办理注销税务登记。

纳税人因住所、经营地点变动,涉及改变税务登记机关的,应当在向工商行政管理机关或者其他机关申请办理变更、注销登记前,或者住所、经营地点变动前,持有关证件和资料,向原税务登记机关申报办理注销税务登记,并自注销税务登记之日起 30 日内向迁达地税务机关申报办理税务登记。

境外企业在中国境内承包建筑、安装、装配、勘探工程和提供劳务的,应当在项目完工、离开中国前15日内,持有关证件和资料,向原税务登记机关申报办理注销税务登记。

(3)其他规定。

纳税人办理注销税务登记前,应当向税务机关提交相关证明文件和资料,结清应纳税款、多退(免)税款、滞纳金和罚款,缴销发票、税务登记证件和其他税务证件,经税务机关核准后,办理注销税务登记手续。

5. 外出经营报验登记

纳税人到外县(市)临时从事生产、经营活动的,应当在外出生产、经营以前,持税务登记证到主管税务机关开具《外出经营活动税收管理证明》(以下简称《外管证》)。

税务机关按照一地一证的原则,发放《外管证》,《外管证》的有效期限一般为30日,最长不得超过180天。

纳税人应当在《外管证》注明地进行生产、经营前向当地税务机关报验登记,并提交税务登记证件副本和《外管证》。

纳税人在《外管证》注明地销售货物的,除提交以上证件、资料外,应如实填写《外出经营货物报验单》,申报查验货物。

纳税人外出经营活动结束,应当向经营地税务机关填报《外出经营活动情况申报表》,并结清税款、缴销发票。

纳税人应当在《外管证》有效期届满后10日内,持《外管证》回原税务登记地税务机关办理《外管证》缴销手续。

(三)非正常户处理

1. 已办理税务登记的纳税人未按照规定的期限申报纳税,在税务机关责令其限期改正后,逾期不改正的,税务机关应当派员实地检查,查无下落并且无法强制其履行纳税义务的,由检查人员制作非正常户认定书,存入纳税人档案,税务机关暂停其税务登记证件、发票领购簿和发票的使用。

2. 纳税人被列入非正常户超过三个月的,税务机关可以宣布其税务登记证件失效,其应纳税款的追征仍按《税收征收管理法》及其实施细则的规定执行。

(四)税务登记证的作用和管理

1. 税务登记证的作用

除按规定不需要发给税务登记证件的以外,纳税人办理下列业务必须持税务登记证件:(1)开立银行账户;(2)申请减税、免税、退税;(3)申请办理延期申报、延期缴纳税款;(4)领购发票;(5)申请开具外出经营活动税收管理证明;(6)办理停业、歇业;(7)其他有关税务事项。

2. 税务登记证的管理

税务机关对税务登记证件实行定期验证和换证制度。纳税人应当在规定的期限内持有关证件到主管税务机关办理验证或者换证手续。税务机关应当加强税务登记证件的管理,采取实地调查、上门验证等方法,或者结合税务部门和工商部门之间,以及国家税务局(分局)、地方税务局(分局)之间的信息交换比对进行税务登记证件的管理。

纳税人应当将税务登记证件正本在其生产、经营场所或者办公场所公开悬挂,接受税务机关检查。

从事生产、经营的纳税人到外县(市)临时从事生产、经营活动的,应当持税务登记证副本和所在地税务机关填开的《外出经营活动税收管理证明》，向营业地税务机关报验登记，接受税务管理。

税务登记证式样改变，需统一换发税务登记证的，由国家税务总局确定。税务登记证件不得转借、涂改、损毁、买卖或者伪造。

纳税人、扣缴义务人遗失税务登记证件的，应当自遗失税务登记证件之日起15日内，书面报告主管税务机关，如实填写《税务登记证件遗失报告表》，并将纳税人的名称、税务登记证件名称、税务登记证件号码、税务登记证件有效期、发证机关名称在税务机关认可的报刊上作遗失声明，凭报刊上刊登的遗失声明到主管税务机关补办税务登记证件。

二、账簿和凭证管理

账簿和凭证是记录和反映纳税人经营活动的基本材料之一，也是税务机关对纳税人、扣缴义务人计征税款以及确认是否正确履行纳税义务的重要依据。

(一)设置账簿的规定

纳税人、扣缴义务人按照有关法律、行政法规和国务院财政、税务主管部门的规定设置账簿，根据合法、有效的凭证记账，进行核算。

从事生产、经营的纳税人应当自领取营业执照或者发生纳税义务之日起15日内，按照国家有关规定设置总账、明细账、日记账以及其他辅助性账簿。

生产、经营规模小又确无建账能力的纳税人，可以聘请经批准从事会计代理记账业务的专业机构或者财会人员代为建账和办理账务。

扣缴义务人应当自税收法律、行政法规规定的扣缴义务发生之日起10日内，按照所代扣、代收的税种，分别设置代扣代缴、代收代缴税款账簿。

(二)对会计核算的要求

所有纳税人和扣缴义务人都必须根据合法、有效的凭证进行账务处理。

纳税人建立的会计电算化系统应当符合国家有关规定，并能正确、完整地核算其收入或者所得。

纳税人使用计算机记账的，应当在使用前将会计电算化系统的会计核算软件、使用说明书及有关资料报送主管税务机关备案。

纳税人、扣缴义务人会计制度健全，能够通过计算机正确、完整地计算其收入和所得或者代扣代缴、代收代缴税款情况的，其计算机输出的完整的书面会计记录，可视同会计账簿。

纳税人、扣缴义务人会计制度不健全，不能通过计算机正确、完整地计算其收入和所得或者代扣代缴、代收代缴税款情况的，应当建立总账及与纳税或者代扣代缴、代收代缴税款有关的其他账簿。

账簿、会计凭证和报表，应当使用中文。民族自治地方可以同时使用当地通用的一种民族文字。外商投资企业和外国企业可以同时使用一种外国文字。

(三)财务、会计制度的管理

从事生产、经营的纳税人应当自领取税务登记证件之日起15日内，将其财务、会计制度或者财务、会计处理办法报送主管税务机关备案。

纳税人、扣缴义务人的财务、会计制度或者财务、会计处理办法与国务院或者国务院财政、税务主管部门有关税收的规定抵触的，依照国务院或者国务院财政、税务主管部门有关税收的规定，计算应纳税款、代扣代缴和代收代缴税款。

(四)账簿和凭证的保存与管理

从事生产、经营的纳税人、扣缴义务人必须按照国务院财政、税务主管部门规定的保管期限,保管账簿、记账凭证、完税凭证及其他有关资料。账簿、记账凭证、完税凭证及其他有关资料不得伪造、变造或者擅自损毁。

账簿、记账凭证、报表、完税凭证、发票、出口凭证以及其他有关涉税资料应当保存10年。但是,法律、行政法规另有规定的除外。

三、发票管理[①]

税务机关是发票的主管机关,负责发票印制、领购、开具、取得、保管、缴销的管理和监督。单位和个人在购销商品、提供或者接受经营服务以及从事其他经营活动中,应当按照规定开具、使用、取得发票。根据发票作用、内容及使用范围的不同,发票分为普通发票和增值税专用发票两大类。

(一)普通发票

1. 普通发票的结构及特点

普通发票作为在购销商品、提供或者接受服务以及从事其他经营活动中开具、取得的收付款凭证,只是一种商事凭证,只开具交易数量、商品名称、价格等内容,不开具税金,使用范围比较广泛。其基本联次有三联:第一联为存根联,开具方留存备查;第二联为发票联,取得方作为付款的原始凭证,开具后的发票联要加盖财务印章或发票专用章;第三联为记账联,开票方作为记账原始凭证。

普通发票的基本内容包括发票的名称、字轨号码、联次及客户名称、开户银行及账号、商品名称或经营项目、计量单位、单价、大小写金额、开票人、开票日期、开票单位(个人)名称等。

2. 普通发票的印制

在全国范围内统一式样的普通发票,由国家税务总局确定;省、自治区、直辖市范围内统一式样的普通发票,由省级国家税务局确定。

有固定生产经营场所、财务和发票管理制度健全、发票使用量较大的单位,可以申请印制印有本单位名称的发票;统一发票式样不能满足业务需要的单位,可向县以上税务机关提出自行设计本单位普通发票的书面申请报告,经批准后可以到税务机关指定的印刷企业印刷。

3. 普通发票的领购

从事生产经营并依法办理税务登记的单位和个人,在领取税务登记证后,都有资格向主管税务机关申请领购发票。

申请领购发票的单位和个人,首先要提出购票申请,并提供经办人身份证明、税务登记证件或者其他有关证明,以及财务印章或发票专用章的印模。然后由主管税务机关进行审核,对审核无误的发给《发票领购簿》。用票单位和个人可以按照《发票领购簿》核准的种类、数量以及购票方式,向主管税务机关领购发票。

从事临时经营的单位和个人、外来工商业户以及没有办理税务登记的纳税人,需要临时使用发票时,可以直接向经营地主管税务机关申请办理。

---

① 为进一步加强发票管理,2010年12月8日国务院第136次常务会议通过《关于修改〈中华人民共和国发票管理办法〉的决定》,并于2010年12月20日正式公布,自2011年2月1日起施行。2011年1月27日国家税务总局第1次局务会议审议通过《中华人民共和国发票管理办法实施细则》,于2011年2月14日正式公布,自2011年2月1日起施行。2014年12月19日国家税务总局2014年度第4次局务会议审议通过《国家税务总局关于修改〈中华人民共和国发票管理办法实施细则〉的决定》,对《中华人民共和国发票管理办法实施细则》进行了修订,自2015年3月1日起施行。

临时到本省、自治区、直辖市以外从事经营活动的单位或者个人，可以凭所在地税务机关的证明，向经营地税务机关申请领购经营地的普通发票。经营地税务机关可以要求其提供保证人或者交纳不超过1万元的保证金。

4. 普通发票的开具

销售商品、提供劳务以及从事其他经营活动的单位和个人，对外发生经营业务收取款项，收款方应向付款方开具发票（小额零售时对方不要求开给发票的除外）。特殊情况下，由付款方向收款方开具发票。

纳税人的发票只限于领购单位和个人自己填用，不得出售、转借、转让、代开。向消费者个人零售小额商品，也可以不开发票，如果消费者索要发票，则不准拒开。未经税务机关批准，不得拆本使用发票。

开具发票要按照规定的时限、顺序，逐栏、全部联次一次性如实开具，并加盖单位财务印章或发票专用章。

填开发票的单位和个人必须在发生经营业务确认营业收入时开具发票，未发生经营业务的，一律不准开具发票。发票只能在工商行政管理部门发放的营业执照上核准的经营业务范围内填开，不得自行扩大专业发票使用范围。填开发票时，不得按照付款方的要求变更品名和金额等。

开具发票应当使用中文。民族自治地方可以同时使用当地通用的一种民族文字，外商投资企业可以同时使用一种外国文字。

5. 普通发票使用、缴销和保管制度

开具发票的单位和个人，都应建立、健全发票保管制度，设专人负责，专柜存放，防止丢失损毁，定期进行盘点，保证账实相符。

对已填用的发票存根要和空白发票一样妥善保管，不得擅自销毁。已经开具的发票存根联和发票登记簿应保存5年，保存期满，须报经税务机关查验后方可销毁。

实行"验旧换新"制度的用票单位和个人，其发票的缴销与领用是相衔接的，即领购新发票时，要向税务机关缴销已经填用完毕的发票存根。

用票单位或个人丢失发票，应于丢失当日书面报告主管税务机关，并在报刊和电视等传播媒介上发布公告，声明作废。

(二)增值税专用发票[①]

增值税专用发票，是增值税一般纳税人销售货物或者提供应税劳务开具的发票，是购买方支付增值税额并可按照增值税有关规定据以抵扣增值税进项税额的凭证。

一般纳税人应通过增值税防伪税控系统使用增值税专用发票。使用，包括领购、开具、缴销、认证纸质增值税专用发票及其相应的数据电文。

上述所称"防伪税控系统"，是指经国务院同意推行的，使用专用设备和通用设备、运用数字密码和电子存储技术管理增值税专用发票的计算机管理系统。"专用设备"，是指金税卡、IC卡、读卡器和其他设备。"通用设备"，是指计算机、打印机、扫描器具和其他设备。

1. 增值税专用发票的联次

增值税专用发票由基本联次或者基本联次附加其他联次构成，基本联次为三联：发票联、

---

① 为适应增值税专用发票管理需要，规范增值税专用发票使用，进一步加强增值税征收管理，在广泛征求意见的基础上，国家税务总局对原《增值税专用发票使用规定》进行了修订，并自2007年1月1日起施行。

抵扣联和记账联。发票联,作为购买方核算采购成本和增值税进项税额的记账凭证;抵扣联,作为购买方报送主管税务机关认证和留存备查的凭证;记账联,作为销售方核算销售收入和增值税销项税额的记账凭证。其他联次用途,由一般纳税人自行确定。

2. 增值税专用发票的开票限额

专用发票实行最高开票限额管理。最高开票限额,是指单份增值税专用发票开具的销售额合计数不得达到的上限额度。

最高开票限额由一般纳税人申请,税务机关依法审批。最高开票限额为 10 万元及以下的,由区县级税务机关审批;最高开票限额为 100 万元的,由地市级税务机关审批;最高开票限额为 1 000 万元及以上的,由省级税务机关审批。防伪税控系统的具体发行工作由区县级税务机关负责。

税务机关审批最高开票限额应进行实地核查。批准使用最高开票限额为 10 万元及以下的,由区县级税务机关派人实地核查;批准使用最高开票限额为 100 万元的,由地市级税务机关派人实地核查;批准使用最高开票限额为 1 000 万元及以上的,由地市级税务机关派人实地核查后将核查资料报省级税务机关审核。

3. 增值税专用发票领购使用范围

一般纳税人凭发票领购簿、IC 卡和经办人身份证明领购增值税专用发票。一般纳税人有下列情形之一的,不得领购、开具增值税专用发票:

(1)会计核算不健全,不能向税务机关准确提供增值税销项税额、进项税额、应纳税额数据及其他有关增值税税务资料的。

上列其他有关增值税税务资料的内容,由省、自治区、直辖市和计划单列市国家税务局确定。

(2)有《税收征收管理法》规定的税收违法行为,拒不接受税务机关处理的。

(3)有虚开增值税专用发票、私自印制专用发票、向税务机关以外的单位和个人买取专用发票、借用他人专用发票、未按规定开具专用发票、未按规定保管专用发票和专用设备、未按规定申请办理防伪税控系统变更发行、未按规定接受税务机关检查等行为,经税务机关责令限期改正而仍未改正的。

有上列情形的,如已领购专用发票,主管税务机关应暂扣其结存的专用发票和 IC 卡。

4. 增值税专用发票开具范围

一般纳税人销售货物或者提供应税劳务,应向购买方开具增值税专用发票。

商业企业一般纳税人零售的烟、酒、食品、服装、鞋帽(不包括劳保专用部分)、化妆品等消费品,不得开具增值税专用发票。

增值税小规模纳税人需要开具增值税专用发票的,可向主管税务机关申请代开。

销售免税货物不得开具增值税专用发票,法律、法规及国家税务总局另有规定的除外。

5. 增值税专用发票开具要求

增值税专用发票应按下列要求开具:

(1)项目齐全,与实际交易相符;

(2)字迹清楚,不得压线、错格;

(3)发票联和抵扣联加盖财务专用章或者发票专用章;

(4)按照增值税纳税义务的发生时间开具。

对不符合上列要求的增值税专用发票,购买方有权拒收。

一般纳税人销售货物或者提供应税劳务，可汇总开具增值税专用发票。汇总开具增值税专用发票的，同时使用防伪税控系统开具《销售货物或者提供应税劳务清单》，并加盖财务专用章或者发票专用章。

6. 开具专用发票后发生退货或开票有误的处理

(1)增值税一般纳税人开具增值税专用发票(以下简称专用发票)后,发生销售退回、销售折让以及开票有误等情况,需要开具红字专用发票的,视不同情况分别按以下办法处理：

①因专用发票抵扣联、发票联均无法认证的,由购买方填报开具红字增值税专用发票申请单,并在申请单上填写具体原因以及相对应蓝字专用发票的信息,主管税务机关审核后出具开具红字增值税专用发票通知单。购买方不作进项税额转出处理。

②购买方所购货物不属于增值税扣税项目范围,取得的专用发票未经认证的,由购买方填报申请单,并在申请单上填写具体原因以及相对应蓝字专用发票的信息,主管税务机关审核后出具通知单。购买方不作进项税额转出处理。

③因开票有误购买方拒收专用发票的,销售方须在专用发票认证期限内向主管税务机关填报申请单,并在申请单上填写具体原因以及相对应蓝字专用发票的信息,同时提供由购买方出具的写明拒收理由、错误具体项目以及正确内容的书面材料,主管税务机关审核确认后出具通知单。销售方凭通知单开具红字专用发票。

④因开票有误等原因尚未将专用发票交付购买方的,销售方须在开具有误专用发票的次月内向主管税务机关填报申请单,并在申请单上填写具体原因以及相对应蓝字专用发票的信息,同时提供由销售方出具的写明具体理由、错误具体项目以及正确内容的书面材料,主管税务机关审核确认后出具通知单。销售方凭通知单开具红字专用发票。

⑤发生销货退回或销售折让的,除按照规定进行处理外,销售方还应在开具红字专用发票后将该笔业务的相应记账凭证复印件报送主管税务机关备案。

(2)税务机关为小规模纳税人代开专用发票需要开具红字专用发票的,比照一般纳税人开具红字专用发票的处理办法,通知单第二联交代开税务机关。

(3)为实现对通知单的监控管理,国家税务总局正在开发通知单开具和管理系统。在系统推广应用之前,通知单暂由一般纳税人留存备查,税务机关不进行核销。红字专用发票暂不报送税务机关认证。

7. 增值税专用发票不得抵扣进项税额的规定

(1)经认证,有下列情形之一的,不得作为增值税进项税额的抵扣凭证,税务机关退还原件,购买方可要求销售方重新开具专用发票：

①无法认证。是指专用发票所列密文或者明文不能辨认,无法产生认证结果。

②纳税人识别号认证不符。是指专用发票所列购买方纳税人识别号有误。

③专用发票代码、号码认证不符。是指专用发票所列密文解译后与明文的代码或者号码不一致。

(2)经认证,有下列情形之一的,暂不得作为增值税进项税额的抵扣凭证,税务机关扣留原件,查明原因,分别情况进行处理：

①重复认证。是指已经认证相符的同一张专用发票再次认证。

②密文有误。是指专用发票所列密文无法解译。

③认证不符。是指纳税人识别号有误,或者专用发票所列密文解译后与明文不一致。本项所称认证不符不含(1)的第②项、第③项所列情形。

④列为失控专用发票。是指认证时的专用发票已被登记为失控专用发票。

(3)对丢失已开具专用发票的发票联和抵扣联的处理：

①一般纳税人丢失已开具专用发票的发票联和抵扣联,如果丢失前已认证相符的,购买方凭销售方提供的相应专用发票记账联复印件及销售方所在地主管税务机关出具的丢失增值税专用发票已报税证明单,经购买方主管税务机关审核同意后,可作为增值税进项税额的抵扣凭证。

②如果丢失前未认证的,购买方凭销售方提供的相应专用发票记账联复印件到主管税务机关进行认证,认证相符的凭该专用发票记账联复印件及销售方所在地主管税务机关出具的丢失增值税专用发票已报税证明单,经购买方主管税务机关审核同意后,可作为增值税进项税额的抵扣凭证。

③一般纳税人丢失已开具专用发票的抵扣联,如果丢失前已认证相符的,可使用专用发票发票联复印件留存备查。

④如果丢失前未认证的,可使用专用发票的发票联到主管税务机关认证,专用发票发票联的复印件留存备查。

⑤一般纳税人丢失已开具专用发票的发票联,可将专用发票抵扣联作为记账凭证,专用发票抵扣联复印件留存备查。

四、纳税申报管理

纳税申报是指纳税人按照法律、行政法规规定的期限和内容,向税务机关提交有关纳税事项书面报告的法律行为。它既是纳税人履行纳税义务的法定程序,又是税务机关核定应征税款和开具纳税凭证的主要依据。

(一)纳税申报的对象

在税收征收管理过程中,需要办理纳税申报的对象为纳税人和扣缴义务人。

1. 纳税人

纳税人必须依照法律、行政法规规定或者税务机关依照法律、行政法规的规定确定的申报期限、申报内容如实办理纳税申报,报送纳税申报表、财务会计报表以及税务机关根据实际需要要求纳税人报送的其他纳税资料。

纳税人在纳税期内没有应纳税款的,也应当按照规定办理纳税申报。

纳税人享受减税、免税待遇的,在减税、免税期间应当按照规定办理纳税申报。

2. 扣缴义务人

扣缴义务人必须依照法律、行政法规规定或者税务机关依照法律、行政法规的规定确定的申报期限、申报内容,如实报送代扣代缴、代收代缴税款报告表,以及税务机关根据实际需要要求扣缴义务人报送的其他有关资料。

(二)纳税申报的内容

纳税申报的内容,主要在各税种的纳税申报表和代扣代缴、代收代缴税款报告表中体现,还有的是在随纳税申报表附报的财务报表和有关纳税资料中体现。纳税人、扣缴义务人的纳税申报或者代扣代缴、代收代缴税款报告的主要内容包括税种、税目,应纳税项目或者应代扣代缴、代收代缴税款项目,计税依据,扣除项目及标准,适用税率或者单位税额,应退税项目及税额、应减免税项目及税额,应纳税额或者应代扣代缴、代收代缴税额,税款所属期限、延期缴纳税款、欠税、滞纳金等。

(三)纳税申报的期限

纳税人和扣缴义务人都必须按照法定的期限办理纳税申报。纳税申报的期限有两种:一种是法律、行政法规明确规定的;另一种是税务机关按照法律、行政法规的原则规定,结合纳税人生产经营的实际情况及其所应缴纳的税种等相关问题予以确定的。两种期限具有同等的法律效力。

纳税申报期限的最后一日是法定休假日的,可以顺延,但不得超过法定的申报期限。

(四)纳税申报的要求

纳税人办理纳税申报时,应当如实填写纳税申报表,并根据不同情况相应报送下列有关证件、资料:

1. 财务会计报表及其说明材料;
2. 与纳税有关的合同、协议书及凭证;
3. 税控装置的电子报税资料;
4. 外出经营活动税收管理证明和异地完税凭证;
5. 境内或者境外公证机构出具的有关证明文件;
6. 税务机关规定应当报送的其他有关证件、资料。

扣缴义务人办理代扣代缴、代收代缴税款申报时,应当如实填写代扣代缴、代收代缴税款报告表,并报送代扣代缴、代收代缴税款的合法凭证以及税务机关规定的其他有关证件、资料。

(五)纳税申报的方式

纳税人、扣缴义务人可以直接到税务机关办理纳税申报或者报送代扣代缴、代收代缴税款报告表,也可以按照规定采取邮寄、数据电文或者其他方式办理上述申报、报送事项。

1. 直接申报。是指纳税人、扣缴义务人依法在法定申报期限内,直接到主管税务机关办理纳税申报或报送代扣代缴、代收代缴税款报告表,经税务机关核实后,填开纳税缴款书,限期缴纳。

2. 邮寄申报。是指纳税人到税务机关申报确有困难的,经税务机关批准,可以采用邮寄方式进行纳税申报。采取邮寄申报的纳税人应当在邮寄纳税申报表的同时,汇寄应纳税款。税务机关在收到纳税申报表和税款后,必须向纳税人开具完税凭证,办理税款缴库手续。

纳税人采取邮寄方式办理纳税申报的,应当使用统一的纳税申报专用信封,并以邮政部门收据作为申报凭据。邮寄申报以寄出的邮戳日期为实际申报日期。

3. 数据电文申报。是指以税务机关确定的电话语音、电子数据交换和网络传输等电子方式办理纳税申报。纳税人采用电子方式办理纳税申报的,应当按照税务机关规定的期限和要求保存有关资料,并定期书面报送主管税务机关。

4. 委托代理申报。是指由委托人出具委托书,通过代理人进行纳税申报的方式。在前两种方式中,税务代理人的作用只是咨询,而委托代理方式才是税务代理人主要从事的代理申报业务。

5. 其他方式申报。除上述方式外,实行定期定额缴纳税款的纳税人,可以实行简易申报和简并征期两种申报纳税方式。

(1)简易申报。纳税人按照税务机关核定的税额和期限缴清税款,即视为已纳税申报的一种方式。

(2)简并征期。月纳税额较少的定期定额征收的纳税人,可以按季度或半年合并征收税款,并在季度终了或者半年之后10日内缴纳税款的一种方式。

(六)延期申报管理

延期申报是指纳税人、扣缴义务人不能按照税法规定的期限办理纳税申报或扣缴税款报告。

纳税人、扣缴义务人按照规定的期限办理纳税申报或者报送代扣代缴、代收代缴税款报告表确有困难,需要延期的,应当在规定的期限内向税务机关提出书面延期申请,经税务机关核准,在核准的期限内办理。

纳税人、扣缴义务人因不可抗力,不能按期办理纳税申报或者报送代扣代缴、代收代缴税款报告表的,可以延期办理;但是,应当在不可抗力情形消除后立即向税务机关报告。税务机关应当查明事实,予以核准。

经核准延期办理纳税申报的,应当在纳税期内按照上期实际缴纳的税额或者税务机关核定的税额预缴税款,并在核准的延期内办理纳税结算。

第三节 税款征收

一、税款征收方式

税款征收方式是指税务机关根据各税种的不同特点、征纳双方的具体条件而确定的计算征收税款的方法和形式。税款征收方式主要有:

(一)查账征收

查账征收是指由税务机关在规定的期限内,依法对纳税主体报送的纳税申报表和有关财务报表、资料等进行审核,填开税收缴款书,并由纳税人自行缴纳税款的征收方式。这种方式一般适用于财务会计制度健全、能够认真履行纳税义务的纳税人。

(二)查定征收

查定征收是指税务机关根据纳税人的从业人员、生产设备、耗用原材料等情况,对其产制的应税产品查实核定产量、销售额并据以征收税款的方式。这种方式一般适用于生产规模较小、账册不够健全,但是能够控制原材料或进销货的纳税人。

(三)查验征收

查验征收是指税务机关到纳税人的生产经营场所进行实地查验,通过查验数量,以确定其真实的计税依据和应纳税额,并由纳税人据此缴纳税款的方式。这种方式一般适用于财务会计制度不够健全,经营品种比较单一,经营地点、生产周期不固定或临时经营的纳税人。

(四)定期定额征收

定期定额征收是指税务机关通过典型调查,逐户确定营业额和所得额,根据纳税人生产经营等方面的具体情况,定期对纳税人的应纳税额予以核定,并定期进行相关税种合并征收的一种征税方式。这种方式一般适用于账册不健全或暂缓建账,其生产经营收入难以查实的个体工商户。

(五)委托代征税款

委托代征税款是指税务机关委托代征人以税务机关的名义征收税款,并将税款缴入国库的方式。这种方式一般适用于征收少数零星、分散税源的税收。

(六)邮寄纳税

邮寄纳税是一种新的纳税方式。这种方式主要适用于那些有能力按期纳税,但采用其他方式纳税又不方便的纳税人。

(七)其他方式

其他方式包括利用网络申报、用IC卡纳税等。

二、税款征收制度

(一)代扣代缴、代收代缴税款制度

1. 扣缴义务人依照法律、行政法规的规定履行代扣、代收税款的义务。对法律、行政法规没有规定负有代扣、代收税款义务的单位和个人,税务机关不得要求其履行代扣、代收税款义务。

2. 税法规定的扣缴义务人必须依法履行代扣、代收税款义务。如果不履行义务,就要承担法律责任。除按征管法及实施细则的规定给予处罚外,应当责成扣缴义务人限期将应扣未扣、应收未收的税款补扣或补收。

3. 扣缴义务人依法履行代扣、代收税款义务时,纳税人不得拒绝。纳税人拒绝的,扣缴义务人应当及时报告主管税务机关处理。不及时向主管税务机关报告的,扣缴义务人应承担应扣未扣、应收未收税款的责任。

4. 扣缴义务人代扣、代收税款,只限于法律、行政法规规定的范围,并依照法律、行政法规规定的征收标准执行。对法律、法规没有规定代扣、代收的,扣缴义务人不能超越范围代扣、代收税款,扣缴义务人也不得提高或降低标准代扣、代收税款。

5. 税务机关按照规定付给扣缴义务人代扣、代收手续费。

(二)延期缴纳税款制度

纳税人、扣缴义务人按照法律、行政法规规定或者税务机关依照法律、行政法规的规定确定的期限,缴纳或者解缴税款。

纳税人因有特殊困难,不能按期缴纳税款的,经省、自治区、直辖市国家税务局、地方税务局批准,可以延期缴纳税款,但是最长不得超过三个月。

纳税人有下列情形之一的,属于特殊困难:

1. 因不可抗力,导致纳税人发生较大损失,正常生产经营活动受到较大影响的;
2. 当期货币资金在扣除应付职工工资、社会保险费后,不足以缴纳税款的。

纳税人需要延期缴纳税款的,应当在缴纳税款期限届满前提出申请,并报送下列材料:申请延期缴纳税款报告、当期货币资金余额情况及所有银行存款账户的对账单、资产负债表、应付职工工资和社会保险费等税务机关要求提供的支出预算。

(三)税收滞纳金征收制度

纳税人未按照规定期限缴纳税款的,扣缴义务人未按照规定期限解缴税款的,税务机关除责令限期缴纳外,从滞纳税款之日起,按日加收滞纳税款万分之五的滞纳金。

税务机关应当自收到申请延期缴纳税款报告之日起20日内作出批准或者不予批准的决定;不予批准的,从缴纳税款期限届满之日起加收滞纳金。

加收滞纳金的起止时间,为法律、行政法规规定或者税务机关依照法律、行政法规的规定确定的税款缴纳期限届满次日起至纳税人、扣缴义务人实际缴纳或者解缴税款之日止。

(四)税额核定制度

纳税人有下列情形之一的,税务机关有权核定其应纳税额:

1. 依照法律、行政法规的规定可以不设置账簿的;

2. 依照法律、行政法规的规定应当设置账簿但未设置的;

3. 擅自销毁账簿或者拒不提供纳税资料的;

4. 虽设置账簿,但账目混乱或者成本资料、收入凭证、费用凭证残缺不全,难以查账的;

5. 发生纳税义务,未按照规定的期限办理纳税申报,经税务机关责令限期申报,逾期仍不申报的;

6. 纳税人申报的计税依据明显偏低,又无正当理由的。

对未按照规定办理税务登记的从事生产、经营的纳税人以及临时从事经营的纳税人,由税务机关核定其应纳税额,责令缴纳。

目前税务机关核定税额的方法主要有以下四种:(1)参照当地同类行业或者类似行业中,经营规模和收入水平相近的纳税人的收入额和利润率核定;(2)按照营业收入或者成本加合理费用和利润的方法核定;(3)按照耗用的原材料、燃料、动力等推算或者测算核定;(4)按照其他合理的方法核定。

采用以上一种方法不足以正确核定应纳税额时,可以同时采用两种以上的方法核定。

纳税人对税务机关采取规定的方法核定的应纳税额有异议的,应当提供相关证据,经税务机关认定后,调整应纳税额。

(五)税收调整制度

税收调整制度,主要是指关联企业的税收调整制度。《税收征收管理法》规定,企业或者外国企业在中国境内设立的从事生产、经营的机构、场所与其关联企业之间的业务往来,应当按照独立企业之间的业务往来收取或者支付价款、费用;不按照独立企业之间的业务往来收取或者支付价款、费用,而减少其应纳税的收入或者所得额的,税务机关有权进行合理调整。

所称关联企业,是指有下列关系之一的公司、企业和其他经济组织:

1. 在资金、经营、购销等方面,存在直接或者间接的拥有或者控制关系;

2. 直接或者间接地同为第三者所拥有或者控制;

3. 在利益上具有相关联的其他关系。

纳税人与其关联企业之间的业务往来有下列情形之一的,税务机关可以调整其应纳税额:

1. 购销业务未按照独立企业之间的业务往来作价;

2. 融通资金所支付或者收取的利息超过或者低于没有关联关系的企业之间所能同意的数额,或者利率超过或者低于同类业务的正常利率;

3. 提供劳务,未按照独立企业之间的业务往来收取或者支付劳务费用;

4. 转让财产、提供财产使用权等业务往来,未按照独立企业之间的业务往来作价或者收取、支付费用;

5. 未按照独立企业之间业务往来作价的其他情形。

纳税人有上述所列情形之一的,税务机关可以按照下列方法调整计税收入额或者所得额:

1. 按照独立企业之间进行的相同或者类似业务活动的价格;

2. 按照再销售给无关联关系的第三者的价格所应取得的收入和利润水平;

3. 按照成本加合理的费用和利润;

4. 按照其他合理的方法。

按照规定,纳税人与其关联企业未按照独立企业之间的业务往来支付价款、费用的,税务机关自该业务往来发生的纳税年度起3年内进行调整;有特殊情况的,可以自该业务往来发生的纳税年度起10年内进行调整。

(六)税收扣押制度

对未按照规定办理税务登记的从事生产、经营的纳税人以及临时从事经营的纳税人,由税务机关核定其应纳税额,责令缴纳;不缴纳的,税务机关可以扣押其价值相当于应纳税款的商品、货物。扣押后缴纳应纳税款的,税务机关必须立即解除扣押,并归还所扣押的商品、货物;扣押后仍不缴纳应纳税款的,经县以上税务局(分局)局长批准,依法拍卖或者变卖所扣押的商品、货物,以拍卖或者变卖所得抵缴税款。

税务机关依照规定,扣押纳税人商品、货物的,纳税人应当自扣押之日起15日内缴纳税款。对扣押的鲜活、易腐烂变质或者易失效的商品、货物,税务机关根据被扣押物品的保质期,可以缩短规定的扣押期限。

(七)纳税担保制度和税收保全措施

税务机关有根据认为从事生产、经营的纳税人有逃避纳税义务行为的,可以在规定的纳税期之前,责令限期缴纳应纳税款;在限期内发现纳税人有明显的转移、隐匿其应纳税的商品、货物以及其他财产或者应纳税的收入的迹象的,税务机关可以责成纳税人提供纳税担保。如果纳税人不能提供纳税担保,经县以上税务局(分局)局长批准,税务机关可以采取税收保全措施。

1. 纳税担保

纳税担保是指经税务机关认可的纳税保证人为纳税人提供的纳税保证,以及纳税人或者第三人以其未设置或者未全部设置担保物权的财产提供的担保。

纳税保证人,是指在中国境内具有纳税担保能力的自然人、法人或者其他经济组织。法律、行政法规规定的没有担保资格的单位和个人,不得作为纳税担保人。

纳税担保人同意为纳税人提供纳税担保的,应当填写纳税担保书,写明担保对象、担保范围、担保期限和担保责任以及其他有关事项。担保书须经纳税人、纳税担保人签字盖章并经税务机关同意,方为有效。

纳税人或者第三人以其财产提供纳税担保的,应当填写财产清单,并写明财产价值以及其他有关事项。纳税担保财产清单须经纳税人、第三人签字盖章并经税务机关确认,方为有效。

2. 税收保全措施

税收保全措施是指税务机关对可能由于纳税人的行为或者某种客观原因,致使以后税款的征收不能保证或者难以保证的案件,采取限制纳税人处理或转移商品、货物或其他财产的措施。按照规定,税务机关可以采取以下税收保全措施:

(1)书面通知纳税人开户银行或者其他金融机构冻结纳税人的金额相当于应纳税款的存款。

(2)扣押、查封纳税人的价值相当于应纳税款的商品、货物或者其他财产。其他财产,包括纳税人的房地产、现金、有价证券等不动产和动产。

纳税人在税务机关采取税收保全措施后,按照税务机关规定的期限缴纳税款的,税务机关应当自收到税款或者银行转回的完税凭证之日起1日内解除税收保全措施;限期期满仍未缴纳税款的,经县以上税务局(分局)局长批准,税务机关可以书面通知纳税人开户银行或者其他金融机构从其冻结的存款中扣缴税款,或者依法拍卖或者变卖所扣押、查封的商品、货物或者其他财产,以拍卖或者变卖所得抵缴税款。

税务机关采取税收保全措施的期限一般不得超过6个月;重大案件需要延长的,应当报国家税务总局批准。

税务机关滥用职权违法采取税收保全措施,或者采取税收保全措施不当,以及纳税人在限期内已缴纳税款,税务机关未立即解除税收保全措施,使纳税人的合法利益遭受损失的,税务机关应当承担赔偿责任。

税务机关将扣押、查封的商品、货物或者其他财产变价抵缴税款时,应当交由依法成立的拍卖机构拍卖;无法委托拍卖或者不适于拍卖的,可以交由当地商业企业代为销售,也可以责令纳税人限期处理;无法委托商业企业销售,纳税人也无法处理的,可以由税务机关变价处理,具体办法由国家税务总局规定。禁止自由买卖的商品,应当交由有关单位按照国家规定的价格收购。

拍卖或者变卖所得抵缴税款、滞纳金、罚款以及拍卖、变卖等费用后,剩余部分应当在3日内退还被执行人。

个人及其所扶养家属维持生活必需的住房和用品,不在税收保全措施的范围之内。个人所扶养家属,是指与纳税人共同居住生活的配偶、直系亲属以及无生活来源并由纳税人扶养的其他亲属。生活必需的住房和用品不包括机动车辆、金银饰品、古玩字画、豪华住宅或者一处以外的住房。

税务机关对单价5 000元以下的其他生活用品,不采取税收保全措施和强制执行措施。

(八)税收强制执行措施

税收强制执行措施是指当事人不履行税收法律、行政法规规定的义务,税务机关采用法定的强制手段,强迫当事人履行义务的措施。

从事生产、经营的纳税人、扣缴义务人未按照规定的期限缴纳或者解缴税款,纳税担保人未按照规定的期限缴纳所担保的税款,由税务机关责令限期缴纳,逾期仍未缴纳的,经县以上税务局(分局)局长批准,税务机关可以采取下列强制执行措施:

1. 书面通知其开户银行或者其他金融机构从其存款中扣缴税款;

2. 扣押、查封、依法拍卖或者变卖其价值相当于应纳税款的商品、货物或者其他财产,以拍卖或者变卖所得抵缴税款。

税务机关采取强制执行措施时,对纳税人、扣缴义务人、纳税担保人未缴纳的滞纳金同时强制执行。

个人及其所扶养家属维持生活必需的住房和用品,不在强制执行措施的范围之内。

采取税收强制执行措施的权力,不得由法定的税务机关以外的单位和个人行使。

税务机关采取税收强制执行措施,必须依照法定权限和法定程序,不得查封、扣押纳税人个人及其家属维持生活必需的住房和用品。

税务机关滥用职权违法采取税收强制执行措施,或者采取税收强制执行措施不当,使纳税人、扣缴义务人或者纳税担保人的合法权益遭受损失的,应当依法承担赔偿责任。

税务机关扣押商品、货物或者其他财产时,必须开付收据;查封商品、货物或者其他财产时,必须开付清单。

(九)欠税清缴制度

欠税是指纳税人未按照规定期限缴纳税款、扣缴义务人未按照规定期限解缴税款的行为。

1. 阻止出境规定。欠缴税款的纳税人或者他的法定代表人需要出境的,应当在出境前向税务机关结清应纳税款、滞纳金或者提供担保。未结清税款、滞纳金,又不提供担保的,税务机关可以通知出境管理机关阻止其出境。

2. 连带履行义务规定。纳税人有合并、分立情形的,应当向税务机关报告,并依法缴清税款。纳税人合并时未缴清税款的,应当由合并后的纳税人继续履行未履行的纳税义务;纳税人分立时未缴清税款的,分立后的纳税人对未履行的纳税义务应当承担连带责任。

3. 大额欠税处分财产报告制度。欠缴税款数额在5万元以上的纳税人在处分其不动产或者大额资产之前,应当向税务机关报告。

4. 行使代位权和撤销权。欠缴税款的纳税人因怠于行使到期债权,或者放弃到期债权,或者无偿转让财产,或者以明显不合理的低价转让财产而受让人知道该情形,对国家税收造成损害的,税务机关可以依照合同法的规定行使代位权、撤销权。

税务机关依照规定行使代位权、撤销权的,不免除欠缴税款的纳税人尚未履行的纳税义务和应承担的法律责任。

5. 欠税公告制度。县级以上各级税务机关应当将纳税人的欠税情况,在办税场所或者广播、电视、报纸、期刊、网络等新闻媒体上定期公告。

6. 限期缴税时限。从事生产、经营的纳税人、扣缴义务人未按照规定的期限缴纳或者解缴税款的,纳税担保人未按照规定的期限缴纳所担保的税款的,由税务机关发出限期缴纳税款通知书,责令缴纳或者解缴税款的最长期限不得超过15日。

(十)税款退还和追征制度

1. 税款退还

纳税人超过应纳税额缴纳的税款,税务机关发现后应当立即退还;纳税人自结算缴纳税款之日起三年内发现的,可以向税务机关要求退还多缴的税款并加算银行同期存款利息,税务机关及时查实后应当立即退还;涉及从国库中退库的,依照法律、行政法规有关国库管理的规定退还。

加算银行同期存款利息的多缴税款退税,不包括依法预缴税款形成的结算退税、出口退税和各种减免退税。

退税利息按照税务机关办理退税手续当天中国人民银行规定的活期存款利率计算。

税务机关发现纳税人多缴税款的,应当自发现之日起10日内办理退还手续;纳税人发现多缴税款,要求退还的,税务机关应当自接到纳税人退还申请之日起30日内查实并办理退还手续。

2. 税款追征

因税务机关的责任,致使纳税人、扣缴义务人未缴或者少缴税款的,税务机关在三年内可以要求纳税人、扣缴义务人补缴税款,但是不得加收滞纳金。

因纳税人、扣缴义务人计算错误等失误,未缴或者少缴税款的,税务机关在三年内可以追征税款、滞纳金;对纳税人或者扣缴义务人因计算错误等失误,未缴或者少缴、未扣或者少扣、未收或者少收税款,累计数额在10万元以上的,追征期可以延长到五年。

对逃避缴纳税款、抗税、骗税的,税务机关追征其未缴或者少缴的税款、滞纳金或者所骗取的税款,不受上述期限的限制。

(十一)税款入库制度

1. 国家税务局和地方税务局应当按照国家规定的税收征收管理范围和税款入库预算级次,将征收的税款缴入国库。

2. 审计机关、财政机关依法进行审计、检查时,对税务机关的税收违法行为作出的决定,税务机关应当执行;发现被审计、检查单位有税收违法行为的,向被审计、检查单位下达决定、意见书,责成被审计、检查单位向税务机关缴纳应当缴纳的税款、滞纳金。税务机关应当根据有关机关的决定、意见书,依照税收法律、行政法规的规定,将应收的税款、滞纳金按照国家规定的税收征收管理范围和税款入库预算级次缴入国库。

3. 税务机关应当自收到审计机关、财政机关的决定、意见书之日起 30 日内将执行情况书面回复审计机关、财政机关。

有关机关不得将其履行职责过程中发现的税款、滞纳金自行征收入库或者以其他款项的名义自行处理、占压。

第四节 税务检查

税务检查是税务机关依据国家税收法律、行政法规和财务会计制度,对纳税人、扣缴义务人履行纳税义务和代扣代缴、代收代缴义务的情况进行检查和监督的一种管理活动。

一、税务检查的主要内容

1. 检查纳税人、扣缴义务人遵守税收实体法的情况。检查其有无逃避缴纳税款、欠税,应扣未扣、应收未收税款,挪用截留税款,骗取退税等违反税法的行为。

2. 检查纳税人、扣缴义务人遵守税收程序法的情况。检查其有无不按规定程序办事,违反税收征收管理法律制度的行为。通过税务检查,能够了解税法执行情况,发现有无违反财经纪律和财务会计制度,以及隐瞒收入、逃避缴纳税款、骗取出口退税等问题;通过税务检查,还有利于严肃税收法纪,纠正错漏,保证税收收入。

二、税务检查权

1. 查账权。检查纳税人的账簿、记账凭证、报表和有关资料,代扣代缴、代收代缴税款账簿、记账凭证和有关资料。

因检查需要时,经县以上税务局(分局)局长批准,可以将纳税人、扣缴义务人以前会计年度的账簿、记账凭证、报表和其他有关资料调回税务机关检查,但是税务机关必须向纳税人、扣缴义务人开付清单,并在 3 个月内完整退还;有特殊情况的,经设区的市、自治州以上税务局局长批准,税务机关可以将纳税人、扣缴义务人当年的账簿、记账凭证、报表和其他有关资料调回检查,但是税务机关必须在 30 日内退还。

2. 实地检查权。到纳税人的生产、经营场所和货物存放地,检查纳税人应纳税的商品、货物或者其他财产,检查扣缴义务人与代扣代缴、代收代缴税款有关的经营情况。

3. 责成提供资料权。责成纳税人、扣缴义务人提供与纳税或者代扣代缴、代收代缴税款有关的文件、证明材料和有关资料。

4. 询问权。询问纳税人、扣缴义务人与纳税或者代扣代缴、代收代缴税款有关的问题和情况。

5. 交通和邮政检查权。到车站、码头、机场、邮政企业及其分支机构,检查纳税人托运、邮寄应纳税商品、货物或者其他财产的有关单据、凭证和有关资料。

6. 存款账户核查权。经县以上税务局(分局)局长批准,凭全国统一格式的检查存款账户许可证明,查询从事生产、经营的纳税人、扣缴义务人在银行或者其他金融机构的存款账户。税务机关在调查税收违法案件时,经设区的市、自治州以上税务局(分局)局长批准,可以查询案件涉嫌人员的储蓄存款。税务机关查询所获得的资料,不得用于税收以外的用途。

税务机关查询的内容,包括纳税人存款账户余额和资金往来情况。

7. 调查权。税务机关依法进行税务检查时,有权向有关单位和个人调查纳税人、扣缴义务人和其他当事人与纳税或者代扣代缴、代收代缴税款有关的情况,有关单位和个人有义务向税务机关如实提供有关资料及证明材料。

8. 税收保全措施或者强制执行措施权。税务机关对从事生产、经营的纳税人以前纳税期的纳税情况依法进行税务检查时,发现纳税人有逃避纳税义务行为,并有明显的转移、隐匿其应纳税的商品、货物以及其他财产或者应纳税的收入的迹象的,可以按照本法规定的批准权限采取税收保全措施或者强制执行措施。

9. 记录、录音、录像、照相和复制权。税务机关调查税务违法案件时,对与案件有关的情况和资料,可以记录、录音、录像、照相和复制。

三、税务检查权的约束

1. 税务机关派出的人员进行税务检查时,应当出示税务检查证和税务检查通知书,并有责任为被检查人保守秘密;未出示税务检查证和税务检查通知书的,被检查人有权拒绝检查。税务机关对集贸市场及集中经营业户进行检查时,可以使用统一的税务检查通知书。

2. 税务机关应当建立科学的检查制度,统筹安排检查工作,严格控制对纳税人、扣缴义务人的检查次数。

税务机关应当制定合理的税务稽查工作规程,负责选案、检查、审理、执行的人员的职责应当明确,并相互分离、相互制约,规范选案程序和检查行为。

3. 税务机关行使检查存款账户时,应当指定专人负责,凭全国统一格式的检查存款账户许可证明进行,并有责任为被检查人保守秘密。

4. 税务机关对纳税人、扣缴义务人以及其他当事人处以罚款或者没收违法所得时,应当开付罚没凭证;未开付罚没凭证的,纳税人、扣缴义务人以及其他当事人有权拒绝给付。

5. 税务机关进入纳税人会计电算化系统进行检查时,有责任保证纳税人会计电算化系统的安全性,并保守纳税人的商业秘密。

四、税务检查的方法和程序

税务检查的方法分为具体方法和基本方法。税务检查的具体方法,是指检查某个环节、某项具体问题时所采取的特定方法,主要有复核、对账、调查、审阅、盘点、比较分析。税务检查的基本方法,是指具有普遍意义的方法,主要有:(1)全查法与抽查法;(2)顺查法和逆查法;(3)联系查法与侧面查法;(4)比较分析法与控制计算法。以上几种方法各有优缺点,在实际运用中应有选择地结合起来运用。税务检查必须遵循一定的程序。一般来说,税务检查包括查前准备、实施检查、分析定案、上报审批、送达执行、立卷归档六个环节。税务检查的定案是税务检查的终结性工作。在定案时,必须以事实为依据,按照有关法律的规定提出处理意见,并起草处理意见审批报告,经审批后,即可送达当事人执行。当事人对处理决定不服时,必须先按规定执行处理决定,然后在规定的时间内向上级税务机关申请复议。对于税务行政复议决定仍然不服的,可以在接到税务行政复议决定之日起15日内,直接向人民法院起诉。当事人也可以在接到处理决定的15日内,直接向人民法院提起诉讼。在复议和诉讼期间,强制执行措施和税收保全措施不停止执行。

第五节 税收法律责任

税收法律责任,是指税收法律关系主体因违反税法义务、实施税收违法行为所应承担的不利法律后果。在税收法律关系中,违法主体所需承担的责任主要是税收行政法律责任和税收刑事法律责任。

一、税收行政法律责任

税收行政法律责任,是指税收法律关系主体违反税收法律规定,尚不构成犯罪的,由税务机关依行政程序所给予的税收行政制裁。

(一)纳税人的行政法律责任

1. 纳税人违反税收管理行为的法律责任

(1)纳税人有下列行为之一的,由税务机关责令其限期改正,可以处 2 000 元以下的罚款;情节严重的,处 2 000 元以上 1 万元以下的罚款。

①未按照规定的期限申报办理税务登记、变更或者注销登记的;

②未按照规定设置、保管账簿或者保管记账凭证和有关资料的;

③未按照规定将财务、会计制度或者财务、会计处理办法和会计核算软件报税务机关备查的;

④未按照规定将其全部银行账号向税务机关报告的;

⑤未按照规定安装、使用税控装置,损毁或者擅自改动税控装置的。

(2)纳税人不办理税务登记的,由税务机关责令其限期改正;逾期不改正的,经税务机关提请,由工商行政管理机关吊销其营业执照。

(3)纳税人未按照规定使用税务登记证件,或者转借、涂改、损毁、买卖、伪造税务登记证件的,处 2 000 元以上 1 万元以下的罚款;情节严重的,处 1 万元以上 5 万元以下的罚款。

(4)纳税人未按照规定办理税务登记证件验证或者换证手续的,由税务机关责令限期改正,可以处 2 000 元以下的罚款;情节严重的,处 2 000 元以上 1 万元以下的罚款。

(5)非法印制、转借、倒卖、变造或者伪造完税凭证的,由税务机关责令改正,处 2 000 元以上 1 万元以下的罚款;情节严重的,处 1 万元以上 5 万元以下的罚款;构成犯罪的,依法追究刑事责任。

(6)扣缴义务人未按照规定设置、保管代扣代缴、代收代缴税款账簿或者保管代扣代缴、代收代缴税款记账凭证及有关资料的,由税务机关责令其限期改正,可以处 2 000 元以下的罚款;情节严重的,处 2 000 元以上 5 000 元以下的罚款。

(7)纳税人、扣缴义务人在规定期限内不缴或者少缴应纳或者应解缴的税款,经税务机关责令限期缴纳,逾期仍未缴纳的,税务机关除依照本法第四十条的规定采取强制执行措施追缴其不缴或者少缴的税款外,可以处不缴或者少缴的税款 50% 以上 5 倍以下的罚款。

(8)纳税人拒绝代扣、代收税款的,扣缴义务人应当向税务机关报告,由税务机关直接向纳税人追缴税款、滞纳金;纳税人拒不缴纳的,可以处不缴税款 50% 以上 5 倍以下的罚款。

(9)纳税人、扣缴义务人有下列情形之一的,由税务机关责令改正,可以处 1 万元以下的罚款;情节严重的,处 1 万元以上 5 万元以下的罚款。

①提供虚假资料,不如实反映情况,或者拒绝提供有关资料的;

②拒绝或者阻止税务机关记录、录音、录像、照相和复制与案件有关的情况和资料的；

③在检查期间，纳税人、扣缴义务人转移、隐匿、销毁有关资料的；

④有不依法接受税务检查的其他情形的。

2. 纳税人违反纳税申报规定行为的法律责任

纳税人未按照规定的期限办理纳税申报和报送纳税资料的，或者扣缴义务人未按照规定的期限向税务机关报送代扣代缴、代收代缴税款报告表和有关资料的，由税务机关责令其限期改正，可以处2 000元以下的罚款；情节严重的，可以处2 000元以上1万元以下的罚款。

扣缴义务人应扣未扣、应收而不收税款的，由税务机关向纳税人追缴税款，对扣缴义务人处应扣未扣、应收未收税款50%以上3倍以下的罚款。

3. 纳税人逃避缴纳税款行为的法律责任

纳税人伪造、变造、隐匿、擅自销毁账簿、记账凭证，或者在账簿上多列支出或者不列、少列收入，或者经税务机关通知申报而拒不申报或者进行虚假的纳税申报，不缴或者少缴应纳税款的，是逃避缴纳税款。对纳税人逃避缴纳税款的，由税务机关追缴其不缴或者少缴的税款、滞纳金，并处不缴或者少缴的税款50%以上5倍以下的罚款；构成犯罪的，依法追究刑事责任。

扣缴义务人采取上述所列手段，不缴或者少缴已扣、已收税款，由税务机关追缴其不缴或者少缴的税款、滞纳金，并处不缴或者少缴的税款50%以上5倍以下的罚款；构成犯罪的，依法追究刑事责任。

纳税人、扣缴义务人编造虚假计税依据的，由税务机关责令其限期改正，并处5万元以下的罚款。

纳税人不进行纳税申报，不缴或者少缴应纳税款的，由税务机关追缴其不缴或者少缴的税款、滞纳金，并处不缴或者少缴的税款50%以上5倍以下的罚款。

4. 纳税人逃避追缴欠税行为的法律责任

纳税人欠缴应纳税款，采取转移或者隐匿财产的手段，妨碍税务机关追缴欠缴的税款的，由税务机关追缴欠缴的税款、滞纳金，并处欠缴税款50%以上5倍以下的罚款；构成犯罪的，依法追究刑事责任。

5. 纳税人骗取出口退税行为的法律责任

以假报出口或者其他欺骗手段，骗取国家出口退税款的，由税务机关追缴其骗取的退税款，并处骗取退税款1倍以上5倍以下的罚款；构成犯罪的，依法追究刑事责任。

对骗取国家出口退税款的，税务机关可以在规定期间内停止为其办理出口退税。

6. 纳税人抗税行为的法律责任

以暴力、威胁方法拒不缴纳税款的，是抗税，除由税务机关追缴其拒缴的税款、滞纳金外，还应依法追究其刑事责任；情节轻微、未构成犯罪的，由税务机关追缴其拒缴的税款、滞纳金，并处拒缴税款1倍以上5倍以下的罚款。

纳税人、扣缴义务人逃避、拒绝或者以其他方式阻挠税务机关检查的，由税务机关责令改正，并处1万元以下的罚款；情节严重的，处1万元以上5万元以下的罚款。

7. 纳税人非法印制发票行为的法律责任

对纳税人非法印制发票，由税务机关销毁非法印制的发票，没收违法所得和作案工具，并处1万元以上5万元以下的罚款；构成犯罪的，依法追究刑事责任。

(二)税务代理人的行政法律责任

税务代理人违反税收法律、行政法规，造成纳税人未缴或者少缴税款的，除由纳税人缴纳或者补缴应纳税款、滞纳金外,对税务代理人处纳税人未缴或者少缴税款50%以上3倍以下的罚款。

(三)其他当事人的行政法律责任

1. 税务机关依照《税收征收管理法》的规定,到车站、码头、机场、邮政企业及其分支机构检查纳税人有关情况时,有关单位拒绝的,由税务机关责令改正,可以处1万元以下的罚款;情节严重的,处1万元以上5万元以下的罚款。

2. 纳税人、扣缴义务人的开户银行或者其他金融机构拒绝接受税务机关依法检查纳税人、扣缴义务人存款账户,或者拒绝执行税务机关作出的冻结存款或者扣缴税款的决定,或者在接到税务机关的书面通知后帮助纳税人、扣缴义务人转移存款,造成税款流失的,由税务机关处10万元以上50万元以下的罚款,对直接负责的主管人员和其他直接责任人员处1 000元以上1万元以下的罚款。

3. 银行和其他金融机构未依照《税收征收管理法》的规定在从事生产、经营的纳税人的账户中登录税务登记证件号码,或者未按规定在税务登记证件中登录从事生产、经营的纳税人的账户账号的,由税务机关责令其限期改正,处2 000元以上2万元以下的罚款;情节严重的,处2万元以上5万元以下的罚款。

4. 为纳税人、扣缴义务人非法提供银行账户、发票、证明或者其他方便,导致未缴、少缴税款或者骗取国家出口退税款的,税务机关除没收其违法所得外,可以处未缴、少缴或者骗取的税款1倍以下的罚款。

5. 税务人员在征收税款或者查处税收违法案件时,未按照规定进行回避的,对直接负责的主管人员和其他直接责任人员,依法给予行政处分。

6. 未按照规定为纳税人、扣缴义务人、检举人保密的,对直接负责的主管人员和其他直接责任人员,由所在单位或者有关单位依法给予行政处分。

(四)税务人员的行政法律责任

1. 税务人员与纳税人、扣缴义务人勾结,唆使或者协助纳税人、扣缴义务人有《税收征收管理法》第六十三条、第六十五条、第六十六条规定的行为,构成犯罪的,依法追究刑事责任;尚不构成犯罪的,依法给予行政处分。

2. 税务人员私分扣押、查封的商品、货物或者其他财产,情节严重,构成犯罪的,依法追究刑事责任;尚不构成犯罪的,依法给予行政处分。

3. 税务人员利用职务上的便利,收受或者索取纳税人、扣缴义务人财物或者谋取其他不正当利益,构成犯罪的,依法追究刑事责任;尚不构成犯罪的,依法给予行政处分。

4. 税务人员徇私舞弊或者玩忽职守,不征或者少征应征税款,致使国家税收遭受重大损失,构成犯罪的,依法追究刑事责任;尚不构成犯罪的,依法给予行政处分。

税务人员滥用职权,故意刁难纳税人、扣缴义务人的,调离税收工作岗位,并依法给予行政处分。

税务人员对控告、检举税收违法违纪行为的纳税人、扣缴义务人以及其他检举人进行打击报复的,依法给予行政处分;构成犯罪的,依法追究刑事责任。

5. 违反法律、行政法规的规定提前征收、延缓征收或者摊派税款的,由其上级机关或者行政监察机关责令改正,对直接负责的主管人员和其他直接责任人员依法给予行政处分。

6. 违反法律、行政法规的规定,擅自作出税收的开征、停征或者减税、免税、退税、补税以及其他同税收法律、行政法规相抵触的决定的,除依照本法规定撤销其擅自作出的决定外,补征应征未征税款,退还不应征收而征收的税款,并由上级机关追究直接负责的主管人员和其他直接责任人员的行政责任;构成犯罪的,依法追究刑事责任。

专栏10—1　税收滞纳金加收率的问题[①]

——对《税收征收管理法》第32条的分析

现行《税收征收管理法》第32条规定税收滞纳金的加收率为每日万分之五,即年率为18.25%。笔者认为,此加收率存在以下两个问题:其一,设置固定的加收率不合理,不能充分体现滞纳金执行罚的性质;其二,加收率过高,掩盖了其损害赔偿的性质。理由阐述如下:

1. 关于加收率固定不变的问题。笔者已经论证了税收滞纳金具有执行罚的性质,而执行罚的目的就是监督、促使义务人尽早履行未履行的义务。我们可以假设这样一种情况,即目前社会上的通货膨胀率非常高,使得银行的贷款利率也相应提高,当银行的年贷款利率达到18%左右,即与税收滞纳金的年加收率相当时,我们发现纳税人欠缴税款产生的滞纳金与银行借贷资金产生的利息没什么两样,税收滞纳金完全成了迟延支付税款使国库资金的利息收入受损而应付出的利息。这显然不是立法者设立滞纳金制度的本意。然而,上述假设也不仅仅是假设,当政府无法控制通货膨胀时,它有可能成为现实。那么,为了使滞纳金的加收率设置得更合理,使其发挥督促纳税义务人尽早履行未履行义务的功能,我们有必要对固定的加收率进行调整。

2. 关于加收率偏高的问题。近10年来,中国人民银行公布的一年期金融机构人民币贷款基准利率的算术平均值为6.48%,税收滞纳金加收率高出其十几个百分点。有人认为,之所以要高出银行贷款利率,就是考虑到滞纳金还应具有强制义务人尽早履行义务的性质。但笔者不赞同此种观点,理由在于:第一,就是上段所述的,如果在某种情况下加收率与银行贷款利率相当,滞纳金便失去了其执行罚的特性;第二,税收滞纳金也具有损害赔偿的性质,如果滞纳金明显高于银行贷款利率,其具备的损害赔偿性值得怀疑;第三,征收税收滞纳金需要实际考虑滞纳税款人的负担能力,如果滞纳税款人因加收率设置过高而无力支付滞纳金,则税法对于征收滞纳金的规定在一定情形下成为一纸空文,税法的权威性会遭遇质疑。

笔者认为,前面提到的两个问题可以综合起来考虑,我们可以借鉴日本和美国的操作方式,对滞纳金加收率按时间远近规定几个档次:3个月之内的适用低档加收率;超过3个月而在1年之内的,适用中档加收率;超过1年的,适用高档加收率。低档加收率可以在同期一年贷款利率的基础上增加4~5个百分点,并随同期贷款利率变动,以体现其损害赔偿并兼具执行罚的性质;中档加收率可以设置为2倍于低档加收率;高档加收率可以设置为3倍于低档加收率,或者在中档加收率的基础上增加若干百分点。如此的分档设置,笔者认为是比较合理的,理由在于:第一,其考虑了市场利率变动因素,笔者提出的上述假设情况如若出现,滞纳金的性质不会变化;第二,按时间远近设置档次,时间较近的,加收率要明显低于目前的18.25%,这样就减轻了一些纳税人因客观情况而不能及时纳税时产生的较重的滞纳金负担,同时这对滞纳税款的纳税人尽早缴纳税款也有更好的督促作用。

[①] 孙文珺:《税收滞纳金之法律性质探析——兼论〈税收征收管理法〉第32条之完善》,《山西财政税务专科学校学报》2009年第6期,第26页。

二、税收刑事法律责任

税收刑事法律责任,是指税收主体违反税收法律规定,情节严重,构成犯罪的,由国家司法机关对其进行的刑事制裁。

(一)逃避缴纳税款罪

逃避缴纳税款罪,是指纳税义务人、扣缴义务人故意违反税收法规,采取欺骗、隐瞒手段,虚假纳税申报或不申报而逃避缴纳税款,不缴或少缴已扣、已收税款,数额较大且情节严重的行为。

逃避缴纳税款的,逃税数额较大且占应纳税额10%以上的,处3年以下有期徒刑或拘役,并处罚金;数额巨大并且占应纳税额30%以上的,处3年以上7年以下有期徒刑,并处罚金。单位犯逃避缴纳税款罪的,双罚。执行罚金、没收财产刑罚前,先追缴税款和骗取的出口退税款。

有逃避缴纳税款行为,经下达追缴通知后,补缴应纳税款,缴纳滞纳金,已受行政处罚的,不追究刑事责任;但5年内因逃税受过刑事处罚或被税务机关给予两次以上行政处罚的除外。

(二)抗税罪

抗税罪,是指纳税义务人、扣缴义务人以暴力、威胁手段拒不缴纳税款的行为。抗税罪犯罪客体是复杂客体,既侵犯了国家税收管理法律制度,又侵犯了他人的人身权利。客观方面表现为,使用了暴力、威胁手段以达到其拒不缴纳税款的目的。该犯罪主体是法律规定有纳税义务的人和扣缴义务的人。企事业单位不能成为抗税罪主体。

逃避缴纳税款罪与抗税罪的区别有以下几点:一是主体不同,逃避缴纳税款罪的主体为个人和单位,而抗税罪的主体为个人;二是侵犯客体不同,逃避缴纳税款罪侵犯的是国家税收管理秩序,而抗税罪侵犯的是复杂客体,既侵犯了国家税收管理秩序,又侵犯了他人的人身权利;三是客观表现不同,逃避缴纳税款罪表现为采取虚假手段,欺骗税务机关,使其认为已全部缴纳税款,抗税罪则是在税务机关向其依法征税时使用暴力、威胁手段拒不缴纳税款。

抗税罪处3年以下有期徒刑或者拘役,并处拒缴税款1倍以上5倍以下罚金;情节严重的,处3年以上7年以下有期徒刑,并处拒缴税款1倍以上5倍以下罚金。以暴力方法抗税,致人重伤或者死亡,构成伤害罪或杀人罪,依法律规定,应择一重罪处罚。

(三)逃避追缴欠税款罪

逃避追缴欠税款罪,是指纳税人故意违反税收法规,欠缴应纳税款,并采取转移或者隐匿财产的手段,致使税务机关无法追缴税款,数额较大的行为。

逃避追缴欠税款罪与逃避缴纳税款罪的区分:逃避缴纳税款罪是指纳税人采取非法手段,向税务机关隐匿其应纳税数额,使税务机关不知其应纳税额;逃避追缴欠税款罪则是纳税人欠缴税款已被税务机关掌握,纳税人也承认,但隐瞒其纳税能力,并转移、隐匿财产,致使税务机关客观上无法追缴其欠税款。

逃避追缴欠税款使税务机关无法追缴欠缴的税款,数额在1万元以上不满10万元的,处3年以下有期徒刑或者拘役,并处或单处欠缴税款1倍以上5倍以下罚金;数额在10万元以上的,处3年以上7年以下有期徒刑,并处欠缴税款1倍以上5倍以下罚金。单位犯有本罪的,对单位判处罚金,并对其直接负责的主管人员和其他直接责任人员依照上述规定处罚。被判处罚金的,在执行前,应当先由税务机关追缴税款。

(四)骗取出口退税罪

骗取出口退税罪,是指故意违反税收法规,采取假报出口或者其他欺骗手段,骗取国家出口退税款,数额较大的行为。

以假报出口或者其他欺骗手段,骗取国家出口退税款,数额较大的,处5年以下有期徒刑或者拘役,并处骗取税款1倍以上5倍以下罚金;数额巨大或者有其他严重情节的,处5年以上10年以下有期徒刑,并处骗取税款1倍以上5倍以下罚金;数额特别巨大或者有其他特别严重情节的,处10年以上有期徒刑或者无期徒刑,并处骗取税款1倍以上5倍以下罚金或者没收财产。

纳税人缴纳税款后,采取上述欺骗方法,骗取所缴纳的税款的,依逃避缴纳税款罪处罚,骗取税款超过所缴纳的税款部分,依照本罪的规定处罚。

单位犯有本罪的,对单位判处罚金,并对其直接负责的主管人员和其他直接责任人员,依照上述规定处罚。

被判处罚金、没收财产的,在执行前,应当先由税务机关追缴其所骗取的出口退税款。

(五)虚开增值税专用发票,用于骗取出口退税、抵扣税款发票罪

虚开增值税专用发票,用于骗取出口退税、抵扣税款发票罪,是指虚开增值税专用发票或者虚开用于骗取出口退税、抵扣税款的其他发票的行为。有为他人虚开、为自己虚开、让他人为自己虚开、介绍他人虚开上述专用发票行为之一的,即构成虚开增值税专用发票,用于骗取出口退税、抵扣税款发票罪。

虚开增值税专用发票,用于骗取出口退税、抵扣税款的其他发票的,处3年以下有期徒刑或者拘役,并处2万元以上20万元以下罚金;虚开的税款数额较大或者有其他严重情节的,处3年以上10年以下有期徒刑,并处5万元以上50万元以下罚金;虚开的税款数额巨大或者有其他特别严重情节的,处10年以上有期徒刑或者无期徒刑,并处5万元以上50万元以下罚金或者没收财产。

单位犯有本罪的,对单位判处罚金,并对其直接负责的主管人员和其他直接责任人员,处3年以下有期徒刑或者拘役;虚开的税款数额较大或者有其他严重情节的,处3年以上10年以下有期徒刑;虚开的税款数额巨大或者有其他特别严重情节的,处10年以上有期徒刑或者无期徒刑。

被判处罚金、没收财产的,在执行前,应当先由税务机关追缴税款和所骗取的出口退税款。

(六)虚开其他发票罪

虚开其他发票罪,是指虚开增值税专用发票,用于骗取出口退税、抵扣税款发票以外的其他发票,情节严重的行为。

虚开其他发票的,处2年以上有期徒刑、拘役或管制,并处罚金;情节特别严重的,处2年以上7年以下有期徒刑,并处罚金。

(七)伪造、出售伪造的增值税专用发票罪

伪造、出售伪造的增值税专用发票罪,是指个人或单位违反国家发票管理法规,伪造、出售伪造的增值税专用发票行为。

伪造或者出售伪造的增值税专用发票的,处3年以下有期徒刑、拘役或者管制,并处2万元以上20万元以下罚金;数额较大或者有其他严重情节的,处3年以上10年以下有期徒刑,并处5万元以上50万元以下罚金;数额巨大或者有其他特别严重情节的,处10年以上有期徒刑或者无期徒刑,并处5万元以上50万元以下罚金或者没收财产;伪造并出售伪造的增值税

专用发票,数额特别巨大,情节特别严重,严重破坏经济秩序的,处无期徒刑,并没收财产。

单位犯有本罪的,对单位判处罚金,并对其直接负责的主管人员和其他直接责任人员,处3年以下有期徒刑、拘役或者管制;数额较大或者有其他严重情节的,处3年以上10年以下有期徒刑;数额巨大或者有其他特别严重情节的,处10年以上有期徒刑或者无期徒刑。

(八)非法出售增值税专用发票罪

非法出售增值税专用发票罪,是指违反国家发票管理法规,非法出售增值税专用发票的行为。

非法出售增值税专用发票的,处3年以下有期徒刑、拘役或者管制,并处2万元以上20万元以下罚金;数额较大的,处3年以上10年以下有期徒刑,并处5万元以上50万元以下罚金;数额巨大的,处10年以上有期徒刑或者无期徒刑,并处5万元以上50万元以下罚金或者没收财产。

单位犯有非法出售增值税专用发票罪的,对单位判处罚金,并对其直接负责的主管人员和其他直接责任人员按上述规定处罚。

(九)非法购买增值税专用发票、购买伪造的增值税专用发票罪

非法购买增值税专用发票、购买伪造的增值税专用发票罪,是指违反发票管理法规,以支付一定价款的方式取得他人提供的增值税专用发票,或者取得他人提供的伪造的增值税专用发票的行为。

非法购买增值税专用发票或者购买伪造的增值税专用发票的,处5年以下有期徒刑或者拘役,并处或者单处2万元以上20万元以下罚金。

单位犯有本罪的,对单位判处罚金,并对其直接负责的主管人员和其他直接责任人员,依照上述规定处罚。

非法购买增值税专用发票或者购买伪造的增值税专用发票又虚开或者出售的,分别依虚开增值税专用发票,用于骗取出口退税、抵扣税款发票罪,伪造、出售伪造的增值税专用发票罪,非法出售增值税专用发票罪的规定定罪处罚。

(十)非法制造、出售非法制造的用于骗取出口退税、抵扣税款发票罪

非法制造、出售非法制造的用于骗取出口退税、抵扣税款发票罪,是指伪造、擅自制造或者出售伪造、擅自制造的可以用于骗取出口退税、抵扣税款发票的行为。

伪造、擅自制造或者出售伪造、擅自制造的可以用于骗取出口退税、抵扣税款发票的,处3年以下有期徒刑、拘役或者管制,并处2万元以上20万元以下罚金;数额较巨大的,处3年以上7年以下有期徒刑,并处5万元以上50万元以下罚金;数额特别巨大的,处7年以上有期徒刑,并处5万元以上50万元以下罚金或者没收财产。

单位犯有本罪的,对单位判处罚金,并对其直接负责的主管人员和其他直接责任人员,依照上述规定处罚。

(十一)非法制造、出售非法制造的发票罪

非法制造、出售非法制造的发票罪,是指伪造、擅自制造或者出售伪造、擅自制造其他发票的行为。

伪造、擅自制造或者出售伪造、擅自制造其他发票的,处2年以下有期徒刑、拘役或者管制,并处或者单处1万元以上5万元以下罚金;情节严重的,处2年以上7年以下有期徒刑,并处5万元以上50万元以下罚金。

无权出售发票的人,违反有关发票管理法规,通过各种方式将发票提供给他人,并收取一定价款的,依上述规定处罚。

单位犯有本罪的,对单位判处罚金,并对其直接负责的主管人员和其他直接责任人员,依照上述规定处罚。

(十二)非法出售用于骗取出口退税、抵扣税款的其他发票罪

非法出售用于骗取出口退税、抵扣税款的其他发票罪,是指非法出售可以用于骗取出口退税、抵扣税款的增值税专用发票以外的其他发票的行为。

非法出售可以用于骗取出口退税、抵扣税款的其他发票的,处3年以下有期徒刑、拘役或者管制,并处2万元以上20万元以下罚金;数额巨大的,处3年以上7年以下有期徒刑,并处5万元以上50万元以下罚金;数额特别巨大的,处7年以上有期徒刑,并处5万元以上50万元以下罚金或者没收财产。

单位犯有本罪的,对单位判处罚金,并对其直接负责的主管人员和其他直接责任人员,依照上述规定处罚。

(十三)持有伪造的发票罪

持有伪造的发票罪,是指明知是伪造发票而持有,数额较大的行为。

持有伪造的发票,处2年以下有期徒刑、拘役或者管制,并处罚金;数量巨大的,处2年以上7年以下有期徒刑,并处罚金。

单位犯有本罪的,对单位判处罚金,并对其直接负责的主管人员和其他直接责任人员,依照上述规定处罚。

另外,《刑法》对税务机关工作人员职务犯罪也做了规定。税务机关的工作人员徇私舞弊不征、少征税款,致使国家税收遭受重大损失的,处5年以下有期徒刑或者拘役;造成特别重大损失的,处5年以上有期徒刑。税务机关的工作人员违反法律、行政法规的规定,在办理发售发票、抵扣税款、出口退税工作中,徇私舞弊,致使国家利益遭受重大损失的,处5年以下有期徒刑或者拘役;致使国家利益遭受特别重大损失的,处5年以上有期徒刑。

专栏10—2 税收征收管理立法四大方面的突破[①]

税收征收管理立法,实现了多方面的突破,主要表现在:

1. 突出了税务机关的税收执法主体资格

(1)税务机关是税款征收的主体。除税务机关、税务人员以及经税务机关依法委托的单位和人员外,任何单位和个人不得进行税款征收活动。

(2)税务机关是税收保全和强制执行措施的执法主体。不得由法定的税务机关以外的单位和个人行使税收保全和强制执行措施权。

(3)税务机关是税务行政处罚的主体。除税务机关外,任何单位和部门没有税收行政处罚权。

(4)税务机关具有行政处罚的强制执行权。当事人对税务机关的处罚决定逾期不申请行政复议,也不向人民法院起诉又不履行的,做出处罚决定的税务机关可以采取强制执行措施,或者申请人民法院强制执行。

2. 强化税收执法权,完善执法手段

(1)提升了税务登记证件的法律地位。要求纳税人持税务登记证件,在银行或者其他

---

① 赖先云、王军伟:《我国税收征收管理法制建设的演进与发展》,《中国税务》2007年第4期,第6~7页。

金融机构开立基本存款账户和其他存款账户,并且要将全部账户账号向税务机关报告,从而为税务机关全面掌握纳税人账户情况提供了法律依据和操作手段。

(2)规定了延期纳税的审批权限。纳税人申请延期缴纳税款的,须经省、自治区、直辖市、计划单列市国家税务局、地方税务局批准。

(3)扩大了税务机关核定税款的范围。《税收征收管理法》将税务机关有权核定征收税款的情形,从4种扩大到6种,增加了擅自销毁账簿、拒不提供纳税资料的,计税依据明显偏低又无正当理由的,税务机关都有权核定征收。

(4)强化了税收保全和强制执行措施。明确了对价值超过应纳税额且不可分割的财产,税务当事人在无其他可供执行财产的情况下可以进行整体扣押、查封、拍卖、变卖;明确了采取税收保全和强制执行措施时,对有产权证件的动产或者不动产,可以责令当事人将产权证件交税务机关,通知有关部门停止办理产权过户手续等。

(5)加强了对欠税的管理力度。增加了欠税纳税人处置大额资产的报告制度、欠税公告制度,强化了离境清税制度等。

(6)强化了国家税收的法律地位。明确了税收优先权,即税收优先于无担保债权,优先于在欠税发生之后设置的抵押权、质权、留置权,优先于其他行政机关对纳税人的罚款、没收违法所得;明确了税务机关对欠税可以依法行使代位权、撤销权等。

(7)扩大了税务检查权。规定经设区的市、自治州以上税务局(分局)局长批准,可以查询案件涉嫌人员的储蓄存款;检查中可以采取税收保全和强制执行措施等。

(8)明确了有关部门维护国家税收权益的义务。进一步明确了各级政府、政府有关部门对税务机关依法执行职务应给予支持、协调、协助;任何单位和个人不得阻挠税务机关执行职务等。

(9)推进了税收征管科学化、现代化。《税收征收管理法》第一次从法律的高度,强调了税收征管的信息化、现代化建设,主张用现代科学技术,完善税收征管手段,提高税收征管的质量与效率。

(10)优化了税收执法手段。在税收执法手段设计上,注重规范性、完整性,同时也结合实际体现出方便性、灵活性。

3. 加强纳税人合法权益保护

《税收征收管理法》直接涉及保护纳税人合法权益的有20多条。此外,多项条款强调对税务机关执法权的约束和监督,这也是对纳税人合法权益的保护。

4. 转变执法理念,强化执法约束和监督

(1)树立执法就是服务的理念。按照《税收征收管理法》的要求,为纳税人服务不仅是对税务人员思想道德和工作作风的要求,而且成为税务机关和税务人员的法定义务和工作职责。税收执法就是为纳税人服务。国家税务总局下发的《纳税服务工作规范》(国税发〔2005〕165号)等文件,明确了税务人员的行为准则和服务规范。

(2)树立政务公开的理念。税务机关要广泛宣传税收法律、行政法规;要无偿为纳税人提供纳税咨询服务;要向社会和纳税人公开税务机构、办税程序、权限、工作流程和步骤、办税标准等。国家税务总局制定了《关于进一步推行办税公开的意见》(国税发〔2006〕172号),进一步明确了办税公开的原则、要求、内容、标准等。

(3)加强税收执法约束。加强程序约束，规定税收执法的法定程序，明确执法权限、程序、步骤、适用条件等，减少执法行为的主观随意性；加强制度约束，对税收执法规定回避制度、相互分离和制约制度、保密制度等；加强行为约束，要求税务机关、税务人员必须秉公执法、忠于职守、清正廉洁、礼貌待人、文明服务，尊重和保护纳税人、扣缴义务人的权利，依法接受监督。

(4)强化执法监督。强化内部监督，各级税务机关应当建立、健全内部制约和监督管理制度，主动接受外部监督，任何单位和个人都有权检举违反税收法律、行政法规的行为。

本章小结

我国税收管理的法律依据为《中华人民共和国税收征收管理法》(以下简称《税收征收管理法》)，《税收征收管理法》只适用于由税务机关征收的各种税收的征收管理。

《税收征收管理法》对税务机关和税务人员的权利与义务，纳税人和扣缴义务人的权利与义务，地方各级人民政府、有关部门和单位的权利与义务分别予以了规定。

税务登记是税务机关根据税法规定对纳税人的生产经营活动进行登记管理的一项基本制度，也是纳税人已经纳入税务机关监督管理的一项证明。税务登记对于纳税人依法纳税和税务机关依法征税都有重要意义。对税务登记的范围和种类进行了规定。

账簿、凭证是记录和反映纳税人经营活动的基本材料之一，也是税务机关对纳税人、扣缴义务人计征税款以及确认其是否正确履行纳税义务的重要依据。对账簿设置的范围和发票的管理进行了规定。

纳税申报是指纳税人就计算缴纳税款的有关事项向税务机关提出的书面报告，是税务管理的一项重要制度。它既是纳税人履行纳税义务的法定程序，又是税务机关核定应征税款和开具纳税凭证的主要依据。对纳税申报的对象、内容、期限、方式进行了规定。

税款征收方式有查账征收、查定征收、查验征收、定期定额征收、委托代征、邮寄纳税等。

税款征收制度包括代扣代缴和代收代缴税款制度、延期缴纳税款制度、税收滞纳金征收制度、税额核定制度、税收调整制度、税收扣押制度、税收保全措施、税收强制执行措施、欠税清缴制度、税款的退还和追征制度、税款入库制度等。

税务检查是税务机关依据国家税收法律、行政法规和财务会计制度，对纳税人、扣缴义务人履行纳税义务和代扣代缴、代收代缴义务的情况进行检查和监督的一种管理活动。对税务检查的内容、税务检查权、税务检查权的约束、税务检查方法和程序进行了规定。

税收法律责任是税收法律关系主体因违反税法义务、实施税收违法行为所应承担的不利法律后果。在税收法律关系中，违法主体所需承担的责任主要是税收行政法律责任和税收刑事法律责任。

推荐阅读书目

[1]刘剑文：《税收征收管理法》，武汉大学出版社2003年版。

[2]梁俊娇：《税收征管效率研究》，中国财政经济出版社2006年版。

[3]刘初旺、沈玉平：《税收征管执法风险与监管研究》，经济管理出版社2008年版。

[4]施正文:《税收债论》,中国政法大学出版社2008年版。
[5]赖先云:《税收征收管理实务》,中国财政经济出版社2008年版。
[6]樊勇:《税收征收管理制度》,清华大学出版社2009年版。
[7]孙园:《中国税收管理制度研究——基于新制度经济视角》,中国税务出版社2010年版。
[8]闫海:《税收征收管理的法理与制度》,法律出版社2011年版。
[9]刘兵:《税收程序法概论》,兰州大学出版社2011年版。

参考文献

[1] 全国税务师职业资格考试教材编写组:《税法(Ⅰ)》,中国税务出版社2016年版。
[2] 全国税务师职业资格考试教材编写组:《税法(Ⅱ)》,中国税务出版社2016年版。
[3] 崔志坤:《个人所得税制度改革:整体性推进》,经济科学出版社2015年版。
[4] 徐晔、袁莉莉、徐战平:《中国个人所得税制度》,复旦大学出版社2010年版。
[5] 靳万军、石坚:《税收理论与实践》,经济科学出版社2010年版。
[6] 马衍伟:《中国资源税制改革的理论与政策研究》,人民出版社2009年版。
[7] 宋凤轩、谷彦芳:《所得税国际化与中国所得税改革研究》,河北大学出版社2009年版。
[8] 岑维廉、钟昌元、王华:《关税理论与中国关税制度》,上海人民出版社2009年版。
[9] 饶立新:《中国印花税研究》,中国税务出版社2009年版。
[10] 靳东升、李雪若:《地方税理论与实践》,经济科学出版社2008年版。
[11] 靳万军、周华伟:《流转税理论与实践》,经济科学出版社2007年版。
[12] 安体富、王海勇:《当前中国税收制度改革研究》,中国税务出版社2006年版。